Formularios actualizados del Registro Civil

Ley 20/2011, de 21 de julio, del Registro Civil

Martín Corera Izu

Especialista en Derecho Registral.
Letrado de la Administración de Justicia

Formularios

A FORUM MEDIA GROUP COMPANY
C/ Mahón, 8
28290 Las Rozas (Madrid)
Tel.: 91 352 75 51
www.sepin.es
sac@sepin.es

Precio: 39,90 euros (4 % IVA no incluido)

ISBN: 978-84-1165-781-5
Depósito legal: M-7381-2024

Producción gráfica: **sepín**, S. L.

Impresión: Service Point, S. A.

Sumario

Introducción

Resulta necesario reseñar que el Registro Civil es una de las funciones básicas del Estado. La inscripción o anotación de los hechos y actos que se refieren a la identidad y al estado civil de las personas es uno de los principales factores de seguridad jurídica que disponemos los ciudadanos. La diferencia entre los países civilizados y los demás es que los primeros llevan la exacta y precisa contabilidad de sus ciudadanos y anotan de forma precisa y rigurosa todos y cada uno de los cambios de la vida de los mismos y que afectan a esa identidad y a ese estado civil[1].

Antes de iniciar y reflejar los distintos formularios registrales que pueden resultar operativos, tanto para particulares como para profesionales jurídicos[2], resulta necesario explicar y poner en contexto la nueva Ley registral 20/2011, de 21 de julio, del Registro Civil, en vigor desde el 30 de abril de 2021[3] (acrónimo, "LRC 2011").

En primer lugar, conforme dispone la disposición derogatoria de la Ley 6/2021, de 28 de abril, que modifica la LRC 2011, queda derogada la Ley de 8 de junio de 1957, del Registro Civil (acrónimo, "LRC 1957")[4]. En consecuencia, cualquier modelo/formulario registral existente o conocido con arreglo a esta legislación registral derogada, ya no es efectivo ni apto. De ahí que esta "Colección de Formularios" que se propone estará actualizada a la nueva Ley registral y a las sucesivas modificaciones que la misma que la misma ha tenido desde su publicación, el 22 de julio de 2011, hasta su completa entrada en vigor, y aún después de entrada la misma[5].

En segundo lugar, resulta imprescindible, considero, realizar una aproximación para mostrar las líneas básicas fundamentales sobre las que se sustenta el nuevo modelo registral que nos propone la LRC 2011. Nos ayudará a comprender mucho mejor los formularios y modelos que realicemos del registro individual que cada persona dispondrá.

En tercer lugar, es necesario tener presente que los hechos y actos que se refieren a la identidad, estado civil y demás circunstancias de la persona, así como la forma y modo de entender la familia y las relaciones jurídico-familiares, son cuestiones que van evolucionando y adaptándose a las nuevas situaciones y circunstancias que van apareciendo en cada momento[6]. El Derecho Registral se encuentra en una constante evolución. Aspectos

[1] ¿Nos podemos, siquiera, imaginar en qué situación se encuentra un niño que al nacer no es registrado o inscrito, o, países donde hay que pagar por acceder al Registro Civil para inscribirse? Pues, para estos menores, su situación es la de encontrarse en la más absoluta vulnerabilidad y desamparo y a merced de personas y mafias sin escrúpulos de ningún tipo. Y, desgraciadamente, existen lugares y países en el mundo donde esta dramática situación descrita, existe.

[2] Abogados, Procuradores, Notarios, Registradores de la Propiedad, Abogados del Estado, etcétera.

[3] Disposición final segunda Ley 6/2021, de 28 de abril, por la que se modifica la Ley 20/2011, de 21 de julio, del Registro Civil (BOE núm. 102, de 28 de abril de 2021).

[4] Es necesario, también, reconocer los méritos y virtudes de la LRC 1957. De una indudable y magnífica técnica legislativa y, hay que reconocerlo, hizo un enorme esfuerzo de adaptación, tanto a la Constitución Española de 1978 como a los nuevos valores que consagran la sociedad española y para los que la LRC 1957 ni estaba preparada ni, por supuesto, los podía prever.

[5] Ley 20/2022, de 19 de octubre, de Memoria Democrática (BOE núm. 252, de 20 de octubre de 2022), con la Instrucción de 25 de octubre de 2022, de la Dirección General de Seguridad Jurídica y Fe Pública, sobre el derecho de opción a la nacionalidad española establecido en la disposición adicional octava de la Ley 20/2022, de 19 de octubre, de Memoria Democrática (BOE núm. 257, de 26 de octubre de 2022. Corrección de errores de la misma en BOE núm. 38, de 14 de febrero de 2023). O, también, la Ley 8/2021, de 2 de junio, para el apoyo a las personas con discapacidad en el ejercicio de su capacidad jurídica, con grandes modificaciones, entre otras leyes, en el Código Civil y en la Ley 20/2011, de 21 de julio, del Registro Civil. Y la Ley 4/2023, de 28 de febrero, para la igualdad real y efectiva de las personas trans y para la garantía de las personas LGTBI (BOE núm. 51, de 1 de marzo de 2023), que deroga la Ley 3/2007, de 15 de marzo, reguladora de la rectificación registral de la mención relativa al sexo de las personas.

[6] Ejemplos tenemos numerosísimos sobre situaciones que afectan a la identidad y estado civil de las personas y que hace unas muy pocas décadas resultaban impensables: filiación matrimonial y no matrimonial; que dos personas del mismo sexo puedan contraer matrimonio; la institución matrimonial y las relaciones de afectividad análoga a la conyugal (parejas de hecho); técnicas

o cuestiones que, en un momento y época determinada, se contemplan como inamovibles y permanentes, la propia evolución de la sociedad, pasado un tiempo, hacen que desaparezca del primer plano registral y dejan de contemplarse como perdurables.

I. Caracteres y principios de funcionamiento de la Ley 20/2011, de 21 de julio, del Registro Civil

El modelo registral de la LRC 1957, en pleno siglo XXI, ya no respondía ni a la realidad del país ni a las necesidades de los ciudadanos. Resultaba un modelo de Registro Civil basado en los hechos objeto de inscripción, no en las personas como el modelo registral de la LRC 2011, y en el criterio de la territorialidad. Es decir, ahí donde ocurre un hecho objeto de inscripción, se practica la misma. Y, además, divide cada uno de los Registros Civiles existentes en nuestro país, más de 8.000 Oficinas registrales[7], en Secciones (Nacimientos, Matrimonios, Defunciones y Tutelas y Representaciones legales).

Con esta sistemática registral, está garantizado que los datos registrales referidos a una misma persona se encontraban dispersos en distintos Registros Civiles, en diversas Secciones registrales y bajo el prisma de diferentes funcionarios. De ahí la evidente conclusión de encontrarnos ante un modelo caduco. Un modelo agotado que, como señalo, no responde ni a la realidad de la España del siglo XXI ni a las necesidades de sus ciudadanos.

Sin embargo, pese a todas las deficiencias descritas, la LRC 1957 apuntó una circunstancia fundamental que será uno de los pilares sobre el que se asienta todo el andamiaje y modelo registral que dispone la LRC 2011. La Ley de 1957 *"intenta hacer del folio de nacimiento un cierto Registro particular de la persona"*. Es decir, concentrar en el asiento de nacimiento todos los datos referentes al estado civil de cada persona mediante las correspondientes inscripciones o anotaciones marginales o, por las denominadas, notas de referencia. Como finalidad y objetivo, hay que reconocerlo, resultó encomiable. Ahora bien, su resultado, consecuencia de ese modelo registral descrito de que los datos de una misma persona se encuentran en Secciones diferentes de distintos Registros Civiles, no estuvo a la altura del objetivo pretendido. Pero, es cierto, señaló y fijó el camino a seguir a la LRC 2011 para que todos los hechos y actos referidos a la identidad y estado civil de una persona estuviesen en lo que se denomina el *registro individual* de la misma. Una de las mayores novedades de la nueva Ley registral, como veremos.

Los principios de funcionamiento del Registro Civil los recoge la LRC 2011 en sus arts. 13 y siguientes:

– Principio de legalidad: Cuando en la Oficina General del Registro Civil se presenten los documentos que acrediten y certifiquen los hechos y actos cuya inscripción se pretenda, el Encargado deberá comprobar de oficio la legalidad y exactitud de dichos documentos. Es la que conocemos como *"función calificadora del Registrador"*.

---

de reproducción humana asistida; gestación subrogada; adopciones internacionales; incineración e inhumación; etcétera. Son solo unos ejemplos de cómo nuestra realidad social y, en concreto, las cuestiones que de forma directa afectan al estado civil de las personas, se encuentran en una continua transformación. Y la legislación se tiene que adecuar y adaptar a cada nueva realidad social. Así, por ejemplo, la Ley 4/2023, de 28 de febrero, para la igualdad real y efectiva de las personas trans y para la garantía de los derechos de las personas LGTBI, en su disposición final duodécima, que modifica el art. 51 LRC 2011, *"Principio de libre elección del nombre propio"*, cuando entre las limitaciones a la elección del nombre señala la de aquellos que hagan confusa la identificación, *"a efectos de determinar si la identificación resulta confusa no se otorgará relevancia a la correspondencia del nombre con el sexo o la identidad sexual de la persona"*. Es decir que, si hasta ahora, el nombre de "Juan" era adecuado para varón y "Juana" para mujer, ello, cuando la persona solicitante se acoja a la rectificación registral de la mención relativa al sexo (arts. 43 y siguientes Ley trans 4/2023, de 28 de febrero), ya no será así. Se podrá admitir que esta persona solicitante de la rectificación de la mención registral del sexo conserve el nombre que ostentaba con anterioridad y que, en consecuencia, no se identificará con el nuevo sexo que figurará en el asiento de nacimiento.

[7] En nuestro país, funcionaban 7.677 Registros Civiles Delegados (en cada Ayuntamiento, un Registro Civil), y 432 Registros Civiles Principales (son los existentes en las sedes de la capital de un partido judicial).

De estos 432, 16 eran lo que se denominaba Registros Civiles Exclusivos. Se encontraban en las grandes capitales, incluido el Registro Civil Central: Madrid, Málaga, Sevilla, Zaragoza, Palma, las Palmas de Gran Canaria, Santa Cruz de Tenerife, Valladolid, Barcelona, Tarragona, Alicante, Valencia, A Coruña, Vigo, Murcia y Bilbao. Los contemplaba el Art. 27 de la Ley 38/1988, de 28 de diciembre, de Demarcación y de Planta Judicial. Precepto expresamente derogado por la Disposición derogatoria de la Ley 6/2021, de 28 de abril, que modifica la Ley 20/2011, de 21 de julio, del Registro Civil.

En total, 8.109 Oficinas Registrales. A las que hay que sumar 149 Registros Civiles Consulares.

– Principio de oficialidad: Frente al principio de rogación que rige el Derecho Registral Inmobiliario, en el Derecho Registral Civil rige este principio de oficialidad. La inscripción, en el Registro Civil español, tiene el carácter de obligatoria y, además, existe un marcado interés público en que la totalidad de hechos y actos que se refieran a la identidad, estado civil y demás circunstancias de las personas, accedan al Registro.

– Principio de publicidad[8]: Este principio es la auténtica esencia y fundamento de nuestro sistema registral. En la institución registral, la expresión "publicidad" no significa propaganda o difusión. Representa la posibilidad de conocer a través de la difusión de los datos inscritos pero de una forma organizada y mediante una institución jurídica[9] expresamente autorizada para ello. Es lo que se denomina "publicidad formal", la cual es el modo o forma de proyectar al exterior, mediante la certificación correspondiente, los datos obrantes en los Registros Civiles. Hay que distinguirla de la "publicidad material", la cual hace referencia a hacer constar en el Registro Civil los hechos de estado civil y su eficacia probatoria.

– Principio de exactitud registral. Es el objetivo de todo Registro público. El Registro Civil se presume exacto. La exactitud registral supone la concordancia del Registro Civil con la realidad extrarregistral. Obviamente, la no concordancia entre este mismo Registro Civil y la realidad supondrá la inexactitud registral.

– Principio de eficacia probatoria o de legitimación. La inscripción en el Registro Civil constituye prueba plena de los hechos inscritos. El valor probatorio de los asientos del Registro Civil y de sus respectivas certificaciones es algo consustancial al carácter de documento público que tienen.

II. Estructura del Registro Civil

Desde la Ley Provisional del Registro Civil de 17 de junio de 1870, en nuestro país, el criterio para la práctica de las inscripciones ha sido el de la territorialidad. Es decir, donde ocurre el hecho objeto de inscripción, se practica la misma. Esto, de entrada, significa que los hechos y actos que afectan al estado civil de una persona se encuentren en Registros Civiles diferentes.

El origen de este criterio está en que nos debemos situar en la España de mediados del siglo XIX. Los Ayuntamientos ya están creados y se trataba de que los ciudadanos tuvieran una referencia física para practicar la inscripción. Y este local o dependencia debía estar lo más próximo posible a su domicilio para asegurar, en la medida de lo posible, que las inscripciones se realizasen.

La consecuencia inmediata de la existencia de un Registro Civil en cada Ayuntamiento y que hemos arrastrado hasta la entrada en vigor de la LRC 2011, es que tenemos 7.677 Registros Civiles de los denominados Delegados y 432[10] Registros Civiles de los llamados Principales (son los que existen en cada cabecera de Partido Judicial). En total, 8.109 Oficinas Registrales, a las que, como he señalado, debemos sumar las 149 Oficinas Consulares.

[8] Art. 15 LRC 2011, "Principio de publicidad": *"Los ciudadanos tendrán libre acceso a los datos que figuren en su registro individual"*.

[9] En el ámbito del Derecho Registral Civil, es el Registro Civil. En el del Derecho Mercantil, será el Registro Mercantil. Y en el ámbito del Derecho Inmobiliario, es el Registro de la Propiedad.

[10] De estos 432 Registros Civiles Principales, situados en los grandes núcleos de población y que los hemos mencionado en el apartado anterior, 16 son, según el derogado art. 27 de la Ley 38/1988, de 28 de diciembre, de Planta y Demarcación Judicial, Registros Civiles Exclusivos. Como su propio nombre indica, no han compatibilizado sus Encargados su función registral con ningún tipo de tarea jurisdiccional. Sus Encargados, que tenían el carácter de Magistrados, se han dedicado exclusivamente a funciones y tareas registrales.

[11] La informatización de los Registros Civiles tuvo su origen en la Orden del Ministerio de Justicia de 19 de julio de 1999, sobre informatización de los Registros Civiles.

Después, la Orden JUS/1468/2007, de 17 de mayo, sobre impulso a la informatización de los Registros Civiles, señaló que, si bien la implantación de la aplicación informática Inforeg está ya implantada por Orden del Ministerio de Justicia de 1 de junio de 2001, progresivamente se procederá a la recuperación de los archivos anteriores a la informatización de los Registros Civiles mediante la digitalización de los libros registrales manuscritos, desde 1950.

Ahora, la disposición transitoria segunda LRC 2011 tiene el ambicioso objetivo, en función de las posibilidades presupuestarias de, también progresivamente, incorporar los datos digitalizados que consten en la base de datos del Registro Civil a registros individuales. A tal efecto, y desde 1920, se incorporarán a los registros individuales todas las inscripciones de nacimiento obrantes en todos los Registros Civiles (principales, delegados, Consulares y Central), y las inscripciones de matrimonio, defunciones y tutelas y demás representaciones legales, desde 1950.

La Ley 20/2011, de 21 de julio, del Registro Civil, implica la implantación de un nuevo modelo de Registro Civil único para toda España (art. 3.1 LRC 2011), informatizado[11], accesible electrónicamente[12], cuya llevanza corresponderá a funcionarios públicos distintos de aquellos que integran el poder judicial del Estado y con una estructura organizativa formada por una Oficina Central, Oficinas Generales y Oficinas Consulares, que conlleva la reestructuración de la organización actual del Registro Civil en todo el territorio nacional.

El Registro Civil depende del Ministerio de Justicia, dice el art. 20 LRC 2011, redacción dada por Ley 6/2021, de 28 de abril, y se organiza en:

1.º Oficina Central. Corresponde al anterior Registro Civil Central.

2.º Oficinas Generales. Responden a los anteriores Registros Civiles Principales. Existirá una Oficina General del Registro Civil en todas las poblaciones que sean sede de la capital de un partido judicial. Al frente de cada Oficina General del Registro Civil estará un Encargado del Registro Civil, que ejercerá sus cometidos bajo la dependencia funcional de la Dirección General de Seguridad Jurídica y Fe Pública.

3.º Oficinas Consulares. Estas Oficinas Consulares del Registro Civil corresponden a los Registros Consulares. La atención registral que estas Oficinas realizan a los ciudadanos españoles respecto a los hechos y actos que acaecen en su circunscripción consular.

A partir de esta nueva organización registral, superado el criterio de la territorialidad, los ciudadanos podrán presentar todo tipo de solicitudes y documentación que se le requiera en cualquier Oficina del Registro Civil o remitirla electrónicamente a la Oficina correspondiente.

Durante la tramitación parlamentaria de la LRC 2011 y en el largo periodo de *vacatio legis*, diez años, fue una fuente de polémica constante la circunstancia de qué hacer con los, antes denominados, Registros Civiles delegados, los existentes en los Juzgados de Paz[13]. No se sabía si, con un Registro Civil único para toda España, con una base de datos única, informatizado y accesible electrónicamente, era o no necesario que las conocidas como Secretarías de Juzgados de Paz realizasen o no funciones registrales. Finalmente, se ha adoptado la decisión más acertada de considerar las secretarías de juzgados de paz como Oficinas colaboradoras del Registro Civil[14].

---

[12] Es la vocación modernizadora que tiene la nueva Ley registral. Siempre debemos tener presente que el Registro Civil es un instrumento fundamental en la vida de los ciudadanos que requieren sus servicios para la realización de numerosos trámites y procedimientos.

[13] No perdamos la referencia de que, en nuestro país, más de dieciséis millones de personas viven en localidades de menos de 20.000 habitantes, y que concurren diversos factores (territoriales, de edad, económicos, culturales, tecnológicos) que hacen que, a pesar de existir un Registro Civil informatizado y accesible electrónicamente, no quieran o no puedan hacer uso de los medios electrónicos para realizar actuaciones registrales y prefieran una atención directa y presencial porque les proporciona mayor seguridad de que lo que están realizando o solicitando es lo correcto. Pensemos, por ejemplo, en actuaciones posteriores al fallecimiento de un familiar. Obtener el certificado de últimas voluntades del causante exige una serie de pasos administrativos que, bien explicados y dirigidos por el funcionario registral, le permiten al ciudadano el ahorro de unos gastos de tramitación que no tiene nadie porqué asumir.

[14] La disposición adicional quinta de la LRC 2011, redacción dada por Ley 6/2021, de 28 de abril, dice que todas las secretarías de juzgados de paz colaborarán con el Registro Civil desempeñando las siguientes funciones:

a) Recibirán por vía presencial y registrarán electrónicamente solicitudes, declaraciones o formularios, así como otros documentos necesarios para la tramitación de los procedimientos del Registro Civil.

b) Informarán a los ciudadanos en materias relacionadas con los procedimientos del Registro Civil.

c) Expedirán certificaciones de los asientos registrales obrantes en los libros físicos de Registro Civil que estén a su cargo y no puedan certificarse por medios electrónicos.

d) Expedirán certificaciones electrónicas de los asientos registrales, que se soliciten presencialmente en ellos.

e) Expedirán certificados de fe de vida.

f) Practicarán las actuaciones auxiliares no resolutivas que reglamentariamente se determinen.

g) Cualesquiera otras que determine la Dirección General de Seguridad Jurídica y Fe Pública.

Sobre el servicio de las Oficinas Colaboradoras, la Instrucción de 25 de septiembre de 2023 de la DGSJyFP, dispone que las Oficinas Colaboradoras del Registro Civil colaborarán con el Registro Civil desempeñando las funciones establecidas en la disposición adicional quinta de la Ley 20/2011, de 21 de julio.

Si, por cualquier circunstancia ordinaria o extraordinaria, no pudiera prestarse el servicio en una Oficina Colaboradora, el ciudadano podrá acudir a la Oficina Colaboradora sita en la cabecera de la agrupación de secretarías de Juzgado de Paz de la que esta dependa para poder llevar a cabo los trámites pertinentes.

Si se trata de Oficinas Colaboradoras situadas en secretarías de Juzgados de Paz no agrupados, podrán acudir a la Oficina General.

En los municipios donde no se ubique una Oficina General, además de existir las Oficinas Colaboradoras con las funciones descritas, los Ayuntamientos podrán solicitar al Ministerio de Justicia que les habilite las conexiones necesarias para que los ciudadanos puedan presentar en dichos Ayuntamientos solicitudes y la documentación necesaria para las actuaciones ante el Registro Civil.

En consecuencia, hay que reconocerlo así, el legislador registral ha sido en todo momento sensible con la circunstancia descrita de que, por las razones que sean (inhabilidad tecnológica, factores como la edad, el territorio, culturales, sociológicos), no todos los ciudadanos disponen de medios o habilidades para realizar un acceso electrónico a los datos registrales y se les ofrece la alternativa de, vía presencial o telefónica, poder realizar las solicitudes y declaraciones para la tramitación de los procedimientos del Registro Civil.

III. Registro individual para cada persona. Código personal

Hay que señalar, en primer lugar, que junto al abandono del criterio de la territorialidad en la práctica de los asientos y de la desjudicialización de la organización registral, el tercer pilar básico sobre el que se asienta el nuevo modelo registral consiste en la supresión del tradicional sistema de división del Registro Civil en Secciones Registrales –Nacimientos, Matrimonios, Defunciones, Tutelas y Representaciones Legales– y procede a crear un registro individual para cada persona a la que, desde la primera inscripción que se practique se le asigna, como veremos, un código personal.

El disponer de un modelo registral basado en el criterio de la territorialidad[15] y que los datos registrales de la misma persona se encontrasen dispersos en distintas Secciones registrales, de distintos Registros Civiles y bajo la supervisión de diferentes Encargados suponía desperdiciar la eficacia y operatividad que ofrece un Registro Civil con una base de datos única.

El primero de los derechos que señala el novedoso[16] art. 11 LRC 2011 es "*El derecho a un nombre y a ser inscrito mediante la apertura de un registro individual y la asignación de un código personal*".

Dice el texto registral, art. 5 LRC 2011, que cada persona tendrá un registro individual en el que constarán los hechos y actos relativos a la identidad, estado civil y demás circunstancias en los términos que fija el propio texto registral.

Este registro individual se abrirá con la inscripción de nacimiento o "*con el primer asiento que se practique*"[17]. Se cerrará el registro individual con la inscripción de la defunción.

Desde que este registro individual esté abierto, todos aquellos hechos y actos que, según la Ley registral, tengan acceso al Registro Civil se inscribirán o anotarán en el mismo de una manera continuada, sucesiva o cronológica.

De lo dicho hasta ahora respecto a la instauración en el nuevo modelo registral de un registro individual para cada persona, podemos decir, salvando las lógicas diferencias derivadas de su diferente naturaleza jurídica[18], que es el mismo modelo que el del Registro de la Propiedad en relación a los bienes inmuebles. Cada finca dispone de su folio e historial y todas las circunstancias que afectan a la misma (transmisiones, titularidades, cargas, gravámenes, hipotecas, etcétera), se inscriben o anotan de manera sucesiva y cronológica.

---

[15] Art. 16.1 LRC 1957: "*Los nacimientos, matrimonios y defunciones se inscribirán en el Registro municipal o Consular del que acaecen*".

[16] La circunstancia de que dentro del Título I, "El Registro Civil. Disposiciones generales", aparezca en su Capítulo II, "Derechos y deberes ante el Registro Civil", representa toda una novedad en la regulación registral española.

[17] Esta expresión, "*primer asiento que se practique*", está haciendo referencia a que, cuando un ciudadano extranjero adquiere la nacionalidad española, entre los requisitos que establece el art. 23 del Código Civil para adquirir la nacionalidad española se encuentra el de inscribir la adquisición en el Registro Civil español. Es en ese momento cuando a ese ciudadano extranjero que ha adquirido la nacionalidad española se le abrirá su registro individual en el Registro Civil español y cuando todos aquellos actos que afectan a su estado civil, p. ej., el matrimonio que haya adquirido con anterioridad a la nacionalidad española, accederán al Registro Civil español.

[18] Para D. José Pere Raluy, "*Aunque el Registro de la Propiedad es un Registro de derechos, el Civil lo es de hechos y actos jurídicos*".

Las ventajas de esta sistemática registral son evidentes. En lo que a nosotros nos concierne, primero, dejamos de tener esas diferentes Secciones registrales, y, segundo, muy importante, todos los hechos y actos que afectan a la identidad y estado civil de una misma persona están y se encuentran concentrados en su registro individual y, así, hemos terminado con la dispersión de sus datos por los diferentes Registros y Secciones.

La informatización de los Registros Civiles en nuestro país comenzó con la Orden de 19 de julio de 1999, después desarrollada por la Orden JUS/1468/2007, de 17 de mayo, sobre impulso a la informatización de los Registros Civiles y digitalización de sus archivos. En las mismas se planteaba la recuperación informática de los archivos anteriores a la informatización de los Registros Civiles y abarcaría todas las inscripciones de nacimiento, matrimonio y defunción practicadas en los Registros civiles desde 1950.

En estos momentos, la disposición transitoria segunda de la Ley registral, "Registros individuales", redacción dada por Ley 6/2021, de 28 de abril, tiene como objetivo, en función de las posibilidades presupuestarias, la progresiva incorporación de los datos digitalizados que consten en la base de datos del Registro Civil a registros individuales.

A tal efecto, se incorporarán a los registros individuales todas las inscripciones de nacimiento practicadas en los Registros Civiles municipales, tanto principales como delegados,, Consulares y Central, desde 1920, y todas las inscripciones de matrimonio, defunciones y tutelas y demás representaciones legales practicadas en los Registros Civiles municipales, tanto principales como delegados, Consulares y Central, desde 1950.

Aspecto interesante que se asocia de manera inmediata con la apertura de un registro individual es que, cuando se abre el mismo tras la inscripción de nacimiento se le asignará un **código personal** constituido por una secuencia alfanumérica[19] que atribuye el sistema informático vigente para el documento nacional de identidad.

Este código personal, la secuencia alfanumérica generada por el Registro Civil, será, dice, "*única e invariable en el tiempo*". Cuando el registro individual se cierra con la inscripción de la defunción, el código personal atribuido a esa persona ya no podrá volver a ser asignado (art. 62.4 LRC 2011).

IV. Registro Civil único

"El Registro Civil es único para toda España" (*sic*), dice el art. 3 de la Ley del Registro Civil.

La LRC 2011 manifiesta, en todo momento, una constante vocación modernizadora de los Registros Civiles. El legislador registral ha sido consciente de la necesidad de proponer un cambio radical de modelo para conducir nuestra sistemática registral hacia un modelo donde la informatización y la accesibilidad electrónica tengan cabida para justificar esa "vocación modernizadora" a que se refiere la Ley desde el mismo Preámbulo.

No solo eso. Siendo consciente de la necesidad de uniformización de criterios[20], la disposición adicional sexta de la Ley, redacción dada por Ley 6/2021, de 28 de abril, ya dice que todas las Oficinas del Registro Civil utilizarán los mismos sistemas y aplicaciones informáticas. Aplicaciones de las que también serán partícipes las Oficinas colaboradoras y los Ayuntamientos que hayan solicitado al Ministerio de Justicia habilitación de las conexiones necesarias para que sus ciudadanos puedan realizar en los mismos solicitudes registrales y presentar documentación para las actuaciones ante el Registro Civil.

Además, el Registro Civil se configura como una base de datos única que permite compaginar la unidad de la información con la gestión territorializada y la universalidad en el acceso. Es por ello que las Comunidades

[19] Código alfanumérico: Tipo de código diseñado especialmente para números (del 0 al 9), letras del alfabeto (a-z y A-Z), signos especiales, signos de puntuación o caracteres de control.

[20] Durante la tramitación parlamentaria, tuvo mucha resonancia una frase del entonces Ministro de Justicia Sr. Caamaño: "*Los Registros Civiles son como 8.000 islas que, a pesar de que han dejado de compartir el olvido, todavía comparten la soledad*". Con esta frase, el ministro demuestra tener un acertado conocimiento de la realidad registral en nuestro país. Porque es así como se ha funcionado hasta ahora.

Autónomas participan en el diseño, medios y ejecución de la prestación del mismo, en virtud de su atribución de competencias y dentro de la estrategia de cogobernanza.

La conclusión inmediata que hemos sacado en el apartado anterior referido a que cada persona dispondrá de su registro individual tras la inscripción de su nacimiento es que se suprime el tradicional sistema de división del Registro en Secciones (Nacimientos, Matrimonios, Defunciones y Tutelas y demás Representaciones Legales)[21]. Ahora, con el Registro Civil único, la consecuencia directa es que se abandona la vieja preocupación por la constatación territorial[22] de los hechos concernientes a las personas. Ya no será necesario practicar la inscripción o anotación en el Registro Civil donde acaezca el hecho objeto de inscripción[23].

Si, consecuencia de lo dicho, disponemos de un registro individual para cada persona que suprime las distintas Secciones registrales, y tenemos ahora un Registro Civil único que supera el criterio de la territorialidad que imperó en nuestro modelo registral desde la Ley Provisional de 1870, todo ello significa, en primer lugar, que evitamos la dispersión de los datos registrales del inscrito porque están concentrados en su registro individual, y, en segundo lugar, que podemos optimizar toda esta información registral.

Todo ello repercutirá positivamente, primero, en el propio inscrito, que no deberá acudir en "peregrinaje" por las distintas oficinas registrales para conseguir su información registral; segundo, para la misma Administración[24] que, en el ejercicio de su competencias, puede acceder a los datos que consten en el Registro Civil (art. 80.1 LRC 2011); y, tercero, para las propias personas distintas del solicitante que, en publicidad registral, a través de las certificaciones oportunas, podrán acceder a la información registral siempre y cuando no se trate de datos especialmente protegidos[25].

V. Desjudicialización del Registro Civil

El tercer soporte sobre el que se sostiene el nuevo andamiaje de modelo registral es el de la desjudicialización del Registro Civil. Junto a la creación del registro individual para cada persona que suprime la división del Registro Civil en Secciones, y el de un Registro Civil único para todo el país que supera el criterio de la territorialidad, la desjudicialización de la organización registral es el tercer pilar básico sobre el que se asienta el nuevo modelo registral.

Considero, también, que es uno de los cambios más polémicos y significativos. El modelo judicial de Registro Civil que hemos tenido en la organización registral española ha tenido una existencia de más de 150 años. No son pocos años para, de la noche a la mañana, cambiar a un modelo registral en donde se contemple el mismo como administrativo y desjudicializado.

---

[21] Al inscribirse o anotarse en el registro individual de cada persona, todos los hechos y actos que afecten a su identidad y estado civil de una manera continuada, sucesiva y cronológica, las distintas Secciones registrales existentes carecen de sentido su existencia.

[22] El criterio de la territorialidad significa que los datos registrales de una misma persona se encuentren en diferentes Registros Civiles de distintas poblaciones y, también, en distintas Secciones del Registro Civil. Esta concepción fue fruto de tener unas estructuras registrales decimonónicas que respondían al momento en la que se establecieron. Fue a mediados del siglo XIX. Había tenido lugar la Revolución francesa y, consecuencia de la misma, entre otros aspectos, resultaba necesario sustituir los registros canónicos por la necesidad de secularizar las instituciones, y había que asegurar la práctica de las inscripciones en locales que estuviesen próximas a los ciudadanos. Resultando que la institución oficial que reunía estos requisitos eran los Ayuntamientos.

[23] Los ciudadanos, nos dice el art. 20.3 LRC 2011, redacción dada por Ley 6/2021, de 28 de abril, podrán presentar la solicitud y la documentación requerida ante cualquier Oficina del Registro Civil o remitirla electrónicamente. Igualmente, podrán presentar en las Oficinas Colaboradoras la solicitud y la documentación necesaria para las actuaciones ante el Registro Civil. Y lo mismo en los Ayuntamientos que soliciten al Ministerio de Justicia que les habilite las conexiones necesarias. En estas dependencias municipales los ciudadanos podrán presentar solicitudes y la documentación necesaria para las actuaciones ante el Registro Civil (Disposición Adicional Quinta LRC 2011).

[24] Las Administraciones y funcionarios públicos, para el desempeño de sus funciones y bajo su responsabilidad, podrán acceder a los datos contenidos en el Registro Civil (art. 15.2 LRC 2011).

[25] Los datos de publicidad restringida o sometidos a especial protección son, según el art. 83 LRC 2011, los de filiación adoptiva y desconocida; la discapacidad y las medidas de apoyo; los cambios de apellido autorizados por ser víctima de violencia de género o su descendiente, así como otros cambios de identidad legalmente autorizados; la rectificación del sexo; las causas de privación o suspensión de la patria potestad; el matrimonio secreto.

La atribución, en su momento, de las competencias en materia de Registro Civil a los Jueces[26] obedecía más a las condiciones jurídicas, económicas y sociológicas de la España del siglo XIX que a razones de orden estrictamente jurídico. El mantenimiento del Juez como encargado se consolidó con la Ley de 1957 por pura inercia histórica y con ello nos apartamos de los sistemas de Derecho comparado en donde, mayoritariamente se opta por sistemas registrales no judiciales: Francia, Alemania, Italia, Holanda, Reino Unido, entre otros.

El propio Preámbulo de la LRC 2011 ya nos dice que la modernización del Registro Civil hace pertinente que su llevanza sea asumida por funcionarios públicos distintos de aquellos que integran el poder judicial del Estado, cuyo cometido constitucional es juzgar y hacer ejecutar lo juzgado (art. 117.3 CE 1978).

Respecto a la figura del Encargado en la nueva Ley del Registro Civil, el art. 22.2 nos dice que *"Al frente de cada Oficina General del Registro Civil estará un Encargado del Registro Civil"*. Después de no pocas vicisitudes sobre quién asumiría las funciones de Encargado[27], el Preámbulo de la Ley 6/2021, de 28 de abril, dijo que se establecía una decidida apuesta por la figura del letrado de la Administración de Justicia como Encargado.

Así fue. La nueva redacción que esta misma Ley 6/2021 dio a la disposición adicional segunda de la Ley registral dice que *"Las plazas de Encargados del Registro Civil se proveerán entre letrados de la Administración de Justicia"*. Ello permitirá, dice la Ley, una mayor uniformidad de criterios y una tramitación más ágil y eficiente de los distintos expedientes.

Lo que se planteaba a continuación es si, al disponer de un modelo registral administrativizado y no judicial, supondría merma alguna del derecho de los ciudadanos a una tutela judicial efectiva. En absoluto, todos los actos del Registro Civil quedan sujetos a control judicial[28].

VI. Íter sobre la elaboración de los formularios registrales. Art. 4 de la Ley del Registro Civil. Hechos y actos inscribibles

La presente Colección de Formularios Registrales (acrónimo, "C.F.R.") la consideramos, en estos momentos, como absolutamente necesaria consecuencia de que al haber entrado en vigor, el 30 de abril de 2021, la Ley 20/2011, de 21 de julio, del Registro Civil, se produce, como he comentado en los apartados anteriores, un cambio radical de modelo registral respecto al que teníamos y habíamos conocido con la Ley del Registro Civil de 1957 y, en consecuencia, todas y cada una de las referencias registrales que los operadores registrales utilizábamos nada tienen que ver con la actual normativa registral. De ahí que en su elaboración se garantiza, primero, el

[26] Si, como dice el art. 2.1 LRC 2011, *"Los encargados del Registro Civil deben cumplir las órdenes, instrucciones, resoluciones y circulares del Ministerio de Justicia y de la Dirección General de Seguridad Jurídica y Fe Pública"*, y el art. 117 CE nos dice que los Jueces y Magistrados integrantes del poder judicial son *"independientes, inamovibles, responsables y sometidos únicamente al imperio de la ley"*, una cosa y otra, estaremos de acuerdo, resultan un oxímoron. No puede, de ninguna de las maneras, un integrante del Poder Judicial encontrarse bajo las órdenes de un órgano administrativo.

Ya lo señaló el Auto del Tribunal Constitucional de 13 de diciembre de 2005: *"El Juez-encargado del Registro Civil se integra en una estructura administrativa, la del Registro Civil, bajo la dependencia funcional del Ministerio de Justicia, a través de la Dirección General de los Registros y del Notariado, a cuyas órdenes e instrucciones se encuentra sometido"*. Desde entonces, con esta referencia del Tribunal Constitucional, el cuestionamiento del modelo registral judicial por parte de los operadores registrales en nuestro país ha sido una constante.

[27] La redacción originaria de la disposición adicional segunda de la LRC 2011 decía que: *"En la forma y con los requisitos que reglamentariamente se determinen, las plazas de Encargados del Registro Civil se proveerán entre funcionarios de carrera del Subgrupo A1 que tengan la Licenciatura en Derecho o la titulación universitaria que la sustituya y entre secretarios judiciales"*.

A partir de aquí hubo todo tipo de conjeturas. Hasta el punto llegó la cuestión que la Ley 18/2014, de 15 de octubre, en su disposición adicional vigesimoprimera, "Llevanza del Registro", decía que *"el Registro Civil estará encomendado a los Registradores de la Propiedad y Mercantiles"*. Disposición expresamente derogada por la disposición derogatoria única de la Ley 19/2015, de 13 de julio, de medidas de reforma administrativa en el ámbito del Registro Civil.

[28] Las decisiones del Encargado son recurribles ante la Dirección General de Seguridad Jurídica y Fe Pública, y las resoluciones y actos de esta Dirección General se pueden recurrir ante el Juzgado de Primera Instancia de la capital de provincia del domicilio del recurrente, conforme a los trámites del art. 781 bis de la Ley de Enjuiciamiento Civil. Trámites que se refieren al Juicio Verbal.

Por otra parte, los asientos están bajo la salvaguarda de los Tribunales, dice el art. 90 LRC 2011, y su rectificación se efectuará en virtud de resolución judicial firme de conformidad con lo previsto en el art. 781 bis de la Ley 1/2000, de 7 de enero, de Enjuiciamiento Civil.

rigor registral, y, segundo, que los mismos estén debidamente actualizados legislativamente al momento de su elaboración[29].

El objetivo fundamental en la elaboración de estos Formularios Registrales es ofrecer, tanto a profesionales jurídicos y registrales (Abogados, Notarios, Procuradores, Registradores de la Propiedad), como a las propias instituciones registrales (Oficinas Generales del Registro Civil, Oficinas Colaboradoras y Ayuntamientos), y, también, a los propios ciudadanos con curiosidad en la actividad del Registro Civil, la posibilidad de utilización de los mismos. No perdamos de referencia que contacto con una Oficina General del Registro Civil, a lo largo de la vida, todos los ciudadanos terminaremos preguntando y solicitando aspectos que afectan a nuestra identidad y estado civil.

Contemplando este objetivo prestaré un especial interés y atención en el uso y utilización de un lenguaje inteligible por todo tipo de operadores registrales y público en general. Parto, siempre, en cualquier estudio o trabajo que realizo, de la premisa que los ciudadanos tienen derecho a la claridad en el lenguaje jurídico[30]. Asumo en su integridad las palabras que el exministro de Justicia, Francisco Caamaño, dijo, reclamando a los profesionales del Derecho que hagan más comprensible el lenguaje jurídico y, señaló que "*la justicia se hace respetar mejor cuando se comprende*".

El *íter* que desarrollaré en la elaboración de la presente Colección de Formularios Registrales será el marcado por la propia Ley registral en su art. 4, "*Hechos y actos inscribibles*". Precepto, aclaro, que ha sido modificado por la Ley 8/2021, de 2 de junio, por la que se reforma la legislación civil y procesal para el apoyo a las personas con discapacidad en el ejercicio de su capacidad jurídica[31]. Realizaré, asimismo, una breve explicación de la normativa registral aplicable, con las Instrucciones, Circulares, Órdenes y Resoluciones de la Dirección General de Seguridad Jurídica y Fe Pública (acrónimo, "DGSJyFP").

Dice este art. 4 LRC 2011 que "*Tienen acceso al Registro Civil los hechos y actos que se refieren a la identidad, estado civil y demás circunstancias de la persona.*

Son por tanto inscribibles:

1.º El nacimiento.

2.º La filiación.

3.º El nombre y los apellidos y sus cambios.

4.º El sexo y el cambio de sexo.

5.º La nacionalidad y la vecindad civil.

6.º La emancipación y el beneficio de la mayor edad.

7.º El matrimonio. La separación, nulidad y divorcio.

---

[29] Cuestión esta verdaderamente transcendente consecuencia que desde la publicación en el BOE de la Ley registral el 22 de julio de 2011 hasta su completa entrada en vigor, el 30 de abril de 2021, transcurren casi diez años. Hasta seis *vacatio legis* se han dado desde la publicación hasta su entrada en vigor. Período en el que hay numerosas leyes que modifican la Ley registral: Ley 15/2015, de 2 de julio, de la Jurisdicción Voluntaria; Ley 19/2015, de 13 de julio, de medidas de reforma del Registro Civil; Ley 4/2017, de 28 de junio. Y, aún después de su entrada en vigor, hay leyes que modifican la LRC 2011 de manera sustantiva: Ley 8/2021, de 2 de junio, para el apoyo a las personas con discapacidad y la Ley 4/2023, de 28 de febrero, para la igualdad real y efectiva de las personas trans y para la garantía de los derechos de las personas LGTBI, que da nueva redacción a los arts. 44, 49, 51, 53, 69, 91 y añade una Disposición Adicional Décima a la Ley del Registro Civil de 21 de julio de 2011.

[30] Hay que reconocer que los juristas somos muy dados a la utilización de un lenguaje plagado de eufemismos y circunloquios que no hacen sino disfrazar u ocultar la realidad.

[31] Lógicamente, al transcurrir tanto tiempo desde la publicación de la norma registral hasta su entrada en vigor, aspectos o cuestiones que se contemplaban de una manera en un momento determinado, después no ocurre así. Ha sucedido, por ejemplo, con las personas con discapacidad y el ejercicio de su capacidad jurídica con la inclusión del nuevo sistema basado en el respeto a la voluntad y las preferencias de la persona con discapacidad, o las menciones registrales relativas al nombre y sexo de las personas, con la derogación por la Ley 4/2023, de 28 de febrero, de la Ley 3/2007, de 15 de marzo, reguladora de la rectificación registral de la mención relativa al sexo de las personas.

8.º El régimen económico matrimonial legal o pactado.

9.º Las relaciones paterno-filiales y sus modificaciones.

10.º Los poderes y mandatos preventivos, la propuesta de nombramiento de curador y las medidas de apoyo previstas por una persona respecto de sí misma o de sus bienes.

11.º Las resoluciones judiciales dictadas en procedimientos de provisión de medidas judiciales de apoyo a personas con discapacidad.

12.º Los actos relativos a la constitución y régimen del patrimonio protegido de las personas con discapacidad.

13.º La tutela del menor y la defensa judicial del menor emancipado.

14.º Las declaraciones de concurso de las personas físicas y la intervención o suspensión de sus facultades.

15.º Las declaraciones de ausencia y fallecimiento.

16.º La defunción".

El nacimiento

(Art. 4 de la Ley del Registro Civil 2011: Tienen acceso al Registro Civil los hechos y actos que se refieren a la identidad, estado civil y demás circunstancias de la persona. Son, por tanto, inscribibles: **El nacimiento**).

Antes de comenzar a desgranar todos y cada uno de los modelos que compondrán esta Colección de Formularios Registrales es necesario poner en contexto la organización registral española[1]. Es evidente la *"vocación totalizadora del Registro Civil español"*. Muy pocas organizaciones registrales en el mundo tienen esa ambición de practicar la inscripción de todos los hechos y actos que afectan al estado civil de las personas, sean españolas o extranjeras, que acaezcan en territorio español[2].

Esta visión, casi inabarcable que contempla nuestra organización registral, implica disponer de un conocimiento exhaustivo de las legislaciones registrales de muchísimos países, algo que hace de la función registral resulte, en ocasiones, verdaderamente compleja. De ahí la imperiosa necesidad de que los Encargados de las Oficinas Generales de los Registros Civiles, los Letrados de la Administración de Justicia[3], desempeñen las funciones registrales con dedicación exclusiva y sin compatibilizar las mismas con las funciones propias del cargo de letrado de la Administración de Justicia de la oficina judicial.

El art. 44.1 de la Ley del Registro Civil, "Inscripción de nacimiento y filiación", dice que: *"Son inscribibles los nacimientos de las personas, conforme a lo previsto en el artículo 30 del Código Civil"*.

La nueva redacción del art. 30 del Código Civil (acrónimo, "CC") dada por la disposición final tercera de la Ley del Registro Civil de 21 de julio de 2011 (en adelante, "LRC 2011"), dice que: *"La personalidad se adquiere en el momento del nacimiento con vida, una vez producido el entero desprendimiento del seno materno"*[4].

---

[1] Art. 9 de la Ley del Registro Civil, *"Competencias generales del Registro Civil: En el Registro Civil constarán los hechos y actos inscribibles que afecten a los españoles y los referidos a los extranjeros, acaecidos en territorio español.*

Igualmente, *se inscribirán los hechos y actos que hayan tenido lugar fuera de España, cuando las correspondientes inscripciones sean exigidas por el Derecho español"*.

[2] Ello, lógicamente, tiene sus pros y sus contras. Entre los beneficios se encuentra, como ya apunté en el apdo. I de la Introducción, la evidente seguridad jurídica que esta circunstancia aporta tanto a la institución registral como a los propios ciudadanos. Entre los "aspectos negativos", entre comillas, nos encontramos que, como señala el art. 9.1 del Código Civil, *"La ley personal correspondiente a las personas físicas es la determinada por su nacionalidad. Dicha ley regirá la capacidad y el estado civil, los derechos y deberes de familia y la sucesión por causa de muerte"*, ello lleva implícito el necesitar un grado de conocimiento y manejo del Derecho Internacional Privado que si no hay una dedicación exclusiva al Derecho Registral resultará muy difícil el poder ofrecer respuestas registrales de garantías a las complejas situaciones y circunstancias a las que hacemos frente en el día a día registral.

[3] La nueva Ley Registral establece de manera clara una decidida apuesta por la figura del Letrado de la Administración de Justicia (acrónimo, "LAJ"), como Encargado. Así lo refleja la disposición adicional segunda de la misma, redacción dada por Ley 6/2021, de 28 de abril, al decir que: *"(...) las plazas de Encargados del Registro Civil se proveerán entre letrados de la Administración de Justicia"*. A su vez, el art. 22.2 LRC 2011 dice: *"Al frente de cada Oficina General del Registro Civil estará un Encargado del Registro Civil"*.

[4] Resultó una sorpresa muy agradable esta nueva redacción del art. 30 CC en la disposición final tercera de la Ley 20/2011, de 21 de julio, del Registro Civil. Y que, además, conforme a la disposición final décima de la misma LRC 2011, "Entrada en vigor", esta disposición final tercera con la nueva redacción del art. 30 CC, fue de lo poco que entró en vigor al día siguiente de la publicación de la Ley en el BOE, el 22 de julio de 2011.

La anterior redacción de este mismo art. 30 CC decía que *"Para los efectos civiles, solo se reputará nacido el feto que tuviere figura humana y viviere veinticuatro horas enteramente desprendido del seno materno"*. En la comparativa con la nueva redacción contrastamos, sin duda, el acierto de la nueva redacción. Desaparece el término "feto", ahora la nueva Ley registral se refiere a los mismos como *"fallecimientos que se producen con posterioridad a los seis meses de gestación"* (Disposición Adicional Cuarta

La consecuencia inmediata de inscribir el nacimiento es la apertura para esa persona de su *registro individual*[5]. Este registro individual que dispondrá cada persona inscrita con su correspondiente código personal es una de las novedades más importantes del nuevo modelo registral que nos propone la Ley registral[6]. En él se inscribirán o anotarán, continuada, sucesiva y cronológicamente, todos y cada uno de los hechos y actos que tengan acceso al Registro Civil y que detallaremos a lo largo de esta Colección de Formularios Registrales siguiendo los ordinales de este art. 4 de la Ley del Registro Civil.

Al respecto de la inscripción de los recién nacidos, es necesario precisar que la Ley 19/2015, de 13 de julio, de medidas de reforma administrativa en el ámbito de la Administración de Justicia y del Registro Civil, dio una nueva redacción al art. 46 LRC 2011, "Comunicación del nacimiento por los centros hospitalarios". El objetivo fue que la inscripción de los recién nacidos se realizase directamente desde los centros sanitarios. En la misma maternidad, los progenitores, asistidos por los facultativos que han asistido al parto, firman el formulario oficial de declaración al que se incorpora el parte facultativo acreditativo del nacimiento[7]. Toda esta documentación se remite telemáticamente[8] desde el mismo hospital o clínica al Registro Civil para realizar la inscripción.

LRC 2011), y se prescinde de los innecesarios requisitos de "*tener figura humana*" (*sic*), y de "*vivir veinticuatro horas enteramente desprendido del seno materno*".

La nueva redacción del art. 30 CC resulta sencilla, clara y evita interpretaciones contradictorias. Y ello, además, es coherente con la disposición del art. 7.1 de la Convención sobre los Derechos del Niño: "*El niño será inscrito inmediatamente después de su nacimiento y tendrá derecho desde que nace a un nombre y a adquirir una nacionalidad*".

[5] Art. 5.2 LRC 2011: "*El registro individual se abrirá con la inscripción de nacimiento o con el primer asiento que se practique*".

[6] Ver Apartado IV de la Introducción de esta obra.

[7] De esta forma se instaura la certificación médica electrónica a los efectos de la inscripción en el Registro Civil, tanto de los nacimientos como de las defunciones, acaecidos, en circunstancias normales, en hospitales, clínicas y establecimientos sanitarios.

[8] Quien aclara el proceder sobre comunicación electrónica de nacimientos desde centros sanitarios es la Instrucción de la Dirección General de los Registros y del Notariado, de 9 de octubre de 2015 (BOE núm. 246, de 14 de octubre de 2015).

Modelo n.º 1. Formulario electrónico para declaración de nacimiento[1]

SP/FORM/9589

Datos del nacido.

– Nombre:

– Primer apellido:

– Segundo apellido:

– Sexo (Varón/Mujer[2]):

– Fecha/Hora de nacimiento:

– Lugar de nacimiento:

– Provincia/Municipio:

– País:

– Tipo lugar parto (si es maternidad, domicilio, etc.):

Matrimonio de los padres.

– Acreditación matrimonial (consta por exhibición del libro de familia, certificación matrimonial):

– Fecha del matrimonio:

– Año del matrimonio:

– País del matrimonio:

---

[1] Con la finalidad de contemplar esta posibilidad registral de que la inscripción de los recién nacidos se realice directamente desde los centros sanitarios, firmando los progenitores el formulario oficial de declaración al que se incorpora el parte facultativo acreditativo del nacimiento, la Ley 19/2015, de 13 de julio, modificó el art. 120 del Código Civil (a su vez, modificado por la Ley 4/2023, de 28 de febrero), en el sentido de que la filiación no matrimonial queda legalmente determinada en el momento de la inscripción por la declaración conforme realizada por el padre o progenitor no gestante en el correspondiente formulario oficial a que se refiere la legislación del Registro Civil.

[2] Pudiera ocurrir que el "sexo" no pueda determinarse por el facultativo. En estos supuestos, la Ley 4/2023, de 28 de febrero, para la igualdad real y efectiva de las personas trans y para la garantía de los derechos de las personas LGTBI (BOE núm. 51, de 1 de marzo de 2023), ha añadido un nuevo apdo. 5 al art. 49 de la Ley del Registro Civil:

"En el caso de que el parte facultativo indicara la ***condición intersexual del nacido****, los progenitores, de común acuerdo, podrán solicitar que la mención del sexo figure en blanco por el plazo máximo de un año. Transcurrido dicho plazo, la mención al sexo será obligatoria y su inscripción habrá de ser solicitada por los progenitores".*

El cambio de la expresión "hembra" por "mujer", más acorde con la plena igualdad de la mujer (arts. 14 y 32.1 CE 1978), se produjo por Real Decreto 762/1993, de 21 de mayo, que daba nueva redacción al art. 170-2.º del Reglamento del Registro Civil.

– Municipio del matrimonio de los progenitores:

– Declarante:

– Calidad del declarante[3]:

– País del declarante:

– Municipio del declarante:

Dirección del declarante.

· Tipo de vía: · Nombre de la vía:

· Número: · Portal:

· Bloque: · Escalera:

· Planta: · Puerta:

· Código Postal:

Parte del sanitario que asistió al parto[4].

– Nombre:

– Médico/Matrona/Matrón:

– Colegiado núm.:

– Número de parte:

– Nombre del Hospital:

– Municipio del Hospital:

– País del Hospital:

CERTIFICO el nacimiento de un ________________ (varón o mujer o, conforme al n.º 5 del art. 49 LRC 2011, la condición intersexual del nacido), a las ________ (horas), del día ____, de __________ (mes), de __________ (año), en _______________(hospital y localidad), que dio a luz D.ª _________________________________[5], cuya identidad

---

[3] Art. 45 LRC 2011, redacción dada por Ley 19/2015, de 13 de julio: "*Obligados a promover la inscripción de nacimiento*".
"Están *obligados a promover la inscripción de nacimiento:*
1. La dirección de hospitales, clínicas y establecimientos sanitarios.
2. El personal médico o sanitario que haya atendido al parto, cuando este haya tenido lugar fuera de establecimiento sanitario.
3. Los progenitores. No obstante, en caso de renuncia al hijo en el momento del parto, la madre no tendrá esta obligación, que será asumida por la Entidad Pública correspondiente.
4. El pariente más próximo o, en su defecto, cualquier persona mayor de edad presente en el lugar del alumbramiento al tiempo de producirse".

[4] El parte sanitario se completa con cuatro recuadros donde se recogen las huellas dactilar y plantar del nacido y de la madre para así reforzar la identidad biológica del nacido (Órdenes del Ministerio de Justicia de 10 de noviembre de 1999 y de 15 de noviembre de 1996).
El actual art. 46 de la Ley del Registro Civil dispone que: "*En todo caso se tomarán las dos huellas plantares del recién nacido junto a las huellas dactilares de la madre para que figuren en el mismo documento*".
En cuanto a la seguridad en la identidad de los nacidos, ante la alarma social causada por el drama de los "niños robados", la Ley registral incide en la seguridad de identificación de los recién nacidos y la determinación, sin género de dudas, de la relación entre la madre y el hijo, a través de la realización, en su caso, de las pruebas médicas, biométricas y analíticas necesarias.

[5] En toda inscripción de nacimiento practicada en el Registro Civil español debe figurar la identidad de la madre del nacido. La maternidad queda determinada en nuestro Derecho por el hecho del parto, conforme al principio tradicional de "*mater semper certa est*" (Sentencia del Tribunal Supremo 776/1999, que declaró la inconstitucionalidad del art. 167 del Reglamento del Registro Civil, que permitía a la madre ocultar la maternidad, no descubriendo su identidad en el parte médico de asistencia al parto).

se me acredita mediante ____________________ (Documento Nacional de Identidad, Pasaporte, Número de Identificación de Extranjero), y considero comprobado el nacimiento por "mi asistencia profesional al parto".

En ____________, a ____ de ____________ de __________.

(Firma del médico/matrona/matrón)

Datos sanitarios y estadísticos:

- Madre gestante:
- Lugar donde ocurrió el parto:
- Parto asistido por personal sanitario:
- ¿Parto normal o con complicaciones?
- ¿Se practicó cesárea?
- ¿Cuántas semanas duró el embarazo?
- Peso en gramos del recién nacido:
- ¿Cuántos niños han nacido en este parto, con y sin vida?
- ¿El nacido ha vivido más de 24 horas después de nacer?[6]
- Si no, nació con vida
- Causa muerte.
- ¿Cuántos hijos, nacidos con o sin vida, ha tenido en partos anteriores?
- ¿Cuántos hijos, nacidos con vida, ha tenido en partos anteriores?

Ya he señalado que el objetivo de que la inscripción de los recién nacidos se realice directamente desde los centros sanitarios, desde las maternidades, tiene vocación de universalidad. Ahora bien, hay una serie de supuestos que, estaremos de acuerdo, por su complejidad o por concurrir circunstancias extraordinarias, la solicitud de inscripción deberá formularse de forma presencial ante la propia Oficina General del Registro Civil.

Son los supuestos o casos que vamos a ver a continuación.

---

[6] Esta cuestión de si el nacido ha vivido o no veinticuatro horas debiera haber desaparecido de los datos sanitarios y estadísticos consecuencia de responder a la redacción derogada del art. 30 del Código Civil: "*Para los efectos civiles, solo se reputará nacido el feto que tuviere figura humana y viviere veinticuatro horas enteramente desprendido del seno materno*". La actual redacción del artículo 30 CC dice que: "*La personalidad se adquiere en el momento del nacimiento con vida, una vez producido el entero desprendimiento del seno materno*". En consecuencia, ahora el planteamiento debe derivar a conocer si el nacimiento ha sido o no con vida.

Modelo n.º 2. Inscripción de nacimiento fuera de plazo[1]

SP/FORM/9590

Comparecencia. En ____________________, a ___, de ______________, de 202_.

Ante la Oficina General del Registro Civil de ______________, comparecen:

D. ______________________________; con DNI/NIE/Pasaporte número __________________; de estado civil: casado/divorciado/soltero; domiciliado en: __________________; teléfono:________________; correo electrónico: ______________________.

D.ª ______________________________; con DNI/NIE/Pasaporte número __________________; de estado civil: casada/divorciada/soltera; domiciliada en: __________________; teléfono: ______________; correo electrónico: ______________________.

Manifiestan que D.ª ______________________________, el pasado día _______ de ______________ de 202__, a las __:___ horas, en el Hospital/Maternidad ___________ de ___________, dio a luz un varón/mujer, que, consecuencia de problemas de sanitarios ocurridos tras el parto no se pudo realizar la inscripción del nacimiento desde el centro hospitalario en plazo de setenta y dos horas que fija la ley registral y solicitan en este momento se tramite el correspondiente procedimiento registral previsto en los artículos 88 y 89 de la Ley del Registro Civil de 2011 en relación a los artículos 311 y siguientes del Reglamento del Registro Civil de 1958.

A la presente comparecencia acompañan el parte del facultativo que asistió al parto donde se certifica el nombre el/la matrona/ginecólogo, su número de colegiado, así como el nacimiento de un varón/mujer, a las __:__ horas del día _________, de ___________, de 202_, en el Hospital/Maternidad _____________, de la Ciudad de ___________. Siendo la madre D.ª ______________________, que se acredita mediante la presentación del DNI/NIE/Pasaporte n.º _______________ de la misma.

Asimismo, adjuntan a la presente comparecencia, además del parte facultativo, el formulario oficial de declaración donde figuran el nombre y orden de los apellidos del menor, sexo, fecha de nacimiento, hora de nacimiento,

[1] El art. 46 de la Ley del Registro Civil fija el plazo de setenta y dos horas para comunicar el nacimiento por los centros sanitarios a la Oficina del Registro Civil que corresponda. A su vez, el art. 47 LRC 2011 señala que, para los nacimientos que se hayan producido fuera del establecimiento sanitario (en los domicilios), o cuando por cualquier causa no se haya remitido la documentación por el hospital en el plazo de las señaladas setenta y dos horas, los obligados a promover la inscripción disponen de un plazo de diez días para declarar el nacimiento ante la Oficina del Registro Civil. No obstante, este plazo de diez días se puede ampliar a los 30 días cuando se acredite justa causa conforme al art. 166 del Reglamento del Registro Civil.

Breve digresión: Reglamento del Registro Civil de 14 de noviembre de 1958 que, al no estar expresamente derogado por la disposición derogatoria de la Ley 20/2011, de 21 de julio, se considera aplicable en cuanto a aquellas normas exclusivamente procedimentales y que no afecten a la estructura y organización del Registro Civil, siempre que no se opongan a la Ley 20/2011, de 21 de julio, del Registro Civil, a la Ley 39/2015, de 1 de octubre, de Procedimiento Administrativo, o a otra norma de rango legal que haya regulado o regule con posterioridad a la Resolución de puesta en marcha, algún aspecto que colisione con lo previsto en el meritado Reglamento (Instrucción de 16 de septiembre de 2021, de la Dirección General de Seguridad Jurídica y Fe pública. BOE núm. 228, de 23 de septiembre de 2021).

lugar de nacimiento y si existe matrimonio, exhibición del Libro de Familia para que la inscripción se refleje en el mismo.

En _______________, a ___, de _______________, de 202_.

(Firma de los comparecientes)

Modelo n.º 3. Inscripción de nacimiento cuando el mismo se ha producido fuera del establecimiento sanitario (art. 47 LRC 2011)[1]

SP/FORM/9591

Comparecencia. En ____________________, a ______, de ________________, de 202_.

Ante la Oficina General del Registro Civil de ________________, comparecen:

D. ___________________________________, con DNI/NIE/Pasaporte del extranjero n.º ________________, lugar y fecha de nacimiento, estado civil, domicilio y nacionalidad.

D.ª ___________________________________, con DNI/NIE/Pasaporte del extranjero n.º ________________, lugar y fecha de nacimiento, estado civil, domicilio y nacionalidad.

Y manifiestan:

Que dentro del plazo legal de diez días que señala el artículo 47.1 de la Ley del Registro Civil, declaran el nacimiento de un varón/mujer acaecido en su domicilio sito en ____________________________, de la Ciudad de ________________, a las __:__ horas del día _____ de __________________ de 202_.

Adjuntan el documento oficial debidamente cumplimentado con los datos del nacido (Nombre, Primer apellido, Segundo apellido, Sexo, Fecha/Hora de nacimiento, Lugar de nacimiento). Existe/No existe matrimonio de los progenitores. Y, además, el certificado médico preceptivo debidamente firmado por el facultativo en donde consta el nombre y número de colegiado y que certifica el nacimiento de un varón o mujer a las __:__ horas del día ____ de__________________________ de 202_, en el domicilio C/ ________________,

[1] Es cierto que, como norma general, no será necesario acudir personalmente a la Oficina del Registro Civil para realizar la inscripción del nacido. Ahora bien, existen ciertos supuestos que quedan excluidos de la posibilidad de remisión desde Centros Sanitarios. Son casos, como el visto en el modelo n.º 2, inscripción de nacimiento fuera de plazo por haber superado el plazo legal de setenta y dos horas desde el nacimiento, o este modelo n.º 3 cuando el nacimiento se produce fuera de los hospitales y maternidades, en donde la solicitud de inscripción se formulará de forma presencial en la propia Oficina registral en el plazo de los diez días siguientes al nacimiento (art. 47 LRC 2011), sin perjuicio de que dicho plazo pueda ampliarse hasta treinta días cuando se acredite justa causa (art. 166 RRC 1958).

A estos nacimientos que se producen fuera de estos centros sanitarios el legislador es conocedor de que es necesario darles la necesaria cobertura jurídica y registral. Para empezar, la propia Ley registral (art. 45.2, *"Obligados a promover la inscripción de nacimiento"*) señala que cuando el parto haya tenido lugar fuera de establecimiento sanitario, obligado a promover la inscripción se encuentra, expresamente, *"el personal médico o sanitario que haya atendido el parto"*.

de ______________________________. La madre que dio a luz ha sido identificada con su DNI/NIE/Pasaporte de la extranjera, y queda comprobado el nacimiento con mi asistencia.

En ________________, a ____ de ___________________ de 202_.

(Firma de los comparecientes)

Modelo n.º 4. Inscripción de nacimiento cuando el mismo se ha producido fuera de establecimiento sanitario[1] y ha transcurrido el plazo previsto de diez días desde el nacimiento

SP/FORM/9592

Conforme al art. 166 del Reglamento de Registro Civil de 1958, el plazo para solicitar la inscripción de nacimiento podrá formularse presencialmente en el plazo de treinta días cuando se acredite justa causa.

Para inscribir la declaración, cuando haya transcurrido desde el nacimiento el plazo previsto, se precisará resolución dictada en un procedimiento registral (art. 47.3 LRC 2011 en relación a los arts. 88 y 89 del mismo Cuerpo legal). Expediente registral que se tramitará y resolverá por el Encargado de la Oficina General del Registro Civil donde se pretendiera efectuar el asiento, ajustándose a las reglas previstas en la Ley 39/2015, de 1 de octubre, de Procedimiento Administrativo.

Legitimados para promover este procedimiento registral además de *"el personal médico o sanitario que haya atendido al parto"* (sic), están obligados los progenitores y el pariente más próximo o cualquier persona mayor de edad presente en el lugar del alumbramiento (art. 45 LRC 2011) y, además, y esto es lo novedoso, el Ministerio Fiscal[2].

El parte facultativo en la inscripción de nacimiento es un documento fundamental[3]. En defecto de parte facultativo, deberá aportarse la documentación acreditativa *"en los términos que reglamentariamente se determinen"*

---

[1] Respecto al derecho de una mujer al alumbramiento en su propio domicilio, el Tribunal Europeo de Derechos Humanos (acrónimo, "TEDH"), pone de relieve, de manera clara, que la decisión de tener hijos es uno de los aspectos más íntimos y personales que las mujeres afrontan a lo largo de sus vidas, y que forma parte de su ámbito esencial de la autodeterminación individual.

Empero, la Sentencia núm. 66/2022, de 2 de junio, del Pleno del Tribunal Constitucional, Recurso de Amparo 6313-2019 (BOE núm. 159, de 4 de julio de 2022, ponente: D. Antonio Narváez Rodríguez), resuelve el supuesto de una gestante que había tomado la decisión de que el parto tuviera lugar en su domicilio. Al existir riesgo de hipoxia fetal y muerte fetal intraútero, el Juez de Guardia acuerda el ingreso de la gestante de 42 semanas para la inducción al parto, previo informe del jefe del jefe de ginecología y obstetricia del hospital. Decisión que el Pleno del TC considera constitucional no sin debate. Tiene la sentencia hasta cinco votos particulares.

[2] No es muy extensa la participación y aparición del Ministerio Fiscal en la nueva Ley del Registro Civil. Desde luego, nada tiene que ver con la intervención del Ministerio Público en la Ley Registral de 1957. Si contrastamos el Decreto de la Fiscalía General del Estado de 6 de julio de 2021 y la Instrucción de la Dirección General de Seguridad Jurídica y Fe Pública de 9 de julio de 2021, sobre la intervención del Ministerio Fiscal en los procedimientos del Registro Civil, vemos que los mismos se circunscriben a:

i) Controlar la legalidad de los documentos y declaraciones efectuadas.
ii) Instar la extensión de las anotaciones registrales, conforme a la legitimación que le atribuye el art. 40.2 LRC 2011.
iii) Promover la inscripción, conforme a la legitimación que le confiere el art. 42.3 LRC 2011.
iv) Promover la inscripción de los menores no inscritos y menores abandonados prevista en el art. 48.2 LRC 2011.
v) Promover los procedimientos registrales, conforme a la legitimación que le atribuye el art. 89 LRC 2011.

[3] Art. 44.3 LRC 2011: *"La inscripción de nacimiento se practicará en virtud de declaración formulada en documento oficial debidamente firmado por el o los declarantes, acompañada del parte facultativo"*.

(art. 44.3.2.º LRC 2011). Como, de momento, no disponemos de nuevo Reglamento que desarrolle la nueva Ley Registral, seguimos contando con la operatividad del Reglamento de Registro Civil de 1958. El mismo no está expresamente derogado y se considera aplicable, exclusivamente, en cuanto a las normas procedimentales, Y ahí, en los arts. 311 y siguientes del Reglamento es donde regula el expediente de la inscripción de nacimiento fuera de plazo.

Hay una serie de requisitos que en todo procedimiento registral de inscripción de nacimiento fuera de plazo resulte imprescindible contrastar. Primero, evidente, que no hay previa inscripción de nacimiento. Segundo, la existencia e identidad del nacido. Tercero, cuantas circunstancias deban constar en la inscripción.

Asegurar la identificación del recién nacido y la determinación, sin género de duda, de la relación entre la madre y el hijo es una preocupación evidente del legislador registral en cualquier circunstancia. Más si cabe, con especial énfasis, cuando el nacimiento se ha producido fuera de maternidades y hospitales lugares donde ya se presupone el control y la rigurosidad en la seguridad de la identidad de los nacidos. A su vez, si el nacimiento se produce fuera de estos establecimientos sanitarios es necesario contrastar el parto para evitar problemas de suplantación de personalidad y la existencia e identidad del nacido. Determinar, sin género de duda, la relación entre la madre[4] y el hijo. Y en esta cuestión, la intervención, exploración de la mujer y del nacido y dictamen del Médico Forense[5] en funciones de Registro Civil resultan fundamentales.

---

[4] Conforme determina el art. 44.4.2.º LRC 2011, *"(...) en toda inscripción de nacimiento ocurrido en España se hará constar necesariamente la filiación materna"*.

[5] Los Médicos del Registro Civil, como Cuerpo, quedaron extinguidos por Ley Orgánica 7/1992, de 20 de noviembre. Y por Real Decreto 181/1993, de 9 de febrero, los Médicos del Registro Civil fueron integrados en el Cuerpo de Médicos Forenses.

Con gran pesar y sorpresa he de reflejar que en la nueva Ley Registral no existe una sola referencia a la intervención en actuaciones registrales de los Médicos Forenses en funciones de Registro Civil. En estas tareas registrales, los que nos hemos apoyado en sus conocimientos y experiencia, la colaboración, aportación y conocimientos resultan imprescindibles. Podemos pensar, por ejemplo, en este aspecto concreto de la inscripción de los nacimientos producidos fuera de los establecimientos sanitarios, pero también, en la inscripción de menores abandonados o menores no inscritos, o en la inscripción de una filiación adoptiva internacional para contrastar la edad del menor adoptado.

Modelo n.º 5. Inscripción de nacimiento que requiere la destrucción previa de la presunción de paternidad[1]

SP/FORM/9593

Comparecencia. En ____________________, a ________ de ________________ de 202_.

Ante el Encargado de la Oficina General del Registro Civil de ____________________ comparecen quienes acreditan ser y llamarse mediante exhibición de DNI/NIE/Pasaporte en caso de extranjero.

D. ______________________________, con DNI n.º ________________, de estado civil ______________, domiciliado en __________________, teléfono de contacto ______________________, correo electrónico: __ ________.______________

D.ª ____, con DNI/NIE/Pasaporte n.º ___________________, de estado civil casada, con domicilio en ______________________, teléfono de contacto ______________________, correo electrónico: ____________________________.

Manifiestan

Que el pasado día __ de ______________ de 202_, en el Hospital Universitario de______________________, D.ª ______________________________, de estado civil casada, dio a luz un varón/mujer. El progenitor del mismo no es su marido. Es D. ________________________________ __, presente en esta comparecencia. Que lleva separada de hecho de su esposo desde hace más de un año y que todavía no han interpuesto la demanda de divorcio. La acreditación del plazo de separación de hecho de su cónyuge la realiza a través de la documental que adjunta respecto al certificado de empadronamiento donde figura su convivencia con D. ________________________, en el mismo domicilio desde _______________________________; por los testigos que se presentarán cuando se requieran que son vecinos del rellano de su vivienda y por la propia declaración de su cónyuge. Los datos de identificación y localización del mismo son los siguientes: D. _______________ ________________, domiciliado en ________________________________, teléfono: __________________; y correo electrónico: ____________________________. Quiere manifestar que con su marido tiene otra hija nacida durante el matrimonio y que convive con ella y su actual pareja.

[1] Art. 113 del Código Civil: "*La filiación se acredita por la inscripción en el Registro Civil, por el documento o sentencia que la determina legalmente, por la presunción de paternidad matrimonial y, a falta de los medios anteriores, por la posesión de estado*".

Art. 116 del Código Civil: "*Se presumen hijos del marido los nacidos después de la celebración del matrimonio y antes de los trescientos días siguientes a su disolución o a la separación legal o de hecho de los cónyuges*".

Art. 117 del Código Civil: "*Nacido el hijo dentro de los ciento ochenta días siguientes a la celebración del matrimonio, podrá el marido destruir la presunción mediante declaración auténtica en contrario formalizada dentro de los seis meses siguientes al conocimiento del parto*".

A continuación comparece D. ______________________________, pareja de hecho, aunque no registrada, de D.ª ______________________, y manifiesta que al amparo de lo dispuesto en el artículo 120-2.º del Código Civil[2] realiza reconocimiento expreso como padre del varón/mujer que su compañera D.ª ____________________ ha dado a luz el pasado día de ________________de 202_, en el Hospital Universitario de _________________.

Asimismo, quiere dejar constancia en la presente comparecencia que convive con D.ª _________________ desde hace más de un año que la misma se separó de hecho de su esposo. Que le consta que tiene pendiente la tramitación de la demanda de divorcio, pero que, por circunstancias de problemas con el embarazo, aún no ha podido presentar la demanda. Que lo tiene pendiente en cuanto se recupere físicamente del parto. Figuran empadronados en el mismo domicilio y su compañera tiene una hija de su matrimonio anterior que convive con el compareciente.

Adjuntan a la presente comparecencia el parte del facultativo que asistió al nacimiento y el formulario oficial debidamente rellenado que les ha sido facilitado en el propio Hospital Universitario. En él figuran el nombre elegido por los comparecientes para su hijo/a, así como el orden de los apellidos elegidos, primer apellido será el primero de los personales del padre y el segundo apellido del mismo el primero de los personales de la madre. El resto de datos están en el formulario oficial y en el parte del facultativo.

Por el Encargado de la Oficina General del Registro Civil, con carácter previo a acordar, en su caso, la práctica de la inscripción de nacimiento acuerda incoar el correspondiente procedimiento previo de destrucción de la presunción de paternidad de marido de mujer casada[3]. En el mismo, se adjuntará la documental del certificado del Padrón municipal, se oirá a los testigos propuestos por los comparecientes y se citará al marido de la madre para que realice las manifestaciones que tenga por convenientes respecto al hijo/a que ha tenido su esposa D.ª ______________________________.

(Firma del Encargado y de los comparecientes).

Breve digresión: La presunción legal[4] de que los hijos de una mujer casada son del marido es consecuencia del propio contenido de los derechos y deberes de los cónyuges de los arts. 66 y siguientes del Código Civil: "*Los cónyuges están obligados a vivir juntos, guardarse fidelidad y socorrerse mutuamente*" (art. 68 CC). Además, "*Se presume, salvo prueba en contrario, que los cónyuges viven juntos*" (art. 69 CC). En consecuencia, si los cónyuges viven juntos y deben guardarse fidelidad, la presunción de quién es el padre de los hijos de la mujer casada en los plazos que determina el art. 116 CC, los nacidos después de la celebración del matrimonio y antes de los trescientos días siguientes a su disolución o a la separación legal o de hecho de los cónyuges, recae siempre en el marido.

---

[2] A este interesante art. 120 del Código Civil, "De la determinación de la filiación no matrimonial", le ha dado nueva redacción la Ley 19/2015, de 13 de julio, en el siguiente sentido:

"*La filiación no matrimonial quedará determinada legalmente: 1.º/ En el momento de la inscripción del nacimiento, por la declaración conforme realizada por el padre en el correspondiente formulario oficial a que se refiere la legislación del Registro Civil*".

Posteriormente, a este mismo apartado n.º 1 le da nueva redacción la Ley 4/2023, de 28 de febrero, con el siguiente tenor: "*La filiación no matrimonial quedará determinada legalmente: 1.º/ En el momento de la inscripción del nacimiento, por la declaración conforme realizada por el padre o progenitor no gestante en el correspondiente formulario oficial a que se refiere la legislación del Registro Civil*".

[3] Dice el art. 44.4, *párrafo in fine*, de la Ley del Registro Civil que: "*En los supuestos en los que se constate que la madre tiene vínculo matrimonial con persona distinta de la que figura en la declaración o sea de aplicación la presunción prevista en el artículo 116 del Código Civil se practicará la inscripción de nacimiento de forma inmediata sólo con la filiación materna y se procederá a la apertura de un expediente registral para la determinación de la filiación materna*".

[4] Las presunciones legales las contempla el art. 385 de la Ley de Enjuiciamiento Civil, Ley 1/2000, de 7 de enero. Las presunciones que la ley establece dispensan de la prueba del hecho presunto a la parte a la que este hecho favorezca. Ahora bien, salvo en los casos en que la ley expresamente lo prohíba, las presunciones legales admiten prueba en contrario.

Modelo n.º 6. Comparecencia en el expediente del marido de mujer casada para destruir su presunción de paternidad

SP/FORM/9594

Comparecencia. En ______________________, a ___________ de _________ de 202_.

Ante el Encargado de la Oficina General del Registro Civil de __________________, comparece quien acredita ser y llamarse, D. ________________________________, con DNI/NIE/Pasaporte si es extranjero n.º ________, con domicilio en ____________________________, teléfono de contacto: ____________________, y correo electrónico: __________________________.

Manifiesta: Que, efectivamente, es el esposo de D.ª ________________________, consecuencia de que, pese a estar separados de hecho hace más de un año, todavía no han tramitado el divorcio. Que le consta que la Sra. ________________________ ha tenido recientemente un varón/mujer y que la misma mantiene una relación sentimental con otra persona. Ignora quién puede ser el padre del menor pero sí tiene claro que el declarante no es. Que tiene una hija común con D.ª ___________________________, y que la misma convive con su madre, sin perjuicio de que sobre la menor el declarante mantiene la relación en estas circunstancias. Reitera que, desde la separación de hecho de su mujer, hace más de un año, no ha tenido con la misma más relación que el contacto telefónico o por correo para hablar de cuestiones de su hija. Que el hijo/a que ha tenido su mujer no es suyo y no debe llevar su apellido.

Con todo lo cual se da por terminada la presente que leída es hallada conforme por el compareciente.

(Firmas del Encargado de la Oficina del Registro Civil y del compareciente)

Modelo n.º 7. Inscripción de nacimiento cuando alguno de los progenitores sea menor de edad[1]

SP/FORM/9595

Comparecencia. En ________________________, a ________ de _____________de 202_.

Ante el Encargado de la Oficina General del Registro Civil de ________________ comparecen quienes acreditan ser y llamarse:

D. ______________________________________, de diecisiete años de edad, DNI/NIE/Pasaporte en caso de extranjero n.º ________________________, de estado civil soltero, asistido en la presente comparecencia por sus progenitores, con domicilio en la Ciudad de ___________________, C/ ________________________, teléfono: ______________________, y correo electrónico: ____________________.

D.ª ____________________________________, mayor de edad, con DNI/NIE/Pasaporte en caso de extranjera n.º __________________, de estado civil soltera, domiciliada en ____________________ __, según acreditan mediante presentación del correspondiente certificado del Padrón municipal, teléfono: ________________________, y correo electrónico: ___________________.

Manifiestan

Que el pasado día ______________, la compareciente D.ª ________________________, en la maternidad de esta Ciudad de ___________________, dio a luz una niña cuyos datos quedan precisados en el formulario oficial de declaración al que se incorpora el parte facultativo acreditativo del nacimiento. En él han firmado ambos progenitores y, consecuencia de la minoría de edad del padre, que no está emancipado, solicitan la aprobación judicial para la eficacia del presente reconocimiento de filiación no matrimonial de su hija.

---

[1] La regulación del reconocimiento efectuado por un menor de edad la tenemos que contemplar desde las regulaciones que de la misma hacen tanto el Código Civil como la Ley de Jurisdicción Voluntaria.

El art. 23.3 de la Ley 15/2015, de 2 de julio, de la Jurisdicción Voluntaria, dice que: *"Se solicitará aprobación judicial para el reconocimiento de la filiación no matrimonial otorgado por (...): a) Por quien no pueda contraer matrimonio por razón de edad"*. Y, conforme dispone el art. 46 del Código Civil, no pueden contraer matrimonio los menores de edad no emancipados.

A su vez, el art. 121 del Código Civil, redacción dada por Ley 8/2021, de 2 de junio, dice que: *"El reconocimiento otorgado por menores no emancipados necesitará para su validez aprobación judicial con audiencia del Ministerio Fiscal"*.

En consecuencia, de la regulación anterior citada habrá que distinguir según el menor de edad que otorga el reconocimiento está o no emancipado. Si está emancipado y, en consecuencia, puede regir su persona y bienes como si fuera mayor (art. 247 CC), no será necesario aprobación judicial para dar validez al reconocimiento. Si el menor de edad que otorga el reconocimiento no está emancipado entonces será necesaria su aprobación judicial del Juzgado de Primera Instancia del domicilio del reconocido con audiencia del Ministerio Fiscal. Eso sí, no será preceptiva la intervención de Abogado ni Procurador (art. 24 de la Ley de Jurisdicción Voluntaria).

Por el Encargado de la Oficina General del Registro Civil de ________________, de conformidad con lo dispuesto en el art. 121 del Código Civil en relación con los arts. 23 y siguientes de la Ley de Jurisdicción Voluntaria, acuerda poner en conocimiento del otorgante del reconocimiento menor de edad para que promueva el expediente de jurisdicción voluntaria en donde se apruebe judicialmente el reconocimiento de la filiación no matrimonia. La solicitud de esta aprobación judicial para la eficacia del reconocimiento de la filiación no matrimonial de su hija se realizará por el promotor, asistido de sus legales representantes, ante el Juzgado de Primera Instancia[2] del domicilio de la menor reconocida, y no será preceptiva la intervención de Abogado ni Procurador.

(Firma del Encargado de la Oficina del Registro, de los comparecientes y de los legales representantes del menor no emancipado otorgante del reconocimiento)

[2] El art. 24 de la Ley de Jurisdicción Voluntaria determina la competencia en el Juzgado de Primera Instancia del domicilio del reconocido. El expediente lo puede promover el progenitor autor del reconocimiento, por sí mismo o asistido de su representante legal. Puede estar asistido el promotor de Abogado y representado por Procurador, pero la intervención de estos profesionales no es preceptiva.

La tramitación de este expediente es muy sencilla: Realizada la solicitud, por el Letrado de la Administración de Justicia del Órgano Jurisdiccional se cita a una comparecencia a los interesados y a las personas que se estime oportuno. Siempre al Ministerio Fiscal. Esto lo recalcan tanto el art. 121 del Código Civil como el art. 25 de la Ley de Jurisdicción Voluntaria.

El Juez resuelve sobre el reconocimiento de que se trate atendiendo a la verosimilitud de la relación de procreación y al interés del menor reconocido.

Testimonio de la resolución del Juez de Primera Instancia se remite a la Oficina del Registro Civil para proceder a su inscripción.

Modelo n.º 8. Inscripción de nacimiento cuando alguno de los progenitores sea una persona con discapacidad[1]

SP/FORM/9596

Es necesario, en este apartado de las personas con discapacidad, destacar la Ley 8/2021, de 2 de junio, por la que se reforma la legislación civil y procesal para el apoyo a las personas con discapacidad en el ejercicio de su capacidad jurídica (BOE núm. 132, de 3 de junio de 2021).

Esta reforma de la legislación civil y procesal resulta ser un paso decisivo en la adecuación de nuestro ordenamiento jurídico a la Convención Internacional sobre los Derechos de las Personas con Discapacidad (acrónimo, "CDPD"), hecha en Nueva York el 13 de diciembre de 2006 y que, conforme al art. 96 CE 1978, forma parte de nuestro ordenamiento interno.

En el art. 12 de la Convención proclama que las personas con discapacidad tienen capacidad jurídica en igualdad de condiciones con las demás en todos los aspectos de la vida. Ello significa respetar la voluntad y preferencias de la persona con discapacidad y, en consecuencia, salvo casos excepciones, el curador no asume la representación de la persona con discapacidad. Le asiste, le apoya, le ayuda en el ejercicio de su capacidad jurídica[2].

Comparecencia. En ________________, a __________ de ______________ 202_.

Ante el Encargado de la Oficina General del Registro Civil de ______________________ comparecen quienes acreditan ser y llamarse:

D. ______________________________, mayor de edad, DNI/NIE/Pasaporte en caso de extranjero n.º ________________, de estado civil soltero, con domicilio en esta Ciudad, C/______________________, teléfono: ______________________, y correo electrónico: ______________________, manifiesta que tiene una curatela acordada por resolución judicial[3] en donde se establecen los actos que necesita asistencia del curador.

---

[1] La Ley 8/2021, de 2 de junio, para el apoyo a las personas con discapacidad en el ejercicio de su capacidad jurídica, sustituye la expresión *"persona con capacidad modificada judicialmente"*, que aparece en la Ley de Jurisdicción Voluntaria, por *"persona con discapacidad con medidas de apoyo para el ejercicio de su capacidad jurídica"*.

[2] Art. 44.6 LRC 2011: *"Si se tratare de personas con discapacidad respecto de las cuales se hubiesen establecido medidas de apoyo, en el caso de reconocimiento de la filiación no matrimonial, se estará a lo que resulte de la resolución judicial que las haya establecido o del documento notarial en el que se hayan previsto o acordado"*.

[3] Conforme dispone el art. 2.2 de la Ley 41/2003, de 18 de noviembre, de protección patrimonial de personas con discapacidad, modificado por la Ley 8/20121, de 2 de junio, tienen la consideración de personas con discapacidad: a) las que presenten una discapacidad psíquica igual o superior al 33 por ciento; b) las que presenten una discapacidad física o sensorial igual o superior al

Atendiendo a sus concretas necesidades de apoyo, manifiesta, el ejercicio de su capacidad jurídica en el presente reconocimiento de filiación no matrimonial, no requiere asistencia del curador.

D.ª ______________________________, mayor de edad, con DNI/NIE/Pasaporte en caso de extranjera n.º ______________, de estado civil soltera, con el mismo domicilio que el compareciente según justifica con la presentación del correspondiente certificado del Padrón Municipal, teléfono:____________________, correo electrónico: _________________ .

Manifiestan

Que el pasado día ________________, la compareciente D.ª ________________, en el Hospital Materno Infantil de____________________________, dio a luz un niño cuyos datos quedan determinados en el formulario oficial de declaración al que se incorpora el parte facultativo acreditativo del nacimiento. En él figuran las firmas de ambos progenitores y la declaración conforme en dicho formulario del compareciente. Adjuntan, además, certificado del Registro de Parejas Estables de _________________ donde consta que los comparecientes se constituyeron como tal en fecha______________, y en el mismo aparecen registrados.

Consecuencia de la resolución judicial dictada en el Juzgado de Primera Instancia n.º ___ de ____________, en el procedimiento de provisión de apoyos n.º______, se nombró curador de D. ____________________ ________ a D. _____________________________, quien su asistencia se requiere, como medidas de apoyo, en actos de actuaciones patrimoniales que realice el compareciente. Adjunta la resolución que queda unida a la presente.

A la vista del contenido de las manifestaciones, de la documental que se adjunta (formulario oficial de nacimiento, parte facultativo, certificado del Padrón Municipal, certificado del Registro de Parejas Estables y el testimonio de la resolución acordando medidas de apoyo para el compareciente, el Encargado de la Oficina General del Registro Civil, de conformidad con lo dispuesto en el art. 121-2.º del Código Civil en relación con el 23.3 de la Ley de Jurisdicción Voluntaria, acuerda que se promueva el expediente correspondiente de la citada LJV para que, en su caso, se apruebe judicialmente[4] el reconocimiento de filiación no matrimonial

(Firmas del Encargado y de los comparecientes).

---

65 por ciento. El grado de discapacidad se acredita mediante certificado expedido conforme a lo establecido reglamentariamente o por resolución judicial firme.

[4] Art. 121-2.º del Código Civil: *"Para la validez del reconocimiento otorgado por personas mayores de edad respecto de las que hayan establecido medidas de apoyo se estará a lo que resulte de la resolución judicial que las haya establecido"*.

La tramitación del expediente, como en el caso del reconocimiento de la filiación no matrimonial otorgado por menores no emancipados, se hará ante el Juzgado de Primera Instancia del domicilio del reconocido y lo debe promover el progenitor autor del reconocimiento, por sí mismo o asistido del curador. Intervienes siempre el Ministerio Fiscal y no resulta preceptiva la intervención de Abogado ni de Procurador.

En comparecencia el Juez oirá a los interesados y resuelve lo que proceda atendiendo para ello al discernimiento del progenitor, la veracidad o autenticidad de su acto, la verosimilitud de la relación de procreación, y el interés del reconocido (art. 26.1 Ley de Jurisdicción Voluntaria).

El testimonio de dicha resolución se remite al Registro Civil competente para proceder a su inscripción.

Modelo n.º 9. Inscripción de nacimiento cuando se trate de hijos no matrimoniales en el caso de ausencia, fallecimiento o incapacidad del padre, la madre o ambos[1]

SP/FORM/9597

Comparecencia. En ______________________, a _________de __________ de 202_.

Ante el Encargado de la Oficina General del Registro Civil de _______________, comparece quien acredita ser y llamarse D. ___________________________, con DNI/NIE/Pasaporte en caso de extranjero n.º _____________________, de estado civil divorciado/soltero, teléfono de contacto: _______________, correo electrónico: ________________________. Y manifiesta:

Que dentro del plazo legal de diez días manifiesta expresamente el reconocimiento de filiación paterna no matrimonial y solicita la inscripción de nacimiento, en virtud de la presente declaración, del menor de sexo varón/mujer nacido el pasado día ___ de _______________de 202_ en el Hospital Materno Infantil _________________ de la Ciudad de _______________. Realiza la presente declaración consecuencia de la ausencia de la madre cuya identidad[2] es la de D.ª ____________________________, y que coincide con la que figura en el parte facultativo que se adjunta a la presente declaración[3].

Por el Encargado de la Oficina General del Registro Civil, a la vista de la manifestación efectuada y de los documentos que se adjuntan, de conformidad con lo dispuesto en el art. 120-1.º del Código Civil de determinación de la filiación no matrimonial por la declaración realizada por el padre en el formulario oficial a que se refiere la legislación del Registro Civil, y con carácter previo a acordar, en su caso, la práctica de la inscripción de nacimiento, en el control de legalidad de los documentos presentados previsto en el art. 30.3 Ley del Registro Civil,

---

[1] Convenio de la (Comisión Internacional de Estado Civil, "CIEC") de 12 de septiembre de 1962, núm. 6, al que se adhirió España por Instrumento de 27 de enero de 1984, relativo a la determinación de la filiación materna de hijos no matrimoniales (BOE núm. 92, de 17 de abril de 1984): *"Cuando una persona es designada en la inscripción del nacimiento de un hijo no matrimonial como madre de este, la filiación materna quedará determinada por tal designación. Sin embargo, esta filiación podrá ser impugnada"*.

[2] Art. 122 del Código Civil: *"Cuando un progenitor hiciere el reconocimiento separadamente, no podrá manifestar en él la identidad del otro a no ser que esté ya determinada legalmente"*.

[3] Art. 181 del Reglamento del Registro Civil de 14 de noviembre de 1958: *"El padre que promueve dentro del plazo la inscripción de nacimiento, en virtud de declaración, puede expresar, a efectos de hacer constar en el Registro la filiación materna, la persona con quien hubiera tenido el hijo, siempre que la identidad de la madre resulte del parte o comprobación exigidos para la inscripción"*.

para precisar la exactitud de la declaración efectuada por D. ___________________________, antes de extender la inscripción, y en el plazo de diez días, procede contrastar estas manifestaciones oficiando al Hospital Materno Infantil ______________________ de esta Ciudad para que certifique y contraste la veracidad de las manifestaciones efectuadas. Recepcionada la contestación, se acordará lo procedente.

(Firmas del Encargado y del compareciente)

Modelo n.º 10. Inscripción de nacimiento cuando los dos progenitores sean extranjeros de distinta nacionalidad[1]

SP/FORM/9598

Resulta lógico que la inscripción de nacimiento cuando ambos progenitores son extranjeros y de diferente nacionalidad se realice de manera presencial ante el propio Encargado en la Oficina General del Registro Civil. Es más, estimo que debiera ampliarse a cuando los progenitores son extranjeros y tengan la misma nacionalidad.

A su vez, el art. 9.1 del Código Civil determina que: "*La ley personal correspondiente a las personas físicas es la determinada por su nacionalidad. Dicha ley regirá la capacidad y el estado civil, los derechos y deberes de familia y la sucesión por causa de muerte*". Lo debemos poner en relación con el art. 219 del Reglamento del Registro Civil de 1958: "*El nombre y apellidos de una persona se rigen por su ley personal*".

Todas estas situaciones con componente internacional[2] son cada vez más frecuentes en la sociedad española. A ello debemos añadir lo que se denomina orden público internacional español[3]. Ello nos obliga en las Oficinas del Registro Civil a tener unos conocimientos básicos[4] de las distintas legislaciones para practicar la inscripción de nacimiento con unas mínimas garantías de seguridad jurídica y registral.

---

[1] El Registro Civil español tiene "*una vocación totalizadora*". Así, el art. 9 de la Ley del Registro Civil señala que "*En el Registro Civil constarán los hechos y actos inscribibles que afectará los españoles y los referidos a extranjeros, acaecidos en* territorio español". Es decir, todos aquellos actos y hechos inscribibles que acaecen en territorio español, afecten a ciudadanos españoles o extranjeros, acceden al Registro Civil español. Muy pocos países disponen o tienen un ordenamiento registral con esta "ambición" de registrar todo cuanto acontece al estado civil de las personas que ocurra dentro de su territorio.

Entre los juristas siempre se suscita el debate de la distinción de conceptos de "territorio español" y "territorio nacional". Debate aclarado por la STS, Sala III, Sección 6.ª, de 7 de noviembre de 1999. Rec. n.º 6266/1995. Ponente: Francisco González Navarro.

La expresión "territorio español" se emplea en el Derecho positivo en una doble acepción: una amplia, hace referencia todos los espacios físicos que estuvieron bajo la autoridad del Estado español y sometidos a sus leyes, ya sean colonias, posesiones o protectorados, y otra acepción restringida, es la que debemos denominar "territorio nacional" propiamente dicho, y del que quedan excluidos estas colonias, posesiones y los protectorados.

[2] El propio apartado VI del Preámbulo de la Ley del Registro Civil ya reconoce, expresamente, "*La complejidad inherente a las situaciones internacionales en la inscripción de documentos extranjeros judiciales y no judiciales, así como de certificaciones extranjeras*".

[3] Art. 12.3 del Código Civil: "*En ningún caso tendrá aplicación la ley extranjera cuando resulte contraria al orden público*".

Resulta complicado dar una precisa definición de qué se entiende por "Orden Público Internacional". Es un concepto jurídico indeterminado y, como tal, complicado de precisar. En la Sentencia del Tribunal Supremo, Sala III, de los Contencioso-administrativo, de 24 de enero de 2018, en su Fundamento Jurídico V aparece una interesante definición: "*Conjunto de principios e instituciones que se consideran fundamentales en la organización social de un país y que inspiran su ordenamiento jurídico*". Cuestiones como la tutela judicial efectiva, la igualdad de los cónyuges ante la ley, el interés superior del menor, la monogamia matrimonial, la no discriminación de raza o sexo, etcétera. Son todos ellos, y muchos más, valores fundamentales e irrenunciables en los que se apoya nuestro Ordenamiento Jurídico.

[4] Disponer de unos conocimientos exhaustivos de todas las legislaciones extranjeras en materia de estado civil resulta, estaremos de acuerdo, un imposible.

Comparecencia. En ________________________, a ________ de ________________, de 202_.

Ante el Encargado de la Oficina General del Registro Civil de _________________________, comparecen quienes acreditan llamarse:

D. _________________________________, de estado civil soltero, de nacionalidad búlgara, con NIE/Pasaporte n.º____________________, con residencia en España, en la Ciudad de _________________, domiciliado en C/ __________________________, n.º ___, teléfono de contacto: ______________________, correo electrónico: ____________________.

D.ª _________________________________, de estado civil soltera, de nacionalidad ucraniana, NIE/Pasaporte n.º ____________________, con residencia en España, en la Ciudad de _________________, con domicilio en C/__________________________, n.º__. Teléfono:__________________. Correo electrónico:__________________.

Manifiestan

Que el pasado día ____ de ______________ de 202_, a las 19:05 horas, en el Hospital Maternidad de_____________, Unidad de Neonatología, la compareciente, D.ª ______________, dio a luz una niña de nombre "_____", y el apellido del padre. Adjuntan la documentación consistente en el formulario oficial de declaración debidamente rellenado y firmada por los progenitores, implicando expresamente la firma del formulario por el padre el reconocimiento de paternidad conforme al art. 120.1.º del Código Civil, y el parte facultativo acreditativo del nacimiento de la niña.

Señalan que su hija, nacida en España, ostenta una doble nacionalidad: por un lado, es búlgara por parte de padre y, por otro lado, es ucraniana por ser hija de ciudadana ucraniana. Están esperando a que se practique la inscripción de nacimiento en esta Oficina General de Registro Civil de _____________ para, con la certificación oportuna, darle de alta en sus respectivos Consulados.

Solicitan que se practique la inscripción de acuerdo con la legislación búlgara de ostentar un solo apellido y este es el procedente de la línea paterna, además, con la variante femenina "ova"[5]. El resultado, nombre elegido: "_______", apellido: "___________"[6].

---

[5] En relación con la forma masculina o femenina del apellido de origen extranjero cuando en el país de procedencia se admite la variante, en el caso de menores de igual filiación, nacidos españoles de origen por ser hijos de un ciudadano español, al ser la ley personal aplicable, según lo dispuesto en el art. 9.9 CC, la española, debía prevalecer el principio de homopatronimia entre hermanos de igual filiación y, en consecuencia, los apellidos inscritos al nacido en primer lugar resultarían los apellidos a inscribir al nacido posteriormente, sin importar si este era varón o mujer. Por ejemplo, un hijo de ciudadano español y ciudadana búlgara tendrá el primer apellido español y el segundo, o viceversa, el búlgaro: "Martínez Ivov". Si tienen una segunda hija, por el principio de homopatronimia entre hermanos del mismo vínculo, también se inscribiría como "Martínez Ivov", cuando la terminación correcta búlgara para el femenino es "Ivova".

Para resolver esta cuestión, la Dirección General de Seguridad Jurídica y Fe Pública dictó el 19 de abril de 2021 la Resolución-Circular sobre cambio de criterio interpretativo del artículo 200 del Reglamento del Registro Civil, y permite autorizar la adecuación de la variante según el sexo de los menores (Resolución, 37.ª, de 13 de octubre de 2021, sobre rectificación de error en inscripción de nacimiento).

[6] Ya he señalado que, conforme dispone el artículo 219 del Reglamento del Registro Civil, el nombre y apellidos de una persona se rigen por su ley personal. En el presente supuesto, se aplica la ley búlgara. Cuestión diferente ocurrirá cuando la menor, adquiera la nacionalidad española. Cuestión diferente, señalo, porque la atribución de apellidos se rige por la legislación española. Y ello aunque el nacido tenga, además, otra nacionalidad, toda vez que la legislación extranjera no puede condicionar la aplicación de las normas españolas. Y, en materia de apellidos, los dos principios jurídicos rectores de nuestro Ordenamiento jurídico son el principio de duplicidad de apellidos de los españoles y el principio de la infungibilidad de las líneas (Instrucción de 23 de mayo de 2007, de la Dirección General de los Registros y del Notariado, sobre apellidos de los extranjeros nacionalizados españoles y su consignación en el Registro Civil español).

En consecuencia, si la menor adquiere la nacionalidad española, y lo puede hacer al año de su nacimiento por haber nacido en territorio español (art. 22.2.a) del Código Civil), deberá tener dos apellidos, de las dos líneas y por el orden que quieran los progenitores: Y esto es una cuestión que afecta directamente al orden público español. Indiscutible.

Por el Encargado de la Oficina General del Registro Civil de ____________, a la vista de las manifestaciones efectuadas por los comparecientes y de la documental que adjuntan respecto a la inscripción de nacimiento de la menor, acuerda la práctica de la misma en esta Oficina General en forma que determina la legislación búlgara respecto a que la filiación de la misma responda a un solo apellido y este sea el paterno.

Practicada la inscripción de nacimiento, hágase entrega a los progenitores de sendas certificaciones de nacimiento para que, como soliciten, den cuenta a los Consulados respectivos de Bulgaria y Ucrania en nuestro país, y puedan dar de alta en los mismos a la menor "____________.

(Firmas del Encargado de la Oficina del Registro Civil y de los comparecientes)

Modelo n.º 11. Inscripción de nacimiento cuando la madre renuncia[1] al hijo

SP/FORM/9599

En estos supuestos de renuncia de la madre a ejercer los derechos derivados de la filiación, lógicamente, no tiene la obligación ella de promover la inscripción del nacimiento. En el supuesto de renuncia al hijo en el momento del parto la obligación de promover la inscripción de nacimiento corresponde y es asumida por la Entidad Pública correspondiente (art. 45.3 Ley del Registro Civil), sin que, en tal caso, el domicilio de la madre conste a efectos estadísticos, evitando el consiguiente efecto de empadronamiento automático del menor en el domicilio de la madre que ha renunciado a su hijo (art. 49.4 Texto Registral).

Comparecencia. En ________________, a ______ de ____________________ de 202_.

Ante el Encargado de la Oficina General del Registro Civil de__________________, comparece la funcionaria del Departamento de Bienestar Social y Menores de la Comunidad Autónoma de ____________, D.ª ___________________________. Acredita su identidad mediante la presentación de la tarjeta que justifica el ejercicio de su condición de funcionaria del citado Departamento en su condición de Jefa de la Sección de Menores, y del Documento Nacional de Identidad. Ambos documentos, sus copias, quedan unidas a la presente comparecencia.

Manifiesta

Que el pasado día ______ de _______________ de 202_, a las 22:55 horas, en la Unidad de Neonatología del Hospital Universitario de ________________, D.ª _____________________________, mayor de edad, soltera, de nacionalidad española, con DNI n.º________________, dio a luz una niña. Se adjunta parte faculta-

[1] Es una posibilidad registral contemplada y regulada la circunstancia de que, al producirse el nacimiento, la madre renuncie al ejercicio de los derechos derivados de dicha filiación.

Como también es una circunstancia cierta e incuestionable que, excepción hecha de encontrarnos en un supuesto de los contemplados en el art. 48 de la Ley del Registro Civil, *"Menores abandonados y menores no inscritos"*, en el parte facultativo hay que identificar siempre a la madre del recién nacido. Y, en consecuencia, en la inscripción de nacimiento deberá reflejarse en cualquier caso la filiación materna. Esto es así desde la Sentencia del Tribunal Supremo 776/1999, de 21 de septiembre, que declara la inconstitucionalidad sobrevenida del hecho de que la madre, por su sola voluntad, pueda ocultar la maternidad, impidiendo así que el menor pueda conocer su origen biológico al alcanzar la mayoría de edad.

Esta sentencia del TS determinó que no podía depender de la madre la circunstancia registral de la maternidad ya que, en una hipotética colisión de intereses que pudiera producirse entre la madre que quiere ocultar su identidad tras el alumbramiento y el derecho del menor a conocer su origen biológico, siempre primará el interés superior del menor para conocer y saber quién fue su madre.

tivo acreditativo del nacimiento de la niña. Asimismo, se certifica la hora, día, mes y año del nacimiento, el lugar y la identidad de la madre por exhibición del documento nacional de identidad.

En los días anteriores al parto, por parte del personal del Departamento de Ginecología y Obstetricia del Hospital Universitario de ________________________, se contactó con la Sección de Menores del Departamento de Bienes Social y Menores de la Comunidad Autónoma de _______________, y se manifestó la circunstancia de que una paciente que daría a luz de manera inminente manifestaba que renunciaba a ejercer los derechos derivados de la filiación respecto de su hija. Por este Departamento, nos trasladamos a la habitación correspondiente y, previa identificación, se preguntó a D.ª ______________________________ si persistía en su voluntad de renunciar a ejercer los derechos derivados de la filiación. Manifestó que, consciente y voluntariamente, renunciaba a este ejercicio y que fuese la Entidad Pública quien se encargase de actuar conforme a la Ley en estas circunstancias.

Comunicado el nacimiento por el Departamento de Ginecología, se procedió por parte de esta Entidad Pública a rellenar y firmar el formulario oficial de declaración que, junto al parte facultativo acreditativo del nacimiento, se presenta en esta comparecencia para promover la inscripción de nacimiento de la menor, tal y como exige el art. 45.3 de la Ley. Se ha determinado para la niña el nombre de _____________, con los apellidos de la madre pero invirtiendo los mismos, tal y como faculta el art. 49.2 de la Ley del Registro Civil[2]. La filiación paterna es desconocida y en la inscripción de nacimiento deberá figurar la filiación materna de manera exclusiva.

Por el Encargado del Registro Civil de la Oficina General del Registro Civil de ______________ se tienen por realizadas las anteriores manifestaciones y por unidos los documentos que se adjuntan a la misma y, examinada la misma, se acuerda la práctica de la inscripción de nacimiento en los términos que ha solicitado y presentado la Entidad Pública del Departamento de Bienestar Social y Menores de la Comunidad Autónoma de ________________ por resultar lo procedente conforme a la legislación registral.

(Firma del Encargado y de la compareciente en nombre de la Entidad Pública de la Comunidad Autónoma competente)

---

[2] Todas las actuaciones que se realizan son consecuencia del interés superior del menor que exige una protección del mismo primordial y prioritaria (art. 2 de la Ley Orgánica 1/1996, de 15 de enero, de Protección Jurídica del Menor). Y, ante cualquier otro interés con el que el mismo pudiera colisionar, en este caso, el de la madre a ocultar su maternidad, siempre primará la protección del interés del menor en conocer la identidad de su madre (art. 3 de la Convención de los Derechos del Niño, hecha en Nueva York el 20 de noviembre de 1989).

La filiación

(Art. 4 Ley Registro Civil 2011: Tienen acceso al Registro Civil los hechos y actos que se refieren a la identidad, estado civil y demás circunstancias de la persona. Son, por tanto, inscribibles: **2.º La filiación**)

Lo primero que es necesario reconocer en este apartado es que la filiación es una de las cuestiones más difíciles y complejas del Derecho Civil. A los operadores jurídicos y registrales, su determinación y aplicación, nos genera unas muy importantes complicaciones.

El art. 109 del Código Civil[1] señala que *"La filiación determina los apellidos con arreglo a lo dispuesto en la ley"*. Así, como el precepto resulta tan tajante y taxativo, nos lleva a pensar y relacionar de manera inmediata la filiación con los apellidos. Es cierto. Empero la filiación supone muchísimos aspectos más. Y a cada cual más transcendente: la potestad parental, los alimentos, los derechos sucesorios y la asunción de responsabilidades parentales hacia los hijos menores son cuestiones que tienen su origen y consecuencia en la determinación de la filiación.

La inscripción de nacimiento *"hace fe"* de una serie de circunstancias (art. 44.2 de la Ley del Registro Civil): del propio hecho del nacimiento, de la fecha, de la hora y del lugar del nacimiento. También hace fe de la identidad, del sexo *"y, en su caso, de la filiación del inscrito"*.

La filiación puede tener lugar por naturaleza y por adopción. A su vez, art. 108 del Código Civil, redacción dada por Ley 4/2023, de 28 de febrero, la filiación por naturaleza[2] puede ser matrimonial y no matrimonial. Es matrimonial cuando los progenitores están casados entre sí y no matrimonial cuando los progenitores no están casados entre sí. Del mismo, como no puede ser de otra manera, la filiación matrimonial y la no matrimonial, así como la adoptiva, surten los mismos efectos, conforme a las disposiciones del Código Civil.

---

[1] Redacción dada por Ley 4/2023, de 28 de febrero, para la igualdad real y efectiva de las personas trans y para la garantía de los derechos de las personas LGTBI.

[2] La filiación por naturaleza se produce, bien de manera biológica, bien a través de las técnicas de reproducción humana asistida. El art. 2 de la Ley 14/2006, de 26 de mayo, sobre Técnicas de Reproducción Humana Asistida, dice que las técnicas de reproducción humana asistida son las relacionadas en el Anexo de la propia LTRHA y consisten en: 1/ Inseminación Artificial ("IA"). 2/ Fecundación In Vitro ("FIV"). 3/ Transferencia Intratubátrica de Gametos ("TIG").

Modelo n.º 12. Inscripción de nacimiento con filiación matrimonial[1]

SP/FORM/9600

Comparecencia. En ____________, a ____ de __________________ de 202_.

Ante el Encargado de la Oficina General del Registro Civil de ____________, comparece quien acredita ser D. ____, con Documento Nacional de Identidad n.º ____________________________, de estado civil viudo, y domiciliado en esta Ciudad, C/ _________________, n.º __, piso __________. Que hace la presente comparecencia en su calidad de abuelo del niño nacido el pasado día ___ de ____________________de 202_, en Neonatología del Hospital Universitario _______________ de ________________, y que dio a luz su hija D.ª____________________________________.

Manifiesta

Que, como señala, el pasado día ______ de ___________________ de 202_, su hija D.ª ________________ ____________, de estado civil casada con D. ______________________________________, ha dado a luz a un niño en el Hospital Universitario de___________________. Es el segundo hijo que tienen y, por problemas de post parto de su hija y laborales de su esposo, ha transcurrido el plazo señalado sin que haya sido posible practicar la inscripción de nacimiento por comunicación electrónica desde el propio centro sanitario. Adjunta documentación referida al parte facultativo acreditativo del nacimiento, el formulario oficial debidamente cumplimentado y firmado de forma manuscrita por los progenitores y el Libro de Familia acreditativo del matrimonio con la inscripción del primer hijo que habían tenido y constan su inscripción en el Registro Civil de _________________.

Por el Encargado de la Oficina General del Registro Civil de _________________, atendiendo al contenido de la declaración efectuada por el compareciente y la documentación acreditativa del nacimiento y del matrimonio de los progenitores, acuerda la práctica de la inscripción de nacimiento con filiación matrimonial del mismo y, una vez conste la inscripción, procederá la posterior actualización del Libro de Familia.

(Firma del Encargado y del compareciente)

---

[1] Conforme dispone el art. 120.1.º del Código Civil en relación con el apdo. 4.º n.º 5 de la Instrucción de 9 de octubre de 2015, de la Dirección General de los Registros y del Notariado, sobre comunicación electrónica de nacimientos desde centros sanitarios, "*El formulario deberá ser firmado necesariamente por ambos progenitores a los efectos de reconocer la paternidad en el caso de no existir vínculo matrimonial, o por ambos cónyuges cuando no se aporte el documento acreditativo de la existencia del vínculo matrimonial. La solicitud de inscripción podrá formularse por un declarante diferente al progenitor en los siguientes casos:*

a) Cuando se trate de hijos matrimoniales y se acredite el matrimonio mediante Libro de Familia o certificado de matrimonio.

b) Cuando se determine únicamente la filiación materna, sin que se establezca filiación con un segundo progenitor y se respete el orden de los apellidos de la madre".

Modelo n.º 13. Inscripción de nacimiento con filiación no matrimonial[1]

SP/FORM/9601

Comparecencia. En ______________, a ___ de ________________________ de 202_.

Ante el Encargado de la Oficina General del Registro Civil de __________, comparecen quienes acreditan ser y llamarse:

D. ___________________________, con DNI/NIE/Pasaporte en el caso de extranjero n.º_______________, de estado civil soltero, domiciliado en C/ __________________ de la localidad de ________________, teléfono de contacto: ______________, correo electrónico: ____________________, y

D.ª _____________________________, de nacionalidad española y estado civil soltera, con Documento Nacional de Identidad n.º _______________, domiciliada en ____________________ y mismo domicilio que el compareciente D. ________________________, teléfono de contacto: ____________________, y correo electrónico: _____________________.

Manifiestan

Que el pasado día ___ de ______________________ de 202_, la compareciente, D.ª________________________, dio a luz una niña en la Residencia/Maternidad _________________ de la Ciudad de _______________. Acreditan el hecho mediante el parte facultativo donde se refleja su identidad, día, hora y lugar del nacimiento en la Residencia/Maternidad _________________.

Adjuntan, de igual modo, el formulario oficial de declaración firmado por los progenitores. Sin perjuicio de ello y de lo que implica la firma del formulario por el padre como reconocimiento de paternidad, en este mismo acto y ante el Encargado de la Oficina General del Registro Civil realiza manifestación expresa de reconocimiento de paternidad a la que la compareciente, D.ª ____________________________, manifiesta expresa conformidad.

---

[1] Tengamos presente que, en las Oficinas del Registro Civil, sin exagerar, las filiaciones no matrimoniales son tantas como las matrimoniales. Ello exigía que, para implantar, como norma general, que no sea necesario acudir personalmente a la Oficina del Registro Civil para realizar la inscripción de nacimiento, había que modificar el *modus operandi* de la práctica del reconocimiento de filiación no matrimonial regulado en el art. 120 del Código Civil. Ello se realizó con la nueva redacción que a este precepto le daba la Ley 19/2015, de 13 de julio, en donde la filiación no matrimonial quedaba determinada legalmente, no solo por el reconocimiento ante el Encargado del Registro Civil, sino también, además, por la declaración conforme realizada por el padre en el correspondiente formulario oficial. Después, la Instrucción de la Dirección General de 9 de octubre de 2015, sobre comunicación electrónica de nacimientos desde centros sanitarios, ya exigía que el formulario debe contener la declaración firmada de los progenitores. *"La firma del formulario del padre implica reconocimiento de paternidad conforme al artículo 120.1.º del Código Civil"*.

La razón por la que no se ha realizado la comunicación del nacimiento por el procedimiento electrónico habitual desde la Residencia/Maternidad de ____________________ es que ocurrieron unas complicaciones postparto en la compareciente que le han obligado a guardar reposo y hasta este momento no han podido realizar la presente comparecencia de solicitud de inscripción de nacimiento de su hija.

Por el Encargado de la Oficina General del Registro Civil de ____________, a la vista de las manifestaciones efectuadas y de la documentación adjunta referida al formulario oficial de declaración debidamente rellenado y firmado por los comparecientes y del parte facultativo acreditativo del nacimiento, acuerda la práctica en esta Oficina General del Registro Civil de ________________________, la inscripción de nacimiento de ______________ ____________________, como filiación no matrimonial con los datos que figuran en el citado formulario.

(Firma del Encargado y de los comparecientes)

Modelo n.º 14. Inscripción de nacimiento con filiación materna exclusiva[1]

SP/FORM/9602

Comparecencia. En ______________, a ___ de__________________ de 202_.

Ante el Encargado de la Ofician General del Registro Civil de___________, comparece quien acredita ser y llamarse D.ª ___________________________________, de estado civil soltera, de nacionalidad española, con Documento Nacional de Identidad n.º __________________________. Domiciliada en esta Ciudad, C/ _________________, n.º __________. Teléfono de contacto: ____________________________, y correo electrónico:_______________________.

Realiza la presente comparecencia al objeto de solicitar la inscripción de nacimiento de su hijo, "_______", nacido el pasado día _____de _______________de 202_, en el servicio de Neonatología del Hospital Maternidad, de la Ciudad de _______________, según acredita mediante el parte del facultativo que asistió al parto. Adjunta, además, el formulario oficial de declaración debidamente rellenado y firmado por la compareciente.

Manifiesta que, expresamente, se acoge a la facultad registral de, al ser una sola filiación reconocida, la de la compareciente, desea invertir el orden de los apellidos de forma que como primer apellido figure "Lozano" y como segundo apellido "________"[2]. El nombre elegido, el ya señalado de "_______".

Se le informa a la compareciente que, conforme dispone el art. 191 del Reglamento del Registro Civil, tiene la posibilidad de determinar un nombre de padre de "*uso corriente*" a los solos efectos de identificar a la persona.

---

[1] Dice el art. 49.2 de la Ley del Registro Civil que "*En los supuestos de nacimiento con una sola filiación reconocida, esta determina los apellidos. El progenitor podrá determinar el orden de los apellidos*".

Ello significa que, el supuesto es casi siempre el de una filiación materna exclusiva, la madre podrá determinar los apellidos de su hijo/a por el orden que considere oportuno. Bien manteniendo el mismo orden que los de la de la madre, bien invirtiendo los mismos. En el primero de los supuestos, si se respeta el orden de los apellidos de la madre, la solicitud de inscripción podrá formularse por un declarante diferente a la progenitora. En el caso de alterar el orden de los mismos, la solicitud de inscripción la debe realizar exclusivamente la madre (Apartado Cuarto, n.º 5, letra b) de la Instrucción de la Dirección General de los Registros y del Notariado de 9 de octubre de 2015).

Respecto a la posibilidad de que en estos supuestos de filiación materna exclusiva se consigne un nombre de padre a efectos de identificar a la persona tal y contempla el vigente art. 191 del Reglamento del Registro Civil de 1958 (modificado por Real Decreto 820/2005, de 8 de julio), cabe, como señalo, que la madre, si quiere, determine un nombre de padre en el asiento de nacimiento de su hijo. Pero si nada quiere reflejar en cuanto a establecer un nombre de padre a efectos de identificación que figure en la inscripción de nacimiento, pues también el Reglamento contempla esta posibilidad.

[2] Recordemos que cuando únicamente está determinada la filiación materna, sin que se establezca filiación con un segundo progenitor, si se respeta el orden de los apellidos de la madre, en nuestro ejemplo: la solicitud de inscripción puede formularse por un declarante diferente al progenitor. Mismo supuesto que cuando se trata de hijos matrimoniales y se acredita el matrimonio mediante el Libro de Familia o el certificado de matrimonio.

La compareciente manifiesta que no desea que en el asiento de nacimiento de su hijo "__________________" se refleje nombre de padre[3] y que conste únicamente su filiación materna.

Por el Encargado de la Oficina General del Registro Civil de __________________, a la vista de las manifestaciones efectuadas por la compareciente y de los documentos que adjunta a la misma referidos al formulario firmado por D.ª ____________________ y del parte del facultativo que asistió al parto, acuerda la práctica de la inscripción de nacimiento del hijo de la compareciente con la siguiente filiación:

Nombre: "________".

Apellidos: "_________ _________".

La inscripción de nacimiento reflejará la exclusiva filiación materna[4], sin referencia alguna a consignar nombre de padre a efectos de identificar al inscrito. El resto de hechos y actos que hacen fe de la inscripción de nacimiento, así como las menciones de identidad del mismo, constan en el formulario oficial de la declaración.

(Firma del Encargado y de la compareciente)

[3] Fue el Real Decreto de 21 de mayo de 1993 quien dio nueva redacción a este art. 191 del Reglamento con la finalidad, dice, evitar, sin atentar a la intimidad de persona alguna, discriminaciones por razón de nacimiento, dando un trato igualitario, en cuanto a sus menciones de identidad, a todos los hijos. De ahí que, cuando no constaba la filiación paterna, era un deber del Encargado inscribir de oficio un nombre propio de padre a los solos efectos identificadores como mención de identidad del menor afectado. Y este nombre propio de padre solo podía suprimirse a petición del propio inscrito una vez que llegaba a la mayoría de edad.

[4] En el nuevo régimen de publicidad que establece la Ley del Registro Civil, su art. 15 señala, en primer lugar, que el Registro Civil es público, en segundo lugar, que los ciudadanos tienen libre acceso a los datos que figuren en su registro individual y, en tercer lugar, que persona distinta del solicitante puede obtener información registral siempre que conste la identidad del solicitante y exista un interés legítimo.

Quedan exceptuados los datos especialmente protegidos. Y entre los datos sometidos a régimen de especial protección se encuentran, entre otros, "*La filiación adoptiva y la desconocida*" (art. 83.1.a) de la Ley del Registro Civil).

Modelo n.º 15. Inscripción de nacimiento con filiación adoptiva internacional[1]

SP/FORM/9603

La regulación de la adopción en nuestro país se ha de considerar como modélica y todo un referente en el Derecho comparado. La adopción en España, tras la Ley 21/1987, de 11 de noviembre, debe tener una triple exigencia: la extinción de vínculos jurídicos sustanciales entre el adoptado y su familia anterior, que haga surgir los mismos vínculos de filiación que los de la filiación por naturaleza[2] y que sea irrevocable por los adoptantes.

La adopción puede ser nacional o internacional. Esta tiene su regulación en la Ley 54/2007, de 28 de diciembre, de Adopción Internacional[3]. Consecuencia de la misma, la adopción constituida por autoridades extranjeras será reconocida en España con arreglo al Convenio de La Haya de 29 de mayo de 1993, relativo a la protección del niño y a la cooperación en materia de adopción internacional (art. 41 de la Ley de Jurisdicción Voluntaria), y, siempre las autoridades españolas deberán contrastar las referidas tres exigencias de extinción de los vínculos jurídicos con la familia consanguínea, que surjan los mismos vínculos de filiación que los de la filiación por naturaleza y que la adopción sea irrevocable por los adoptantes.

Es cierto, en estos momentos, que la institución adoptiva internacional tras la pandemia mundial ocasionada por COVID-19 y otras causas[4], se encuentra desde hace una década en una crisis importante. El número de adopciones internacionales ha descendido de manera considerable y muchas familias han optado por la controvertida figura de la gestación subrogada.

---

[1] El art. 44.5 de la Ley del Registro Civil señala que en los casos de filiación adoptiva se hará constar, conforme a la legislación aplicable, la resolución judicial o administrativa que constituya la adopción. En consecuencia, con carácter previo a practicar la inscripción de la filiación adoptiva debemos contar con una resolución judicial (*"La adopción se constituirá por resolución judicial"*, art. 176.1 del Código Civil) que debe ser un auto dictado por el Juez de Primera Instancia que tenga la sede la Entidad Pública que tenga la protección del adoptando o, en su defecto, el Juzgado de Primera Instancia del domicilio del adoptante (art. 33 de la Ley de Jurisdicción Voluntaria).

[2] Con la plena equiparación entre la filiación por naturaleza y la filiación adoptiva, a la persona adoptada se le atribuye, no un *status filii* sino un *status familiae*, con todas las consecuencias: total integración en la familia del adoptante, adquisición de los apellidos de los adoptantes, estar bajo la potestad de los padres, adquisición de la nacionalidad española y la vecindad civil correspondiente y, por supuesto, los derechos sucesorios como herederos forzosos.

[3] Norma que vino a poner orden en el caos existente en las adopciones internacionales consecuencia de la falta de regulación. Fue hacia mediados de los años noventa cuando empezaron los ciudadanos españoles a realizar adopciones en el extranjero (Rusia, Polonia, Rumanía) y la Dirección General de los Registros y del Notariado la que, a través de sus Instrucciones y Circulares, pautó a las Oficinas Registrales las líneas de actuación en esta novedosa circunstancia que teníamos en los Registros Civiles. Todo ello desembocó en la necesaria Ley de Adopción Internacional que aporta, sin duda, seguridad jurídica y certeza a estas adopciones internacionales.

[4] Muchos de los países que antes las autorizaban ahora ya no las permiten, la crisis económica y, sobre todo, el tiempo de espera junto a los numerosos trámites y exigencias burocráticas, han sido las causas del descenso de las adopciones internacionales en nuestro país. A ello hay que añadir que todas estas razones a muchas familias han empujado a optar por la controvertida figura de la gestación subrogada. Opción que se plasma en mucho menos tiempo, permite la aportación de material reproductor de alguno de los denominados *comitentes* y que exige, también, el disponer, según los países que tienen legalizada esta posibilidad, de unas condiciones económicas elevadas.

Inscripción. En ______________________, a ___ de __________________ de 202_. Por recibida que ha sido resolución de fecha __________________ del Juzgado de Familia n.º ____ de __________________, seguido en el procedimiento de filiación adoptiva internacional n.º _________, donde se acuerda la práctica de la inscripción de nacimiento de filiación adoptiva internacional del menor de nombre _________________ y de apellidos ______________________ por el orden que han elegido los padres, se acuerda la práctica de la inscripción de nacimiento del menor con el resto de datos del mismo que consten en su certificación de nacimiento original de ________________ (se reflejará el país de origen del menor)[5]. Al margen del asiento de nacimiento se reflejará la resolución judicial, el Juzgado de Familia que lo acuerda, el nombre del menor[6] y los apellidos de los adoptantes por el orden solicitado por los mismos[7].

[5] El hecho de que figure en el asiento principal con los datos originales biológicos del menor es consecuencia de lo dispuesto en el art. 12 de la Ley de Adopción Internacional, "Derecho a conocer los orígenes biológicos": Las personas adoptadas, alcanzada la mayoría de edad o durante su minoría de edad a través de sus representantes legales, tendrán derecho a conocer los datos que sobre sus orígenes obren en poder de las Entidades Públicas.

[6] La Dirección General de Seguridad Jurídica y Fe Pública considera que concurre el requisito de justa causa cuando los adoptantes eligen nuevo nombre para su hijo adoptado. Se considera un factor de integración en la nueva familia.

[7] Lo mismo que en la filiación por naturaleza los progenitores disponen de la facultad de elegir el orden de los apellidos para el primero de los hijos (art. 49.2 de la Ley del Registro Civil), los adoptantes también disponen de esta facultad registral antes de practicarse la inscripción de la adopción en el asiento de nacimiento o en el registro individual que el inscrito dispondrá.

Modelo n.º 16. Inscripción de nacimiento de filiación adoptiva nacional[1]

SP/FORM/9604

En los expedientes de adopción, la competencia corresponde al Juzgado de Primera Instancia en donde tenga la sede la Entidad Pública que tiene encomendada la protección y cuidado del adoptando. En su defecto, el domicilio del adoptante. En la tramitación del expediente, que tiene carácter preferente, interviene siempre el Ministerio Fiscal y no es preceptiva la intervención de Abogado ni de Procurador[2].

Debe haber un escrito de propuesta de adopción formulada por la Entidad Pública o por la solicitud del adoptante. En este momento ya se deben contrastar las condiciones personales, familiares y sociales y los medios de vida de los adoptantes y sus relaciones con el adoptado. Adoptado que, si es mayor de doce años, debe manifestar su consentimiento.

El Juez, por otra parte, puede ordenar la práctica de cuantas diligencias estime oportunas para asegurar, de cualquier manera, que la adopción sea en interés del menor adoptando. La adopción concluye por medio de auto[3], el cual se remite al Registro Civil para su inscripción.

Inscripción de la adopción[4]. Por Auto de fecha ___ de ______________ de 202_, dictada en el expediente de adopción n.º ______, del Juzgado de Primera Instancia n.º ___ de ________________, el al margen inscrito ha sido adoptado por D. ______________________________ y D.ª __________________________, y, en lo sucesivo, sigue con el mismo nombre (o cambia el mismo por el elegido por los adoptantes), y sus apellidos pasarán a ser, primero: "______________", y segundo: "________________"[5]. Quedando su filiación completa como sigue: "____".

En ___________, a ____ de __________________ de 202_.

Firma del Encargado.

[1] La tramitación de los expedientes de adopción se regula en los arts. 33 y siguientes de la Ley de Jurisdicción Voluntaria.

[2] No considero muy acertada la posibilidad de que un expediente como el de la adopción, donde concurren documentación, asentimientos y declaraciones no sencillas y surgen complejas cuestiones y contradicciones jurídicas muy sensibles como, por ejemplo, si los progenitores solicitan la prestación de asentimiento a la adopción, no sea obligatorio la asistencia y representación, respectivamente, de Letrado y de Procurador. De hecho, en casi todos los supuestos de adopción ante los órganos jurisdiccionales intervienen ambos profesionales.

[3] Si se suscita oposición, el expediente se hará contencioso. Se cita a los interesados a una vista y continúa la tramitación por los trámites del Juicio Verbal.

[4] Si el menor adoptado dispone ya de su registro individual, la resolución acordando la misma se inscribirá en dicho registro por el orden cronológico, continuado y sucesivo que corresponda (art. 5.3 de la Ley del Registro Civil). Si no es así y lo que tenemos es el asiento de nacimiento, al margen del mismo se practicará la inscripción correspondiente.

[5] Los adoptantes, en este momento o lo pueden haber expresado ya en el expediente de adopción, deciden el orden de los apellidos para el menor adoptado. Si tienen otros hijos comunes anteriores, la filiación deberá ser como la de los ya inscritos.

Modelo n.º 17. Inscripción de adopción internacional. Lugar de nacimiento

SP/FORM/9605

Con la finalidad de lograr una más plena equiparación entre los hijos adoptivos y los hijos por naturaleza (arts. 14 y 39 CE 1978 y 108 del Código Civil), la Ley 24/2005, de 18 de noviembre, dio nueva redacción al art. 16 de la Ley del Registro Civil de 1958 para, así, acercar el régimen registral de las adopciones internacionales al previsto para la inscripción de nacimiento de los hijos por naturaleza.

Las adopciones internacionales constituyen actos jurídicos relativos al estado civil de las personas afectadas que, siempre que afecten a españoles, deben ser inscritos en el Registro Civil español, correspondiendo, en principio, la competencia para su calificación e inscripción, al Registro Civil Central o a los Registros Civiles Consulares, según los casos. Ahora bien, apartándose de este criterio de la territorialidad y en el objetivo de la plena equiparación de la filiación por naturaleza y la filiación adoptiva, los adoptantes, de común acuerdo, pueden solicitar directamente en el Registro Civil de su domicilio que se extienda la inscripción principal de nacimiento y la marginal de adopción[1].

La consecuencia inmediata y directa de esta nueva regulación es que nos encontramos en un mismo asiento de nacimiento con una superposición de filiaciones (la principal, por naturaleza, y la marginal, la adoptiva) que puede dar lugar a molestas confusiones y a que, si de forma irregular se da publicidad de este asiento a través de una certificación literal, puedan los terceros conocer indebidamente esta filiación adoptiva.

La segunda de las consecuencias es que al ser una de las circunstancias reveladoras de una filiación adoptiva el que se refleje como lugar de nacimiento un país extranjero, quepa la posibilidad de que, en la nueva inscripción de nacimiento que se practique, conste como lugar de nacimiento del adoptado el de su domicilio (misma facultad, por otro lado, que se dispone en los nacimientos acaecidos en territorio español).

Comparecencia. En ________________, a ____ de ____________________ de 202_.

Ante el Encargado de la Oficina General del Registro Civil de __________________, comparecen quienes acreditan ser y llamarse:

[1] Art. 16.3 de la Ley de Registro Civil de 1957, redacción dada por Ley 24/2005, de 18 de noviembre, en vigor hasta la completa entrada en vigor de las aplicaciones informáticas previstas por la Disposición transitoria cuarta de la Ley 20/2011, de 21 de julio, del Registro Civil:

"En los casos de adopciones internacionales, el adoptante o adoptantes de común acuerdo, pueden solicitar directamente en el Registro Civil de su domicilio que se extienda la inscripción principal de nacimiento y la marginal de adopción, así como la extensión que entonces corresponda, de una nueva inscripción de nacimiento en la que constarán solamente, además de los datos del nacimiento y del nacido, las circunstancias personales de los padres adoptivos, la oportuna referencia al matrimonio de estos y la constancia de su domicilio como lugar de nacimiento del adoptado".

D. ______________________________, con DNI n.º ____________________, de estado civil casado, domiciliado en ______________, C/________________, n.º __, piso __, según acredita mediante el certificado del Padrón Municipal. Con teléfono de contacto: ______________, y correo electrónico: _________________.

D.ª ______________________________, con Documento Nacional de Identidad n.º _______________, de estado civil casada, mismo domicilio que su marido. Teléfono de contacto: ______________, y correo electrónico: ____________.

Manifiestan

Que, por resolución de fecha _________________ del Juzgado de Familia de ____________ en el procedimiento de adopción n.º ___, se ha reconocido eficacia en España a la adopción constituida por los comparecientes en ____________ (país de la adopción). Al amparo de lo dispuesto en el arts. 16.3 de la Ley del Registro Civil de 1957, en vigor, solicitan que en esta Ofician General del Registro Civil de su domicilio, se practique y extienda la inscripción principal de nacimiento de su hija ____________________, nacida en ______________, el _________________, con los datos de filiación por naturaleza que constan en su certificación original de nacimiento expedida por las autoridades de ________________. Al margen de la misma deberá constar la resolución que acuerda la adopción con los apellidos de los adoptantes.

Asimismo, solicitan que, en el folio que corresponda, se practique una nueva inscripción de nacimiento en donde solo consten los datos del nacimiento y del nacido, las circunstancias personales de los comparecientes (los adoptantes), la referencia a su matrimonio según certificación del mismo que adjuntan, y que conste como lugar de nacimiento de su hija __________________________, el de su domicilio en ____________, según certificado del Padrón municipal.

Por el Encargado de la Oficina General del Registro Civil de _________________, atendiendo a la solicitud realizada y la documentación que se adjunta, acuerda la práctica de la inscripción principal de nacimiento con la marginal de adopción. A su vez, y conforme solicitan los comparecientes, se practique nueva inscripción de nacimiento en el folio que corresponda en donde consten los datos del nacimiento y del nacido, las circunstancias personales de los adoptantes, la referencia a su matrimonio y, como lugar de nacimiento del adoptado, el del domicilio de los adoptantes.

En consecuencia, se cancelará la inscripción originaria en el modo y forma contemplado en los arts. 41 de la Ley del Registro Civil de 2011 y 163 y 164 del Reglamento del Registro Civil de 1958 y, en la nueva inscripción de nacimiento practicada, se hará referencia en "Observaciones" al Tomo y Página de la misma, pero a la que solo tendrán acceso el adoptado al alcanzar la mayoría de edad y los adoptantes [art. 83.1 a) de la Ley del Registro Civil de 2011].

(Firma del Encargado y de los comparecientes)

Modelo n.º 18. Inscripción de adopción nacional. Lugar de nacimiento

SP/FORM/9606

También cuando estamos ante una adopción nacional nos encontramos con el asiento principal donde figura la filiación por naturaleza y, además, la filiación adoptiva figurará como inscripción marginal en el asiento de nacimiento del adoptado. Seguiremos con lo que el Centro Directivo denomina "superposición de filiaciones".

Ello supondrá, como en el caso de la adopción internacional, que en el mismo folio registral aparece reflejada la filiación anterior, o la ausencia de filiación, del adoptado, carente ya de relevancia jurídica, y la nueva filiación adoptiva dotada legalmente de plenitud de efectos jurídicos.

Se podrían plantear los adoptantes, como en el supuesto de la adopción internacional, la práctica de una nueva inscripción de nacimiento en donde, cancelando la inicial, se suprimiesen los datos de la filiación biológica y se modificase el lugar de nacimiento del adoptado. En la nueva inscripción se reflejarán los datos del nacimiento y del nacido y las circunstancias personales de los padres adoptivos. Ahora bien, para la Dirección General el nacimiento en España del adoptado no puede considerarse un dato del que, en general, pueda deducirse una filiación adoptiva[1]. Y no hay previsión legal para que ese cambio pueda autorizarse cuando se trata de adopciones nacionales (arts. 77 y 307.1 del Reglamento del Registro Civil de 1958, redacción dada por el Real Decreto 820/2005, de 8 de julio).

Es cierto que el asiento principal de nacimiento es posible su traslado *"al domicilio del nacido o de sus representantes legales"* (art. 20-1.º de la Ley del Registro Civil de 1957). Y, una vez aquí, solicitar la cancelación del asiento principal y la práctica de una nueva inscripción en donde figurarán los datos del nacimiento y del nacido y las circunstancias personales de los adoptantes. Empero, si no podemos cambiar el lugar de nacimiento real por el del domicilio de los adoptantes, seguiremos teniendo el mismo problema de que el mismo nos derive a la conclusión de encontrarnos ante una filiación adoptiva.

---

[1] Resoluciones, 22.ª y 23.ª, de la Dirección General de Seguridad Jurídica y Fe Pública, de 25 de agosto de 2021, Inscripción de adopción nacional: cambio del lugar de nacimiento. Dicen estas resoluciones que una de las circunstancias reveladoras de una filiación adoptiva puede ser la relativa al lugar de nacimiento, *"especialmente, dice, cuando este ha acaecido en un país remoto"*. Sin embargo, esta previsión legal solo se contempla en el caso de adopciones internacionales no en las nacionales porque, insiste, *"el nacimiento en España del adoptado no puede considerarse que sea un dato del que, en general, pueda deducirse una filiación adoptiva"*.

Resolución, 22.ª, de 7 de marzo de 2022: La posibilidad de modificar el lugar del nacimiento de un menor adoptado está prevista únicamente para las adopciones internacionales.

Manifiesto y reflejo mi desacuerdo con este criterio de la Dirección General ya que resulta muy difícil no pensar que unos adoptantes con residencia habitual y estable, por ejemplo, en Gijón, y adoptan un menor cuyo asiento de nacimiento se encuentra en Almería, no nos encontremos ante una filiación adoptiva. Es cierto que la publicidad de este dato se encuentra especialmente protegida frente a terceros, pero puede haber errores en la expedición de las certificaciones que pongan a disposición de terceros información de filiación adoptiva que nunca deberán salir del ámbito de las personas legitimadas para conocerla. Y protegemos mucho mejor al menor si disponemos de la posibilidad de cambiar el lugar de nacimiento, como ocurre en la adopción internacional, al del domicilio de los adoptantes.

Comparecencia. En ______________, a __ de ____________________de 202_.

Ante el Encargado de la Oficina General del Registro Civil de _______________, comparecen quienes acreditan ser y llamarse:

D. ______________________________, con Documento Nacional de Identidad n.º_____________, casado con D.ª_____________________ y domiciliados ambos en esta Ciudad, C/ _________________, n.º __, piso ____, según certificado del Padrón municipal; teléfono de contacto: ________________, correo electrónico: _________________________, y

D.ª ____________________________, con documento nacional de identidad n.º ______________, de estado civil casada con D. ________________________, ya circunstanciado y domiciliada en el mismo domicilio, con teléfono de contacto: _____________ y correo electrónico: ________________.

Manifiestan

Que son los padres adoptivos del menor ______________________, nacido en ___________, cuyo certificado literal de nacimiento adjuntan y donde figuran la filiación por naturaleza del menor adoptado y, marginalmente, la filiación adoptiva del mismo con los datos de los comparecientes/adoptantes. Que su domicilio es el acreditado en el certificado del Padrón municipal de ___________________ y que, al amparo de lo dispuesto en el art. 20 de la Ley del Registro Civil de 1957, en vigor, en relación con los arts. 76, 77 y 307 de su Reglamento, solicitan el traslado del asiento de nacimiento de su hijo al del domicilio de los comparecientes. De igual modo, solicitan que, una vez inscrita la misma en esta Ofician General del Registro Civil de ____________, se cancele la misma y se practique una nueva en donde ya solo figuren los datos del nacimiento y del nacido, las circunstancias personales de los padres adoptivos y se refleje como lugar de nacimiento del menor el del domicilio de los mismos.

Por el Encargado de la Oficina General del Registro Civil de _____________, a la vista de lo solicitado y de los documentos que se adjuntan, acuerda se practique el traslado solicitado y, una vez recepcionado y realizado en esta Oficina General del Registro Civil de _____________, se cancele la misma y se practique una nueva inscripción en donde solo figuren los datos del nacimiento y del nacido, las circunstancias personales de los padres adoptivos, haciendo referencia al matrimonio de estos. Ahora bien, respecto al lugar de nacimiento del menor deberá figurar la correspondiente que figura en la certificación de nacimiento consecuencia de que no existe previsión legal para que el cambio pueda autorizarse cuando se trata de adopciones nacionales. Supuesto solo previsto para las adopciones internacionales.

Por los comparecientes se manifiesta su total desacuerdo con lo acordado y anuncian que, cuando se les notifique en legal forma la resolución denegatoria del cambio de lugar de nacimiento del menor, interpondrán recurso de alzada ante la Dirección General de Seguridad Jurídica y Fe Pública. Por el Encargado de la Oficina General se tienen por realizadas las anteriores manifestaciones.

(Firmas del Encargado y de los comparecientes)

Modelo n.º 19. Conversión de la adopción simple o no plena constituida por autoridad extranjera competente en la adopción regulada por el Derecho español

SP/FORM/9607

Ya he comentado que la regulación de la institución adoptiva en España es todo un ejemplo, primero, es necesario reconocerlo, de valentía del legislador, y segundo, de cómo disponiendo de una regulación farragosa en cuando a las distintas clases de adopción y autoridades legitimadas para autorizar la adopción teniendo consecuencias en cuanto al estado civil, en muchos casos, con sombras de dudas y de incertidumbre, se derivó a una regulación segura y estable que hoy día es todo un referente en el Derecho comparado[2].

Cuando la adopción se constituye por autoridad extranjera competente, para que la misma surta los efectos jurídicos en el Derecho español tiene que cumplir tresrequisitos: 1. Que produzca la extinción de vínculos jurídicos sustanciales entre el adoptado y su familia anterior. 2. Que haga surgir los mismos vínculos de filiación que los de la filiación por naturaleza. 3. Que sea irrevocable por los adoptantes.

Existen países donde se contemplan adopciones denominadas simples o menos plenas y que son realizadas por ciudadanos españoles ante autoridad competente extranjera y que acuerdan la adopción de un menor por estos ciudadanos españoles. Esta adopción simple, los adoptantes españoles quieren que produzca efectos en España. Sin embargo, esta adopción simple o no plena no puede ser objeto de inscripción[3] en el Registro Civil español como adopción ni comporta la adquisición de la nacionalidad española con arreglo al art. 19 del Código Civil (art. 30.3 de la Ley de Adopción Internacional).

Cabe también la posibilidad registral, para estos ciudadanos españoles adoptantes de un menor en el extranjero con arreglo a la ley extranjera, de que la adopción simple o no plena legalmente constituida por autoridad extranjera, se convierta en la adopción regulada en el Derecho español. Esta posibilidad la contempla el art. 30

---

[2] Fue la Ley 21/1987, de 11 de noviembre, por la que se modifican determinados artículos del Código Civil y de la Ley de Enjuiciamiento Civil, la que puso orden en el caos existente. Había diferentes autoridades ante las que se podía acordar la adopción, Notarios y Jueces, y distintas clases de adopción con diferentes efectos: adopción plena, menos plena y simple. Esta Ley 21/1987 terminó con las distintas clases y diferenciaciones de adopciones. No existen clases. La adopción es o no es. Y solo la autoridad judicial, mediante la resolución correspondiente, puede acordar la adopción.

[3] En su caso, podría ser objeto de una anotación registral. Tal y como lo plantea el art. 40 de la Ley del Registro Civil, a petición del Ministerio Fiscal o de cualquier interesado, puede ser objeto de anotación. *"El hecho o acto relativo a españoles o acaecido en España que afecte a su estado civil, según la ley extranjera".*

Las anotaciones registrales tienen un valor meramente informativo y en ningún caso pueden tener el valor probatorio que proporciona la inscripción.

de la Ley de Adopción Internacional en relación con el art. 42 de la Ley de Jurisdicción Voluntaria, *"Conversión de adopción simple o no plena en plena"*[4].

Comparecencia. En ________________, a __ de ________________ de 202_.

Ante el Encargado de la Oficina General del Registro Civil de _______________, comparecen quienes acreditan ser y llamarse:

D. ______________________________________, mayor de edad, de estado civil casado, de nacionalidad española, con Documento Nacional de Identidad n.º ______________, domiciliado en __________________, C/ _____________________, según acredita mediante el correspondiente certificado de empadronamiento. Teléfono de contacto: ____________________, y correo electrónico: _____________________ , y

D.ª ____________________________, mayor de edad, de estado civil casada, de nacionalidad española, con documento nacional de identidad n.º ________________, y domiciliada en el señalado por su marido en ________________. Teléfono de contacto:________________. Correo electrónico:_________________ .

Manifiestan

Que, tras los trámites oportunos, adoptaron en Marruecos a un menor de edad conforme a la legislación marroquí. Dicha resolución de adopción dictada por las autoridades marroquíes no pudo inscribirse en el Registro Civil español consecuencia de corresponder sus efectos con lo que se denomina una adopción simple. La adopción en Marruecos no rompe los vínculos con la familia biológica.

Tras las aportaciones documentales correspondientes y debidamente asesorados por la Consejería de Protección del Menor de _______________, presentaron en el Juzgado de Familia n.º ____ de ___________________, la solicitud de conversión de la adopción simple marroquí en adopción plena. Tras ser oídos y prestar el consentimiento correspondiente por los comparecientes, tal y como señala el art. 42 de la Ley de Jurisdicción Voluntaria, el titular del Juzgado de Familia dictó Auto convirtiendo la adopción simple constituida por las autoridades judiciales marroquíes en adopción plena conforme dispone la institución adoptiva española. Auto que ha devenido firme y solicitan se inscriba en el Registro Civil español.

Por el Encargado de la Oficina General del Registro Civil de ______________, atendiendo al contenido de los documentos adjuntados, la resolución del Juzgado de Familia n.º ____, de ________________, y las manifestaciones realizadas por los comparecientes, acuerda la inscripción de nacimiento en esta Oficina General del Registro Civil de _________________________ del menor ________________. Al margen de la misma se reflejará el Auto dictado con la filiación adoptiva constituida. Preguntados por el orden de los apellidos que quieren para su hijo, manifiestan que no tienen hijos anteriores y solicitan se proceda a inscribir el mismo con el nombre de: "__________", y los apellidos, primero: "____________", y segundo: "________________". Preguntados si quieren solicitar la práctica de una nueva inscripción donde se reflejen los datos del nacimiento y del adoptado, las circunstancias personales de los padres adoptivos, el matrimonio de los mismos y la constancia de su domicilio

[4] Se tienen que dar una serie de supuestos: que el adoptado, cuando se constituye la adopción, tenga residencia habitual en España, o que el adoptante tenga la nacionalidad española o su residencia habitual en España.

El adoptante presenta ante el Juzgado de Primera Instancia del domicilio del adoptante su solicitud para la adopción plena acompañando el documento de constitución de la adopción por la autoridad extranjera. No es necesaria propuesta previa de la Entidad Pública, pero sí el cumplimiento de las condiciones personales, familiares y sociales y los medios de vida del adoptante. Manifiestan su consentimiento ante el Juez los adoptantes y el adoptado si es mayor de doce años. Después, el Juez dicta la resolución acordando, en su caso, la conversión de la adopción simple o no plena en plena y ya la misma puede ser objeto de inscripción en el registro individual del menor adoptado.

como lugar de nacimiento del adoptado, manifiestan que, de momento, no desean acogerse a esta facultad registral. Sin perjuicio de que, en un futuro, lo puedan solicitar.

(Firma del Encargado y de los comparecientes)

Modelo n.º 20. Eficacia del reconocimiento de un menor de edad con consentimiento expreso de la madre

SP/FORM/9608

Al reconocimiento de un menor de edad, el art. 124 del Código Civil realiza una muy precisa regulación para no dejar ningún cabo suelto. Tan es así que el mismo ha sido modificado y dado nueva redacción en dos ocasiones en el plazo de menos de dos años[1]:

"La eficacia del reconocimiento de la persona menor de edad requerirá el consentimiento expreso de su representante legal o la aprobación judicial con audiencia del Ministerio Fiscal y del progenitor legalmente conocido.

No será necesario el consentimiento o la aprobación si el reconocimiento se hubiere efectuado en testamento o dentro del plazo establecido para practicar la inscripción del nacimiento. La inscripción de la filiación del padre o progenitor no gestante así practicada podrá suspenderse a simple petición de la madre o progenitor gestante durante el año siguiente al nacimiento. Si el padre o progenitor no gestante solicitara la confirmación de la inscripción, será necesaria la aprobación judicial con audiencia del Ministerio Fiscal".

Comparecencia. En ____________, a ___ de ______________ de 202_.

Ante el Encargado de la Oficina General del Registro Civil de ______________, comparece quien acredita ser y llamarse:

D. ___________________________________, mayor de edad, de estado civil soltero, con documento nacional de identidad n.º _______________________, domiciliado en __________________, C/ __________________, n.º ____, piso _____. Teléfono de contacto: _______________. Correo electrónico: _______________. Y manifiesta:

Que durante los dos últimos años ha mantenido una relación sentimental/afectiva con D.ª ______________ ______________, de estado civil soltera y domiciliada en ____________, C/ ___________________, pudiendo contactar con la misma en el teléfono _______________. No vivían juntos, pero la relación sentimental era estable y pública. La Sra. ________________ se quedó embarazada y empezaron las discusiones y diferencias entre ellos, que no detalla por no ser necesarias. La relación se rompió y, pese a los intentos del compareciente de seguir el contacto consecuencia del embarazo, D.ª _________________________ no quiso mantener la relación

[1] Tanto, primero, la Ley 8/2021, de 2 de junio, como, después, la Ley 4/2023, de 28 de febrero, se han preocupado de que la terminología y redacción de este art. 124 del Código Civil se ajusten a las necesidades y protección tanto de la madre como del reconocido menor de edad. Sin perjuicio de garantizar la necesaria seguridad jurídica que el reconocimiento de filiación exige.

con el declarante y rompieron perdiendo todo contacto. Pasados unos meses, conocidos comunes le dijeron que D.ª ____________________ había dado a luz una niña en el Hospital Materno Infantil de ____________________.

Calcula que el nacimiento se pudo producir hace unos dos meses aproximadamente y en la presente comparecencia hace el reconocimiento de la niña que, cree, estará inscrita con la filiación de la madre por su orden o invertidos los apellidos de la misma. En cualquier caso, quiere y manifiesta que el primer apellido del compareciente figure en primer lugar.

Por el Encargado de la Oficina General del Registro Civil de ____________________, a la vista de las manifestaciones efectuadas, acuerda, primero, unir a la presente comparecencia la certificación literal de nacimiento de la menor de filiación __________ __________, o __________ __________ (según haya o no invertido la madre los apellidos cuando inscribió a su hija), y, segundo, citar a la presente Oficina General a D.ª ____________________ para el próximo día ___ de ______________ de 202_, al objeto de que, si a su derecho conviniera, preste consentimiento expreso del reconocimiento de filiación paterna no matrimonial realizado por D. ____________________, y si así lo realiza, diga si está o no conforme con la manifestación de que el primer apellido de su hija, en el futuro, sea el primero de los del padre.

(Firmas del Encargado y del compareciente)

Comparecencia. En ___________, a ___ de ______________ de 202_.

Ante el Encargado de la Oficina General del Registro Civil de ______________, comparece quien acredita ser y llamarse D.ª ____________________, de estado civil soltera y nacionalidad española, con documento nacional de identidad n.º __________, domiciliada en ______________, C/ ______________, n.º __. Teléfono de contacto n.º __________ y correo electrónico: ______________. Está asistida en la comparecencia por el Letrado Sr. ____________, Colegiado n.º ______ del Ilustre Colegio de Abogados de ___________.

Preguntada si conoce el objeto de la presente comparecencia manifiesta que sí. Que su Abogado le ha explicado en qué consiste la misma y dice que, efectivamente, el pasado día ___ de ____________ de 202__, en el Hospital Materno Infantil de _______ dio a luz una niña que la inscribió con su filiación materna en esta Oficina del Registro Civil de ___________.

En la citada inscripción de nacimiento utilizó la facultad de invertir el orden de sus apellidos y, por tanto, la filiación de su hija es la de "___________" y "___________", y el nombre que eligió fue el de: "___________", y así se contrasta en la certificación literal de nacimiento que ya obra en las actuaciones.

En este acto consiente expresamente en el reconocimiento que de su hija ha realizado D.________________, con quien en su día mantuvo una relación afectiva.

Preguntada por la solicitud realizada por el Sr. ___________ respecto a que el primer apellido de la menor sea el primero de los personales del padre, la compareciente se opone rotundamente a ello y solicita que la menor conserve el primer apellido establecido y determinado cuando se practicó el asiento de nacimiento. Además, en todas las actuaciones sanitarias que ha tenido que realizar con la niña la identificación de la misma ha sido con ese primer apellido.

Por el Encargado de la Oficina General del Registro Civil de __________, a la vista del consentimiento expreso que la madre ha realizado al reconocimiento de filiación paterna, acuerda el reflejo del mismo en el asiento de nacimiento de la menor mediante la inscripción correspondiente.

Respecto a la filiación de la menor, ante el desacuerdo de los progenitores, por el Encargado de la Oficina General del Registro Civil, de conformidad con lo establecido en el art. 49.2 de la Ley del Registro Civil, en interés superior del menor, acuerda mantener el primer apellido que ya constaba en el asiento de nacimiento y como segundo apellido, el primero de los personales del padre, por lo que, en lo sucesivo, la filiación de la menor será, primer apellido: "________________", y segundo apellido: "______________".

Notifíquese la presente comparecencia con su resolución a D. _________________ a los efectos correspondientes de, en su caso, interponer recurso de alzada ante la Dirección General de Seguridad Jurídica y Fe Pública en el plazo de un mes desde la notificación de la presente (art. 85.1 de la Ley del Registro Civil).

Practicado el reconocimiento de filiación paterna consentido expresamente por la representante legal de la menor, con la filiación por el orden acordado en la presente comparecencia, hágase entrega a cada uno de los progenitores de una certificación literal de nacimiento a los efectos de su utilización donde corresponda para el ejercicio de la patria potestad de la menor, y guarda y custodia de la misma.

(Firmas del Encargado, de la compareciente y del Letrado asistente de la misma)

Modelo n.º 21. Eficacia del reconocimiento de un menor de edad cuando no existe consentimiento expreso de su representante legal

SP/FORM/9609

En el presente modelo vamos a contrastar el supuesto contrario. El del reconocimiento de un menor de edad pero que el representante legal de la persona menor de edad no consiente en el mismo. En consecuencia, al existir litigiosidad, la tutela judicial efectiva queda garantizada derivando el legislador la resolución hacia, en su caso, la aprobación o autorización del Juez de Primera Instancia del reconocimiento de la filiación no matrimonial (arts. 23 y siguientes de la Ley de Jurisdicción Voluntaria)[1].

Comparecencia. En _______________, a __de _______________, de 202_.

Ante el Encargado de la Oficina General del Registro Civil de _______________, comparece quien acredita ser y llamarse D. ____________________________ (adjunta certificado literal de nacimiento), de estado civil soltero, de nacionalidad española, con documento nacional de identidad n.º ____________________________. Domiciliado en esta Ciudad, C/ ______________________, n.º __ (adjunta certificado del padrón municipal). Teléfono de contacto: __________________, y correo electrónico: ___________________, quien MANIFIESTA:

Que el pasado día ___ de _______________ de 202_, en el Servicio de Neonatología del Hospital-Maternidad "_____________" de esta Ciudad, D.ª ____________________, soltera, de nacionalidad española, con teléfono móvil n.º_____________, dio a luz un niño. El mismo se inscribió en esta Oficina General del Registro Civil de _____________, con el nombre de: "_____________", y los apellidos: "______________________", que son los de la madre, por su mismo orden. Adjunta certificación literal de nacimiento del niño.

Manifiesta que el compareciente y la citada D.ª ____________________ mantenían una relación sentimental en el momento de la concepción del niño. Posteriormente, la relación se terminó y, pese a sus intentos de acercamiento a la misma y a su familia para interesarse por la evolución del embarazo, no se le ha permitido consecuencia de la orden de alejamiento dictada por el Juez competente.

Habiendo tenido conocimiento del nacimiento del niño, manifiesta en este acto el reconocimiento del mismo y asumir el ejercicio de la patria potestad del menor con los derechos y deberes que la misma lleva inherentes.

[1] Art. 124-1.º del Código Civil, redacción dada por Ley 4/2023, de 28 de febrero: *"La eficacia del reconocimiento de la persona menor de edad requerirá el consentimiento expreso de su representante legal o la aprobación judicial con audiencia del Ministerio Fiscal y del progenitor legalmente conocido"*.

Por el Encargado de la Oficina del Registro Civil de ____________, a la vista de la manifestación de reconocimiento de filiación no matrimonial efectuado por D. ________________________, encontrándonos en el supuesto del art. 124, párrafo primero del Código Civil, acuerda dar traslado de la misma a D.ª ___________________, y la cita en estas dependencias registrales el próximo día ___ de _______________ de 202_, a las 10:30 horas, para, en su caso, manifieste o no el consentimiento al reconocimiento de su hijo realizado por D. __________________ ____________________.

Realizada y recogida la manifestación de D.ª ________________, se acordará lo procedente.

(Firmas del Encargado y del compareciente)

Comparecencia. En ______________, a __ de ___________________ de 202_.

Ante el Encargado de la Oficina General del Registro Civil de ____________, comparece quien acredita llamarse D.ª ____________________________, de nacionalidad española, de estado civil soltera, con documento nacional de identidad n.º ________________, y domiciliada en ________________, C/ ___________, n.º ___, con teléfono de contacto: _______________, y correo electrónico: _________________.

Manifiesta

Que está enterada del objeto de la presente comparecencia y, es cierto, el pasado día __ de ___________ de 202_, tuvo un hijo que está inscrito en esta misma Oficina registral con su única filiación. De ninguna de las maneras acepta ni admite el reconocimiento de filiación paterna que realiza D. ___________________________, del cual tuvo que solicitar medidas de protección ante el Juzgado correspondiente. Preguntado por el Encargado si se reitera en la no prestación del consentimiento al reconocimiento de filiación no matrimonial realizado por el Sr. _______________, manifiesta que se reafirma en no prestar el consentimiento.

Con todo lo cual, se da por terminada la presente, leída es hallada conforme por la compareciente y se le entrega copia de la misma.

(Firmas del Encargado y de la compareciente)

A partir de aquí, para que el reconocimiento de la persona menor de edad pueda ser efectivo, al "reconocedor", si insiste en su reconocimiento y quiere que el mismo se refleje en el asiento de nacimiento del menor, le queda expedita la vía de la autorización o aprobación judicial del reconocimiento de la filiación no matrimonial que regula la Ley de Jurisdicción Voluntaria en sus arts. 33 y siguientes.

La competencia recae en el Juzgado de Primera Instancia del domicilio del reconocido. El promotor de este expediente será el progenitor autor del reconocimiento. En la tramitación del expediente no es preceptiva la intervención de Abogado ni Procurador[2]. Siempre se dará audiencia al Ministerio Fiscal y al progenitor legal-

[2] Estimo y considero que, si bien no resulta preceptiva la intervención de estos profesionales jurídicos, el que el progenitor autor del reconocimiento se encuentre adecuadamente asesorado respecto a estas actuaciones en el expediente de jurisdicción voluntaria, considero que resulta ello más que aconsejable.

mente conocido (la madre), y a las personas que se estime oportuno. Por último, el Juez resolverá[3] aprobando o no[4] el reconocimiento de la filiación no matrimonial. Si la autoriza, remitirá testimonio a la Oficina del Registro Civil donde conste el registro individual del menor para proceder a su inscripción.

[3] En la resolución, dice el art. 26.1 de la Ley de Jurisdicción Voluntaria, el Juez resolverá lo que proceda sobre el reconocimiento de que se trate, "*atendiendo para ello al discernimiento del progenitor, la veracidad o autenticidad de su acto, la verosimilitud de la relación de procreación, sin necesidad de una prueba plena de la misma, y el interés del reconocido cuando sea menor o persona con discapacidad*".

[4] Si, en su caso, no se aprobase judicialmente el reconocimiento de la filiación no matrimonial que realiza el progenitor autor del reconocimiento, siempre tendrá a su disposición y será posible el ejercicio de las acciones de filiación. En el presente caso, y siempre que la filiación que se reclame no contradiga otra legalmente determinada, la acción de reclamación de la filiación regulada en los arts. 131 y siguientes del Código Civil.

Modelo n.º 22. Eficacia del reconocimiento de un menor de edad conforme a la Ley 54 del Fuero Nuevo de Navarra[1]

SP/FORM/9610

Es necesario conocer que, en nuestro país, además del Código Civil, coexisten diversos regímenes de Derecho Privado. Por eso, podemos definir la vecindad civil[2] como aquella circunstancia personal de los ciudadanos españoles que determina la aplicabilidad, como ley personal, de un determinado régimen jurídico civil. *"La sujeción al derecho civil común o al especial o foral se determina por la vecindad civil"*, dice el art. 14.1 del Código Civil.

Según apliquemos un régimen de Derecho Privado u otro, las conclusiones y resultados son muy diferentes. Vamos a ver cómo, en este supuesto específico del reconocimiento de la persona menor de edad, el tratamiento que le ofrece el Código Civil, lo hemos visto en el apartado primero del art. 124, y el que al mismo supuesto le da esta Ley 54 del Fuero Nuevo de Navarra, son distintos. En consecuencia, sobre todo para las operadores jurídicos a la hora de asesorar a sus clientes, conocer las distintas legislaciones privadas y saber cuándo una persona se encuentra en disposición y legitimidad[3] de poder utilizarlas, resultan fundamentales.

La Ley 54 c) del Fuero Nuevo de Navarra dice que: *"El reconocimiento de la persona menor de edad no emancipada será inscribible en el Registro Civil sin perjuicio de la oposición que pueda formular quien tenga su representación legal, la cual deberá fundarse en el interés superior de la persona reconocida"*.

Primera diferencia fundamental: Así como hemos visto que el art. 124 del Código Civil exige para la eficacia del reconocimiento de la persona menor de edad el consentimiento expreso de la madre, en el Fuero Nuevo de Navarra, sin haber oído siquiera a la madre, el reconocimiento ya es inscribible.

Segunda diferencia fundamental: Mientras en el Código Civil, si no existe el consentimiento expreso de la madre, traslada la iniciativa de acudir a la aprobación judicial al progenitor autor del reconocimiento. En el Fuero Nuevo

[1] Ley Foral 21/2019, de 4 de abril, de modificación y actualización de la Compilación del Derecho Civil Foral de Navarra o Fuero Nuevo (BOE núm. 137, de 8 de junio de 2019).

La Compilación del Derecho Civil Foral de Navarra o Fuero Nuevo constituye un texto completo que contiene disposiciones relativas a todas las materias en que tradicionalmente se ha dividido el derecho civil o privado: persona, familia, sucesiones, propiedad y contratos.

[2] No debemos confundir la vecindad civil con la vecindad administrativa. Son dos conceptos diferentes. La vecindad administrativa se refiere al empadronamiento de un español o de un extranjero como vecino administrativo del municipio en el que reside y se rige por las normas de carácter administrativo, no de carácter civil, de modo que no afecta a la aplicación de la ley personal.

[3] Lo mismo que en el caso de la nacionalidad, la prueba de ostentar una determinada vecindad civil no resulta sencillo. Si, como señala el art. 68.3 de la Ley del Registro Civil, redacción dada por Ley 6/2021, de 28 de abril, existe una manifestación expresa, ante el Encargado del Registro Civil o ante Notario, de adquisición, conservación u opción de la vecindad civil, ello tendrá el reflejo registral en el registro individual de la persona mediante la inscripción correspondiente. Si no es así, debemos acudir a la prueba de la *"presunción de vecindad civil"* (art. 69 de la Ley del Registro Civil). Presunción que se concreta en que se ostenta una determinada vecindad civil si has nacido en territorio foral o especial de progenitores también nacidos en ese territorio.

de Navarra, la iniciativa de oposición, además de no haber sido escuchada en el reconocimiento, corresponde a la madre del menor en interés superior del mismo. Que se supone, además, que es quien ha llevado el peso de crianza y ejercicio exclusivo de la patria potestad. Por lo menos hasta este momento del reconocimiento. Los trámites de la oposición se encuentran en:

Ley 54 d) del Fuero Nuevo de Navarra. Oposición al reconocimiento: "*La oposición deberá formalizarse en el plazo de un año desde que el reconocimiento haya sido objeto de notificación, se sustanciará por los trámites previstos en la Ley de Jurisdicción Voluntaria para el reconocimiento de la filiación no matrimonial y será estimada cuando resulte contraria al interés de la persona reconocida*"[4].

Comparecencia. En Tudela (Navarra), a __ de ________________ de 202_.

Ante el Encargado de la Oficina General del Registro Civil de Tudela (Navarra), comparece quien acredita ser y llamarse, D. ________________________________, mayor de edad, de vecindad civil foral navarra, de estado civil soltero, con documento nacional de identidad n.º ________________. Domiciliado en Tudela (Navarra), C/ Bardenas Reales, 36-2º-Dcha., según acredita mediante el certificado del padrón municipal de esa Ciudad. Su teléfono de contacto es el ______________ y el correo electrónico:____________________________ .

En la presente comparecencia está presente el Letrado del Muy Ilustre Colegio de Abogados de Tudela, Sr. ____________________, con número de Colegiado ____, asistiendo al citado D. ______________________ ______, y

Manifiesta

Que hace aproximadamente unos tres años mantuvo una relación sentimental con D.ª __________________, mayor de edad, de estado civil soltera, y con teléfono de contacto: __________________________. Cada uno vivía en su casa y no estaban dados ni registrados como pareja de hecho. Cuando su entonces novia se quedó embarazada, por razones que ahora no vienen a ser referidas, rompieron la relación. Supo que dio a luz una niña en la maternidad del Hospital Reina Sofía de Tudela. Adjunta la certificación literal de nacimiento que ha conseguido de la Oficina del Registro Civil de Tudela acreditando previamente el interés legítimo para ello por el presente reconocimiento de filiación paterna que está realizando. Los pasos registrales y de la presente comparecencia se los informó su Letrado aquí presente. La menor, en estos momentos tiene dos años y medio. Ha querido conocerla y ha intentado contactar con la madre para hacer la tramitación del reconocimiento de mutuo acuerdo. Los mismos han resultado inútiles e infructuosos y, al final, por el asesoramiento jurídico de su Abogado, no le ha quedado más remedio que acogerse a lo dispuesto en la Ley 54 del Fuero Nuevo de Navarra dada su condición foral de navarro. Condición foral de la que también participa la menor reconocida. De igual modo solicita que figure como primer apellido el del compareciente.

Por el Encargado de la Oficina General del Registro Civil de Tudela se tienen por realizadas las anteriores manifestaciones y, con carácter previo a acordar lo procedente, acuerda citar a D.ª ____________________________ para informarle del reconocimiento de filiación paterna realizado a su hija __________________________ y

[4] Como contrastamos, la madre ha podido tener conocimiento de que su hijo inscrito con su sola filiación materna ha sido reconocido por progenitor cuando ya dicho reconocimiento aparece en el asiento de nacimiento de su hijo. Ha tenido que tomar la iniciativa, si quiere oponerse, en el plazo de un año desde que se le notifica el reconocimiento y acreditar, en su caso, en el expediente de aprobación judicial del reconocimiento de la filiación no matrimonial, que dicho reconocimiento resulta contrario al interés de la persona reconocida.

De ahí que, siempre resulte más conveniente y operativo, antes de, en su caso reflejar en el asiento de nacimiento del menor reconocido el reconocimiento del progenitor, de la comparecencia del reconocimiento dar traslado a la madre y contrastar, si está conforme con el reconocimiento y qué orden de los apellidos considera adecuado para el menor reconocido cuando no existe acuerdo entre los progenitores.

de su voluntad de que aparezca en primer lugar el apellido del progenitor autor del reconocimiento. Por el Letrado presente Sr. ________________ se manifiesta la innecesariedad de dicho traslado consecuencia de que, conforme a lo dispuesto en el apdo. c) de la Ley 54 Fuero Nuevo de Navarra, no es necesario que la Sra. ________________ manifieste consentimiento alguno al reconocimiento efectuado por su cliente.

Por el Encargado del Registro Civil se tienen por hechas las manifestaciones anteriores y acuerda, no obstante, citar a la Sra. ____________________ para darle traslado de lo manifestado en la presente comparecencia.

(Firmas del Encargado, del Letrado y del compareciente)

Modelo n.º 23: Traslado de la comparecencia a la madre para comunicarle el reconocimiento de filiación paterna y el orden de los apellidos solicitados

SP/FORM/9611

Comparecencia. En Tudela, a ___, de ________________ de 202_.

Ante el Encargado de la Oficina General del Registro Civil de Tudela (Navarra) comparece quien acredita ser y llamarse D.ª ______________________, de estado civil soltera, con DNI n.º ______________________, domiciliada en esta Ciudad de Tudela, Avda. de Pamplona, 17-1.º A, según consta en el Padrón municipal. Teléfono de contacto ______________, y correo electrónico: ________________. Está presente en esta comparecencia la Letrada del Muy Ilustre Colegio de Abogados de Tudela Sra. ____________________, con número de Colegiado ___.

Por el Encargado del Registro Civil se da traslado a la compareciente y a su Letrada del reconocimiento de filiación paterna no matrimonial realizado por D. ________________ en su comparecencia del pasado día __ de ____________ de 202_, acogiéndose, en su condición foral navarra, a lo dispuesto en la Ley 54 del Fuero Nuevo de Navarra, y solicitando la inscripción en este Registro Civil de Tudela de dicho reconocimiento de filiación no matrimonial y que se refleje como primer apellido el del progenitor autor del reconocimiento.

Por la compareciente se manifiesta que: Es cierto, hace dos años y medio dio a luz en el Hospital Reina Sofía de esta Ciudad que la inscribió con su sola filiación materna. Mantuvo una relación con el compareciente y desde, aproximadamente, tres años no sabe nada de él. Que se desentendió de ella desde el conocimiento del embarazo y que, asesorada por su Abogada, manifiesta que conoce que dispone del plazo de un año desde la presente notificación, para oponerse al reconocimiento efectuado y que así lo hará en interés superior de protección de su hija ______________________. Respecto al reflejo del primer apellido que quiere D. ________________que figure en el asiento de nacimiento de su hija, se opone frontalmente a ello consecuencia de que la niña, en todos los ámbitos en los que se desenvuelve: guardería, sanitarios, sociales, familiares, se le conoce con la filiación materna y con su primer apellido ya estable es donde aparece registrada desde el Padrón Municipal, al INE o tarjeta de salud del Servicio Navarro de Salud-Osasunbidea, según adjunta.

Por el Encargado, a la vista de las manifestaciones de ambos progenitores y de los documentos adjuntados a las mismas, acuerda: En primer lugar, sin perjuicio de la oposición que puede formular D.ª ______________ al reconocimiento de filiación paterna no matrimonial que ha realizado D. ________________ al amparo de la Ley 54 del Fuero Nuevo de Navarra, y que debe formalizar, si a su derecho conviniere, en el plazo de un año desde la presente fecha de notificación a través de esta comparecencia, inscribir en el asiento de nacimiento de la reconocida ____________________, menor de edad, inscrita en este Registro Civil de Tudela, el reconocimiento de filiación paterna no matrimonial efectuado por D. __________________________. En segundo lugar, no constando acuerdo sobre el orden de transmisión del primer apellido, de conformidad con lo dispuesto en el art. 49.2 de la Ley del Registro Civil, por el Encargado del Registro Civil, atendiendo las circunstancias concurrentes y del interés superior de la menor, acuerda mantener como primer apellido el materno ya establecido e inscrito desde el nacimiento de "___________", y como segundo apellido, el primero de los personales del padre: "______________".

Por la Letrada Sra. ____________, en este mismo acto, anuncia que formalizará oposición al reconocimiento de filiación no matrimonial en forma y plazo legal, siguiendo los trámites previstos en la Ley de Jurisdicción Voluntaria, por considerar que dicho reconocimiento es contrario al interés superior de la menor inscrita, y que, en consecuencia, reflejar ahora la filiación paterna en la inscripción de nacimiento si después de tramitada la oposición no se aprueba judicialmente el reconocimiento de filiación no matrimonial, producirá en la inscrita una muy seria confusión de identificación de la misma[1]. Por el Encargado, a la vista del contenido de la Ley 54 del Fuero Nuevo reitera que, no sin entender las manifestaciones de la Sra. Letrada, se refleje la filiación paterna no matrimonial.

Notifíquese la presente comparecencia al progenitor autor del reconocimiento a los efectos de conocimiento de la misma y de los acuerdos adoptados para, en su caso, interponer recurso de alzada en el plazo de un mes desde la notificación de la presente ante la Dirección General de Seguridad Jurídica y Fe Pública.

(Firmas del Encargado, de la Letrada y de la compareciente)

[1] Es evidente que se podría crear la paradoja de que, tras el reconocimiento de filiación paterna no matrimonial y el reflejo del mismo sobre el asiento de nacimiento del menor, si, como en el presente supuesto, se produce en plazo y forma legal la oposición al reconocimiento, se podría producir la no aprobación judicial del reconocimiento de la filiación no matrimonial mediante la resolución correspondiente cuyo testimonio de la misma se debe remitir al Registro Civil para proceder a su inscripción. Así, en el mismo asiento de nacimiento tendríamos la proyección de la inscripción del reconocimiento con los apellidos correspondientes y, a continuación, la resolución judicial no aprobando el mismo volviendo al orden de los apellidos originarios. De ahí que considere mucho más adecuada la regulación del Código Civil cuando exige que, para la eficacia del reconocimiento de la persona menor de edad, se requiera el consentimiento expreso del representante legal, la madre del menor.

Modelo n.º 24. Reconocimiento de filiación realizado en testamento[1] o dentro del plazo[2] establecido para practicar la inscripción de nacimiento

SP/FORM/9612

Dispone el párrafo segundo del art. 124 del Código Civil, redacción dada por Ley 4/2023, de 28 de febrero, que, si bien la eficacia del reconocimiento del menor requiere el consentimiento expreso de su legal representante, si este reconocimiento se realiza, bien en testamento, bien dentro del plazo establecido para para practicar la inscripción de nacimiento (72 horas, 10 días ó 30 días acreditando justa causa, según supuestos), en estos casos, para practicar la inscripción de nacimiento, no será necesario este consentimiento expreso de la madre para que el mismo se pueda llevar a efecto.

La razón es clara. Indica una preocupación directa e inmediata, con una actuación expresa[3], por parte de quien efectúa el reconocimiento, que despeja cualquier duda que se pueda tener sobre la finalidad del reconocimiento en cualquier otro supuesto. Sabe y conoce, la persona que realiza el reconocimiento de la filiación no matrimonial, el momento de la concepción, está pendiente de la evolución del embarazo, hace el reconocimiento expresamente y en el plazo correspondiente.

Comparecencia. En ____________, a __ de ________________ de 202_.

Ante el Encargado de la Oficina General del Registro Civil de ______________, comparece quien acredita ser y llamarse D. ________________________, domiciliado en ___________________, C/ _______________, n.º __;

---

[1] Art. 741 del Código Civil: "*El reconocimiento de un hijo no pierde su fuerza legal aunque se revoque el testamento en que se hizo o este no contenga otras disposiciones, o sean nulas las demás que contuviere*".

[2] Conforme dispone el art. 46 de la Ley del Registro Civil, el plazo legal para comunicar los nacimientos por parte de la dirección de hospitales y clínicas a la Oficina del Registro Civil, es de setenta y dos horas. En los casos en que la solicitud de inscripción se deba realizar de forma presencial ante la Oficina Registral, el plazo se amplía a diez días (art. 47 de la Ley del Registro Civil). No obstante, este plazo puede llegar a los 30 días cuando se acredite justa causa conforme al art. 166 del Reglamento del Registro Civil de 1958.

[3] La manifestación ante Notario del reconocimiento de un hijo en testamento notarial, en primer lugar, es un acto personalísimo de quien asume la paternidad; es también una manifestación voluntaria; en tercer lugar, tiene eficacia retroactiva (art. 112 del Código Civil); y, en cuarto lugar, es irrevocable. Por tanto, si en un testamento se reconoce la paternidad de un hijo, con independencia de que se otorgue otro revocando el anterior o sean declaradas nulas otras cláusulas del testamento, el reconocimiento del hijo realizado es vinculante y no se puede suprimir, anular o rectificar. El Notario deberá comunicar de oficio al Registro Civil para que produzca los efectos correspondientes (art. 188 del Reglamento del Registro Civil de 1958).

con documento nacional de identidad n.º ______________________, de estado civil divorciado, de nacionalidad española, teléfono de contacto: ___________________, y correo electrónico: ___________________, y

Manifiesta

Que el pasado día ___ de ________________ de 202_, en la Residencia-Maternidad de ___________________, D.ª _________________________, de estado civil soltera, con domicilio en _________________________, y teléfono: ______________, ha dado a luz una niña a la que ha puesto e inscrito en esta misma Oficina del Registro Civil de _____________, con el nombre de "___________" y los apellidos maternos, según información que dispone de los propios familiares de la madre.

Que dentro de plazo legal (siempre antes de los treinta días que permite la legislación registral cuando se acredite justa causa), y acogiéndome a lo dispuesto en el art. 124, párrafo segundo, del Código Civil, realiza el reconocimiento de filiación paterna no matrimonial de la niña ______________________, y solicita que este reconocimiento se refleje en la inscripción de nacimiento con la determinación de los apellidos como corresponda legalmente. No se opone, si quiere la madre, a que figure en primer lugar el primer apellido de la madre y como segundo apellido el primero de los personales del padre. Que los decida la misma madre cuando se le dé traslado del presente reconocimiento, no para que preste su consentimiento expreso al mismo, que no lo tiene que prestar al realizarse el mismo en plazo para practicar la inscripción de nacimiento, sino al objeto de tener conocimiento del mismo a los efectos oportunos de ejercicio de la patria potestad entre ambos progenitores.

El Encargado del Registro Civil, a la vista de las manifestaciones y de los documentos que se adjuntan, contrastado el nacimiento de la menor __________________, obrante en esta misma Oficina General del Registro Civil de __________, cuya certificación se une a la presente, habiéndose producido el reconocimiento de filiación paterna no matrimonial dentro del plazo establecido para practicar la inscripción de nacimiento, art. 124-2.º del Código Civil, acuerda la práctica de la inscripción de la misma previo traslado a la madre para que, como ha manifestado D. _________________________, señale qué orden de apellidos desea en la inscripción de nacimiento de su hija.

Asimismo, se pondrá en conocimiento de la madre que, la inscripción de nacimiento así practicada, podrá ser suspendida por simple petición de la misma si lo solicita en el año siguiente al nacimiento. Sin perjuicio, como establece el mismo precepto legal citado, que el padre autor del reconocimiento pueda solicitar la confirmación de la inscripción por aprobación judicial con audiencia del Ministerio Fiscal.

(Firmas del Encargado y del compareciente)

Modelo n.º 25. Solicitud de la madre de suspensión de la inscripción de nacimiento cuando el padre ha realizado el reconocimiento en plazo

SP/FORM/9613

Conforme determina el párrafo segundo del art. 124 del Código Civil en relación con el 23 de la Ley de Jurisdicción Voluntaria, es posible que, una vez realizado el reconocimiento del menor de edad en plazo por el padre o progenitor no gestante, y practicada, en consecuencia, la inscripción del nacimiento, la misma pueda suspenderse por simple petición de la madre o progenitor gestante si lo solicita durante el año siguiente al nacimiento[1]. En este caso, si el padre o progenitor no gestante insiste en la confirmación de la inscripción, la misma ya necesitará la autorización o aprobación judicial del reconocimiento de filiación no matrimonial regulado en los arts. 23 y siguientes de la Ley de Jurisdicción Voluntaria[2].

Comparecencia. En ____________, a __ de _______________ de 202_.

Ante el Encargado de la Oficina General del Registro Civil de __________, comparece quien acredita ser y llamarse D.ª ______________________, de estado civil soltera, de nacionalidad española, con documento nacional de identidad n.º ________________, y domiciliada en ________________, C/ ______________, n.º __. Su teléfono de contacto es ______________________, y el correo electrónico: _____________, y

Manifiesta

Que se le ha dado traslado, dentro del plazo establecido para practicar la inscripción de nacimiento, del reconocimiento de filiación paterna no matrimonial efectuado por D. ________________________, de su hija ____________________, nacida en____________ el día __ de _______________ de 202_, e inscrita en esta misma Oficina del Registro Civil.

[1] Hay que tener cuidado con el plazo de un año desde el nacimiento. Así lo precisa el art. 124 del Código Civil. Nos puede llevar a confusión que el plazo del año se compute desde la fecha del reconocimiento efectuado dentro de plazo o desde que se practica la inscripción del nacimiento. Y no es así. La solicitud de la suspensión de la inscripción del nacimiento se puede realizar por la madre o progenitor gestante *"durante el año siguiente al nacimiento"*.

[2] Art. 23.3 c) de la Ley de Jurisdicción Voluntaria. Se solicitará aprobación judicial para la eficacia del reconocimiento de la filiación no matrimonial de un menor cuando el mismo se hubiese otorgado: *"Por el padre, cuando el reconocimiento se hubiera realizado dentro del plazo establecido para practicar la inscripción del nacimiento y cuando esta se hubiera suspendido a petición de la madre"*.

De igual modo, manifiesta que, por parte del Sr. _____________, se ha dicho en la comparecencia de la que se le ha dado traslado que la conformidad para que el orden de los apellidos de la menor los establezca la compareciente, y señala que quiere que el primer apellido de la menor corresponda a su primer apellido y como segundo apellido el primero de los personales del progenitor autor del reconocimiento.

Asimismo, habiéndose acordado por el Encargado de la Oficina del Registro Civil la inscripción del nacimiento de la menor ______________________ por reconocimiento de la filiación no matrimonial conforme al orden de los apellidos solicitado por la compareciente, con acuerdo expreso del progenitor autor del reconocimiento, se le da traslado a la misma para que, si a su derecho conviniera, solicite la suspensión de la inscripción de la filiación del padre o progenitor no gestante en el plazo de un año desde el nacimiento.

Por la madre se manifiesta que solicita en este mismo acto la suspensión de la inscripción así practicada y por el Encargado, de conformidad con lo establecido en el art. 124 del Código Civil, acuerda dar traslado al progenitor autor del reconocimiento de la solicitud de suspensión de la inscripción para que, también, si a su derecho conviniere, solicite o no la confirmación de la inscripción[3].

(Firmas del Encargado y de la compareciente)

[3] Si solicite el progenitor autor del reconocimiento la confirmación de la inscripción, será necesaria la aprobación judicial con audiencia del Ministerio Fiscal. Será este progenitor quien deba promover el expediente en el Juzgado de Primera Instancia del domicilio del reconocido sin que resulte preceptiva la intervención de Abogado ni Procurador (siempre, por otra parte, aconsejable en estos asuntos de filiación tan complejos y delicados).

La tramitación del expediente es sencilla (arts. 23 y siguientes de la Ley de Jurisdicción Voluntaria). Se cita y escucha a los interesados y el juzgador resolverá lo que proceda sobre el reconocimiento de que se trate. Siempre en interés del reconocido menor de edad. Si el juzgador resuelve que no procede la confirmación de la inscripción así realizada, el progenitor autor del reconocimiento siempre podrá acudir a la acción de reclamación de paternidad (arts. 764 y siguientes de la Ley de Enjuiciamiento Civil). A *sensu contrario*, lo mismo para la madre si la resolución judicial confirma la inscripción. En este caso, impugnando la filiación así determinada.

Modelo n.º 26. Inscripción del reconocimiento efectuado en testamento[1]

SP/FORM/9614

He intentado, en este aspecto del reconocimiento de filiación realizado ante Notario, descifrar el momento y modo en que, una realizado por el progenitor autor del reconocimiento en testamento, el Notario comunica y pone en conocimiento de este hecho al Registro Civil para que se realice la inscripción del reconocimiento en el asiento de nacimiento del reconocido.

El art. 188 del Reglamento del Registro Civil de 1958 señala que: "*El reconocimiento de un menor es inscribible sin necesidad del representante legal ni de la aprobación judicial, cuando conste en testamento y se acredite la defunción del autor del reconocimiento*". Parece, en consecuencia, necesario esperar a que el "reconocedor" fallezca para realizar la comunicación a la Oficina Registral. En absoluto considero debe ser así el proceder.

El reconocimiento de filiación no matrimonial realizado en testamento es irrevocable. Es verdad, puede estar junto a otro tipo de disposiciones testamentarias que están bajo la soberanía de la voluntad individual y las puede el testador modificar cuantas veces tenga por conveniente. Y, además, hasta el momento de su fallecimiento no podrán ser conocidas por las personas interesadas. Pero no es el caso del reconocimiento de filiación. Realizado el mismo, por su propia naturaleza, ya resulta indisponible. En consecuencia, por parte del Notario resultaría un acertado proceder no mezclar estos tipos de manifestaciones de manera que un reconocimiento de filiación no matrimonial otorgado en documento público sea posible su comunicación oficial a la Oficina del Registro Civil donde conste la inscripción de nacimiento del reconocido para proceder de inmediato a la inscripción del mismo.

Diligencia. En _______________, a __ de _______________ de 202_.

Para hacer constar que en el día de la fecha se ha recibido en esta Oficina General del Registro Civil de __________, disposición testamentaria otorgada ante el Notario D./D.ª _________________________, de ____________, en fecha _____________, y con número de protocolo _____, conteniendo reconocimiento de filiación paterna no matrimonial de ______________________, cuya inscripción de nacimiento consta en este Registro Civil de ______________.

[1] El art. 120-2.º del Código Civil, redacción dada por Ley 19/2015, de 13 de julio, señala que la filiación no matrimonial quedará determinada legalmente por el reconocimiento ante el Encargado del Registro Civil, en testamento o en otro documento público.
A su vez, el art. 741 del Código Civil dispone que: "*El reconocimiento de un hijo no pierde su fuerza legal aunque se revoque el testamento en que se hizo o este no contenga otras disposiciones, o sean nulas las demás que contuviera*".
En consecuencia, el hecho de que el reconocimiento se haga en testamento no cambia la naturaleza *per se* irrevocable del reconocimiento de filiación y, además, refuerza su eficacia aunque sean nulas las demás disposiciones testamentarias. Aquí nos podríamos ocupar de la capacidad para testar (art. 663 del Código Civil, redacción dada por Ley 8/2021, de 2 de junio), y la capacidad para reconocer (art. 121 del Código Civil, redacción dada por Ley 8/2021, de 2 de junio).

Por el Encargado de la Oficina del Registro Civil de _____________, de conformidad con lo dispuesto en el art. 124 del Código Civil en relación con el 741 del mismo Cuerpo legal, acuerda que al margen del asiento de nacimiento de ____________________________, obrante en este Registro Civil de ___________ (en su caso, Tomo __, página ____, de la Sección Primera del mismo) se refleje dicho reconocimiento de filiación paterna no matrimonial mediante la correspondiente inscripción.

(Firma del Encargado)

El nombre y los apellidos y sus cambios

(Art. 4 Ley del Registro Civil 2011: Tienen acceso al Registro Civil los hechos y actos que se refieren a la identidad, estado civil y demás circunstancias de la persona. Son, por tanto, inscribibles: **3.º El nombre y los apellidos y sus cambios**).

No es una casualidad que el primero de los "Derechos ante el Registro Civil" que contempla el art. 11 de la Ley del Registro Civil sea, precisamente, "*El derecho a un nombre y a ser inscrito mediante la apertura de un registro individual y la asignación de un código personal*". Y señalo lo de la casualidad consecuencia que, de existir una circunstancia de especial vulnerabilidad[1] para un niño, esta se producirá cuando, tras el nacimiento, el menor no se registra y queda sin identidad.

"*Las personas son identificadas por su nombre y apellidos*" señala el art. 50.2 de la Ley del Registro Civil. En la inscripción de nacimiento constarán los datos de identidad del nacido consistentes en el nombre que se le impone y los apellidos que le corresponden según su filiación. Constarán, asimismo, el lugar, fecha y hora del nacimiento y el sexo del nacido[2].

"*Toda persona tiene derecho a un nombre desde su nacimiento*" (art. 50.1 de la Ley del Registro Civil)[3]. En la elección del nombre rige para los progenitores el principio de libre elección del mismo. Es cierto que hay una serie de limitaciones[4] las cuales, eso sí, hay que interpretarlas restrictivamente. Estas limitaciones[5] encuentran su justificación en el respeto a la dignidad de la persona del nacido y en la necesidad de evitar confusiones en la identificación de las personas.

La designación legal de una persona consta de dos elementos: 1.º El nombre individual propiamente dicho. 2.º El nombre de la familia, o patronímico, constituido por los apellidos.

---

[1] ¿Nos podemos, siquiera, imaginar en qué situación de especial vulnerabilidad se encuentra un niño que no es registrado o inscrito al nacer? ¿Y si, por ejemplo, es necesario pagar para poder inscribir al niño? Pues la situación para estos menores sin inscripción y sin identidad es que se encontrarán en el más absoluto de los desamparos y especialmente vulnerables. Y, desgraciadamente, existen lugares y países en el mundo donde esta situación descrita existe.

[2] En el caso de que el parte facultativo indicara la condición intersexual del nacido, los progenitores, de común acuerdo, podrán solicitar que la mención del sexo figure en blanco por el plazo máximo de un año. Transcurrido dicho plazo, la mención al sexo será obligatoria y su inscripción habrá de ser solicitada por los progenitores (nuevo apdo. 5 del art. 49 de la Ley del Registro Civil, añadido por Ley 472023, de 28 de febrero).

[3] Recoge lo dispuesto en el art. 7 de la Convención sobre los Derechos del Niño, aprobada en NY el 20 de noviembre de 1989, y el art. 24.2 del Pacto Internacional de Derechos Civiles y Políticos: "*Todo niño será inscrito inmediatamente después de su nacimiento y deberá tener un nombre*".

[4] Todas las legislaciones tienen algún tipo de límite, restricción o prohibición en la elección del nombre que realizan los progenitores.

[5] Limitaciones que las refleja el art. 51 de la Ley del Registro Civil, redacción dada por la Ley 4/2023, de 28 de febrero, y que se interpretarán las mismas restrictivamente:

1.º No podrán consignarse más de dos nombres simples o uno compuesto.

2.º No podrán imponerse nombres que sean contrarios a la dignidad de la persona, ni los que hagan confusa la identificación. A efectos de determinar si la identificación resulta confusa no se otorgará relevancia a la correspondencia del nombre con el sexo o la identidad sexual de la persona.

3.º No podrá imponerse al nacido nombre que ostente uno de sus hermanos o hermanas con idénticos apellidos, a no ser que hubiera fallecido.

El nombre propio es el que individualiza a una persona en relación con los demás miembros de la familia[6], y se rige por el principio de libertad de imposición. Los apellidos, que indican la procedencia familiar, vienen atribuidos por la Ley en función de la filiación[7].

Las personas que eligen el nombre para sus hijos son los progenitores de común acuerdo. Lo reflejarán en el formulario oficial de declaración del nacimiento. ¿Qué ocurre si no lo reflejan o están en desacuerdo entre ellos respecto al nombre del nacido?[8].

---

[6] Es por ello que, dentro de las escasas limitaciones existentes a la libre elección del nombre, una de ellas es la referida a que al nacido no puede imponerse un nombre que ostente uno de sus hermanos con idénticos apellidos, salvo que hubiera fallecido (art. 51.3.º de la Ley del Registro Civil).

[7] Art. 109 del Código Civil: "*La filiación determina los apellidos con arreglo a lo dispuesto en la Ley*".

[8] En este supuesto, tras apercibirles el Encargado a los progenitores les concede el plazo de tres días para que designen un nombre de común acuerdo. Si, transcurrido el plazo citado continúan las desavenencias, será el propio Encargado quien, de oficio, impondrá al nacido un nombre de "uso corriente" (art. 50.3 Ley del Registro Civil).

Modelo n.º 27. Designación del nombre por el Encargado ante el desacuerdo de los progenitores

SP/FORM/9615

Comparecencia. En ______________, a ___ de ________________ de 202_.

Ante el Encargado de la Oficina General del Registro Civil de ____________, comparecen quienes acreditan ser y llamarse:

D. ________________________________, soltero, de nacionalidad española, con documento nacional de identidad n.º ________________, y domiciliado en _____________, C/ ________________, n.º ___, teléfono: _____________, correo electrónico: ____________________ y

D.ª ______________________________, soltera, de nacionalidad española, con documento nacional de identidad n.º ___________________, mismo domicilio que el compareciente ya circunstanciado, teléfono: __________________, correo electrónico: ______________________.

Manifiestan

Que están registrados como pareja estable en el Registro de Parejas de Hecho de __________________. Que el pasado día ____ de ____________ de 202_, en el Hospital Universitario de _______________, la citada D.ª ___________________________ dio a luz una niña, la primera hija de ambos comparecientes. Cuando fueron a rellenar el formulario para la inscripción del nacimiento cada uno quería poner un nombre. No se ponían de acuerdo y, a través de los servicios sociales del propio Hospital Universitario les dijeron que disponían de tres días para ponerse de acuerdo en el nombre elegido para su hija. Transcurrido el plazo, fueron citados a la presente comparecencia desde la Oficina del Registro Civil.

Por el Encargado se les vuelve a preguntar si quieren, en esta comparecencia decir un nombre para su hija, con la advertencia de que, si no lo hacen, y transcurrido el plazo de tres días que señala el art. 50.3 de la Ley del Registro Civil, lo impondrá el propio Encargado. Será un nombre de "uso corriente", tal y como señala el precepto.

Atendiendo a que nada manifiestan los comparecientes, el Encargado acuerda la práctica de la inscripción de nacimiento con el nombre de "____" y los apellidos tal y como figuran en el formulario oficial de declaración de nacimiento.

(Firmas del Encargado y de los comparecientes)

Modelo n.º 28. Imposición de un nombre y unos apellidos por el Encargado al nacido de filiación desconocida

SP/FORM/9616

Diligencia. En ______________, a __ de _______________ de 202_.

Habiendo sido promovido por parte del Instituto de Protección a la Infancia de la Consejería de Asuntos Sociales de esta Comunidad Autónoma de ____________, representada por la funcionaria de la misma, D.ª __________________________, con carnet profesional número ____________, la inscripción de nacimiento de un menor de filiación desconocida, tal y como determina el art. 48 de la Ley del Registro Civil.

Por el Encargado de esta Oficina del Registro Civil de __________, en cumplimiento de lo dispuesto en el art. 50.3 de la Ley del Registro Civil, se acuerda la práctica de la misma y se le imponen al menor, como nombre: "_________", y como apellidos: "____________" y "____________". El resto de datos de identidad son los que figuran en el formulario que adjunta la Sra. ______________ a la presente comparecencia.

(Firmas del Encargado y de la funcionaria de la comunidad autónoma)

Modelo n.º 29. Imposición de nombre cuando no es admitido el nombre propio propuesto por los progenitores

SP/FORM/9617

La Ley del Registro Civil, art. 51, sigue el principio de libre elección del nombre propio. Es cierto que hay una serie de limitaciones[1], las cuales, como señala el precepto registral citado, hay que *"interpretar restrictivamente"*. En consecuencia, un nombre propio elegido por los progenitores no puede ser rechazado. Solo se podrá denegar cuando, "claramente", ese nombre incurra en alguna de las limitaciones que la Ley registral fija.

Lo mismo que, en ocasiones, los progenitores no están de acuerdo de acuerdo respecto al orden de los apellidos del hijo recién nacido[2], hay también situaciones, las menos, donde los padres adoptan decisiones o elecciones irreflexivas o arbitrarias que pueden perjudicar al recién nacido por el carácter peyorativo o impropio del vocablo elegido. Pues frente a esas decisiones, como dice la Dirección General, *"irreflexivas y arbitrarias"*, los poderes e instituciones públicas debemos estar para adoptar y tomar decisiones que protejan a los menores de la elección de un nombre que no sea adecuado para una persona o le pueda provocar un perjuicio. Y no olvidemos que, en este caso, el más débil, el más vulnerable, el más necesitado de protección, sin duda, es el recién nacido.

Comparecencia. En __________, a __ de _______________ de 202_.

Ante la Encargada de la Oficina General del Registro Civil de _________, comparecen:

D. ____________________, mayor de edad, casado, de nacionalidad ecuatoriana, con Número de Identificación Extranjero ("NIE"): ______________. Domiciliado en _________________, C/ ___________________, n.º ___ , según certificado del Padrón municipal que adjunta. Teléfono de contacto: ______________, y correo electrónico: ___________________. Y

D.ª ____________________, mayor de edad, casada, de nacionalidad española, con documento nacional de identidad n.º _______________. Con residencia en el mismo domicilio que su cónyuge, ya circunstanciado. Teléfono de contacto: ____________, y correo electrónico: ____________ .

---

[1] Todas las legislaciones tienen o disponen de algún tipo de límite, restricción o prohibición. La Ley registral de 1957 hablaba de "prohibiciones". La nueva Ley del Registro Civil de 2011 habla de "limitaciones". No es lo mismo prohibir que limitar. El margen de actuación es mucho mayor con la segunda acepción que con la primera.

[2] No nos puede sorprender que los progenitores adopten decisiones en la elección del nombre para sus hijos que pueden perjudicarles. Y no nos puede sorprender porque, casi a diario, conocemos situaciones de progenitores que tienen a sus hijos sin escolarizar, o se niegan a vacunarlos, o no quieren que les trasfundan sangre cuando es necesario, o padres veganos que pueden ocasionar problemas de desnutrición para sus hijos, o que tienen a sus hijos en unas condiciones de salubridad ínfimas, etcétera.

Manifiestan

Que el pasado día ___ de ___________ de 202_, en la Residencia Universitaria __________ de ________, Servicio de Neonatología, la Sra. _________ dio a luz un niño al que quieren los progenitores poner el nombre de "Stalin". Requeridos los progenitores por tres días para que cambien el mismo consecuencia de estar dentro de las limitaciones establecidas en el art. 51.2.º de la Ley del Registro Civil de *"hacer confusa la identificación"*, manifiestan que insisten en el nombre elegido de "Stalin" ya que en su país de origen, Ecuador, es un nombre que se pone a los recién nacidos con relativa frecuencia.

Por la Encargada de la Oficina del Registro Civil se acuerda que el menor nacido es hijo de ciudadana española y, en consecuencia, ostenta la nacionalidad española de origen (art. 17 del Código Civil). Y la Ley personal correspondiente a las personas físicas es la determinada por su nacionalidad, la española. Ley que rige, entre otros aspectos, la *"capacidad y el estado civil"* (art. 9.1 del Código Civil). En consecuencia, siendo doctrina reiterada por la Dirección General de Seguridad Jurídica y Fe Pública la inadmisión del nombre de "Stalin" al contemplarse como un apellido y dar lugar a confusión en la identificación de la persona, se inadmite el mismo y se acuerda la inscripción de nacimiento del recién nacido con el nombre de "Fernando".

Contra la presente resolución cabe interponer recurso de alzada ante la misma Dirección General de Seguridad Jurídica y Fe Pública en el plazo de un mes desde la presente comparecencia que sirve de notificación para los comparecientes.

(Firmas de la encargada y de los comparecientes)

Modelo n.º 30. Cambio de nombre por el usado habitualmente[1]

SP/FORM/9618

Cambiar el nombre o los apellidos no es una cuestión que se deja a la voluntad del interesado. El nombre y los apellidos de una persona están sujetos en nuestro ordenamiento registral a los criterios de estabilidad y de fijeza y los cambios de los mismos solo son posibles en los supuestos taxativamente establecidos por la Ley registral.

En lo que se refiere al nombre propio de una persona, en nuestro Ordenamiento registral rige el principio de la inmutabilidad del nombre. Es cierto que el legislador contempla un único supuesto donde es posible que, cumpliendo unos requisitos acreditativos[2] y concurriendo unas determinadas circunstancias, mediante procedimiento registral, el Encargado del Registro Civil puede autorizar el cambio del nombre propio por solicitud de la persona interesada probando, eso sí, el uso habitual del nuevo nombre.

Comparecencia. En ______________, a __ de _______________ de 202_.

Ante el Encargado de la Oficina General del Registro Civil de Valencia comparece quien acredita ser y llamarse "María de los Desamparados _________ _________", de estado civil divorciada, con documento nacional de identidad n.º ________________, y domiciliada en Valencia, C/ _________________, con teléfono de contacto: _____________ y correo electrónico:________________. Adjunta certificación literal de nacimiento expedido por este mismo Registro Civil de Valencia en donde consta su nombre oficial como "María de los Desamparados".

Realiza la presente comparecencia al objeto de solicitar el cambio de su nombre propio, "María de los Desamparados", por el que usa habitualmente de "Amparo"[3]. Manifiesta que en todas las esferas personales y públicas

---

[1] La habitualidad en el uso del nuevo nombre solicitado se puede acreditar a través, principalmente, de documentación que justifica el uso por parte de la persona interesada del nuevo nombre. Se puede contrastar esta circunstancia a través de documentos tales como el padrón municipal, tarjetas sanitarias, títulos escolares, el censo electoral, actividades privadas de todo tipo: un contrato de telefonía, de una aseguradora, tarjetas bancarias, nóminas, etcétera.

La documentación se puede complementar con la prueba testifical del uso del nombre y, además, que se usa y ha utilizado el nuevo nombre durante un periodo continuado de tiempo con uniformidad.

[2] Estos requisitos se refieren a que para el cambio de nombre y apellidos se requiere la concurrencia de *"justa causa y que no haya perjuicio de tercero"*.

El problema suele ser interpretar el concepto de "justa causa". La Dirección General refiere de forma en su doctrina que la justa causa no concurre cuando la modificación o cambio del nombre que se pretende, por su escasa entidad, ha de estimarse objetivamente como mínima o intranscendente. Así, por ejemplo, la Resolución de la Dirección General de Seguridad Jurídica y Fe Pública, 43.ª, de 8 de febrero de 2021, no autoriza el cambio de "Leire" por "Leyre" por no concurrir el requisito de la justa causa. Lo mismo dice de "Judit" por "Judith" o de "Cintia" por "Cynthia".

[3] La Resolución, 15.ª, de 18 de enero de 2022, de la Dirección General, señaló que hay justa causa y acredita el uso habitual para cambiar "María de los Desamparados" por "Amparo".

Resolución, 17.ª, de 23 de marzo de 2022: Una vez acreditado el uso habitual del nombre solicitado, hay justa causa para autorizar el cambio de "María-Manuela" por "Manoli".

de su vida es conocida y utiliza el nombre de "Amparo". Adjunta numerosa documentación y recibos donde su nombre se acredita y justifica en el uso diario es el de "Amparo", por el que se le conoce en todos los ámbitos de su vida. Ofrece prueba testifical para probar la habitualidad en el uso del nuevo nombre de "Amparo".

Manifiesta que concurren los requisitos de la justa causa, ya que la modificación y cambio de "María de los Desamparados" por "Amparo" es transcendente y en absoluto es una modificación mínima, y no existe perjuicio alguno para tercero.

Por el Encargado de la Oficina del Registro Civil de Valencia, atendiendo al contenido de la solicitud realizada y de la documental que se adjunta, acuerda, previa tramitación del procedimiento registral que establece el art. 52 de la Ley del Registro Civil en relación con los arts. 88 y 89 del mismo Cuerpo legal, probado el uso habitual del nombre de "Amparo", autorizar el cambio de nombre de "María de los Desamparados" por el de "Amparo".

Procédase, una vez firme la resolución que autoriza el cambio de nombre, a la inscripción en el registro individual de la interesada dado el carácter constitutivo que dicha inscripción tiene (art. 57.2 en relación con el 18 de la Ley del Registro Civil), y comuníquese a las autoridades y entidades correspondientes el cambio de nombre propio autorizado.

Contra la resolución acordando y resolviendo el cambio de nombre propio cabe interponer recurso de alzada ante la Dirección General de Seguridad Jurídica y Fe Pública en el plazo de un mes desde la notificación de la misma.

(Firmas del Encargado y de la compareciente)

Modelo n.º 31. Cambio de nombre solicitado por los progenitores para su hijo menor de edad

SP/FORM/9619

Este es un supuesto relativamente frecuente en las Oficinas registrales. Es el caso de los progenitores que, después de la inscripción del nacimiento del recién nacido, se arrepienten del nombre elegido para su hijo, o ya no les gusta, y piensan en otro que consideran más adecuado.

La Dirección General de Seguridad Jurídica y Fe Pública, en estos supuestos donde los progenitores solicitan el cambio de nombre propio para su hijo menor de edad, además de acreditar la habitualidad en la utilización del mismo, exige para autorizar el cambio un motivo que justifique suficientemente el mismo. Por ejemplo, solicitar el cambio de "Leire" por "Leyre", según la Resolución, 43.ª, de 8 de febrero, no autoriza el mismo porque no concurre el requisito de la justa causa al ser una pequeña variación de su nombre oficial correctamente inscrito que ni siquiera supone una variación fonética del nombre actualmente inscrito.

Obviamente, la solicitud del cambio de nombre para un hijo menor de edad, si la patria potestad es ejercida conjuntamente por ambos progenitores, la deben realizar los dos progenitores.

Comparecencia. En ____________, a ___ de ____________ de 202_.

Ante la Encargada de la Oficina General del Registro Civil de ____________, comparecen quienes acreditan ser y llamarse:

D. ______________________________, mayor de edad, casado, con documento nacional de identidad n.º ________________, y domicilio en esta Ciudad, C/ ________________, n.º ___, según constata mediante la certificación del Padrón municipal que adjunta; teléfono: ____________________, y correo electrónico: ____________________. Y

D.ª ___________________________, mayor de edad, casada, con documento nacional de identidad n.º ______________; con el mismo domicilio señalado por su cónyuge; teléfono: ____________; correo electrónico: ________________.

Manifiestan

Que son los progenitores de "Alexandra ___________________", de dos años de edad, inscrito su nacimiento en esta misma Oficina del Registro Civil de __________, según certificación de nacimiento que adjuntan a la presente comparecencia. Señalan que ya con el nombre elegido, en el momento del nacimiento, tuvieron sus dudas. A su hija le llaman y todos los familiares la conocen con el nombre de "Alex"[1]. Es por ello que en este acto solicitan el cambio de "Alexandra" por "Alex". Adjuntan documentos de atención sanitaria con el pediatra, actos en guardería y testigos familiares que manifestarán, si se les solicita, esta realidad.

Por la Encargada de esta Oficina del Registro Civil se dicta la resolución denegatoria de la solicitud pretendida de cambio de nombre consecuencia de, dado la corta edad de la niña, no ha cumplido tres años, no ha podido consolidarse una situación de hecho en el uso del nombre propuesto y, en consecuencia, no concurre el requisito de la justa causa cuando se trata de cambiar el nombre de una menor de tan corta edad sin un motivo que justifique suficientemente la consecuencia del cambio[2]. Ello no impide que, tras el uso continuado del nombre solicitado (tarjeta sanitaria, control de vacunas, inscripciones escolares) pueda plantearse nuevamente el cambio.

Contra la presente resolución cabe interponer recurso de alzada ante la Dirección General de Seguridad Jurídica y Fe Pública en el plazo de un mes desde la notificación de la presente resolución denegatoria.

(Firmas del Encargado y de los comparecientes)

[1] El nombre de "Alex" está expresamente admitido y es válido tanto para hombre como para mujer. Es el diminutivo o variante familiar de "Alejandro" y de "Alejandra", dice la Resolución, 65.ª, de 12 de junio de 2015.

[2] La Resolución, 38.ª, de 15 de febrero de 2021, no admite el cambio de nombre de "Inmaculada" por "Dalia", solicitado por los padres de la menor dada la corta edad de la hija, tres años.

Modelo n.º 32. Sustitución del nombre propio por su equivalente en cualquiera de las lenguas españolas[1]

SP/FORM/9620

El n.º 4 del art. 50 de la Ley del Registro Civil contempla la posibilidad registral de que, por simple solicitud del interesado mayor de dieciséis años o de su representante legal, el Encargado sustituirá el nombre propio *"por su equivalente en cualquiera de las lenguas españolas"* (español, euskera, gallego o catalán)[2].

Comparecencia. En Donostia/San Sebastián, a __ de ____________ de 202_.

Ante el Encargado de la Oficina General del Registro Civil de Donostia/San Sebastián, comparece quien acredita ser y llamarse:

D. Ignacio __________ __________, mayor de edad, de estado civil casado, con documento nacional de identidad n.º ____________, domiciliado en esta Ciudad de San Sebastián, Avenida de Ategorrieta, 67-3.ºA, con teléfono: __________, y correo electrónico: ______________, y

Manifiesta

Que es su deseo acogerse a la facultad registral de sustituir su nombre propio, "Ignacio" por su equivalente onomástico en euskera de "Iñaki". Preguntado si tiene hijos, manifiesta que sí. Que tiene dos hijos menores de edad, Edurne ______ ________, y Xabier ______ ________, inscritos ambos en esta misma Oficina del Registro Civil de Donostia/San Sebastián.

Por el Encargado del Registro Civil, atendiendo a que nos encontramos ante un supuesto del art. 50.4 de la Ley del Registro Civil, acuerda la sustitución del nombre propio de "Ignacio" por su equivalente onomástico de "Iñaki". Dicho cambio se inscribirá en el registro individual del interesado y producirá plenos efectos, dado el carácter constitutivo del presente cambio, desde el mismo momento en que el cambio de nombre quede reflejado mediante la correspondiente inscripción, tal y como dispone el art. 57.2 de la Ley del Registro Civil[3].

---

[1] Cuando no resulte notorio o evidente la sustitución del nombre propio por su equivalente onomástico en cualquiera de las lenguas españolas, el Encargado debe acudir para su asesoramiento a la institución oficial que asesore en la materia (por ejemplo, en el País Vasco y Navarra el organismo oficial es la Real Academia de la Lengua Vasca-Euskaltzaindia).

[2] Fue la Ley 17/1977, de 4 de enero, sobre reforma del art. 54 de la Ley del Registro Civil de 1957, la que dio un paso adelante muy importante en materia de política lingüística consecuencia de permitir en la inscripción de nacimiento, "Tratándose de españoles", los nombres en alguna de las "Lenguas españolas".

[3] Diferente sería el supuesto de que el promotor, una vez que por simple declaración ha sustituido el nombre de "Ignacio" por el de "Iñaki" quisiera, después, volver a la situación originaria de sustituir el nombre de "Iñaki" por el de "Ignacio". Y señalo lo de diferente situación porque ello no sería posible por medio de otra comparecencia solicitando volver a la situación originaria. En

De igual modo, comuníquese el presente cambio de nombre del interesado a los registros individuales de los hijos del mismo, Edurne y Xabier, obrantes en esta misma Oficina del Registro Civil de Donostia/San Sebastián.

(Firmas del Encargado y del solicitante)

este caso ya se trataría de, una vez probado el uso habitual del nombre solicitado de "Ignacio", tramitar un procedimiento registral de cambio de nombre en legal forma, tal y como establecen los arts. 52, 88 y 89 de la Ley del Registro Civil.

Modelo n.º 33. Sustitución del nombre propio de un menor de edad a solicitud de sus legales representantes

SP/FORM/9621

Es necesario distinguir el supuesto de cambio de nombre que solicitan los progenitores para su hijo menor de edad, que ya hemos visto que la Dirección General exige la habitualidad para que concurra el requisito de la justa causa, del presente supuesto de sustituir el nombre propio de un menor por el de su equivalente onomástico a cualquiera de las lenguas españolas.

Esta posibilidad registral la contempla el art. 50.4 de la Ley del Registro Civil cuando dice que: "*A petición del interesado o de su representante legal, el Encargado del Registro sustituirá el nombre propio de aquel por su equivalente en cualquiera de las lenguas españolas*".

Comparecencia. En _____________, a __ de _______________ de 202_.

Ante el Encargado de la Oficina General del Registro Civil de ______________, comparecen quienes acreditan ser y llamarse (recordemos que la solicitud se debe realizar por ambos progenitores o, bien, si hay una sola filiación reconocida, el representante legal del menor):

D. _________________________, mayor de edad, de estado civil casado y nacionalidad española, con documento nacional de identidad n.º ______________, y domiciliado en esta Ciudad, C/ _________________, n.º ___; teléfono de contacto: ___________, correo electrónico: ______________, y

D.ª _________________________, mayor de edad, de estado civil casada, con documento nacional de identidad n.º _______________, mismo domicilio que el compareciente ya circunstanciado; teléfono: ______________, correo electrónico: _______________.

Manifiestan

Que son los progenitores del niño de siete años "Jorge ___________ ____________", inscrito en esta misma Oficina del Registro Civil de _____________ al Tomo ___, Página ____, de la Sección Primera del mismo. Que, desde su nacimiento, a su hijo, en todos los ámbitos de desenvolvimiento del mismo (familiar, escolar, sanitario, social), todo el mundo llama y conoce como "Jordi". Es por ello que, al amparo de lo dispuesto en el art. 50.4 de la Ley del Registro Civil, solicitan la sustitución de su actual nombre "Jorge" por su equivalente onomástico de "Jordi".

Por el Encargado del Registro Civil de ___________, atendiendo al contenido de la solicitud realizada por los progenitores del menor, de conformidad con el precepto de la Ley del Registro Civil citado por los mismos progenitores, acuerda la sustitución del nombre de "Jorge" por su equivalente onomástico de "Jordi".

(Firmas del Encargado y de los comparecientes)

Modelo n.º 34. Solicitud de rectificación registral de la mención relativa al sexo con la elección de un nuevo nombre propio

SP/FORM/9622

Esta materia de la rectificación registral de la mención relativa al sexo de las personas ha tenido una evolución legislativa[1] que es necesario reflejar. La Ley 3/2007, de 15 de marzo, reguladora de la rectificación registral de la mención relativa al sexo de las personas, contemplaba la rectificación cumpliendo los requisitos del diagnóstico de disforia de género y el tratamiento médico, durante al menos dos años, para acomodar las características físicas a las correspondientes al sexo reclamado. La rectificación del sexo conllevaba el cambio del nombre propio de la persona.

Sin embargo, atendiendo a que en la época en la que se aprobó la citada Ley 3/2007, la transexualidad estaba clasificada como una enfermedad y que, en la actualidad, la Organización Mundial de la Salud ("OMS") la califica como "condición", denominándola *"incongruencia de género"*[2], y no como una enfermedad, hizo que la Dirección General de los Registros y del Notariado dictase la Instrucción de 23 de octubre de 2018 sobre cambio de nombre en el Registro Civil de las personas transexuales[3].

Por último, la Ley 4/2023, de 28 de febrero, para la igualdad real y efectiva de las personas trans y para la garantía de los derechos de las personas LGTBI, permite, en la solicitud, incluir la elección de un nuevo nombre propio o conservar el que ostente[4]. A tal efecto, en la misma Ley 4/2023, da nueva redacción con el art. 51 de la Ley del Registro Civil, "Principio de libre elección del nombre propio", y dice que: *"(...) A efectos de determinar si la identificación resulta confusa la identificación*[5] *no se otorgará relevancia a la correspondencia del nombre con el sexo o la identidad sexual de la persona"*.

---

[1] Pensemos que hemos pasado de autorizar la rectificación registral de la mención del sexo de una persona mediante tratamiento médico que debía incluir cirugía de reasignación sexual a poder realizar la solicitud de la rectificación registral mediante la presentación de la misma por la persona legitimada ante la persona encargada de cualquier Oficina del Registro Civil (art. 44.2 de la Ley 4/2023, de 28 de febrero).

[2] Incongruencia entre el género experimentado por un individuo y el género que se le asigna.

[3] Un mayor de edad o menor emancipado puede solicitar el cambio de nombre, para la asignación de uno correspondiente al sexo diferente del resultante de la inscripción de nacimiento, declarando que *"se siente del sexo correspondiente al nombre solicitado"*.
En el supuesto de los menores de edad, serán sus progenitores quienes, actuando conjuntamente, soliciten en el Registro Civil la inscripción del cambio de nombre declarando que el menor siente como propio el sexo correspondiente al nombre solicitado *"de forma clara e incontestable"*.

[4] La Instrucción de 26 de mayo de 2023, de la Dirección General de Seguridad Jurídica y Fe Pública, sobre la rectificación registral de la mención relativa al sexo regulada en la Ley 4/2023, de 28 de febrero, para la igualdad real y efectiva de las personas trans y para la garantía de los derechos de las personas LGTBI, en su Directriz Tercera, "Ratificación de la solicitud", señala que, una vez realizada la solicitud que puede presentarse en cualquier oficina del Registro Civil, se citará a la persona legitimada a una comparecencia en donde se levantará acta de la manifestación de disconformidad con el sexo inscrito, que incluirá la petición de rectificación y la elección de un nuevo nombre propio (salvo cuando la persona quiera conservar el que ya ostente).

[5] Y es que, entre los escasos límites existentes para la elección del nombre se encuentra el de los que hagan confusa la identificación de la persona. Es decir, por ejemplo, si el nacido es de sexo "Varón", no se podrá admitir la elección del nombre de "Juana". Y si el sexo es "Mujer", no se admite para la misma la elección del nombre de "Juan".

Comparecencia. En _____________, a __ de ________________ de 202_.

Ante la Encargada de la Oficina General del Registro Civil de ______________, comparece quien acredita ser y llamarse:

D. "Juan" ______________, mayor de edad, de sexo: "Varón" (según refleja su certificación de nacimiento que adjunta a la presente), de estado civil soltero, de nacionalidad española, con Documento Nacional de Identidad n.º ______________. Domiciliado en ____________, Plaza ______________, n.º___. Con teléfono de contacto: _____________, y correo electrónico: ______________. Y

Manifiesta

Que quiere acogerse a la facultad registral prevista en los arts. 43 y siguientes de la Ley 4/2023, de 28 de febrero, para la igualdad real y efectiva de las personas trans y para la garantía de los derechos de las personas LGTBI, y solicita en la presente comparecencia la iniciación de procedimiento para la rectificación registral de la mención relativa al sexo[6]. De manera que, tras la tramitación correspondiente, en su asiento de nacimiento figure como sexo el de "Mujer".

De igual modo, conforme dispone el art. 44.4, párrafo segundo, de la citada Ley 4/2023, manifiesta que, además de la rectificación registral de la mención relativa a su sexo que, como señala, quiere rectificarlo por el de "Mujer", solicita la elección de un nuevo nombre propio, y se sustituya el que figura oficialmente en su asiento de nacimiento de "Juan" por el elegido en la presente comparecencia de "Gael". Nombre por el que se conoce en el ámbito familiar, social y profesional.

A continuación, se inicia el procedimiento propiamente dicho de la rectificación registral de la mención relativa al sexo de las personas que concluirá, en su caso, con la resolución acordando la rectificación registral de la mención relativa al sexo en el sentido de rectificar el mismo de "Varón" a "Mujer", e incluir el nuevo nombre solicitado de "Gael"[7].

(Firmas de la Encargada y de la persona legitimada)

---

[6] Procedimiento que se inicia con la solicitud realizada por la persona interesada de iniciación del procedimiento para la rectificación registral de la mención relativa al sexo en su asiento de nacimiento.

Hecha la solicitud, se cita a la persona a una comparecencia en donde manifestará que se proceda, en su caso, a la correspondiente rectificación. En esta comparecencia por parte del Encargado del Registro Civil se le informa sobre las consecuencias jurídicas de la rectificación solicitada, de la posibilidad de reversión así como de las medidas de asistencia e información en los ámbitos sanitarios, social, laboral, educativo y administrativo. Tras esta información, la persona legitimada reitera, en su caso, la petición de rectificación.

En el plazo máximo de tres meses, se le volverá a citar ante la Oficina del Registro Civil para que ratifique su solicitud, aseverando la persistencia de su decisión.

Por último, en el plazo máximo de un mes desde esta comparecencia, el Encargado dictará la resolución correspondiente. Resolución recurrible en alzada ante la Dirección General en el plazo de un mes desde la notificación de la misma.

[7] En tanto en cuanto la resolución que acuerda la rectificación de la mención registral al sexo y nuevo nombre elegido no se inscriba en el Registro Civil, no tendrá eficacia constitutiva. Pero, eso sí, tras la inscripción, en los documentos oficiales de identificación (DNI, Pasaporte, Títulos educativos, Diplomas), la determinación del sexo se corresponderá con la registral. En consecuencia, se expedirá un nuevo documento nacional de identidad y, en su caso, un nuevo pasaporte, ajustado a la inscripción registral rectificada. Y se reexpedirán todos aquellos documentos oficiales que la persona interesada solicite (art. 49 de la Ley 4/2023, de 28 de febrero).

Modelo n.º 35. Solicitud de rectificación registral de la mención relativa al sexo conservando la persona interesada el nombre que ostenta[1]

SP/FORM/9623

Comparecencia. En ______________, a __ de ________________ de 202_.

Ante la Encargada de la Oficina General del Registro Civil[2] de _____________, comparece quien acredita ser y llamarse:

D. "Juan" ___________________________, mayor de edad, de nacionalidad española, de sexo: "Varón", según figura en su asiento de nacimiento cuya certificación adjunta, con documento nacional de identidad n.º __________________, y domiciliado en esta Ciudad, C/ ____________________, n.º __. Su teléfono es el ______________ y su correo electrónico: _______________.

Manifiesta

Que acogiéndose a lo dispuesto en los arts. 43 y siguientes de la Ley 4/2023, de 28 de febrero, para la igualdad real y efectiva de las personas trans y para la garantía de los derechos de las personas LGTBI, solicita la rectificación de la mención registral relativa al sexo que figura en su asiento de nacimiento, cuya certificación adjunta. El sexo que figura es el de "Varón" y quiere la rectificación de la mención registral del mismo por el de "Mujer"[3].

---

[1] Es una aportación registral muy interesante de la Ley 4/2023, de 28 de febrero, a la Ley del Registro Civil. El solicitante de la rectificación de la mención registral del sexo tiene la posibilidad de, en su escrito de solicitud, elegir un nuevo nombre propio (lo hemos visto en el modelo n.º 33), o bien, conservar el que ostente. Por ejemplo, en el modelo n.º 33 ha solicitado la rectificación registral del sexo, de "Varón" a "Mujer", y el cambio de nombre, de "Juan" a "Gael". Ahora, en este modelo n.º 34 contemplamos que "Juan" solicite conservar el nombre que ostenta y rectificar el sexo a "Mujer". Ello choca con la limitación a la libre elección del nombre propio consistente en que no es posible un nombre que haga confusa la identificación. Por ello, la Ley 4/2023 ha dado nueva redacción al art. 51.2.º de la Ley del Registro Civil en el sentido de que: *"A efectos de determinar si la identificación resulta confusa no se otorgará relevancia a la correspondencia del nombre con el sexo o la identidad sexual de la persona"*. En consecuencia, será posible que "Juan" conserve el nombre que ostenta y, a su vez, se practique la rectificación registral del sexo de "Varón" a "Mujer".

[2] La persona legitimada puede presentar su solicitud de rectificación registral de la mención relativa al sexo "ante la persona encargada de cualquier Oficina del Registro Civil" (Art. 44.2 de la Ley 4/2023, de 28 de febrero).

[3] La Ley 3/2007, de 15 de marzo, reguladora de la rectificación registral de la mención relativa al sexo de las personas, exigía, en su art. 4, acreditar el diagnóstico de disforia de género y que, durante al menos dos años, la persona interesada había sido tratada médicamente para acomodar sus características físicas a las correspondientes al sexo reclamado.

Asimismo, en esta misma comparecencia desea acogerse a la facultad de conservar el nombre que ostenta[4], "Juan", consecuencia de ser conocido en todos los ámbitos de su vida, no solo familiares o de su esfera privada de desenvolvimiento, también en el ámbito profesional es reconocido con esta identidad y no desea cambiarla[5] por los perjuicios que ello le conllevaría.

Por la encargada de la Oficina del Registro Civil, atendiendo al contenido de lo expuesto y de la documentación que se adjunta, acuerda iniciar el procedimiento para la rectificación registral de la mención relativa al sexo solicitado por D. "Juan" __________, y en esta misma comparecencia se le informa de las consecuencias jurídicas de la rectificación pretendida, de la posibilidad de reversión en el plazo de seis meses desde que, en su caso, se practique la inscripción de la rectificación, y de las medidas de asistencia e información que dispone la persona interesada, incluyendo las medidas de protección contra la discriminación.

(Firmas de la Encargada y de la persona interesada)

Esta Ley 3/2007, de 15 de marzo, ha sido derogada por la Ley 4/2023, de 28 de febrero, la cual, en su art. 44.3, expresamente, dice que el ejercicio del derecho a la rectificación registral de la mención relativa al sexo en ningún caso podrá estar condicionado a la previa exhibición de informe médico o psicológico relativo a la disconformidad con el sexo mencionado en la inscripción de nacimiento.

[4] Facultad de conservar el nombre propio como la posibilidad registral de elegir un nuevo nombre propio (art. 44.4 de la Ley 4/2023, de 28 de febrero). La Instrucción de 26 de mayo de 2023, de la Dirección General de Seguridad Jurídica y Fe Pública, sobre la rectificación registral de la mención relativa al sexo regulada en la Ley 4/2023, de 28 de febrero, señala, en su Directriz Tercera.1, "Ratificación de la solicitud", que levantada el acta de la manifestación de la disconformidad con el sexo inscrito, incluirá la misma la petición de rectificación y la elección de un nuevo nombre propio (salvo cuando la persona quiera conservar el que ya ostente).

[5] En absoluto, la Ley 4/2023, de 28 de febrero, exige justificar las razones por las que la persona interesada quiere conservar el nombre propio que ostenta. La facultad registral es que en la comparecencia inicial de solicitud puede incluir la elección de un nuevo nombre propio o, bien, conservar el que se ostenta.

Modelo n.º 36. Acuerdo de los progenitores sobre el orden de los apellidos

SP/FORM/9624

La filiación determina los apellidos con arreglo a lo dispuesto en la Ley (art. 109 del Código Civil en relación con el 49.2 de la Ley del Registro Civil). Son dos los principios jurídicos rectores de nuestro Ordenamiento Jurídico en materia de apellidos: el principio de duplicidad de apellidos y el principio de duplicidad de líneas. En consecuencia, es una cuestión de orden público que cada español debe ser designado por dos apellidos provenientes de las dos líneas[1]. Como también resultaría contrario a nuestro orden público la transmisión exclusiva de los dos apellidos de una sola línea, sea la paterna o la materna.

Respecto al orden de los apellidos del nacido, con el fin de avanzar en la igualdad de género se prescinde, en la nueva Ley del Registro Civil de la histórica prevalencia del apellido paterno frente al materno permitiendo así que ambos progenitores sean los que decidan el orden de los apellidos.

El art. 49.2.2.º de la Ley del Registro Civil dice que *"Si la filiación está determinada por ambas líneas, los progenitores acordarán el orden de transmisión de su respectivo primer apellido, antes de la inscripción registral"*[2]. *"El orden de los apellidos establecido para la primera inscripción de nacimiento determina el orden para la inscripción de los posteriores nacimientos con idéntica filiación"*.

Cuando la inscripción de los recién nacidos se realiza directamente desde los centros sanitarios es ahí donde los progenitores, asistidos por los facultativos que hubieran asistido al parto, firman el formulario oficial de declaración, al que se incorpora el parte facultativo acreditativo del nacimiento, y en donde, *"en caso de alterar el orden habitual de los apellidos del recién nacido"*, deberán reflejarlo de forma clara y expresa qué orden han reflejado en los apellidos del recién nacido y que asumen la obligatoriedad de respetar el orden de los apellidos en la inscripción de todos los hijos de la pareja (Instrucción de la Dirección General de los Registros y del Notariado de 9 de octubre de 2015, sobre comunicación electrónica de nacimientos desde centros sanitarios).

---

[1] El principio general es que cada ciudadano español ha de ser designado legalmente por dos apellidos. Este, como señalo, es un principio de orden público que afecta directamente a la organización social y que no es susceptible de variación alguna so pena de consagrar un privilegio para determinada categoría de españoles que atentaría, al carecer de justificación objetiva suficiente, al principio constitucional de igualdad de todos los españoles ante la Ley. De ahí que no puede haber un ciudadano español que ostente un solo apellido (Instrucción de la Dirección General de los Registros y del Notariado de 23 de mayo de 2007).

[2] Fue la Ley 40/1999, de 5 de noviembre, la que modificó el art. 109 del Código Civil dándole la redacción siguiente: *"Si la filiación está determinada por ambas líneas, el padre y la madre de común acuerdo podrán decidir el orden de transmisión de su respectivo primer apellido, antes de la inscripción registral. Si no se ejercita esta opción, regirá lo dispuesto en la Ley"*.
Y lo que determinaba la Ley lo fijaba el art. 55 de la Ley del Registro Civil de 1957 en relación con el art. 194 de su Reglamento: *"Si la filiación está determinada por ambas líneas y a salvo la opción prevista en el artículo 109 del Código Civil, primer apellido de un español es el primero del padre y segundo apellido el primero de los personales de la madre, aunque sea extranjera"*. Es decir, si nada se decía o no existía acuerdo entre los progenitores respecto al orden de transmisión del primer apellido, este correspondería siempre al primero de los del padre. Y la nueva Ley del Registro Civil es la que ha terminado con la histórica prevalencia del apellido paterno frente al materno.

Comparecencia. En ___________, a __ de _________________ de 202_.

Ante la Encargada de la Oficina General del Registro Civil de ___________, comparecen quienes acreditan ser y llamarse:

D. _______________, mayor de edad, de estado civil casado con D.ª _________________ (según exhibición del Libro de Familia), de nacionalidad española, domiciliado en ______________, de esta Ciudad (adjunta certificado del Padrón Municipal). Con documento nacional de identidad n.º __________. Teléfono de contacto: ______________. Correo electrónico: ______________, y

D.ª _________________, mayor de edad, de estado civil casada con D. _________________, como ha quedado acreditado por la exhibición del Libro de Familia, de nacionalidad española y mismo domicilio que el compareciente. Su documento nacional de identidad es el ______________. Teléfono de contacto: ______________, y el correo electrónico: ____________.

Manifiestan

Que el pasado día __ de ________________ de 202_, en el Servicio de Neonatología del Hospital Universitario de esta Ciudad, la compareciente dio a luz un niño para el que han elegido el nombre de "Sergio". Es el primer hijo de ambos. Asimismo, los comparecientes acuerdan que los apellidos del mismo sean los de, primero, el primero de los personales de la madre: "_____", y, segundo, el primero de los personales del padre: "______". De forma que la filiación completa del mismo sea la de: "SERGIO ________ _________".

Todo ello, y el resto de los datos, lo han reflejado en el formulario oficial de declaración de nacimiento, al que se incorpora el parte facultativo acreditativo del nacimiento, y que adjuntan a la presente comparecencia.

Por la Encargada del Registro Civil de ___________, a la vista del contenido de la presente comparecencia y de los documentos que se adjuntan, acuerda la práctica de la inscripción de nacimiento del menor "Sergio ______ _________", la apertura de su registro individual con el código personal correspondiente y con la advertencia a los comparecientes que, establecido el orden de transmisión de los apellidos para la primera inscripción de nacimiento como "_________ _________", los posteriores nacimientos deberán reflejar idéntica filiación. Se dan los comparecientes por enterados.

(Firma de la Encargada y de los comparecientes)

Modelo n.º 37. Desacuerdo de los progenitores sobre el orden de los apellidos

SP/FORM/9625

Pueden parecer situaciones que no es posible que se den en una Oficina Registral. Sin embargo, lo cierto es que ocurren con más frecuencia de la que pueda parecer. Ante estas circunstancias, excepcionales, sin duda, el legislador ofrece primero una solución de prudencia. Dar un plazo breve, tres días, a los que ostentan la representación legal del menor, cotitulares de la patria potestad, para se pongan de acuerdo sobre el orden de apellidos. Después, ya, si persiste el desacuerdo respecto al orden de los apellidos del menor, transcurrido el citado plazo, será el propio Encargado quien, en interés superior del mismo, acordará la inscripción en el orden que considere más beneficioso para el recién nacido.

Es, pues, el interés superior del menor el que inspira al legislador de la nueva Ley registral. No podía ser de otro modo. Confía que sea el Encargado del Registro Civil el que valore tal interés y asuma esta decisión[1].

Comparecencia. En ____________, a __ de ______________ de 202_.

Ante el Encargado de la Oficina del Registro Civil de ____________, comparecen quienes acreditan ser y llamarse:

D. _______________________, mayor de edad, de estado civil soltero, de nacionalidad española, con documento nacional de identidad n.º ______________, y domiciliado en la C/ _________________, n.º ____, de ___________. Teléfono de contacto: ___________, y correo electrónico: ______________. Y

Dª ___________________, mayor de edad, de estado civil soltera, de nacionalidad española y con documento nacional de identidad n.º ________________. Domiciliada en esta Ciudad, C/ ____________, n.º ____. Su número de teléfono es el: ___________, y su correo electrónico: ______________.

Manifiestan

Que cuando el pasado día __ de ____________ de 202__ nació su hija __________ en el Hospital Materno Infantil de __________ los comparecientes se pusieron de acuerdo en la elección del nombre de la misma, "Lucía", pero no así en el orden de los apellidos. El compareciente, Carlos, quiere que el primer apellido que figure en la inscripción de nacimiento de Lucía sea el primero suyo, "Pérez", y como segundo el primero de los personales

[1] Resolución de la Dirección General, 23.ª, de 28 de febrero de 2022: Cuando no hay acuerdo entre los progenitores sobre el orden de los apellidos que legalmente procede atribuir al nacido, una vez oídos ambos, será el Encargado quien decida dicho orden de atribución teniendo en cuenta el interés superior del menor.

de la madre, "________". La compareciente, por su parte, manifiesta que quiere como primer apellido para Lucía el primero suyo, el materno, "_______", y como segundo, el primero de los personales del padre, "______".

Manifiesta la compareciente que tuvieron una relación estable que, incluso, se constituyeron en pareja de hecho en el Registro oportuno pero que, a raíz del embarazo, empezaron las desavenencias entre ellos y rompieron la relación. Pese a estar y vivir separados le ha informado en todo momento del transcurso del embarazo y del nacimiento de Lucía. La recién nacida vivirá y estará con la compareciente y sus padres, los abuelos maternos, sin perjuicio del ejercicio de la patria potestad que deberá ejercer, con sus derechos y obligaciones, el padre de Lucía, _____ _____ _____. Éste manifiesta la veracidad de lo afirmado por la madre de Lucía, ______.

Transcurridos tres días que se les concedió a los comparecientes para que se pusieran de acuerdo sobre el orden de los apellidos que deben figurar en la inscripción de nacimiento de la recién nacida Lucía, se ratifican en su decisión respecto a que figure como primer apellido de la misma el de sus respectivos primeros apellidos.

El Encargado de la Oficina del Registro Civil de __________, a la vista de las manifestaciones y circunstancias concurrentes, de conformidad con lo dispuesto en el artículo 49.2 de la Ley del Registro Civil, acuerda en interés superior de la menor[2] Lucía, que como primer apellido en su inscripción de nacimiento figure el primer apellido de los personales de la madre, "______", y como segundo apellido, el primero de los personales del padre "Pérez". La filiación completa de la menor con la que se inscribirá a la misma será la de: "Lucía ______ _____".

Contra la presente decisión cabe interponer recurso de alzada ante la Dirección General de Seguridad Jurídica y Fe Pública en el plazo de un mes desde la notificación de la presente que se realiza en esta misma comparecencia.

(Firmas del Encargado y de los comparecientes)

[2] En todas las decisiones que hay que adoptar que afectan a los menores de edad, nos dice la Sentencia núm. 659/2016, de 10 de noviembre, del Tribunal Supremo, Sala de lo Civil, Sección Pleno, que la *ratio decidendi* de la cuestión del interés superior del menor, que no aparece definido por ser un concepto jurídico indeterminado, consiste en la supremacía de todo cuanto beneficie a ese menor, más allá de las preferencias de los padres.

Modelo n.º 38. Los progenitores nada manifiestan respecto a los apellidos que deben figurar en la inscripción de nacimiento de su hijo recién nacido

SP/FORM/9626

Hemos contemplado el supuesto en donde los progenitores están de acuerdo respecto al orden de los apellidos que debe figurar en la inscripción de nacimiento de su hijo. También, hemos contrastado la solución al desacuerdo de los padres respecto a cuál debe ser el orden de los apellidos del hijo. Ahora vemos el caso excepcional de que los progenitores nada manifiesten respecto al orden de los apellidos que deben reflejarse en la inscripción de nacimiento del menor.

Desde el propio centro sanitario, cuando en el formulario oficial de declaración de nacimiento los progenitores nada manifiesten respecto a los apellidos del recién nacido, comunicarán esta circunstancia excepcional a la propia Oficina General del Registro Civil, adjuntando la documentación correspondiente del formulario oficial y el parte facultativo acreditativo del nacimiento. Recepcionada la documentación, la Oficina registral dará traslado a los progenitores de esta circunstancia para que, en el plazo de tres días desde el requerimiento, digan el orden de los apellidos que quieren que figure en la inscripción de nacimiento del recién nacido. No manifestando nada y transcurrido el plazo señalado, se dictará la siguiente:

Diligencia. En _______________, a __ de ___________________ de 202_.

Recepcionada que ha sido en esta Oficina del Registro Civil de _________, la documentación remitida por el Hospital/Maternidad _____________, consistente en el formulario oficial de la declaración de nacimiento junto al parte facultativo acreditativo del nacimiento, se dio traslado del mismo a los progenitores para que, en plazo de tres días, manifestasen el orden de los apellidos para su hijo recién nacido el pasado día __ de __________ de 202_, en la mencionada Maternidad ________________. Transcurrido dicho plazo, habiéndose realizado el requerimiento y la citación de los mismos en legal forma, nada han manifestado.

Atendiendo al contenido de lo dispuesto en el art. 49.2 de la Ley del Registro Civil en relación con el 109 del Código Civil, el Encargado de la Oficina General del Registro Civil de __________ acuerda practicar la inscripción de nacimiento del menor ____________ con la filiación ___________ y _____________ (los apellidos, por el orden que decida la persona encargada del Registro Civil, atendiendo al principio del interés superior del menor) y el resto de datos y menciones de identidad que aparecen tanto en el formulario oficial como en el parte del nacimiento.

Modelo n.º 39. Orden de los apellidos cuando existe una sola filiación reconocida

SP/FORM/9627

Cuando existe una sola filiación reconocida (dejémonos de eufemismos, siempre es una filiación materna exclusiva), esta es la que determina los apellidos, pudiendo la madre, eso sí, determinar el orden de los apellidos (artículo 49.2 de la Ley del Registro Civil).

También cabe la posibilidad de que, si la madre quiere, en la inscripción de nacimiento del recién nacido se consigne un nombre de padre de "*uso corriente*" a los solos efectos de identificar a la persona. Tales nombres serán los usados en las menciones de identidad (art. 191 del Reglamento de Registro Civil de 1958, redacción dada por Real Decreto núm. 762/1993, de 21 de mayo). Este nombre de padre consignado a efectos de identificar a la persona podrá ser suprimido a petición del interesado mayor de edad o de quien tenga la representación legal del menor de edad (la madre) en cualquier momento (párrafo 2.º de este art. 191 del Reglamento de 1958, redacción dada por Real Decreto núm. 820/2005, de 8 de julio).

Comparecencia. En ____________, a __ de ______________ de 202_.

Ante la Encargada de la Oficina General del Registro Civil de ____________, comparece quien acredita ser y llamarse:

D.ª ____________________[1], mayor de edad, de estado civil soltera, de nacionalidad española, con documento nacional de identidad n.º ______________. Domiciliada en ______________, C/ _____________, n.º __. Teléfono de contacto: ________________. Correo electrónico: _______________.

Manifiesta

Que el pasado día ___ de _____________ de 202_, en el Servicio de Maternidad del Hospital Universitario de ____________, dio a luz una niña. Manifiesta que su estado civil es el de soltera y que quiere que la inscripción de nacimiento de la misma se practique con la sola filiación materna. Adjunta parte facultativo acreditativo del nacimiento y el formulario oficial de declaración debidamente rellenado y firmado.

Expone que el nombre elegido para la recién nacida es el de: "Teresa". Preguntada sobre cómo quiere determinar el orden de los apellidos de la misma, manifiesta que se acoge a la facultad de invertir el orden de sus

[1] En el supuesto de que esté determinada únicamente la filiación materna, sin que se establezca filiación con un segundo progenitor y se respete el orden de los apellidos de la madre, cabe la posibilidad de que la solicitud de inscripción la pueda formular un declarante diferente a la progenitora. Es decir, si en este supuesto, la madre hubiera optado por mantener el orden de sus apellidos, "________", la solicitud de inscripción la hubiera podido realizar por cualquier persona diferente de la progenitora.

apellidos, es decir, quiere que se reflejen como: "_______________". La filiación completa de la menor será: "Teresa _______________".

Preguntada si, conforme dispone el art. 191 del Reglamento del Registro Civil de 1958, consignar un nombre de padre de uso corriente a los solos efectos de identificar a la recién nacida, manifiesta que no desea acogerse a esa facultad y no quiere que conste nombre alguno a estos efectos.

Por la Encargada de la Oficina del Registro Civil de __________, a la vista de las manifestaciones efectuadas y de la documentación que se adjunta, acuerda la práctica de la inscripción de nacimiento de la menor "Teresa Escoriaza Ramírez", abriéndose el correspondiente registro individual de la misma con su código personal oportuno.

(Firmas de la Encargada y de la compareciente)

Modelo n.º 40. Forma masculina o femenina del apellido de origen extranjero cuando en el país de procedencia se admite la variante[1]

SP/FORM/9628

Según lo dispuesto en el art. 109 del Código Civil: "*Si la filiación está determinada por ambas líneas, los progenitores de común acuerdo podrán decidir el orden de transmisión de su respectivo primer apellido, antes de la inscripción registral. Si no se ejercita esta opción, regirá lo dispuesto en la ley*"., añadiendo que "*El orden de apellidos inscrito para el mayor de los hijos regirá en las inscripciones de nacimiento posteriores de sus hermanos del mismo vínculo*".

De igual modo, el art. 49.2. párrafo *in fine* de la Ley del Registro Civil establece que "*El orden de los apellidos establecido para la primer inscripción de nacimiento determina el orden para la inscripción de los posteriores nacimientos con idéntica filiación*".

En este sentido, la interpretación que hacía la Dirección General en el caso de menores de igual filiación nacidos españoles de origen por ser hijos de un ciudadano español, al ser la ley personal aplicable la española, conforme dispone el art. 9.9 del Código Civil, debía siempre prevalecer el principio de homopatronimia[2] entre hermanos de igual filiación y, en consecuencia, los apellidos inscritos al nacido en primer lugar resultarían los apellidos a inscribir al nacido posteriormente, sin importar si este era varón o mujer.

Tras la Resolución-Circular de la Dirección General de Seguridad Jurídica y Fe Pública de 19 de abril de 2021, este criterio cambió en el sentido de que cuando el apellido atribuido a hermanos del mismo vínculo tenga terminaciones distintas, masculinas o femeninas, en el país del que el progenitor es nacional, se podrá autorizar la adecuación de la variante que corresponda en cada caso, según el sexo de los menores[3].

---

[1] Art. 200 del Reglamento del Registro Civil de 1958: "*En la inscripción de nacimiento constará la forma masculina o femenina del apellido de origen extranjero cuando en el país de procedencia se admite la variante, acreditándose esta, si no es conocida por el Encargado, en virtud de testimonio del Cónsul en España, del Cónsul de España en el país o de Notario español que la conozca. Los hijos de españoles fijarán tales apellidos en la forma que en el uso haya prevalecido*".

[2] La homopatronimia entre hermanos menores del mismo vínculo es un principio de orden público del sistema español de atribución de apellidos. Los apellidos inscritos al nacido en primer lugar resultarán los apellidos a inscribir al nacido posteriormente, sin importar si este era varón o mujer. Ahora bien, ante la frecuencia de las controversias consecuencia de que la variante masculina o femenina inscrita al mayor de los hijos determina la forma que ha de adoptar el apellido de los sucesivos, obligó a la Dirección General a cambiar de criterio y la Resolución-Circular de 19 de abril de 2021, sobre cambio de criterio interpretativo del art. 200 del Reglamento de Registro Civil de 1958, considera que no puede mantenerse la negativa sistemática a variar la terminación del apellido de origen extranjero de un menor en función de su sexo si tal es la voluntad de los progenitores.

[3] La Dirección General considera que este cambio no implica un cambio de apellido, sino una pequeña modificación de un apellido que legalmente pertenece a los menores afectados.

Comparecencia. En ____________, a __ de ______________ de 202_.

Ante la Encargada de la Oficina General del Registro Civil de ______________, comparecen quienes acreditan ser y llamarse:

D. ______________________, mayor de edad, de estado civil casado, de nacionalidad española, con documento nacional de identidad n.º ______________, domiciliado en esta Ciudad, C/ __________, n.º __. Teléfono de contacto: _____________, y correo electrónico: _____________. Y

D.ª _______ Ivova, mayor de edad, de estado civil casada, de nacionalidad búlgara, con número de identificación de extranjero ________________, mismo domicilio que su esposo ya circunstanciado y que acreditan mediante el volante de empadronamiento. Teléfono de contacto: ___________ y correo electrónico: ____________.

Manifiestan

Que son los padres de la menor de cuatro años "__________ Ivova". Nacida e inscrita en esta misma Oficina del Registro Civil y cuya certificación literal de nacimiento adjuntan.

Dos años después han tenido un varón que lo han inscrito, les dicen, conforme al principio de homopatronimia entre hermanos menores del mismo vínculo, como "_________ Ivova" y cuya certificación de nacimiento adjuntan. Solicitan la modificación del segundo apellido de su hijo Bogdan para hacer constar que el correcto es "Ivov", alegando que la madre del inscrito, Andrea Ivova, es de nacionalidad búlgara y, conforme al sistema de atribución de apellidos en Bulgaria, la terminación que corresponde a un varón es –ov–. Adjuntan certificado del Consulado General de la República de Bulgaria en Madrid sobre el sistema búlgaro de atribución de nombre y apellidos.

Por la Encargada de la Oficina General del Registro Civil de __________, en aplicación de la nueva interpretación que la Dirección General, en su Resolución-Circular de 19 de abril de 2021, le da al artículo 200 del Reglamento del Registro Civil de 1958, estima que el cambio pretendido supone una pequeña modificación del segundo apellido que legalmente pertenece al menor Bogdan consistente en la supresión de la "a" final, una vez probado que la forma pretendida es la que corresponde al inscrito según el país del que la madre es nacional, Bulgaria.

En consecuencia, procede autorizar el cambio del segundo apellido del menor "___________ Ivova" por "Ivov", no debiendo producir esta autorización efectos legales hasta que la presente resolución sea inscrita en el registro individual del interesado, de conformidad con lo dispuesto en el art. 57.2 de la Ley del Registro Civil.

Contra la presente resolución cabe interponer recurso de alzada ante la Dirección General de Seguridad Jurídica y Fe Pública en el plazo de un mes desde la notificación de la presente, cuya firma servirá para dar efectividad al acto de comunicación.

(Firmas de la Encargada y de los comparecientes)

Modelo n.º 41. Apellidos con elemento extranjero

SP/FORM/9629

La circunstancia de que concurra en los apellidos el elemento de extranjería es una muy interesante cuestión que plantea no pocos problemas[1] en las Oficinas registrales españolas. Las dudas vienen generadas consecuencia de que, al cambiar de nacionalidad, suelen cambiar los apellidos por aplicación de la nueva legislación y ello provoca en la persona afectada un serio problema de identidad. Es conocida con unos determinados apellidos en su país de origen y con otros diferentes en el país donde ha adquirido la nueva nacionalidad.

El art. 56 de la Ley del Registro Civil permite al que adquiere la nacionalidad española que conserve los apellidos que ostente en forma distinta de la legal, siempre que así lo declare en el acto de adquirirla o dentro de los dos meses siguientes a la adquisición o a la mayoría de edad, y que los apellidos que se pretenden conservar no resulten contrarios al orden público internacional.

Ello nos obliga a precisar el orden público internacional español en materia de apellidos. Son dos los principios rectores de nuestro Ordenamiento Jurídico en materia de apellidos. El primero es el de la duplicidad de apellidos de los españoles. Cada español ha de ser designado por dos apellidos. El segundo es que, si la filiación está determinada por ambas líneas, la paterna y la materna, los apellidos deben reflejar ambas líneas. Resumimos en que los dos principios jurídicos rectores de nuestro ordenamiento en materia de apellidos son el de la duplicidad de apellidos y el principio de la infungibilidad de las líneas cuando están determinadas las filiaciones paterna y materna.

Comparecencia. En ___________, a __ de_______________ de 202_.

Ante el Encargado de la Oficina General del Registro Civil de ____________, comparece quien acredita ser y llamarse:

D.ª N. _________ O. ____________, mayor de edad, de estado civil casada, de origen ucraniano, que ha adquirido la nacionalidad española por residencia y ya está documentada como española con el documento nacional de identidad n.º ____________. Su teléfono es el: ____________, y su correo: ____________. Y

Manifiesta

Que el pasado día __ de _____________ de 202_, en la Oficina General del Registro Civil de ___________, cumplió los requisitos del art. 23 del Código Civil, tras concederle el Ministerio de Justicia la nacionalidad española

[1] Ante las dudas existentes, la Dirección General dictó la Instrucción de 23 de mayo de 2007, sobre apellidos de los extranjeros nacionalizados españoles y su consignación en el Registro Civil español. El objeto de la citada Instrucción fue, precisamente, clarificar las dudas existentes en esta materia del régimen legal de los apellidos de los ciudadanos extranjeros que adquieren la nacionalidad española, fijando los criterios y directrices a que habrá de ajustarse la práctica registral, en beneficio de la conveniente uniformidad y de la deseable seguridad jurídica en una materia tan sensible como lo es la debida identificación de los españoles.

por residencia: juró fidelidad al Rey y obediencia a la Constitución y a las leyes, renunció a su anterior nacionalidad ucraniana y se practicó la inscripción en esta misma Oficina Registral con el nombre, "N. __________", como primer apellido: "S. ___________", es el paterno, y como segundo apellido el de su madre: "L. ____________".

Expone que su identidad es la de "N. ____________", como primer apellido: "O.___________", adquirido al contraer matrimonio en Ucrania. Así es como se le conocía en Ucrania: "N. O.". Ahora, como al adquirir la nacionalidad española debe ostentar un segundo apellido solicita que sea el de su padre: "S". De forma que su filiación quede determinada como: "N. ________ O. ________ S. __________". Lo hace, en plazo legal de dos meses desde la adquisición de la nacionalidad española, acogiéndose a la facultad registral prevista en el art. 56, párrafo primero, de la Ley del Registro Civil de conservar los apellidos que ostenta de forma distinta de la legal.

Por el Encargado de la Oficina del Registro Civil de ____________, a la vista de lo solicitado de conservación de los apellidos de forma diferente a la legal y de la documental adjunta, su certificado literal de nacimiento tanto del Registro Civil español como ucraniano, resuelve dos consideraciones. La primera, evidente, que la legislación española no contempla la atribución de los apellidos del cónyuge. La segunda, que el precepto registral al que se acoge la interesada, el artículo 56 de la Ley del Registro Civil, señala que los apellidos que se pretenden conservar no resulten contrarios al orden público español. Y resulta que en la solicitud que hace la interesada solo refleja la línea paterna siendo una cuestión de orden público en materia de atribución de apellidos que, además de ostentar dos apellidos, estos deben de representar a las dos líneas, paterna y materna. En consecuencia, la inscripción de nacimiento realizada se ajusta a la legislación española en materia de apellidos.

Se advierte a la compareciente que la legislación registral española, cuando el promotor está inscrito en otro registro civil extranjero con diferentes apellidos, admite que este hecho, que afecta al estado civil de un español según una ley extranjera, puede ser objeto de anotación registral conforme al artículo 40.3.4.º de la Ley del Registro Civil. Y, aunque el valor de dicha anotación sea meramente informativo, lo cierto es que interrelaciona ambos registros civiles y con la certificación, en su caso, expedida, se evitarán a la compareciente problemas para acreditar su identidad y contrastar que se trata de la misma persona.

Contra la presente resolución la interesada podrá interponer recurso de alzada ante la Dirección General de Seguridad Jurídica y Fe Pública en el plazo de un mes desde la presente comparecencia que servirá de notificación a la misma.

(Firma del Encargado y de la compareciente)

Modelo n.º 42. Reconocimiento de apellidos inscritos en los Registros Civiles de otros países miembros de la Unión Europea

SP/FORM/9630

El Tribunal de Justicia de las Comunidades Europeas reconoce que en el estado actual del Derecho Comunitario las normas que rigen el apellido de una persona son competencia de los Estados miembros pero, al tiempo, advierte que estos deben respetar el Derecho comunitario al ejercer dicha competencia cuando se trata de situaciones que, no siendo meramente internas, presenten algún vínculo con el Derecho comunitario.

Para los españoles que nazcan fuera de España en el territorio de un Estado miembro de la Unión Europea, dice la Instrucción de 24 de febrero de 2010, de la Dirección General, sobre reconocimiento de apellidos inscritos en los Registros Civiles de otros países miembros de la UE, cuyo nacimiento se haya inscrito en el Registro Civil local del país del nacimiento con los apellidos que resulten de la aplicación de las leyes propias de este último, podrán inscribirse con esos mismos apellidos en el Registro Civil Consular competente. Por excepción, no procederá la aplicación de esta regla cuando los apellidos determinados conforme a la ley extranjera del país de nacimiento resulten contrarios al orden público español.

Comparecencia. En _________, a __ de ______________ de 202_.

Ante el funcionario consular en funciones de Encargado de la Oficina Consular del Registro Civil de Copenhague, comparecen quienes acreditan ser y llamarse:

D. __________________________, mayor de edad, de nacionalidad española, Documento Nacional de Identidad n.º __________, domiciliado en Copenhague y dado de alta en esta circunscripción consular, donde reside y trabaja. Teléfono de contacto: ___________. Correo electrónico: _____________. Y

D.ª ______ Carlsen, mayor de edad, de nacionalidad danesa, con pasaporte de Dinamarca n.º ___________, casada con el ya circunstanciado ____________________, con el mismo domicilio que su esposo.

Manifiestan

Que el pasado día ___ de _____________ de 202_, la compareciente, ____ Carlsen, en el Hospital público ________ de Copenhague, dio a luz una niña cuyo nombre es el de "Mathilde". Consecuencia de la legislación de Dinamarca en materia de apellidos, ya que este país vincula el apellido al lugar de residencia, la inscripción de su hija "Mathilde" se realizó con un solo apellido conforme a la legislación danesa, el paterno "_____". Adjuntan el certificado de la inscripción de nacimiento en el Registro Civil local con la filiación exclusiva paterna de "_____". Con el fin de que no se produzcan problemas de identidad de la menor en Dinamarca y en España solicitan, al amparo de lo dispuesto en la Instrucción de 24 de febrero de 2010 de la Dirección General de los Registros y del Notariado, que se practique la inscripción de su hija en este Registro Civil Consular de acuerdo con la inscripción practicada en el Registro Civil danés. Es decir: "Mathilde _____".

Por el Encargado de la Oficina Consular en funciones de Registro Civil, atendiendo al contenido de lo solicitado en relación con la documental que se adjunta, considerando que la menor Mathilde ostenta la nacionalidad española de origen consecuencia de ser hija de un ciudadano español, y que es una cuestión de orden público que todos los españoles han de ser designados por dos apellidos provenientes de las dos líneas, paterna y materna, se acuerda la práctica de la inscripción de nacimiento en este Registro Civil Consular de Copenhague de "Mathilde" con la filiación de: "______ Carlsen". Salvo que los progenitores manifiesten que quieren que los apellidos figuren primero con la filiación materna y segundo con el apellido paterno.

Asimismo, para evitar cualquier problema en la identidad de "Mathilde", que es conocida con una filiación en Dinamarca y con otra en España, la legislación española ofrece la posibilidad registral de practicar en el asiento de nacimiento la anotación con valor meramente informativo de que la inscrita, conforme la legislación danesa, está registrada en Dinamarca como "Mathilde _____".

Contra la presente resolución cabe interponer recurso de alzada ante la Dirección General de Seguridad Jurídica y Fe Pública en el plazo de un mes desde la presente comparecencia que servirá de notificación de la resolución acordada.

(Firmas del funcionario consular en funciones de Encargado del Registro Civil y de los comparecientes)

Modelo n.º 43. Conservación de los apellidos por el que adquiere la nacionalidad española (supuesto de ciudadanos portugueses[1])

SP/FORM/9631

La determinación de los apellidos de los plurinacionales españoles consiste en la aplicación del art. 9.9, párrafo segundo, del Código Civil. Este precepto lleva a preferir, en todo caso, la nacionalidad española cuando el sujeto ostenta varias nacionalidades y una de ellas es la española.

Consecuencia del precepto citado, el orden de atribución de apellidos se rige por la Ley española, aunque el nacido tenga otra nacionalidad distinta, porque en las situaciones de doble nacionalidad de hecho, no previstas en las leyes españolas (no es el caso de Portugal), prevalece siempre la nacionalidad española (art. 9.9 del Código Civil).

Esta tesis, es verdad, presenta el inconveniente de que el interesado se ve abocado a una situación en la que es identificado con apellidos distintos según el Estado de que se trate. Y estos inconvenientes derivados de tal situación dificultan la libertad de circulación de los individuos que ostentan la ciudadanía de la Unión Europea, nacionales de un Estado miembro (en este supuesto el de España/Portugal).

Conforme dispone el art. 56 de la Ley del Registro Civil, el que adquiere la nacionalidad española conservará los apellidos que ostente de forma distinta de la legal siempre que así lo declare en el acto de adquirirla o dentro de los dos meses siguientes a la adquisición o a la mayoría de edad, y que los apellidos que pretenda conservar no resulten contrarios al orden público internacional. Dos requisitos, en consecuencia, primero, el cumplimiento del plazo fijado, la tempestividad del ejercicio de la misma y, segundo, la no contrariedad con el orden público español, dos apellidos de las dos líneas, del resultado de dicha declaración de conservación.

---

[1] Reflejo el supuesto de los ciudadanos de Portugal que adquieren la nacionalidad española consecuencia de ser un supuesto frecuente en los Registros Civiles españoles y que ocasiona cierta problemática y confusión. La legislación portuguesa en materia de atribución de apellidos permite que sean desde dos hasta cuatro los que identifican a las personas. Suelen ser dos: primero el de la madre y como segundo el del padre. De forma que es este segundo apellido el que identifica a la persona y el que se transmite a las siguientes generaciones.

Comparecencia. En ______________, a __ de ______________ de 202_.

Ante la Encargada de la Oficina General del Registro Civil de ____________, comparece quien acredita ser y llamarse:

D. __________ Pinheiro Do Santos, mayor de edad, de estado civil casado, con documento nacional de identidad n.º ______________, domiciliado en esta Ciudad, C/ _____________, n.º __. Teléfono de contacto: _______________, y correo electrónico: _______________.

Manifiesta

Que el pasado día __ de __________ de 202_ se le practicó la inscripción de adquisición de nacionalidad española en esta Oficina General del Registro Civil de ___________, adjunta la certificación correspondiente, sin renuncia a su nacionalidad portuguesa originaria. Que en aplicación de la legislación registral española en materia de atribución de apellidos se le ha practicado la inscripción de nacimiento con el primer apellido de su padre: "Chora", y con el primero de los de su madre: "Gomes". Apellidos consecuencia de sus inscripciones originarias de Portugal.

De forma que la inscripción completa ha quedado determinada del siguiente modo: "________ Chora Gomes". Ostentando, en consecuencia, una identidad en Portugal: "Pinheiro Dos Santos", y otra en España: "Chora Gomes".

Es su voluntad, en plazo legal de dos meses desde la inscripción de su nacimiento, acogerse a la facultad registral prevista en el artículo 56 de la Ley del Registro Civil de conservar los apellidos que ostentaba conforme a la legislación portuguesa de "Pinheiro Dos Santos".

Por la Encargada de la Oficina del Registro Civil de ___________, atendiendo al contenido de la solicitud realizada y de la documental adjunta, considera ajustada a la legislación registral la petición que hace la persona interesada. Esta solicitud la realiza en plazo legal y, además, se ajustan a la legislación registral española de atribución de apellidos consecuencia de ser dos los apellidos y provenientes de las dos líneas, la paterna y la materna. En consecuencia, procede atender a la petición realizada y autorizar el cambio de apellidos solicitado de "Chora Gomes" por los originarios de Portugal de "Pinheiro Dos Santos".

Notifíquese la presente resolución al interesado haciéndole saber que, contra la misma, conforme dispone el art. 85 de la Ley del Registro Civil, en el plazo de un mes desde la notificación, cabe interponer recurso de alzada ante la Dirección General de Seguridad Jurídica y Fe Pública.

(Firmas de la Encargada del Registro Civil y del compareciente)

Modelo n.º 44. Inversión del orden de los apellidos

SP/FORM/9632

Tanto el nombre como los apellidos son signos de individualización, identificación y diferenciación de las personas. Por esta razón, los cambios de los mismos quedan sustraídos a la autonomía de la voluntad de los particulares "*salvo en los casos excepcionales y taxativos determinados por la ley*" (FJ III de la Resolución, 27.ª, de 24 de noviembre de 2021).

El art. 53 de la Ley del Registro Civil contempla la posibilidad de que el Encargado, mediante declaración de voluntad de la persona interesada mayor de dieciséis años[1], pueda autorizar el cambio de los apellidos referidos a la inversión de los mismos.

El solicitante de la inversión de sus apellidos debe tener claro que esta facultad registral "*mediante declaración de voluntad*" es una posibilidad que solo se puede ejercer una vez. De modo que, una vez ejercitada, no es posible por otra simple declaración de voluntad de la persona interesada volver a la situación originaria, recuperar el orden inicial de los apellidos. La inversión, en este caso, como cualquier otra modificación de apellidos, podría obtenerse como resultado de un procedimiento de cambio de apellidos previsto en el art. 54 de la Ley del Registro Civil[2] (Resolución, 18.ª, de 23 de marzo de 2022).

Comparecencia. En ____________, a __ de ______________ de 202_.

Ante el Encargado de la Oficina General del Registro Civil de __________, comparece quien acredita ser y llamarse:

D.ª Lucía _____ ______, mayor de edad, de estado civil soltera, de nacionalidad española, con documento nacional de identidad n.º ____________, domiciliada en ____________, C/ __________, n.º __. Teléfono de contacto: ____________, y correo electrónico: _____________.

Manifiesta

Que su inscripción de nacimiento consta en la Oficina del Registro Civil de ________, según adjunta mediante la certificación literal correspondiente. Que es su deseo acogerse a la facultad prevista en el artículo 53.1.º de la

[1] Esta circunstancia de la posibilidad de realizar la solicitud de inversión de los apellidos a partir de los 16 años es una importante novedad de la nueva legislación registral. El derogado art. 55 de la Ley del Registro Civil de 1957 contemplaba esta posibilidad pero, eso sí, "*Alcanzada la mayoría de edad*". De igual modo, el art. 198 del Reglamento del Registro Civil de 1958 dice que: "*La inversión de apellidos de los mayores de edad podrá formalizarse mediante simple declaración ante el Encargado del Registro Civil del domicilio y no surte efecto mientras no se inscriba*".

[2] Resultaría necesario probar y demostrar que el apellido en la forma propuesta constituye una situación de hecho y que los utiliza con habitualidad. Lo de que le pertenecen legítimamente o que provienen los apellidos de las dos líneas, la persona interesada lo tiene sencillo para justificar.

Ley del Registro Civil de invertir el orden de los apellidos de forma que quiere que su filiación queda determinada como "Lucía ______ ______".

Por el Encargado de la Oficina del Registro Civil pregunta a la compareciente si tiene hijos menores de edad y manifiesta que no. Ni menores ni mayores de edad[3]. También se le advierte que, una vez que la inversión de apellidos se inscriba en el registro individual de la interesada, ya no será posible volver a la situación anterior mediante simple declaración de la misma. Sería necesario, en su caso, un procedimiento más complejo tramitando el expediente registral correspondiente. Manifiesta quedar enterada de la advertencia.

Por el Encargado se acuerda, conforme a lo solicitado, invertir el orden de los apellidos de la misma en el sentido de que debe figurar como primer apellido: "______", y como segundo apellido. La filiación completa quedará del siguiente modo: "Lucía ________ _______".

Contra el presente acuerdo cabe interponer recurso de alzada ante la Dirección General de Seguridad Jurídica y Fe Pública en el plazo de un mes desde la presente comparecencia que servirá de notificación de la resolución.

(Firmas del Encargado y de la compareciente)

[3] Hay que tener siempre en consideración que, conforme dispone el artículo 57.1 de la Ley del Registro Civil, "*El cambio de apellidos alcanza a todas las personas sujetas a la patria potestad y también a los demás descendientes que expresamente lo consientan*".

Modelo n.º 45. Solicitud de volver a la situación originaria una vez se ha producido la inversión de los apellidos

SP/FORM/9633

No es infrecuente en las Oficinas registrales que se plantee el supuesto que he comentado en el modelo anterior. El de la persona interesada que, una vez que por simple declaración de voluntad, ha obtenido la inversión de sus apellidos pero contrasta que en todos los actos[1] que realizaba, tanto en sus relaciones con la Administración como en cuestiones que afectan a la esfera privada de la misma, era conocida con la filiación que ostentaba antes de solicitar la inversión de sus apellidos, y ahora solicita volver a la situación originaria. Ello ya sólo será posible mediante el procedimiento registral de cambio de apellidos.

Comparecencia. En __________, a __ de ____________ de 202_.

Ante la Encargada de la Oficina General del Registro Civil de __________, comparece quien acredita ser y llamarse:

D.ª Lucía ______ ______, mayor de edad, de estado civil soltera, de nacionalidad española y con el documento nacional de identidad n.º _____________. Su teléfono de contacto es el: _____________, y el correo electrónico: _________________. Y

Manifiesta

Que hace aproximadamente dos años realizó en esta misma Oficina del Registro Civil manifestación de invertir sus apellidos inscritos en su asiento de nacimiento de "_____ ______" por los de "_____ ______". Durante todo este tiempo que ha intentado hacer uso de la filiación "Carandell García" solo ha tenido problemas de identidad. Y ello ha ocurrido no solo a nivel de Administración Pública, también en el ámbito de la esfera privada. Ocurre que su profesión es la de Arquitecta y en todos los sectores profesionales (constructores, promotores, gremios) se le conocía por su filiación originaria de "_____ ______". Problemas y obstáculos en viajes, identificación en aeropuertos, declaraciones de Hacienda, en centros de Atención Primaria para consultas. Ante tal cúmulo de circunstancias realiza en este momento manifestación expresa de volver a su filiación originaria de "_____ ______".

[1] No olvidemos que es necesario adaptar toda la documentación, tanto oficial (DNI, pasaporte, tarjetas sanitarias, títulos académicos, etcétera) como la de carácter privado (tarjetas bancarias, clubs deportivos, bibliotecas, ...), a la nueva identidad.

Por la Encargada de la Oficina General del Registro Civil, de conformidad con lo dispuesto en el art. 53.1.º de la Ley del Registro Civil y la reiterada doctrina del Centro Directivo en la materia (por todas, Resolución, 4-19.ª de noviembre de 2016 y 30-27.ª de junio de 2017), la persona interesada no puede, atendiendo a la identidad de razón y a la estabilidad y fijeza de los apellidos, desdecirse de la inversión de apellidos realizada por la persona interesada en su día. Ello no obsta para que la misma, con la necesaria fase de instrucción, inste el correspondiente procedimiento registral de cambio de apellidos en donde justifique y acredite la utilización habitual de sus apellidos como "_____ ______". Son los que legítimamente pertenecen a la solicitante y corresponden a ambas líneas.

Contra la presente resolución denegatoria cabe interponer recurso de alzada ante la Dirección General de Seguridad Jurídica y Fe Pública en el plazo de un mes desde la notificación de la presente comparecencia.

(Firmas de la Encargada y de la compareciente)

Modelo n.º 46. Anteposición de la partícula "de" al primer apellido que fuera usualmente nombre propio

SP/FORM/9634

El n.º 2 del art. 53 de la Ley del Registro Civil permite la posibilidad de que mediante declaración de voluntad del interesado sea posible la anteposición de la preposición "**de**" al primer apellido, así como las conjunciones "**y**" o "**i**" entre apellidos.

La norma registral establece la posibilidad de anteponer al primer apellido la partícula "**de**" cuando el mismo sea un vocablo utilizado indistintamente como nombre y como apellido. Su finalidad es la de evitar la de evitar confusiones entre el nombre propio y el primer apellido diferenciando claramente los mismos.

Comparecencia. En __________, a __ de ______________ de 202_.

Ante el Encargado de la Oficina General del Registro Civil de __________, comparece quien acredita ser y llamarse:

D. ______ Diego ______________, mayor de edad, de estado civil casado, con documento nacional de identidad n.º ____________, y domiciliado en ___________, C/ _______________, n.º ___, piso ___. Su teléfono de contacto es el: _____________, y el correo electrónico: ______________. Y

Manifiesta

Que su primer apellido, "Diego", es conocido también en la sociedad española como nombre propio, se encuentra en muchas ocasiones con serios problemas de identificación entre su nombre propio registral "Andrés" y su primer apellido, "Diego", consecuencia de que en España es común la utilización de los mismos como nombres propios. Es por ello que solicita acogerse a la facultad registral de anteponer la preposición "de" a su primer apellido, "______", de forma y manera que se refleje registralmente su primer apellido como "_____ __________", y su filiación completa: "_______ De Diego _______".

Preguntado por el Encargado si tiene hijos sujetos a su patria potestad o mayores de edad, manifiesta que tiene dos hijas menores de edad inscritas en esta misma Oficina del Registro Civil y cuyas certificaciones de nacimiento adjunta en este momento. Se le hace la advertencia por el Encargado que el cambio del apellido alcanzará a las mismas, manifestando su conformidad en esta comparecencia.

El Encargado de la Oficina del Registro Civil, atendiendo al contenido de la solicitud realizada, de conformidad con lo dispuesto en el art. 53.2.º de la Ley del Registro Civil, considerando que el primer apellido del interesado, "Diego", se usa en nuestro país como nombre propio, acuerda anteponer la preposición "de" al mismo, de forma que, en lo sucesivo, el primer apellido del solicitante se reflejará en su asiento de nacimiento como "De Diego", no produciendo efectos constitutivos dicho cambio de apellido hasta que se practique la inscripción correspondiente en su registro individual. Su filiación completa queda determinada como: "_______ De Diego _________".

De igual forma, como el cambio de apellidos alcanza a los sujetos a la patria potestad, de conformidad con lo dispuesto en el art. 57.1 de la Ley del Registro Civil, como el interesado acredita la inscripción de sus dos hijas, se reflejará el cambio en las mismas, cuyo primer apellido también quedará determinado como "De Diego".

Contra la presente resolución cabe interponer recurso de alzada ante la Dirección General de Seguridad Jurídica y Fe Pública en el plazo de un mes desde la notificación de la presente comparecencia.

(Firmas del Encargado y del compareciente)

Modelo n.º 47. Anteposición de la preposición "de" cuando el apellido empezare por tal

SP/FORM/9635

Que el apellido empiece por "De" significa que forma parte del mismo (por ejemplo: "De Melo", "De Castro). En estos casos, puede ocurrir que la partícula "de" al practicar una inscripción se haya producido la omisión de la misma y ahora, contrastado el error, la persona interesada solicite que la misma se refleje en la inscripción correspondiente. El solicitante deberá acreditar registralmente esta circunstancia.

Comparecencia.- En __________, a __ de ______________ de 202_.

Ante la Encargada de la Oficina General del Registro Civil de __________, comparece quien acredita ser y llamarse:

D. ______ Castro ______, mayor de edad, de estado civil casado, de nacionalidad española, con documento nacional de identidad n.º ________________. Nacido e inscrito en ____________, el 8 de mayo de 1960 y domiciliado en esta Ciudad, C/ ___________, n.º __. Teléfono de contacto: ____________, y correo electrónico: ______________. Y

Manifiesta

Que su primer apellido "Castro" en realidad es "De Castro". Ocurre que cuando inscribieron a su padre, _______ Castro ___________, nacido en _________ el 17 de diciembre de 1929, se omitió la preposición "De" en su primer apellido, "Castro", según se acredita en la certificación literal de nacimiento que se acompaña. Sin embargo, el abuelo del compareciente, D. _______ De Castro ______, nacido el 27 de enero de 1899 e inscrito en la Sección Primera del Registro Civil de ____________, consta, como se contrasta en la certificación literal de nacimiento que se adjunta, con el primer apellido correcto de "De Castro", siendo hijo de D. ______ De Castro, como se observa en la misma certificación de nacimiento.

Atendiendo a todo lo expuesto, considera que la preposición "De" forma parte de su primer apellido "Castro". Preguntado por la Encargada del Registro Civil si tiene hijos, manifiesta que sí. Que tiene dos hijos mayores de edad: Alberto _________ y Sebastián _________.

La Encargada del Registro Civil de __________, atendiendo a la solicitud realizada y la documental que se adjunta, considera aplicable lo dispuesto en el art. 53.2.º de la Ley del Registro Civil, en el sentido de que la partícula "De" forma parte del primer apellido del compareciente "Castro", y, en consecuencia, debe figurar en el mismo. La filiación completa del interesado quedará determinada como: "________ De Castro _______". El cambio del apellido se inscribirá en su registro individual y dicha inscripción tendrá carácter constitutivo.

Respecto a los hijos del compareciente, mayores de edad, Alberto y Sebastián _________ _________, se les dará traslado de lo acordado para que, en su caso, puedan consentir expresamente que se refleje la preposición "De" en su primer apellido "Castro". Y si lo consienten y tienen hijos menores de edad, el cambio del primer apellido alcanzará a los mismos.

Contra la presente resolución cabe interponer recurso de alzada ante la Dirección General de Seguridad Jurídica y Fe Pública en el plazo de un mes desde la notificación de la presente comparecencia.

(Firmas de la Encargada y del compareciente)

Modelo n.º 48. Consentimiento expreso del hijo mayor de dieciséis años al cambio de apellidos de los progenitores[1]

SP/FORM/9636

En realidad, el n.º 3 del art. 53 de la Ley del Registro Civil habla de "*hijos mayores de edad o emancipados*[2]". Ahora bien, el número 3 del artículo 57 del mismo texto registral nos habla de los cambios que afecten a los "*mayores de dieciséis años*". En consecuencia, esta será la edad de referencia para que a los hijos les afecten los cambios de los apellidos de los padres si lo consienten expresamente.

Comparecencia. En ____________, a __ de ____________ de 202_.

Ante el Encargado de la Oficina General del Registro Civil de _________, comparece quien acredita ser y llamarse:

D. _________________________, mayor de edad, de estado civil soltero, con documento nacional de identidad n.º _____________. Con domicilio en esta Ciudad, C/ _________, n.º __. Teléfono de contacto: ____________. Correo electrónico: ___________. Y

Manifiesta

Que es el hijo de ___________________________ según se acredita por certificado literal de nacimiento que adjunta a la presente comparecencia. Que por parte del Encargado de esta Oficina del Registro Civil se le comunica y da traslado que su padre, el ya citado ___________________________, ha invertido el orden de sus apellidos de forma y manera que la filiación de su progenitor ahora es la de: ____________________________.

---

[1] Es necesario que nos planteemos si, como dice el art. 57.1 de la Ley del Registro Civil, el cambio de apellidos alcanza a todas las personas sujetas a la patria potestad, este cambio de apellidos se producirá en todo tipo de situaciones. Y es necesario que lo expliquemos porque, a veces, se suelen dar situaciones y circunstancias como, por ejemplo, las de un divorcio contencioso, en donde por causar un perjuicio uno de los cónyuges decide invertir el orden de sus apellidos a sabiendas que ese hecho para el menor le va a producir un enorme perjuicio en cuanto a su identidad y relaciones personales y sociales. En estos casos es necesario hacer un replanteamiento de la aplicación automática del precepto que hemos mencionado para contrastar si esa modificación para el menor es o no beneficiosa. Y si no lo es, el interés superior del mismo será el que debe primar frente a decisiones arbitrarias e irreflexivas de los progenitores.

[2] La emancipación tiene lugar por la mayor edad, por concesión de los que ejercen la patria potestad, o por concesión judicial.
Para que tenga lugar la emancipación por concesión de quienes ejerzan la patria potestad se requiere que el menor tenga 16 años cumplidos y que lo consienta. Se otorgará, bien por escritura pública ante Notario, bien por comparecencia ante el Encargado del Registro Civil.

Se le pregunta al compareciente, por parte del Encargado, si consiente expresamente en que el cambio de apellidos de su padre le afecte a su filiación y, rotundamente, manifiesta que no. Que su voluntad es la de seguir con su filiación "______ ______", por la que es conocido en todos los ámbitos de su vida.

Con todo lo cual se da por terminada la presente que leída por el compareciente es hallada conforme en todos sus extremos.

(Firmas del Encargado y del compareciente)

Modelo n.º 49. Regularización ortográfica de los apellidos

SP/FORM/9637

Este es un aspecto muy interesante sobre la modificación de apellidos ya que la redacción originaria del apartado cuarto del art. 53 de la Ley del Registro Civil hacía referencia exclusivamente a *"La regularización ortográfica de los apellidos a la lengua española correspondiente"*. La Ley 6/2021, de 28 de abril, da nueva redacción a este precepto y permite la regularización ortográfica de los apellidos a *"cualquiera de las lenguas oficiales correspondientes al origen o domicilio del interesado"*[1].

En esta materia de la regularización ortográfica de los apellidos es necesario tener muy presente que la grafía correcta de los mismos la determina el Organismo público oficial de la propia lengua[2].

Comparecencia. En __________, a __ de _____________ de 202_.

Ante la Encargada de la Oficina General del Registro Civil de _________, comparece quien acredita ser y llamarse: D. ______ Goicoechea ___________, mayor de edad, de estado civil soltero, con documento nacional de identidad n.º __________. Domiciliado en __________, C/ __________, n.º __, según adjunta certificado del Padrón Municipal. Su teléfono de contacto: ___________, y su correo electrónico: ___________. Y

Manifiesta

Que realiza la presente comparecencia al objeto de solicitar la regulación ortográfica de su primer apellido "Goicoechea" a la grafía en euskera de "Goikoetxea". Adjunta su certificado literal de nacimiento y solicita que su filiación, tras la regularización ortográfica del apellido quede del siguiente modo: "Mikel Goikoetxea Ramírez".

---

[1] Resulta un cambio sustantivo. Inicialmente, para poder realizar la regularización ortográfica de los apellidos a la lengua española correspondiente (apellido catalán, vascuence o gallego), era necesario que ese apellido correspondiese a esa lengua. Así, por ejemplo, la Resolución, 51.ª, de 29 de agosto de 2016 señaló que no era posible adecuar el apellido "García" a la grafía en euskera "Gartzia". Sin embargo, tras la nueva redacción dada a este a este art. 53.4.º de la Ley del Registro Civil al contemplarse que los apellidos correspondan a la lengua oficial de ese territorio o al domicilio de la persona interesada, será posible esa regularización ortográfica de los apellidos.

La Resolución, 20.ª, de 5 de septiembre de 2012 denegaba la regularización ortográfica del apellido "López" por la grafía catalana "Llopes" consecuencia de que la premisa para realizar la sustitución de los apellidos inscritos por su correcta forma en catalán es que dichos apellidos sean catalanes. Y en el caso del apellido "López" no concurriría este requisito. Ahora, con la nueva regulación, si el domicilio de la persona interesada está en Cataluña, con independencia de que el apellido cuya regularización se solicita sea o no de origen catalán, será posible la sustitución del apellido "López" por la grafía catalana "Llopes".

[2] La Resolución, 55.ª, de 15 de julio de 2013, sobre adecuación del apellido al euskera, no admite por simple petición la adecuación del apellido español "Múgica" a la pretendida forma euskera "Mujika". La Real Academia de la Lengua Vasca-Euskaltzaindia, certifica que la grafía correcta del apellido en euskera es "Muxika" y, por tanto, no es posible sustituir el apellido inscrito por la vía de la adecuación a la lengua vasca.

Por la Encargada de la Oficina del Registro Civil de __________, le pregunta al compareciente si tiene hijos[3] y manifiesta que no, y acuerda acceder a lo solicitado consecuencia de ser una facultad registral prevista en el apartado cuarto del art. 53 de la Ley del Registro Civil y constar que la grafía en euskera solicitada se ajusta a las reglas gramaticales fijadas por Eukaltzaindia-Real Academia de la Lengua Vasca. Practíquese la inscripción de la regularización del apellido en el registro individual del compareciente de forma que la filiación del mismo, en lo sucesivo, quedará determinada como: "______ Goikoetxea ______". Dicha inscripción tendrá carácter constitutivo.

(Firmas de la Encargada y del compareciente)

[3] Es un aspecto muy importante porque si el solicitante tiene hijos bajo su patria potestad la regularización ortográfica de su apellido les alcanzará a los mismos. Y si son mayores de dieciséis años habría que preguntarles si consienten en el cambio.

Modelo n.º 50. Regularización ortográfica de los apellidos de menores de edad

SP/FORM/9638

Es posible, también, la posibilidad registral de que los progenitores puedan solicitar, de común acuerdo, la regularización ortográfica de sus apellidos para sus hijos sujetos a su patria potestad de forma que, se dará la coyuntura, de que los progenitores tengan sus apellidos no regularizados ortográficamente a la gramática y fonética de la lengua correspondiente y los hijos sí.

Comparecencia. En ___________, a __ de _____________ de 202_.

Ante el Encargado de la Oficina General del Registro Civil de ___________ comparecen quienes acreditan ser y llamarse:

D. ______ Razquin ______, mayor de edad, de estado civil casado, de nacionalidad española, con documento nacional de identidad n.º __________, y domiciliado en _________, C/ ____________, n.º __ . Su teléfono de contacto es el: ___________, y su correo electrónico: ___________.

D.ª ____________________, mayor de edad, de estado civil casada y con documento nacional de identidad n.º ___________. Mismo domicilio que su marido, cuya certificación del Padrón adjuntan. Su teléfono es el: __________, y su correo electrónico: _________.

Manifiestan

Que son los progenitores del menor _____ Razquin _______, de cuatro años de edad, nacido e inscrito en esta misma Oficina del Registro Civil de __________, según certificación literal de nacimiento que adjuntan. Solicitan conjuntamente que el primer apellido "Razquin" de su hijo Xabier se adecue a la gramática y fonética en euskera del mismo, "Razkin", de forma que la filiación del mismo quede reflejada de la forma siguiente: "_____ Razkin _______". Adjuntan certificado de la Real Academia de la Lengua Vasca-Euskaltzaindia acreditando que la grafía correcta en vascuence del apellido "Razquin" es "Razkin".

Por el Encargado de la Oficina del Registro Civil de _________, a la vista de la solicitud realizada por los comparecientes y de la documental que acompañan a la misma, acuerda la regularización ortográfica del primer apellido "Razquin" por el de su grafía correcta en vascuence de "Razkin". Este cambio se inscribirá en el registro individual del menor de forma que su filiación quedará determinada del siguiente modo: "Xabier Razkin Aldama". Dicha inscripción tiene carácter constitutivo.

(Firmas del Encargado y de los comparecientes)

Modelo n.º 51. Expediente de cambio de apellidos

SP/FORM/9639

En los modelos anteriores hemos contrastado las distintas posibilidades que ofrece la legislación registral para, en unos determinados supuestos[1], mediante simple declaración de voluntad de la persona interesada, poder cambiar los apellidos. Ahora vamos a ver, en el presente modelo, que también es posible cambiar *"de apellidos o de identidad"* pero, eso sí, cumpliendo una serie de requisitos y previa tramitación de un expediente registral.

El criterio establecido para los nombres y los apellidos por la Dirección General de Seguridad Jurídica y Fe Pública[2] es siempre la necesidad de estabilidad y fijeza de los mismos. Son signos de individualización e identificación de una persona y, en consecuencia, el cambio de los mismos está sustraído a la autonomía de la voluntad de los particulares.

Se suelen confundir los expedientes. Sin embargo, no es lo mismo un cambio de apellidos o de identidad que un procedimiento registral de rectificación de error en el apellido en un asiento. En los dos supuestos, es verdad, resulta necesario la previa tramitación de un expediente instruido en forma reglamentaria.

En el presente modelo vamos a ver el supuesto de cambio de apellidos. Lo contempla el art. 54.2 de la Ley del Registro Civil. Ahí se establecen los requisitos necesarios de la petición de cambio de apellidos[3]. Son tres:

a) Que el apellido en la forma propuesta constituya una situación de hecho, siendo utilizado habitualmente por el interesado.

b) Que el apellido o apellidos que se tratan de unir o modificar pertenezcan legítimamente al peticionario.

c) Que los apellidos que resulten del cambio no provengan de la misma línea.

---

[1] La inversión del orden de los apellidos, la anteposición de la preposición "de" al primer apellido que fuera usualmente nombre propio, o la regularización ortográfica de los apellidos a la lengua española correspondiente.

[2] El Registro Civil, dice el art. 2 de la Ley del Registro Civil, es un registro público dependiente del Ministerio de Justicia. Todos los asuntos referentes al Registro Civil están encomendados a la Dirección General de Seguridad Jurídica y Fe Pública.

Los Encargados del Registro Civil deben cumplir las órdenes, instrucciones, resoluciones y circulares del Ministerio de Justicia y de la Dirección General de Seguridad Jurídica y Fe Pública. De este modo, mediante el carácter vinculante de estas Instrucciones y Circulares, queda garantizada la unidad de actuación de las tramitaciones registrales en todas las Oficinas registrales, la Central, las Generales y las Consulares.

[3] Los cambios de apellidos pueden ser de lo más variado y consistir, conforme al contenido de la ley registral anterior, derogada, *"en segregación de palabras, agregación, trasposición o supresión de letras o acentos, supresión de artículos o partículas, traducción o adaptación gráfica o fonética a las lenguas españolas"*.

Comparecencia. En __________, a __ de __________ de 202_.

Ante la Encargada de la Oficina General del Registro Civil de __________, comparece quien acredita ser y llamarse:

D. ____________, mayor de edad, de estado civil casado, de profesión arquitecto, de nacionalidad española y con documento nacional de identidad n.º ____________. Domiciliado en esta Ciudad, C/ ____________, n.º __. Su teléfono de contacto es el: _________, y su correo electrónico es: __________. Tiene tres hijos de 19, 17 y 14 años, llamados Alejandro, María y Alfonso ___________. Y

Manifiesta

Consecuencia de su actividad profesional como arquitecto desarrolla su profesión relacionándose con distintos gremios profesionales en donde se le conoce con el apellido compuesto de "Pérez-Alcocer", todo uno. La correspondencia y comunicaciones que llegan o salen de su estudio de arquitectura lo hacen con la filiación completa. En ningún caso se refieren a él como "Pérez", siempre es "Pérez-Alcocer". Lo interpreta como normal porque a todo el mundo *"le sale de tirón"* identificarlo como "Pérez-Alcocer".

Esta situación se ha dado desde que tiene conocimiento y dado que su proyección y "marca" profesional se identifica con los dos apellidos como si fuesen uno, solicita el cambio de apellidos en el sentido de figurar como primer apellido: "Pérez-Alcocer", y como segundo apellido, el segundo de los personales de su padre: "_______". De forma que su filiación completa quedaría del siguiente modo: "_______ Pérez-Alcocer _______".

Manifiesta que de esta forma se cumplen los tres requisitos exigidos por el art. 54.2 de la Ley del Registro Civil para que, tras la instrucción del expediente oportuno, se resuelva favorablemente el mismo: el apellido propuesto constituye una situación de hecho que el compareciente en absoluta ha creado, los dos apellidos que se tratan de unir le pertenecen legítimamente y, por último, los apellidos que resultan del cambio provienen de las dos líneas. Tanto la línea paterna como la materna están presentes.

Por la Encargada de la Oficina del Registro Civil se advierte al promotor del expediente registral de cambio de apellidos que, caso de resolverse favorablemente su solicitud, dicho cambio de apellidos alcanzará a sus dos hijos menores de edad, de forma y manera que la filiación de los mismos quedará determinada como "Pérez-Alcocer _______". El hijo mayor de edad, Alejandro, en su caso, deberá consentir expresamente en el cambio de apellidos. El compareciente, ante esta advertencia, manifiesta que esta cuestión del cambio de sus apellidos lo tiene ya hablado con sus hijos y manifiestan su total conformidad. No obstante, su hijo mayor de edad hará manifestación expresa de consentir el cambio.

Dicho lo anterior, por parte de la Encargada se acuerda la incoación del expediente registral de cambio de apellidos y proceder a la instrucción del mismo previo a la resolución que se dicte apreciando, en su caso, el cumplimiento de los requisitos necesarios para el cambio de apellidos que exige el n.º 2 del art. 54 de la Ley del Registro Civil.

Con todo lo cual se da por terminada la presente que leída es hallada conforme por el compareciente.

(Firma de la Encargada y del compareciente)

Modelo n.º 52. Procedimiento registral de rectificación de error en los apellidos

SP/FORM/9640

Ya he comentado en el formulario referido al expediente de cambio de apellidos que no es lo mismo el cambio de apellidos o de identidad mediante expediente que un procedimiento registral[1] de rectificación de error en la inscripción de los apellidos.

La razón de esta diferencia estriba en el principio de presunción de exactitud que tienen los asientos registrales y de ahí que la inscripción en el Registro Civil constituye prueba plena de los hechos inscritos (arts. 16 y 17 de la Ley del Registro Civil).

La concordancia entre el Registro Civil y la realidad constituye un principio básico de la ordenación registral. Es al propio Encargado del Registro Civil a quien corresponde esa labor de "velar" porque se produzca esa concordancia registral y procurar que lo inscrito refleje de forma precisa y exacta la realidad. Existe un interés público en lograr esta concordancia entre el Registro Civil y la realidad. De ahí que, como hemos visto en el expediente de cambio de apellidos, el cambio solo afecta a quien lo consienta expresamente. Sin embargo, en un procedimiento registral de rectificación de error en los apellidos, si se acuerda la rectificación, esta afectará de manera directa e inmediata a los hijos mayores y menores de edad, a los hermanos, padres y a todos los implicados. Quieran o no lo quieran. Presten o no su consentimiento.

Comparecencia. En __________, a __ de ______________ de 202_.

Ante el Encargado de la Oficina General del Registro Civil de _________, comparece quien acredita ser y llamarse D. ______ Pérez ______, mayor de edad, de estado civil casado, con documento nacional de identidad n.º ____________, domiciliado en ____________, C/ ____________, n.º __. Su teléfono de contacto es el ________, y su correo electrónico: _____________. Y

Manifiesta

Que consta inscrito su asiento de nacimiento en el Registro Civil de _________, en la Sección Primera del mismo, Tomo __, página __. Nació el 27 de septiembre de 1961 y figura su filiación en el asiento de nacimiento como "_____ Pérez ______".

[1] La tramitación de los procedimientos registrales y la rectificación de los asientos del Registro Civil se contemplan en los arts. 88 a 91, ambos inclusive, de la Ley del Registro Civil.

Existe un error en la inscripción de su primer apellido. Aparece inscrito como "Pérez", pero el correcto es "Pérez de Ciriza". Su padre, nacido e inscrito en el Registro Civil de ________, también aparece como "Pérez". Lo mismo que su abuelo. Inscrito en la localidad de ________, donde figura la inscripción también con el primer apellido erróneo de "Pérez". Sin embargo, su bisabuelo, __________________________, nacido el 14 de agosto de 1873, ya figura la inscripción en el Registro Civil de ________ con la filiación correcta de "Pérez de Ciriza", según se acredita por la certificación del asiento de nacimiento del mismo.

De igual modo, acompaña certificado del bautismo de su bisabuelo, D. _______ Pérez de Ciriza _____, expedido por el párroco de la Parroquia San Nicolás de ______, perteneciente al Arzobispado de ________, en donde también se acredita que el primer apellido correcto es el de "Pérez de Ciriza".

Se constata que al nacer su abuelo en 1897 se practicó la inscripción de nacimiento con la filiación "Pérez" que, a su vez, se transmitió a su padre y luego al propio compareciente. Con ello, considera que el error ha quedado acreditado y que procede la rectificación de su primer apellido. Siendo el correcto, "Pérez de Ciriza".

Preguntado el compareciente por el Encargado si tiene hijos y de qué edad, manifiesta que tiene dos hijos mayores de edad. A su vez, tiene cuatro nietos. Tres de su hijo mayor y una nieta del hijo pequeño. Preguntado si tiene más hermanos, manifiesta que sí. Que tiene tres hermanos más. Por el Encargado se le requiere en este acto para que, como parte de la instrucción del presente expediente de procedimiento registral de rectificación de error, adjunte las certificaciones literales de nacimiento de sus hijos, de sus nietos, y de sus hermanos, o señale donde consta la inscripción para que, de oficio, la propia Oficina registral, en cumplimiento de lo dispuesto en el art. 80.2 de la Ley del Registro Civil, los consiga para unirlos al expediente.

Por el compareciente, _____ Pérez ______, se manifiesta que a sus hijos sí les ha comentado esta circunstancia de la rectificación del primer apellido y le han dicho que les parece bien. A sus hermanos nada les ha comentado y no saben si quieren o no rectificar el apellido. Por el Encargado de la Oficina del Registro Civil se le hace saber que, independientemente de que manifiesten o no su conformidad, esta es una cuestión de orden público y de conseguir la concordancia del Registro Civil con la realidad extrarregistral, de manera que si, en su caso, se acuerda la rectificación del primer apellido "Pérez de Ciriza", ello afectará a todos las personas que se les ha requerido la certificación.

Por el Encargado se acuerda la instrucción del presente procedimiento registral de rectificación de error y, una vez se facilite la información de las certificaciones a solicitar, se dictará la resolución correspondiente.

Leída la presente comparecencia es hallada conforme por el interesado, D. ______________________________.

(Firmas del Encargado y del compareciente)

Modelo n.º 53. Cambio de un apellido *"contrario a la dignidad o que ocasione graves inconvenientes"*[1]

SP/FORM/9641

En estos casos el legislador exige como requisitos necesarios para cambiar o modificar el apellido que el propuesto le pertenezca legítimamente al peticionario y que los apellidos propuestos no provengan de la misma línea. No es necesario, en consecuencia, que concurra el uso habitual del apellido propuesto.

El carácter pernicioso de un apellido lo debemos relacionar con aquellos que causan vergüenza o deshonor y que justifica la pretensión del cambio. Apellidos como "Matamoros", "Matajudíos", "Judas", "Condón", etcétera, podemos entender ese carácter dañino de los mismos. Lo que en ningún supuesto podemos considerar como perjudicial para el que lo ostenta o causante de inconveniente es ostentar un apellido extranjero[2].

Comparecencia. En __________, a __ de ____________ de 202_.

Ante la Encargada de la Oficina General del Registro Civil de ________, comparece quien acredita ser y llamarse:

D. ________ Condón _________, mayor de edad, de estado civil casado, de nacionalidad española y con documento nacional de identidad n.º ____________. Domiciliado en ____________, C/ ____________, según justifica mediante el certificado del Padrón municipal. Su teléfono de contacto es el: __________, y su correo electrónico: ____________. Y

Manifiesta

Que, como ha manifestado y acreditado mediante su documento nacional de identidad y la certificación de nacimiento que acompaña a la presente, su filiación completa es la ya circunstanciada de: "__________ Condón __________".

El objeto y finalidad de la presente comparecencia es solicitar el cambio de su primer apellido: "Condón" por el de "Cordón". La causa es que el compareciente, manifiesta, ha sobrellevado, más o menos, la circunstancia

[1] La redacción que la derogada Ley del Registro Civil de 1957 le daba al art. 58 de la misma era la posibilidad de *"cambiar o modificar un apellido contrario al decoro o que ocasione graves inconvenientes, o para evitar la desaparición de un apellido español"*. Como vemos, con la actual redacción se ha sustituido "decoro" por "dignidad" y se ha suprimido la posibilidad de modificar un apellido que tenga como causa o motivo del mismo *"la desaparición de un apellido español"*.

[2] La redacción originaria del art. 208.1 del Reglamento del Registro Civil de 1958, lo contemplaba. Se suprimió por nueva redacción de este precepto dada en el Real Decreto 170/2007, de 9 de febrero.

del apellido "Condón" con las chanzas producidas tanto en su etapa escolar como en su actual vida laboral. En estos momentos tiene dos hijas de ocho y de cinco años, cuyos nacimientos constan inscritos en esta misma Oficina Registral, y constata que en el Colegio ya comienzan los comentarios sobre el apellido y sus connotaciones sociales y de chanzas populares. Es por ello que, de acuerdo con su cónyuge, solicita el cambio de su apellido "Condón" por el de "Cordón", y, de esta manera, al estar sus hijas bajo su patria potestad les alcance el cambio a las mismas.

Por la Encargada de la Oficina del Registro Civil de ___________, atendiendo al contenido de la solicitud realizada, de la documentación que se adjunta y de que, conforme dispone el artículo 54.4 de la Ley del Registro Civil, aunque no hay habitualidad en el apellido propuesto, cuyo requisito no se exige, sí se cumplen los otros dos requisitos exigidos: el apellido que se trata de modificar pertenece legítimamente al peticionario y, además, los apellidos resultantes de la modificación siguen proviniendo de las dos líneas, la paterna y la materna.

En consecuencia, resulta procedente el cambio del apellido "Condón" por el de "Cordón" y, en lo sucesivo, la filiación del compareciente quedará determinada como: "_______ Cordón ________". Practíquese la inscripción de modificación del apellido en su registro individual para que dicha inscripción tenga eficacia constitutiva. Dicho cambio alcanzará a sus hijas sujetas a su patria potestad, cuya filiación quedará determinada como: "Cordón _______".

Contra la presente resolución cabe interponer recurso de alzada ante la Dirección General de Seguridad Jurídica y Fe Pública en el plazo de un mes desde la notificación de la presente comparecencia que sirve de notificación de lo acordado.

(Firmas de la Encargada y del compareciente)

Modelo n.º 54. Cambio de apellidos o de identidad en circunstancias excepcionales[1]

SP/FORM/9642

En estos supuestos se dispensa del cumplimiento de los requisitos exigidos para el cambio de apellidos por expediente: que el apellido sea utilizado habitualmente por la persona interesada, que los apellidos que se quieren cambiar pertenezcan legítimamente al peticionario y, además, que provengan de las dos líneas.

El cambio de apellidos o el cambio total de identidad es un ejercicio discrecional de una potestad administrativa que se acuerda por Orden del Ministerio de Justicia, *"en los términos fijados reglamentariamente"*, dice el artículo 55 de la Ley del Registro Civil[2].

Comparecencia.- En __________, a __ de ____________ de 202_.

Ante el Encargado de la Oficina General del Registro Civil de _________, comparecen quienes acreditan ser y llamarse:

D. ______________________, mayor de edad, de estado civil soltero y de nacionalidad pakistaní y religión musulmana. Con pasaporte de Pakistán n.º ____________. Domiciliado en ___________, C/ ___________, n.º __. Teléfono de contacto y correo electrónico el que declarará la compareciente. Y

D.ª ___________________, mayor de edad, de estado civil soltera, de nacionalidad española y documento nacional de identidad n.º ___________. Con domicilio en ____________, C/ _____________, n.º __, según acredita mediante el certificado del Padrón municipal. Su teléfono es el: __________ y su correo electrónico: __________.

---

[1] Concretar o precisar estas *"situaciones excepcionales"* que justifiquen un cambio de apellidos o identidad con arreglo a esta causa, no resulta fácil. Las situaciones que pueden concurrir pueden ser de lo más variado. Podemos pensar en servicios de inteligencia que operan en situaciones especiales en países conflictivos, o en miembros de los cuerpos de seguridad infiltrados en organizaciones de narcotraficantes. También pueden concurrir razones de tipo religioso. Una persona se encuentra en peligro de muerte por abrazar una determinada religión o querer contraer matrimonio con una persona de distinta religión y convertirse a la misma, en determinados países con ciertas religiones, supone un alto riesgo para la integridad física.

[2] Este precepto ha puesto orden y coherencia en la regulación del cambio de apellidos o de identidad cuando concurran circunstancias excepcionales. La legislación registral anterior, la ya derogada de la Ley registral de 1957, contemplaba esta posibilidad, pero acordada por Real Decreto a propuesta del Ministerio de Justicia, con audiencia del Consejo de Estado. Como vemos, la iniciativa de la propuesta era del Ministerio de Justicia, pero no la resolución del cambio de apellidos o de identidad, que correspondía al Gobierno mediante Real Decreto y previo dictamen del Consejo de Estado. Dos consideraciones. La primera es que, en estos casos, estaremos ante una situación de relativa urgencia y todo lo anterior exigía unos trámites largos y complejos. Segunda consideración. Los Reales Decretos exigen su publicación en el BOE y si publicamos un cambio de identidad por razones de seguridad y para proteger a la persona solicitante no le estamos ayudando. Todo lo contrario.

Manifiestan

Que son pareja y desean contraer matrimonio canónico. El compareciente Sr. ______ manifiesta que desea convertirse al catolicismo y celebrar la boda canónica con su novia _____. Ocurre que realizar este paso pone en serio y real peligro su vida consecuencia de las leyes de su país y es por ello que solicita un cambio total de identidad para evitar problemas sobre su propia vida.

Por el Encargado de la Oficina del Registro Civil de __________, a la vista de la solicitud realizada y de los documentos que se adjuntan, considera que nos encontramos ante una solicitud de cambio total de identidad previsto en el art. 55 de la Ley del Registro Civil por concurrir circunstancias excepcionales y, siendo la competencia del Ministerio de Justicia para, en su caso, dictar la Orden autorizando el cambio de identidad, acuerda la remisión de las actuaciones al citado Ministerio de Justicia para que disponga lo que considere pertinente.

Preguntados los comparecientes si desean realizar alguna manifestación más añadida a lo ya dicho, exponen que están a resultas de la resolución del Ministerio de Justicia.

Con todo lo cual se da por terminada la presente que leída es hallada conforme y se acuerda hacer entrega de copia de la misma a los comparecientes.

(Firmas del Encargado y de los comparecientes)

Modelo n.º 55. Cambio de apellidos o de identidad de víctimas de violencia de género

SP/FORM/9643

En estos supuestos, sin necesidad de cumplir los tres requisitos necesarios para todo cambio de apellidos (situación de hecho/habitualidad, que le pertenezcan legítimamente al peticionario y que no provengan de la misma línea), se podrá autorizar el cambio de apellidos de acuerdo, dice el n.º 5 del artículo 54 de la Ley del Registro Civil, "con el procedimiento que se determine reglamentariamente". Además, si concurren razones de urgencia o seguridad[1], podrá autorizarse el cambio total de identidad de acuerdo con el procedimiento que se determine en el Reglamento.

Comparecencia. En __________, a __ de ____________ de 202_.

Ante la Encargada de la Oficina General del Registro Civil de __________, comparece quien acredita ser y llamarse:

D.ª ______________________, mayor de edad, de estado civil casada, en trámites de divorcio, de nacionalidad española, con documento nacional de identidad n.º ____________. Y domiciliada en ____________, C/ ___________, n.º ______. Su teléfono de contacto es el ____________, y su correo electrónico: ____________.

Manifiesta

Que presenta en esta Oficina del Registro Civil copia de la denuncia que presentó ante el Juzgado de Violencia sobre la Mujer n.º 1 de ___ por maltrato físico y psíquico contra su cónyuge D. _________________, de quien se encuentra en trámites de divorcio. Consecuencia de la denuncia presentada por los maltratos recibidos y que figuran y describen en la citada denuncia, por parte de su cónyuge y del entorno familiar del mismo ha recibido amenazas de muerte para ella y sus hijos menores de edad, llamados Amador ____________ y Alejandro ____________ de cuatro y un año, respectivamente, consecuencia de estar integrados en el núcleo familiar de convivencia.

Consecuencia de la denuncia presentada, por la Magistrada del Juzgado de Vigilancia de _______ se adoptaron medidas de protección de tipo penal y civil. Orden de alejamiento y no comunicación, por un lado, y la atribución de la guarda y custodia de sus hijos menores, junto a la no existencia de régimen de visitas, por otro.

[1] Resultará muy extraño, en estos supuestos de violencia de género, que no concurran estas razones de urgencia y de seguridad. Como también será un supuesto excepcional la existencia de simulación o fraude por parte de la persona interesada.

A la vista de las amenazas recibidas y del carácter violento tanto de su cónyuge como del entorno familiar y social del mismo, solicita como medida de protección añadida a las ya adoptadas por el Juzgado de Violencia sobre la Mujer, la de cambio de identidad para la compareciente y para sus hijos. Propone para la compareciente el cambio de nombre a "Elisa" y como apellidos: "Fernández Pérez". Para sus hijos propone el mantenimiento de los nombres propios y el reflejo de los apellidos propuestos pero alterados: "_____________".

Por parte de la Encargada de la Oficina General del Registro Civil de __________, a la vista del contenido de la solicitud realizada, junto a los documentos adjuntos de la resolución de medida cautelar de protección dictada por el Juzgado de Violencia sobre la Mujer n.º 1 de __________ y las certificaciones de nacimiento de la compareciente y de sus hijos, unido a la urgencia de la situación generada, se acuerda la remisión de las actuaciones al Ministerio de Justicia para que, en su caso, dicte la correspondiente Orden de cambio de identidad tanto de la compareciente como de sus hijos menores de edad. Sin que la misma, en consecuencia, sea objeto de publicación en el "Boletín Oficial del Estado" ni en cualquier otro medio.

Con todo lo cual se da por terminada la presente que leída por la compareciente es hallada conforme.

(Firmas de la Encargada y de la compareciente)

El sexo y el cambio de sexo

(Art. 4 de la Ley del Registro Civil 2011: Tienen acceso al Registro Civil los hechos y actos que se refieren a la identidad, estado civil y demás circunstancias de las personas. Son, por tanto, inscribibles:
4.º El sexo y el cambio de sexo[1])

Dispone el art. 44.2 de la Ley del Registro Civil que "*La inscripción de nacimiento y filiación hace fe del hecho, fecha, hora y lugar del nacimiento, identidad,* ***sexo*** *y, en su caso, filiación del inscrito*". Por su parte, el art. 49.1 del mismo Cuerpo legal dice que "*En la inscripción de nacimiento constarán los datos de identidad del nacido consistentes en el nombre que se le impone y los apellidos que le correspondan según su filiación. Constarán asimismo el lugar, fecha y hora del nacimiento y el* ***sexo*** *del nacido*".

El parte del facultativo que asiste al nacimiento es el que certifica el nacimiento de un "varón o mujer". Sin embargo, puede ocurrir que este mismo parte facultativo indique "*la condición intersexual del nacido*" (art. 49.5 de la Ley del Registro Civil, añadido por la Ley 4/2023, de 28 de febrero). En estos casos, los progenitores pueden solicitar que la mención del sexo figure en blanco por el plazo máximo de un año. Transcurrido dicho plazo, la mención al sexo será obligatoria y su inscripción habrá de ser solicitada por los progenitores. Veamos un modelo de condición intersexual del nacido.

---

[1] Ley 4/2023, de 28 de febrero, para la igualdad real y efectiva de las personas trans y para la garantía de los derechos de las personas LGTBI. Ley 4/2023, de 28 de febrero, cuya disposición derogatoria única deroga la Ley 3/2007, de 15 de marzo, reguladora de la rectificación registral de la mención relativa al sexo de las personas.

Modelo n.º 56. Condición intersexual del nacido

SP/FORM/9644

Comparecencia. En ___________, a __ de __________ de 202_.

Ante la Encargada de la Oficina General del Registro Civil de _________, comparecen quienes acreditan ser y llamarse:

D. _________________, mayor de edad, de estado civil casado, con documento nacional de identidad n.º ___________. Domiciliado en esta Ciudad, C/ __________, n.º __. Teléfono de contacto: __________. Correo electrónico: ___________. Y

D.ª _________________, mayor de edad, de estado civil casada, con documento nacional de identidad n.º ___________. Domiciliada en el mismo domicilio de su cónyuge, según se acredita por el certificado del Padrón municipal. Teléfono de contacto: ___________, y correo electrónico: ___________.

Manifiestan

Que el pasado día __ de ________ de 202_, en el Hospital Universitario de _________, Servicio de Neonatología, la compareciente D.ª ____________, ya circunstanciada, dio a luz una criatura cuyo parte facultativo que se adjunta junto al formulario oficial para la declaración de nacimiento, en el apartado relativo al sexo de la misma, la profesional que atendió el parto reflejó la condición intersexual de la persona nacida. No pudiendo precisar en ese momento, y tras los posteriores estudios de los cromosomas (cariotipo) realizados, la circunstancia de si el sexo de la persona nacida es varón o mujer. Es por ello que solicitan la práctica de la inscripción de nacimiento con los datos reflejados en el formulario oficial y en el parte facultativo y que quede en blanco la mención relativa al sexo.

Por la Encargada de la Oficina del Registro Civil, atendiendo al contenido de la solicitud realizada y de los documentos que se adjuntan, de conformidad con lo dispuesto en el art. 49.5 de la Ley del Registro Civil, acuerda la práctica de la inscripción de nacimiento solicitada, abriendo el correspondiente registro individual de la misma, quedando en blanco la mención relativa al sexo pero por el plazo máximo de un año desde la práctica de la inscripción. Transcurrido dicho plazo, la mención al sexo será obligatoria y su inscripción habrá de ser solicitada por los progenitores[1].

Con todo lo cual se da por terminada la presente que leída es hallada conforme por los comparecientes a los que se entrega copia de la misma.

(Firma de la Encargada y de los comparecientes).

[1] La propia Oficina del Registro Civil, por la persona responsable, deberá controlar este plazo para, transcurrido el año desde la inscripción, requerir a los progenitores para que manifiesten el sexo de la persona nacida y su posterior reflejo en la inscripción de nacimiento.

Modelo n.º 57. Cambio de nombre de personas transexuales mayores de edad o menores emancipados[1]

SP/FORM/9645

El art. 1.1 de la Ley 3/2007, de 15 de marzo, reguladora de la rectificación registral relativa al sexo de las personas[2], disponía que la rectificación del sexo conllevaba el cambio del nombre propio de la persona. Y ello, parecía lógico, a efectos de que no resulte discordante con su sexo registral.

Posteriormente, la propia evolución en la consideración y clasificación de la transexualidad[3], permitió la posibilidad de cambiar de nombre sin la rectificación registral de la mención relativa al sexo de las personas. Fue la Instrucción de 23 de octubre de 2018, de la Dirección General de los Registros y del Notariado, sobre cambio de nombre en el Registro Civil de personas transexuales[4], la que permitió esta posibilidad registral tanto para mayores de edad o menores emancipados, como para menores de edad asistidos de sus progenitores. Facultad registral consolidada por el art. 44.4 de la Ley 4/2023, de 28 de febrero, en donde la persona interesada que solicite la rectificación de la mención registral del sexo puede incluir la elección de un nuevo nombre propio. Pero es facultativo.

---

[1] Considero, desde la entrada en vigor de la Ley del Registro Civil el 30 de abril de 2021, y conforme dispone el art. 57.3 de la misma, desde los dieciséis años será posible realizar esta solicitud. Confirmado por el art. 43.1 de la Ley 4/2023, de 28 de febrero, para la igualdad real y efectiva de las personas trans y para la garantía de los derechos de las personas LGTBI, en donde, desde los dieciséis años, toda persona de nacionalidad española puede solicitar por sí misma ante el Registro Civil la rectificación de la mención registral relativa al sexo.

[2] Ley 3/2007, de 15 de marzo, derogada por la Ley 4/2023, de 28 de febrero.

[3] De ser considerada por la propia OMS como una enfermedad pasó a considerarse por la propia Organización Mundial de la Salud como "condición". Una marcada y persistente incongruencia entre el género experimentado por una persona y el género que se le asigna.

[4] Esta Instrucción de la Dirección General de 23 de octubre de 2018, fue consecuencia de que, en ese momento, se encontraba en vigor la Ley 3/2007, de 15 de marzo, reguladora de la rectificación registral de la mención relativa al sexo, y para la persona que solicitaba el cambio de sexo se le exigía acreditar haber sido diagnosticada disforia de género, mediante informe de médico o psicólogo clínico, y también justificar que ha sido tratada médicamente durante al menos dos años para acomodar sus características físicas a las correspondientes al sexo reclamado. Entonces, la rectificación de la mención registral del sexo conllevaba el cambio del nombre propio.

Comparecencia. En __________, a __ de ___________ de 202_.

Ante el Encargado de la Oficina General del Registro Civil de __________, comparece quien acredita ser y llamarse:

Alberto ________________, mayor de edad, de estado civil soltero y de nacionalidad española. Su documento nacional de identidad es el: _____________. Está domiciliado en ___________, según acredita mediante el certificado del Padrón municipal. Su teléfono de contacto es el: __________, y su correo electrónico: ___________. Y

Manifiesta

Que se siente de sexo mujer y en su asiento de nacimiento figura como sexo varón según refleja la certificación literal de nacimiento que adjunta. Que, de momento, no desea iniciar un procedimiento para la rectificación registral de la mención relativa al sexo tal y como es posible por lo regulado en los artículos 43 y siguientes de la Ley 4/2023, de 28 de febrero, y que solo quiere cambiar el nombre de "Alberto", que es el que figura en su inscripción de nacimiento, por el de "Andrea".

Por el Encargado del Registro Civil, atendiendo al contenido de la solicitud realizada y de los documentos que se adjuntan, de conformidad con lo dispuesto en la directriz primera de la Instrucción de 23 de octubre de 2018, de la Dirección General de los Registros y del Notariado, sobre cambio de nombre en el Registro Civil de personas transexuales, en relación con lo dispuesto en los artículos 43 y siguientes de la Ley 4/2023, de 28 de febrero, para la igualdad real y efectiva de las personas trans y para la garantía de los derechos de las personas LGTBI, acuerda el cambio de nombre solicitado del que figura en el asiento de nacimiento del declarante, "Alberto", por el solicitado de "Andrea".

Dicho cambio de nombre propio se inscribirá en el registro individual de la persona compareciente y la misma tendrá carácter constitutivo.

Con todo lo cual se da por terminada la presente comparecencia que leída es hallada conforme y se hace entrega de copia a la persona compareciente

(Firmas del Encargado y del compareciente)

Modelo n.º 58. Cambio de nombre de personas transexuales menores de edad

SP/FORM/9646

En este punto de los menores de edad, mientras la Instrucción de la Dirección General de 23 de octubre de 2018 no hace referencia alguna al límite de edad[1], lo cierto es que la Ley 4/2023, de 28 de febrero, cuando regula la rectificación registral de la mención relativa al sexo de las personas y adecuación documental, está distinguiendo, en su artículo 43, por un lado las personas mayores de dieciséis años y de nacionalidad española, por otro, las personas menores de dieciséis y mayores de catorce años, que podrán presentar la solicitud por sí mismas, asistidas de sus progenitores, y, a su vez, por otro lado, las personas menores de catorce años y mayores de doce años podrán hacer la solicitud mediante autorización judicial para modificar la mención registral del sexo.

Sin embargo, hay menores de doce años que sienten con claridad una identidad sexual propia diferente de la asignada en el momento del nacimiento y la demora en la adopción de medidas en esos casos puede tener un efecto perjudicial en su desarrollo personal, nos dice la Instrucción de la Dirección General de Seguridad Jurídica y Fe Pública, de 26 de mayo de 2023.

La protección del interés del menor es un principio de orden público de nuestro ordenamiento jurídico y uno de los criterios para su apreciación es, precisamente, la salvaguarda del derecho a su desarrollo atendiendo a la satisfacción de sus necesidades emocionales y afectivas. Por ello, es necesario flexibilizar la interpretación del último inciso del artículo 48 de la Ley 4/2023 de manera que, ajustándose al espíritu de la nueva norma, no suponga perjuicio alguno respecto de la situación anterior establecida a partir de la publicación de la citada Instrucción de 23 de octubre de 2018 sobre cambio de nombre en el Registro Civil de las personas transexuales, según la cual, el cambio debía autorizarse en estos casos sin necesidad de acreditar el uso previo del nombre solicitado.

Comparecencia. En ____________, a __ de ____________ de 202_.

Ante la Encargada de la Oficina General del Registro Civil de __________, comparecen quienes acreditan ser y llamarse:

D. Pablo ________________, mayor de edad, de estado civil soltero, de nacionalidad española y con documento nacional de identidad n.º ____________. Está domiciliado en __________, C/ ___________, n.º __. Adjunta certificado del Padrón municipal. Su teléfono de contacto es: ____________, y su correo: ____________.

[1] La única referencia de la Instrucción citada a la edad es que, si el menor tiene más de doce años, firmará, junto a sus padres, la solicitud de cambio de nombre. Y si tiene menos de doce años, el menor deberá ser oído por el encargado del Registro Civil, mediante una comunicación comprensible para el mismo y adaptada a su edad y grado de madurez.

D.ª ___________, mayor de edad, de estado civil soltera, de nacionalidad española y con documento nacional de identidad n.º ____________. Mismo domicilio que su pareja ___________________________, según consta en el certificado del padrón municipal. Teléfono de contacto: _________, y correo electrónico: ___________. Y

José-Antonio ________________, de catorce años, con documento nacional de identidad n.º ___________. Es hijo de los comparecientes ya circunstanciados Pablo y Teresa, y adjunta certificado literal de nacimiento. Tiene el mismo domicilio que el de sus progenitores.

Manifiestan

Los padres de José-Antonio ____________________________, actuando conjuntamente, declaran que su hijo José-Antonio siente como propio el sexo de mujer y solicitan el cambio de su nombre por el de "Eider", que es con el que su hijo se siente identificado.

Preguntado el menor sobre la solicitud y manifestaciones de sus progenitores, manifiesta que se siente de sexo mujer y que en todos los ámbitos de su vida (familiar, escolar, social), utiliza el nombre de "Eider", que es con el que se siente identificado y el que desea ostentar.

Por la encargada de la Oficina del Registro Civil, atendiendo al contenido de las manifestaciones efectuadas y de los documentos que se adjuntan, de conformidad con lo dispuesto en la directriz segunda de la Instrucción de la Dirección General de los Registros y del Notariado de 23 de octubre de 2018, acuerda cambiar el nombre del menor de "José-Antonio" por el de "Eider".

El cambio de nombre propio acordado se inscribirá en el registro individual de José-Antonio ______________ y tendrá eficacia constitutiva desde que se practique la inscripción.

Con todo lo cual se da por terminada la presente comparecencia y, leída que ha sido la misma, la encuentran conforme entregándoles una copia.

(Firmas de la Encargada y de los comparecientes)

Modelo n.º 59. Rectificación registral de la mención relativa al sexo (con elección de un nuevo nombre propio)

SP/FORM/9647

El n.º 2 del art. 91 de la Ley del Registro Civil hace referencia a la posibilidad de rectificar mediante procedimiento registral la mención relativa al nombre y sexo de las personas cuando se cumplan los requisitos que establecen los arts. 43 y siguientes de la Ley 4/2023, de 28 de febrero[1], para la igualdad real y efectiva de las personas trans y para la garantía de los derechos de las personas LGTBI.

Comparecencia/Solicitud. En _________, a __ de ___________ de 202_.

Ante el Encargado de la Oficina General del Registro Civil de _________, comparece quien acredita ser y llamarse:

D. Juan _________, mayor de edad[2], de estado civil soltero, de nacionalidad española y documento nacional de identidad n.º _____________. Con domicilio en ___________, según justifica mediante el certificado del Padrón municipal. Teléfono de contacto: ___________, y correo electrónico: _____________. Y

Manifiesta

Que en la presente comparecencia realiza manifestación expresa de acogerse al procedimiento para la rectificación registral de la mención relativa al sexo previsto y regulado en el art. 44 de la Ley 4/2023, de 28 de febrero, para la igualdad real y efectiva de las personas trans y para la garantía de los derechos de las personas LGTBI. Adjunta certificado literal de su asiento de nacimiento inscrito en la Oficina del Registro Civil de _________. Sección Primera, Tomo ___, página ___, donde figura inscrito su sexo como "varón" solicitando rectificarlo al de "mujer".

---

[1] La rectificación registral de la mención relativa al sexo la pueden realizar todas las personas de nacionalidad española mayores de dieciséis años; las menores de dieciséis y mayores de catorce pueden presentar la solicitud por sí mismas, asistidas en el procedimiento por sus legales representantes; y los menores de catorce años y mayores de doce necesitan autorización judicial para modificar la mención registral del sexo. Aprobación judicial que se obtiene, en su caso, por los trámites contemplados en el art. 26 bis, ter, quater y quinquies, de la Ley 15/2015, de 2 de julio, de la Jurisdicción Voluntaria, añadidos por la Ley 4/2023, de 28 de febrero.

[2] Conforme dispone el artículo 43.1 de la Ley 4/2023, de 28 de febrero, la solicitud de la rectificación registral de la mención relativa al sexo la puede realizar toda persona de nacionalidad española mayor de dieciséis años.

Tal y como contempla la norma citada, la solicitud de iniciación del procedimiento para la rectificación registral de la mención relativa al sexo podrá presentarse por persona legitimada ante la persona encargada de cualquier Oficina del Registro Civil y, además, sin que sea necesario exhibir o adjuntar informe médico o psicológico[3] relativo a la disconformidad con el sexo mencionado en la inscripción de nacimiento.

De igual modo, manifiesta que quiere cambiar su nombre registral que, como acredita, es el de "Juan" por el de "Álex". De forma que, en lo sucesivo, además de la rectificación registral de la mención relativa a su sexo, que deberá figurar el de "Mujer", su filiación completa quede determinada como: "Álex ______________".

Por el Encargado de la Oficina del Registro Civil de __________ se tiene por realizada la solicitud del procedimiento para la rectificación registral de la mención relativa al sexo, y cambio de nombre propio, y se acuerda citar a la persona interesada para informarle de las consecuencias jurídicas de la rectificación pretendida, de la posibilidad de, en su caso, la reversibilidad de la rectificación de la mención registral relativa al sexo en el plazo de seis meses desde la inscripción en el Registro Civil, y de las distintas medidas de asistencia e información en los ámbitos sanitario, social, laboral, educativo y administrativo.

De igual modo, por el Encargado se acuerda que, en el plazo máximo de tres meses desde esta comparecencia inicial reiterando la solicitud de rectificación, se citará de nuevo a Juan ___________ para que manifieste, en su caso, la persistencia de su decisión.

A continuación, reiterada y ratificada nuevamente la solicitud, dentro del plazo máximo de un mes desde la segunda comparecencia, por este Encargado se dictará la resolución correspondiente, en su caso, previa comprobación de la documentación obrante en el expediente, sobre la rectificación registral solicitada, la cual será recurrible en alzada ante la Dirección General de Seguridad Jurídica y Fe Pública.

La resolución que acuerde la rectificación de la mención registral del sexo tendrá eficacia constitutiva a partir de su inscripción en el Registro Civil.

(Firmas del Encargado y del compareciente)

[3] Esta es la gran diferencia con lo contemplado en la legislación derogada por la Ley 4/203, de 28 de febrero. El art. 4 de la Ley 3/2007, de 15 de marzo, reguladora de la rectificación registral de la mención relativa al sexo de las personas, exigí el cumplimiento de dos requisitos para acordar la rectificación. Por un lado, que a la persona interesada le había sido diagnosticada disforia de género, lo que obligaba a adjuntar un informe médico o psicológico clínico. Por otro lado, que la persona interesada había sido tratada médicamente durante al menos dos años para acomodar sus características físicas a las correspondientes al sexo reclamado.

Modelo n.º 60. Rectificación registral de la mención relativa al sexo (sin elección de un nuevo nombre propio)[1]

SP/FORM/9648

La Ley 4/2023, de 28 de febrero, contempla la posibilidad de que, en el expediente de rectificación registral de la mención relativa al sexo, la persona interesada pueda conservar el que ostente. Y ello conforme a los principios de libre elección del nombre propio previstos en la normativa reguladora del Registro Civil[2].

Comparecencia/Solicitud. En ___________, a __ de ___________ de 202_.

Ante la Encargada de la Oficina General del Registro Civil de ________, comparece quien acredita ser y llamarse:

D. Juan ________________, mayor de edad, de estado civil soltero, de nacionalidad española, con documento nacional de identidad n.º ___________. Domiciliado en __________, C/ ___________, n.º __. Su teléfono de contacto es el: _____________, y su correo electrónico: _____________. Y

Manifiesta

Que quiere acogerse a la facultad registral de rectificación de la mención relativa al sexo que figura en su asiento de nacimiento que permite el art. 43 y siguientes de la Ley 4/2023, de 28 de febrero, para la igualdad real y efectiva de las personas trans.

---

[1] Seguiremos con el ejemplo del nombre ficticio elegido: "Juan ________", que rectificará registralmente la mención relativa al sexo: de "varón" a "mujer", y seguirá con el nombre de "Juan".

[2] Normativa prevista en el artículo 51 de la Ley del Registro Civil, "Principio de libre elección del nombre propio". Precepto que, a su vez, la Ley 4/2023, de 28 de febrero, para la igualdad real y efectiva de las personas trans, le ha dado nueva redacción:

"El nombre propio será elegido libremente y solo quedará sujeto a las siguientes limitaciones, que se interpretarán restrictivamente:

1.º No podrán imponerse más de dos nombres simples o uno compuesto.

2.º No podrán imponerse nombres que sean contrarios a la dignidad de la persona, ni los que hagan confusa la identificación. A efectos de determinar si la identificación resulta confusa no se otorgará relevancia a la correspondencia del nombre con el sexo o la identidad sexual de la persona.

3.º No podrá imponerse al nacido nombre que ostente uno de sus hermanos o hermanas con idénticos apellidos, a no ser que hubiera fallecido".

En su inscripción de nacimiento, cuya certificación literal adjunta a la presente comparecencia, figura como sexo "varón" y solicita la rectificación registral del mismo en el sentido de figurar el de "mujer". Por ello realiza la presente solicitud de inicio del procedimiento para la rectificación registral del sexo que figura en su asiento de nacimiento.

De igual modo, manifiesta que, tramitado el correspondiente expediente de la rectificación de la mención registral del sexo, quiere conservar el nombre que ostenta, "Juan", al amparo de lo previsto en los arts. 44.4 de la Ley 4/2023, de 28 de febrero, y art. 51.2.º de la Ley del Registro Civil. Ejerce, manifiesta, una profesión autónoma en donde tiene un recorrido y reconocimiento profesional con el nombre de "Juan ___________", y si lo cambia podría producirle un perjuicio consecuencia de que no lo identifiquen por el nombre que le conocen. Es por ello que solicita mantener su filiación con el nombre que siempre ha ostentado, "Juan", y por el que se le conoce en todos los ámbitos: familiar, social y profesional.

Por la Encargada de la Oficina del Registro Civil de ________ se tienen por realizadas las anteriores manifestaciones y acuerda iniciar el procedimiento para la rectificación registral de la mención relativa al sexo de la persona interesada y citar a la misma para el próximo día __ de ___________ de 202_, en donde se informará a la misma de las consecuencias jurídicas de la rectificación solicitada, de la posibilidad de reversión en los plazos y forma que dispone y de las medidas de protección, asistencia e información existentes en estos supuestos.

Con todo lo cual se da por terminada la presente que, leída por el compareciente, la considera conforme y se le entrega copia de la misma.

(Firma de la Encargada y del compareciente)

Modelo n.º 61. Rectificación registral de la mención relativa al sexo (personas menores de dieciséis años y mayores de catorce)

SP/FORM/9649

Comparecencia/Solicitud. En ____________, a __ de __________ de 202_.

Ante el Encargado de la Oficina General del Registro Civil de _________, comparece quien acredita ser y llamarse:

D. Mateo ___________, de quince años de edad, de nacionalidad española, con documento nacional de identidad n.º __________. Domiciliado en __________, C/ ___________, n.º __, según acredita mediante certificado del Padrón municipal. Tiene teléfono móvil n.º: ____________, y su correo electrónico es: ____________.

Adjunta certificado literal de nacimiento donde consta su inscripción en la Oficina del Registro Civil de _________, en la Sección Primera, Tomo: ___, página: ___. Consta inscrito con el sexo "varón".

Realiza la presente comparecencia asistido de sus progenitores y legales representantes, D. Jesús Ruiz Labiano y D.ª __________. Quienes acreditan su identidad mediante el documento nacional de identidad que exhiben y retiran en este momento. Representantes legales que manifiestan su total conformidad[1] con lo que su hijo manifestará a continuación.

El menor, mayor de catorce años y menor de dieciséis, manifiesta que quiere iniciar la solicitud de rectificación de la mención registral del sexo que figura en su asiento de nacimiento por la disconformidad con el mismo, "varón", y se proceda a la correspondiente rectificación por el de "mujer". De igual modo, de momento, no quiere un nuevo nombre propio ya que se siente identificado con el mismo y lo quiere conservar, "Mateo".

Los legales representantes y padres del menor, ya circunstanciados, ratifican su conformidad y acuerdo con lo manifestado por su hijo Mateo _____________.

Por el Encargado de la Oficina del Registro Civil de ________, a la vista de lo manifestado por los comparecientes y de la documental aportada, acuerda iniciar expediente de rectificación registral de la mención relativa al

[1] En el supuesto de disconformidad entre sí o con la persona menor de edad, se procederá al nombramiento de un defensor judicial de conformidad con lo previsto en los arts. 235 y 236 del Código Civil.

Art. 235 del Código Civil, redacción dada por Ley 8/2021, de 2 de junio: "*Se nombrará u defensor judicial del menor en los casos siguientes:*

1.º Cuando en algún asunto exista conflicto de intereses entre los menores y sus representantes legales.

2.º Cuando, por cualquier causa, el tutor no desempeñare sus funciones, hasta que cese la causa determinante o se designe otra persona.

3.º Cuando el menor emancipado requiera el complemento de capacidad previsto en los artículos 247 y 248 y a quienes corresponda prestarlo no puedan hacerlo o exista con ellos conflicto de intereses".

sexo y cita al interesado para el próximo día __ de _________ de 202_, para informar al solicitante de las consecuencias jurídicas de la rectificación pretendida y de la posibilidad de reversión de su solicitud en el plazo de seis meses desde que la rectificación de la mención registral del sexo de la persona interesada, en su caso, se inscriba en su asiento de nacimiento.

Con todo lo cual se da por terminada la presente. Leída por el compareciente y por sus representantes legales es hallada conforme y se entrega a los mismos copia de la comparecencia.

(Firma del Encargado, de la persona solicitante menor de edad y de sus representantes legales)

Modelo n.º 62. Rectificación registral de la mención relativa al sexo (personas menores de catorce años y mayores de doce)

SP/FORM/9650

Las personas menores de catorce años y mayores de doce pueden solicitar la autorización judicial para la modificación de la mención registral del sexo en los términos que determina el art. 26 bis, ter, quater y quinquies de la Ley de Jurisdicción Voluntaria[1].

La competencia para conocer el expediente es del Juzgado de Primera Instancia del domicilio de la persona cuya mención registral pretenda rectificarse. Promover el expediente lo debe hacer la persona mayor de doce años y menor de catorce, asistida de sus legales representantes[2]. No es preceptiva la intervención de Abogado ni de Procurador.

La persona legitimada inicia el expediente mediante su solicitud donde manifiesta su disconformidad con el sexo mencionado en su inscripción de nacimiento y solicita autorización judicial para que se proceda a la correspondiente rectificación registral de la mención al sexo y, en su caso, al nombre que aparece en la inscripción.

Admitida la solicitud, a la que se acompaña cualquier medio documental o testifical de que la persona ha mantenido de forma estable la disconformidad con el sexo mencionado en la inscripción de nacimiento, el Juez de Primera Instancia[3] cita a una comparecencia al solicitante, a sus legales representantes, al Ministerio Fiscal y a quien considere oportuno.

Practicadas las pruebas y previa audiencia del menor, el Juez resolverá sobre la concesión o denegación de la aprobación judicial. La concesión en ningún caso está condicionada a la previa exhibición de informe médico o psicológico relativo a la identidad sexual. El testimonio de esta resolución acordando la rectificación de la mención registral del sexo se remite al Registro Civil para que se inscriba.

---

[1] Preceptos que fueron añadidos por la Ley 4/2023, de 28 de febrero, para la igualdad real y efectiva de las personas trans.

[2] Como en el supuesto de menores entre catorce y dieciséis años, si hay desacuerdo de los progenitores entre sí o con la persona menor de edad, se procederá al nombramiento de un defensor judicial de conformidad con lo previsto en los arts. 235 y 236 del Código Civil.

[3] Además, el Juez, para acreditar la madurez necesaria del menor y la estabilidad de su voluntad de rectificar registralmente la mención a su sexo, podrá acordar la práctica de las pruebas que considere necesarias, atendiendo siempre al interés superior del menor.

Comparecencia/Solicitud. En __________, a __ de ____________ de 202_.

Ante el Juzgado de Primera Instancia que por turno corresponda de ____________, comparece quien acredita ser y llamarse:

D.ª Gloria ________________, de trece años de edad, de nacionalidad española, con documento nacional de identidad n.º ____________. Domiciliada en esta Ciudad, C/ _____________, n.º __, según acredita mediante el certificado del Padrón municipal. Su teléfono es el: ____________, y su correo electrónico: ______________.

Realiza la presente comparecencia asistida de sus padres y legales representantes, D. ________________, con documento nacional de identidad n.º __________, teléfono: __________, y D.ª ________________________, con DNI n.º ___________, teléfono: ___________. Ambos tienen el mismo domicilio que su hija Gloria.

La compareciente adjunta su certificado literal de nacimiento expedido por el Registro Civil de _________, donde consta el mismo en la Sección Primera, Tomo: ___, página: ___. Y manifiesta que en el mismo consta como sexo: "mujer", y manifiesta su disconformidad con el sexo mencionado en su inscripción de nacimiento y solicita autorización judicial para que, de conformidad con lo dispuesto en el art. 43.4 de la Ley 4/2023, de 28 de febrero, en relación con el art. 26 de la Ley de Jurisdicción Voluntaria, se proceda a la rectificación registral de la mención de su sexo, debido figurar el de: "varón". Además, solicita el cambio de su nombre, "Gloria", por el de "Eider". Adjunta los documentos que ya utiliza con este nombre y pone a disposición del Órgano jurisdiccional, cuando se lo soliciten, los testigos que manifestarán la solicitud.

Los legales representantes de la compareciente, los ya circunstanciados Pablo y Lourdes, manifiestan su total conformidad con la solicitud que realiza su hija Gloria, tanto en la modificación de la mención registral del sexo, como del cambio de nombre a "Eider".

Por repartido en este Juzgado de Primera Instancia n.º __ de ___________, se tiene por instado en legal forma y admitido a trámite el expediente para la modificación de la mención registral del sexo de Gloria __________________, y se acuerda la citación para comparecer ante este Juzgado de la solicitante, de los legales representantes, así como del Ministerio Fiscal.

(Firma de la solicitante y de los legales representantes)

Modelo n.º 63. Reversibilidad de la rectificación de la mención registral relativa al sexo de las personas[1]

SP/FORM/9651

En la comparecencia inicial de solicitud de procedimiento para la rectificación registral de la mención relativa al sexo, la persona encargada del Registro Civil debe informar al solicitante, además de las consecuencias jurídicas de la rectificación pretendida, de la posibilidad de revertir la decisión adoptada.

Este régimen de reversión de la rectificación de la mención registral relativa al sexo o posibilidad de recuperar la mención registral del sexo que figuraba previamente a dicha rectificación en el Registro Civil, el legislador la somete a un doble requisito. De plazo y de forma.

El requisito de plazo se refiere a que la manifestación la tiene que realizar el interesado transcurrido el plazo de seis meses desde que la rectificación de la mención registral relativa al sexo se ha inscrito en el Registro Civil[2].

El requisito de forma se refiere a que, para recuperar la mención registral del sexo que figuraba previamente a la rectificación en el Registro Civil, se realizará con el mismo procedimiento establecido en la Ley 4/2023, de 28 de febrero, para la rectificación de la mención registral relativa al sexo de las personas.

Comparecencia/Solicitud. En __________, a __ de _____________ de 202_.

Ante la Encargada de la Oficina General del Registro Civil de __________, comparece quien acredita ser y llamarse:

D.ª Cris ____________________, mayor de edad, de sexo mujer, de nacionalidad española, con documento nacional de identidad n.º ___________. Domiciliada en __________, C/ ___________, n.º __, según acredita con el certificado del Padrón municipal. Teléfono de contacto: __________, y correo electrónico: ___________. Y

Manifiesta

Que, como acredita en su certificación literal de nacimiento que adjunta, el pasado día __ de __________ de 202_, en su asiento de nacimiento se practicó la inscripción de la resolución que acordaba la rectificación de la mención registral del sexo, pasando de "varón" a "mujer". Asímismo, eligió un nuevo nombre. Se llamaba y estaba inscrito con el nombre de "Fernando" y cambió el mismo por el de "Cris".

---

[1] Art. 47 de la Ley 4/2023, de 28 de febrero: "*Transcurridos seis meses desde la inscripción en el Registro Civil de la rectificación de la mención registral relativa al sexo, las personas que hubieran promovido dicha rectificación podrán recuperar la mención registral del sexo que figuraba previamente a dicha rectificación en el Registro Civil, siguiendo el mismo procedimiento establecido para la rectificación registral*".

[2] Conforme determina el art. 46.1 de la Ley 4/2023, de 28 de febrero, "*La resolución que acuerde la rectificación de la mención registral del sexo tendrá efectos constitutivos a partir de su inscripción en el Registro Civil*".

En este período de tiempo ha tenido numerosos problemas de identificación. Ya conocía, eso sí, las consecuencias jurídicas de la rectificación que realizó. Todo ello le han hecho surgir dudas en la decisión que adoptó en su día y solicita, en forma y plazo legal, revertir la rectificación realizada en el sentido de volver al sexo "varón" y a su nombre originario de "Fernando".

Por la Encargada de la Oficina del Registro Civil se tiene por realizada la anterior solicitud, con los documentos que adjunta, y acuerda iniciar el procedimiento para la rectificación registral de la mención relativa al sexo de conformidad con lo dispuesto en los arts. 43 y siguientes de la Ley 4/2023, de 28 de febrero, para la igualdad real y efectiva de las personas trans. En consecuencia, se citará a la compareciente para recoger su manifestación de disconformidad con el sexo "mujer" que figura en su asiento de nacimiento y el cambio al nombre propio elegido de "Fernando".

En esta nueva comparecencia se le advertirá expresamente, además de las consecuencias jurídicas de la rectificación pretendida de que, si se acuerda la rectificación inicial y quiere proceder a una nueva rectificación, ya no será posible hacerlo por este procedimiento de la Ley 4/2023, de 28 de febrero. En este nuevo supuesto será necesario la aprobación judicial de la nueva modificación regulada en el art. 26 *sexies, septies, octies* y *nonies* de la Ley de Jurisdicción Voluntaria. Tras esta ratificación, se citará a la persona interesada a una nueva comparecencia en donde aseverará, en su caso, la persistencia de su decisión.

Con todo lo cual se da por terminada la presente, leída es hallada conforme por la compareciente y se entrega copia a la misma.

(Firmas de la Encargada y de la compareciente)

Modelo n.º 64. Aprobación judicial de la nueva modificación de la mención registral relativa al sexo con posterioridad a una reversión de la rectificación de la mención registral

SP/FORM/9652

Para estos supuestos donde la persona interesada se ha acogido en dos ocasiones a la facultad registral de, en un primer momento, mediante simple declaración, iniciar el procedimiento de rectificar registralmente, y, después, dentro de plazo, ha solicitado la reversibilidad de la rectificación de la mención registral relativa al sexo de las personas. Para luego, en una tercera solicitud, quiere proceder a una tercera rectificación.

Aquí ya, el legislador, cuando la misma persona ha realizado una rectificación de la inscripción registral relativa al sexo y una reversión de dicha modificación, si quiere proceder esa misma persona a una nueva rectificación le exige un procedimiento tramitado conforme a la Ley de Jurisdicción Voluntaria en sus arts. 26 *sexies, septies, octies* y *nonies*[1].

Promover este expediente, para el que no es preceptiva la intervención de abogado ni procurador, lo puede hacer cualesquiera de las personas que estén legitimadas para instar la rectificación de la mención registral del sexo, y la competencia para conocer del mismo recae en el Juzgado de Primera Instancia del domicilio de la persona cuya mención registral pretenda rectificarse.

Para iniciar el expediente hay que realizar una solicitud en donde la persona interesada manifiesta su voluntad de revertir la rectificación registral anteriormente producida. Se acompañan los medios de prueba que desee utilizar.

Admitida a trámite la solicitud, el Juez cita a una comparecencia al solicitante, a sus representantes legales, en su caso, a las personas que estime conveniente, así como al Ministerio Fiscal. El Juez, finalmente, tras la práctica de las pruebas que estime y considere oportunas, resolverá sobre la concesión o denegación de la aprobación judicial. Si aprueba la concesión, remitirá testimonio de la resolución a la Oficina del Registro Civil donde conste el asiento de nacimiento para proceder, en su caso, a la inscripción de la rectificación aprobada judicialmente.

---

[1] Art. 47-2.º Ley 4/2023, de 28 de febrero: *"En el caso de que, tras haberse rectificado la modificación inicial, se quisiese proceder a una nueva rectificación, habrá de seguirse el procedimiento establecido en el Capítulo I ter del Título II de la Ley 15/2015, de 2 de julio, de la Jurisdicción Voluntaria". "De la aprobación judicial de la nueva modificación de la mención registral relativa al sexo con posterioridad a una reversión de la rectificación de la mención registral"*.

Solicitud. En ___________, a __ de ______________ de 202_.

Ante el Juzgado de Primera Instancia de _________ que por turno corresponda (debe ser el del domicilio de la persona cuya mención registral pretenda rectificarse), comparece quien acredita ser y llamarse:

D. FERNANDO _________________, mayor de edad, de nacionalidad española, con documento nacional de identidad n.º ____________, y domiciliado en __________, según acredita mediante el certificado del Padrón municipal.

Adjunta a la presente solicitud certificado literal de nacimiento expedida por la Oficina del Registro Civil de _________ donde consta, inicialmente, su filiación inscrita como "Fernando ______________", de sexo, "varón". Posteriormente, se acogió a la facultad de rectificar registralmente la mención relativa a su sexo que pasó a ser el de "mujer", con un nuevo nombre propio: "Cris". De forma que su nueva filiación quedaba determinada como: "Cris _________________", de sexo, "mujer". Después, en forma y plazo legal, y por el mismo procedimiento, solicitó recuperar la mención registral del sexo que figuraba previamente a dicha rectificación en su asiento de nacimiento. Así pasó de nuevo a tener sexo "varón" y su nombre volvió a ser el de "Fernando". Su filiación en la actualidad es la de: "Fernando ______________".

Le ha dado muchas vueltas a su nueva situación y como ya no puede, por el mismo procedimiento, solicitar la rectificación de la mención registral del sexo, después de madurarlo e informarse solicita la aprobación judicial para una nueva modificación de la mención registral relativa al sexo de forma que vuelva a ser el de "mujer", y el nombre propio recuperar el de "Cris".

Por la Magistrada del Juzgado de Primera Instancia n.º __ de ___________, a cuyo Juzgado ha correspondido la presente solicitud, declara la competencia de su tramitación y se citará de comparecencia al solicitante para el próximo día __ de ___________ de 202_, en donde comparecerán para ser oídos tanto el solicitante como el Ministerio Fiscal. Y, atendiendo al contenido de lo manifestado y pruebas que solicite la persona interesada, se acordará lo procedente.

Con todo lo cual se da por terminada la presente comparecencia, leída es hallada conforme por el solicitante y se hace entrega de una copia de la misma que servirá de citación en legal forma para el día, hora y lugar señalado.

(Firma de la Magistrada del Juzgado de Primera Instancia n.º __ de los de _________
y del solicitante de aprobación judicial)

La nacionalidad y la vecindad civil

(Art. 4 Ley del Registro Civil 2011: Tienen acceso al Registro Civil los hechos y actos que se refieren a la identidad, estado civil y demás circunstancias de la persona. Son, por tanto, inscribibles: **5.º La nacionalidad y la vecindad civil**).

Dispone el art. 9.1 del Código Civil que la Ley personal correspondiente a las personas físicas es la determinada por su nacionalidad. Dicha ley regirá la capacidad y el estado civil, los derechos y deberes de familia y la sucesión por causa de muerte. Y el n.º 9 de este mismo art. 9 del Código Civil dice que, en todo caso, prevalecerá la nacionalidad española del que ostente además otra no prevista en nuestras leyes o en los tratados internacionales.

Por su parte, el art. 68 de la Ley del Registro Civil, "Inscripción de la nacionalidad y de la vecindad civil", dice que: "*1. La adquisición de la nacionalidad española por residencia, carta de naturaleza y opción, así como su recuperación y las declaraciones de voluntad relativas a la vecindad, se inscribirán en el registro individual. Estas inscripciones tendrán carácter constitutivo.*

No podrá inscribirse la nacionalidad española adquirida por cualquiera de las vías que reconoce el ordenamiento jurídico si no se ha efectuado la inscripción previa de nacimiento.

La inscripción de la pérdida de la nacionalidad tendrá carácter meramente declarativo.

2. Para efectuar las inscripciones relativas a la nacionalidad y a la vecindad civil será título suficiente aquél a través del cual se haya reconocido la nacionalidad española o la vecindad civil que corresponda.

3[1]*. Las declaraciones de voluntad relativas a la adquisición de la nacionalidad española por residencia, carta de naturaleza y opción, así como su recuperación, conservación o pérdida, y las declaraciones de voluntad relativas a la vecindad, podrán realizarse ante el Encargado del Registro Civil, Notario*[2] *o funcionario consular encargado del Registro Civil*".

---

[1] Este apdo. 3 fue añadido al art. 68 de la Ley del Registro Civil por la Ley 6/2021, de 28 de abril, por la que se modifica la Ley 20/2011, de 21 de julio, del Registro Civil.

[2] Resulta una gran novedad que los Notarios puedan recibir manifestaciones referidas tanto a la nacionalidad como a la vecindad civil. Hasta este añadido, el Notariado carecía de competencia y legitimidad para recepcionar este tipo de declaraciones. Su competencia, en materia registral, se limitaba a declaraciones de filiación, supuestos de emancipación y las indicaciones registrales referidas al régimen económico matrimonial como a las entonces existentes y hoy ya eliminadas por la Ley 8/2021, de 2 de junio, autotutelas.

Modelo n.º 65. Adquisición de la nacionalidad española por residencia[1]

SP/FORM/9653

Comparecencia[2]. En __________, a __ de __________ de 202_.

Ante el Encargado de la Oficina General del Registro Civil de __________, comparece quien acredita ser y llamarse:

D. ____________________________, mayor de edad, de estado civil casado, de nacionalidad colombiana, con residencia legal en España desde hace más de cuatro años (reside en España desde el año ____), con Número de Identificación de Extranjeros ("NIE") n.º _________________. Pasaporte[3] de la República de Colombia n.º __________. Teléfono de contacto: __________. Correo electrónico: ______________.

Su fecha de nacimiento, según acredita mediante la certificación literal de nacimiento colombiana que adjunta debidamente apostillada[4], es __ de _________ de ____; localidad: __________, y país de nacimiento: Colombia.

---

[1] Art. 21.2 del Código Civil: *"La nacionalidad española también se adquiere por residencia en España, en las condiciones que señala el artículo siguiente y mediante la concesión otorgada por el Ministro de Justicia, que podrá denegarla por motivos razonados de orden público o interés nacional".*

Art. 22 del Código Civil:

"1. Para la concesión de la nacionalidad por residencia se requiere que ésta haya durado diez años. Serán suficientes cinco años para los que hayan obtenido la condición de refugiado y dos años cuando se trate de nacionales de origen de países iberoamericanos, Andorra, Filipinas, Guinea Ecuatorial o Portugal o de sefardíes.

2. Bastará el tiempo de residencia de un año para:

a) El que haya nacido en territorio español.

b) El que no haya ejercitado oportunamente la facultad de optar.

c) El que haya estado sujeto a la tutela, curatela con facultades de representación plena, guarda o acogimiento de un ciudadano o institución españoles durante dos años consecutivos, incluso si continuare en esta situación en el momento de la solicitud.

d) El que al tiempo de la solicitud llevare un año casado con español o española y no estuviere separado legalmente o de hecho.

e) El viudo o viuda de española o español, si a la muerte del cónyuge no existiera separación legal o de hecho.

f) El nacido fuera de España de padre o madre, abuelo o abuela, que originariamente hubieran sido españoles. (Apartado este que debe considerarse superado por la disposición adicional octava, «Adquisición de la nacionalidad española», de la Ley 20/2022, de 19 de octubre, de Memoria Democrática).

3. En todos los casos, la residencia habrá de ser legal, continuada e inmediatamente anterior a la petición.

4. El interesado deberá justificar, en el expediente regulado por la legislación del Registro Civil, buena conducta cívica y suficiente grado de integración en la sociedad española.

5. La concesión o denegación de la nacionalidad por residencia deja a salvo la vía judicial contencioso-administrativa".

[2] El impreso normalizado de solicitud que deben rellenar las personas solicitantes y cumplimentar a máquina o con letras mayúsculas, sin enmiendas ni tachaduras, lo aprueba la Resolución del Ministerio de Justicia de 11 de noviembre de 2015, de la Subsecretaría, por la que se aprueban los modelos normalizados de solicitud de nacionalidad por residencia en el ámbito del Ministerio de Justicia y se dictan instrucciones sobre su utilización (BOE núm. 272, de 13 de noviembre de 2015).

[3] Es obligatorio adjuntar el pasaporte, salvo que el interesado acredite su condición de refugiado o apátrida, en los términos que determine el Ministerio de Justicia.

[4] Es necesario presentar el certificado de nacimiento del país de origen debidamente legalizado y traducido en su caso, salvo que el interesado acredite su condición de refugiado o apátrida, en los términos que determine el Ministerio de Justicia.

Su nacionalidad colombiana le exime del DELE ("Diplomas de español como lengua extranjera")[5], aunque adjunta el certificado de conocimientos constitucionales y socioculturales de España ("CCSE")[6]. (No será necesario aportar la justificación de las pruebas superadas ante el Instituto Cervantes cuando en el modelo normalizado de solicitud se autorice expresamente la consulta).

Adjunta, asimismo, la documentación relativa al grado de integración en la sociedad española y de buena conducta cívica mediante el Certificado del Registro Central de Penados[7].

Por último, es necesario el pago de la tasa[8] por la iniciación del procedimiento para obtener la nacionalidad española por residencia.

Por el Encargado se le requiere que adjunte la certificación de su matrimonio colombiano debidamente apostillado, e indique los datos de su cónyuge (nombre, primer apellido, segundo apellido y nacionalidad). Preguntado si tiene hijos menores de edad manifiesta que sí. Dos, y sus nombres y apellidos, fecha y lugar de nacimiento los acredita mediante las correspondientes certificaciones de nacimiento colombianas, debidamente apostilladas.

Con todo lo cual se da por terminada la presente que leída por el compareciente se muestra conforme y la firma. Los documentos[9] que adjunta, y descritos en la comparecencia, quedan unidos al modelo normalizado de solicitud y por el Encargado se acuerda su remisión a la Dirección General de Seguridad Jurídica y Fe Pública previa inclusión del expediente en formato electrónico[10].

(Firmas del Encargado y del compareciente).

El expediente y la documentación correspondiente es revisado, estudiado y analizado por la Dirección General de Seguridad Jurídica y Fe Pública. A esta entidad, que es el centro directivo y consultivo del Registro Civil en España, le corresponde la tramitación del procedimiento y su instrucción[11] y elabora la correspondiente

---

[5] Los interesados deben superar tanto los exámenes para la obtención del diploma de español como lengua extranjera (DELE) como mínimo de nivel A2, como la prueba que acredite el conocimiento de los valores históricos, constitucionales y socioculturales de España (CCSE), derivados de la configuración de España como un Estado social y democrático de Derecho, que propugna como valores superiores de su ordenamiento jurídico la libertad, la justicia, la igualdad y el pluralismo político, y del conocimiento y respeto de los principios que conforman la convivencia en la sociedad española (Real Decreto 1004/2015, de 6 de noviembre, por el que se aprueba el Reglamento por el que se regula el procedimiento para la adquisición de la nacionalidad española por residencia, modificado por el Real Decreto 1049/2020, de 1 de diciembre).

La Orden JUS/1018/2022, de 24 de octubre, del Ministerio de Justicia, que modifica la Orden JUS/1625/2016, de 30 de septiembre, sobre la tramitación de los procedimientos de concesión de la nacionalidad española por residencia, señala que: "*En el momento previo a la realización del examen de los responsables de cada centro de examen DELE y CCSE reconocido por el Instituto Cervantes verificarán la identidad de los candidatos requiriendo la exhibición del pasaporte junto a la Tarjeta de identidad de extranjero*".

[6] Estos diplomas son expedidos por el Ministro de Educación, Cultura y Deporte, y en su nombre por el Director del Instituto Cervantes.

[7] Ello sin perjuicio de que, si bien corresponde al interesado la carga de la prueba de los requisitos para adquirir la nacionalidad, la Dirección General de Seguridad Jurídica y Fe Pública puede recabar de las Administraciones Públicas cuantos informes y comprobaciones resulten oportunas y necesarios. En cualquier caso, siempre deberá constar el informe del Ministerio del Interior relativo a la conducta y situación del extranjero en nuestro país, así como los datos del empadronamiento del Instituto Nacional de Estadística y el informe del Centro Nacional de Inteligencia "*respecto de su ámbito competencial propio*".

[8] La Disposición Final Séptima de la Ley 19/2015, de 13 de julio, la fija en 100 €. Dicha tasa no incluye los precios de las pruebas de examen DELE (124 €) ni de conocimientos constitucionales y socioculturales de España (CCSE, 85 €), diseñadas y administradas por el Instituto Cervantes.

[9] Si la solicitud o documentos presentados no reúnen los requisitos necesarios para la obtención de la nacionalidad española por residencia, se requiere al interesado para que subsane la falta o acompañe, telemática o físicamente, para su cotejo los documentos que procedan. Si la subsanación no se produce por el interesado en el plazo de tres meses desde que fue requerido, se le tiene por desistido en su petición y se dicta la correspondiente resolución.

[10] Si la documentación se presenta en soporte papel, el Registro Civil o el organismo administrativo ante el que se presente la documentación, procurarán la conversión de los documentos a formato electrónico de acuerdo con las Normas Técnicas de Interoperabilidad sobre documento electrónico.

[11] Art. 7, Instrucción del procedimiento, de la Orden JUS/1625/2016, de 30 de septiembre, sobre la tramitación de los procedimientos de concesión de la nacionalidad española por residencia.

propuesta de resolución de concesión o denegación de la solicitud de nacionalidad para su elevación al Ministro de Justicia.

El Ministro de Justicia, a la vista de la mencionada propuesta, resuelve motivadamente lo procedente. La resolución se comunica al interesado mediante notificación en sede electrónica o notificación telemática fehaciente. En caso de denegación de la solicitud de nacionalidad, cabe recurso potestativo de reposición en los términos y plazos previstos en las normas generales de procedimiento administrativo común ante el mismo órgano que dictó el acto o directamente recurso contencioso-administrativo ante la Audiencia Nacional en el plazo de dos meses contados desde el día siguiente al de la notificación.

La eficacia de la resolución de la concesión queda supeditada a que en el plazo de 180 días[12], contados a partir del día siguiente a la notificación de la resolución, el interesado cumpla, ante el Encargado del Registro Civil del último domicilio en España que conste en el expediente, con los requisitos establecidos en el art. 23 del Código Civil[13]. Una vez recibida la notificación de la resolución de la concesión, el interesado deberá acudir al Registro Civil competente[14] por razón del domicilio en España para solicitar de forma expresa el cumplimiento de este trámite y debiendo aportar al registro civil los originales del certificado de nacimiento y del de antecedentes penales del país de origen, así como la resolución de la concesión[15].

Para el supuesto de que el acto de jura o promesa y, en su caso, renuncia a la nacionalidad anterior, se realicen ante Notario, el instrumento público adecuado será en escritura pública. Esta escritura comprenderá la declaración, la documentación aportada, el acto de jura o promesa y la ficha de determinación de nombres y apellidos cumplimentada. La escritura se remite por el Notario a la Oficina General del Registro Civil o al Registro Municipal Principal o Exclusivo, ubicado en la sede de la capital del partido judicial correspondiente al domicilio en España del interesado.

Recibida la escritura por el Encargado, procederá a la inscripción previa calificación de la legalidad de las formas extrínsecas, de la competencia del Notario, según lo dispuesto en la Instrucción de 22 de diciembre de 2021, de la Dirección General de Seguridad Jurídica y Fe Pública, por la que se establecen los criterios para la aplicación en las Notarías de las declaraciones derivadas de las concesiones de nacionalidad por residencia, y de la congruencia con los asientos del Registro Civil.

---

[12] La Circular de la Dirección General de los Registros y del Notariado, de 9 de octubre de 2019, sobre cómputo de plazos para la práctica de la jura e inscripción de las concesiones de nacionalidad por residencia, señala que el inicio del cómputo del referido plazo de 180 días se determinará mediante la comprobación del justificante de comparecencia en Carpeta Ciudadana para retirar la notificación, si el interesado dio su consentimiento para la notificación electrónica.

Si la notificación se ha hecho por correo certificado, parece razonable admitir que la notificación se ha recibido en el plazo de un mes, computado desde la fecha de la resolución; y si alegara que la notificación se ha recibido en un momento posterior, deberá dicha fecha ser acreditada por quien la alegue.

La competencia es del Encargado del Registro Civil competente por razón del domicilio del interesado en España, que es el que procederá a la inscripción de la adquisición de la nacionalidad española.

[13] Art. 23 del Código Civil: *"Son requisitos comunes para la validez de la adquisición de la nacionalidad española por opción, carta de naturaleza o residencia:*

a) Que el mayor de catorce años y capaz para prestar una declaración por sí jure o prometa fidelidad al Rey y obediencia a la Constitución y a las leyes.

b) Que la misma persona declare que renuncia a su anterior nacionalidad. Quedan a salvo de este requisito los naturales de los países mencionados en el apartado 1 del artículo 24 y los sefardíes originarios de España.

c) Que la adquisición se inscriba en el Registro Civil español".

[14] Tener en cuenta que la reforma de la Ley 20/2011, de 21 de julio, del Registro Civil, operada por la Ley 6/2021, de 28 de abril, introdujo un apdo. 3 en el art. 68 que establece la posibilidad de que las declaraciones de voluntad relativas a la adquisición de la nacionalidad española por residencia, entre otras, se realicen ante el Encargado del Registro Civil y también ante el Notario y funcionario diplomático o consular encargado del Registro Civil, en los términos previstos en el art. 23 del Código Civil.

[15] La Circular de la Dirección General de Seguridad Jurídica y Fe Pública de 5 de marzo de 2021 sobre los trámites de jura e inscripción de la nacionalidad española por residencia.

Modelo n.º 66. Determinación de nombre y apellidos de quien adquiere la nacionalidad española

SP/FORM/9654

Comparecencia. En _________, a __ de ___________ de 202_.

Ante la Encargada de la Oficina General del Registro Civil de ________ (en su caso, ante el Notario/a de __________), comparece quien acredita ser y llamarse:

D./D.ª __________________, nacido/a en __________, el día __ de ________ de ____, de nacionalidad: __________, y con tarjeta de residencia en España n.º __________.

Declara

Que el nombre y apellidos oficiales de la persona nacionalizada española en su país de origen son:

Nombre: ___________.

Apellidos: ___________ ___________.

Adquirida que ha sido la nacionalidad española por resolución de la Dirección General de Seguridad Jurídica y Fe Pública de __ de _______ de 202_, de acuerdo con los arts. 56 de la Ley del Registro Civil y 192 a 200 del Reglamento de Registro Civil de 14 de noviembre de 1958, su nombre y apellidos se inscribirán según se expone.

1. En cuanto al nombre: De acuerdo con el art. 51 de la Ley del Registro Civil y 192 del Reglamento del Registro Civil de 1958, "*No se podrán imponer más de dos nombres simples o de uno compuesto. Cuando se impongan dos nombres simples, estos se unirán por un guion y ambos se escribirán con mayúscula inicial*".

Por lo tanto, el nombre a inscribir en el Registro Civil será: "___________".

2. En cuanto a los apellidos[1]:

Si el declarante tiene dos apellidos tiene la facultad de invertir su orden o dejarlos por el orden que están. Por lo tanto, sus apellidos serán: "_________ y _________".

[1] Conforme dispone la Instrucción de 23 de mayo de 2007, de la Dirección General de los Registros y del Notariado, sobre apellidos de los extranjeros nacionalizados españoles y su consignación en el Registro Civil español, los dos principios jurídicos rectores de nuestro Ordenamiento Jurídico en materia de apellidos son el principio de duplicidad de apellidos de los españoles (el que cada español ha de ser designado legalmente por dos apellidos es un principio de orden público), y el principio de la infungibilidad de las líneas paterna y materna.

Si el declarante tiene un solo apellido y acredita el apellido personal de su madre, tiene la facultad de invertir los apellidos de su padre y de su madre o no quiere invertir los mismos. Por lo tanto, sus apellidos serán: "__________ y __________".

Si el declarante tiene un solo apellido y desconoce el apellido personal de su madre, se duplicará su apellido. Por lo tanto, sus apellidos serán: "__________" y "__________".

Si el declarante no puede acreditar la identidad de sus progenitores, se inscribirá con los apellidos que venía usando. Por lo tanto, sus apellidos serán: "__________" y "__________".

(Firmas de la Encargada o del Notario/a y del compareciente)

Modelo n.º 67. Adquisición de la nacionalidad española por carta de naturaleza[1]

SP/FORM/9655

Dispone el art. 21.1 del Código Civil que: "*La nacionalidad española se adquiere por carta de naturaleza, otorgada discrecionalmente mediante Real Decreto, cuando en el interesado concurran circunstancias excepcionales*". Lo mismo recoge el art. 223 del Reglamento de Registro Civil de 1958: "*La concesión de carta de naturaleza revestirá la forma del Real Decreto, dictado a propuesta del Ministro de Justicia*".

Operativa a todos los efectos de este modelo de adquisición de la nacionalidad española resulta la Resolución del Ministerio de Justicia de 28 de julio de 2023, de la Subsecretaría, por la que se aprueban los modelos normalizados de solicitud de nacionalidad española por carta de naturaleza en el ámbito del Ministerio de Justicia y se dictan instrucciones sobre su utilización (BOE núm. 223, de 18 de septiembre de 2023).

SOLICITUD DE NACIONALIDAD ESPAÑOLA POR CARTA DE NATURALEZA

1. Datos del solicitante: Nombre y los apellidos completos.

Hijo/a de __________ y de ______________ (se consigna el nombre del padre y de la madre).

Fecha de nacimiento. Localidad, provincia y país de nacimiento.

Nacionalidad que posea el solicitante. Si no la tiene se indicará: "apátrida".

Pasaporte, tarjeta de residencia o, en su caso, el tipo de documento identificativo que corresponda y se consignará su número.

Datos de los hijos menores de edad: Nombre y apellidos completos de los mismos. Sus fechas de nacimiento y el lugar y país de nacimiento de los hijos relacionados.

2. Domicilio del solicitante: Tipo de vía (avenida, calle, plaza, etc.)

País donde esté ubicado el domicilio. Localidad y provincia correspondiente al domicilio con su código postal.

---

[1] Para su concesión, otorgada discrecionalmente por el Gobierno mediante Real Decreto, en el solicitante deben concurrir unas circunstancias excepcionales; las circunstancias concurrentes pueden ser de tipo literario, económico, político, deportivo, humanitarios, científico, artístico, etcétera. En todo caso, hay que señalar que es la única de las solicitudes de nacionalidad española que escapa, por así decirlo, a una regulación específica. La valoración de los méritos, de estas "*circunstancias excepcionales*" que dice el art. 21.1 del Código Civil es aleatoria de quien la concede. Es decir, del Gobierno mediante Real Decreto.

Al no ser, evidentemente, la adquisición de la nacionalidad española por carta de naturaleza una forma de adquisición originaria, la persona beneficiaria debe cumplir los requisitos exigidos por el art. 23 del Código Civil: Juramento o promesa de fidelidad al Rey; obediencia a la Constitución y a las leyes; renuncia, en su caso, a la nacionalidad anterior; e inscripción en el Registro Civil.

Teléfono fijo con los prefijos que correspondan. Teléfono móvil y correo electrónico del solicitante.

3. Información sobre las notificaciones: Designar la persona destinataria de la notificación.

Modalidad de notificación: correo electrónico, teléfono fijo, teléfono móvil.

Si se consienten las notificaciones electrónicas es necesario disponer de sistema de autenticación de Cl@ve a través de Certificado Digital o DNI electrónico.

4. Contenido: Motivo por el cual solicita la nacionalidad española por carta de naturaleza.

Circunstancias excepcionales que motivan, a juicio del solicitante, la solicitud efectuada: motivos políticos; artistas e intelectuales de prestigio; científicos/as; deportistas; descendiente de español/a; empresario/a-industrial; familiares y víctimas de terrorismo; razones humanitarias; "otros".

Opción de vecindad civil. El art. 15 del Código Civil lo exige: común; foral del País Vasco; D.º Civil de Cataluña; D.º Civil de Islas Baleares; D.º de Galicia; D.º Civil de Aragón; D.º Civil Foral de Navarra; Fuero de Baylio; Tierra de Ayala.

Requisitos de juramento/promesa y renuncia previstos en el Código Civil. Obediencia a la Constitución Española y a las leyes.

5. Documentos que se aportan.

Documentos obligatorios: Pasaporte o documento de identificación; certificado de nacimiento, debidamente traducido y legalizado; certificado de antecedentes penales del país de origen, debidamente traducido y legalizado.

"Otros documentos": los demás documentos que se acompañan a la solicitud.

6. Atribución de nombre y apellidos con que el/la solicitante será inscrito/a si se le concede la nacionalidad española:

El nombre a inscribir en el Registro Civil será el de "____________" (no se pueden imponer más de dos nombres simples o de uno compuesto. Si son dos simples se unen por un guion y ambos se escriben con mayúscula inicial).

Los apellidos serán siempre dos y de las dos líneas, por el orden que quiera, primero el paterno y luego el materno o al revés. Pero siempre dos, es una cuestión de orden público. Si el interesado/a tiene un solo apellido y desconoce el personal de su madre, se duplica el mismo. Por lo tanto, sus apellidos serán "__________ __________".

Si el interesado/a no puede acreditar la identidad de sus progenitores, se inscribe con los apellidos que ha venido usando. Sus apellidos serán "_________ __________".

7. Lugar y fecha. Firma del interesado/a. Se dirige la solicitud a: SR./SRA. MINISTRO/A DE JUSTICIA.

Comparecencia/Solicitud. En ___________, a __ de _________ de 202_.

Ante el Encargado de la Oficina General del Registro Civil de ________ (lo mismo se puede realizar ante Notario o ante el funcionario diplomático o consular encargado del Registro Civil), comparece quien acredita ser y llamarse:

D./D.ª ______________, mayor de edad, de estado civil casado, de nacionalidad jordana, con pasaporte n.º __________. Domiciliado en Madrid, C/ _____________, n.º ____________, según acredita en el certificado del Padrón municipal que adjunta.

Que su profesión es biólogo[2] y, en virtud de un acuerdo de colaboración entre su país, Jordania con España, en materia de investigación y ciencia, desde hace dos años se encuentra trabajando en el Consejo Superior de Investigaciones Científicas (CSIC). Adjunta el contrato y la situación de estancia regular en nuestro país mediante la tarjeta NIE n.º __________.

Por la presente, encontrándose totalmente integrado en la sociedad española, tanto su cónyuge como sus hijos menores de edad, en sus usos y costumbres, atendiendo a que su labor de investigación en el CSIC se prolongará, solicita la nacionalidad española por carta de naturaleza, con vecindad civil de Derecho Común.

Entiende que concurren las circunstancias excepcionales que exige la concesión de la misma y cumplirá los requisitos que exige el art. 23 del Código Civil, una vez le haya sido concedida la misma por el Gobierno mediante Real Decreto.

Adjunta como documental, además del ya citado certificado del Padrón municipal y de la tarjeta NIE, el contrato que le vincula a las labores de investigación en el CSIC. El certificado de su nacimiento en Jordania, debidamente legalizado y traducido. Su certificado de antecedentes penales del Registro Central de Penados. Su certificado de matrimonio en Jordania, así como los de nacimiento de sus hijos, todos ellos, legalizados y traducidos.

Por el Encargado de la Oficina del Registro Civil de ________ se tiene por realizada la solicitud de adquisición de la nacionalidad española por carta de naturaleza por el/la compareciente D./D.ª _________________, junto a los documentos referenciados, y su remisión a la Dirección General de Seguridad Jurídica y Fe Pública para que, en su caso, la apruebe el Gobierno mediante Real Decreto, a propuesta del Ministro de Justicia.

(Firmas del Encargado y del compareciente)

[2] He reflejado el ejemplo de una profesión científica, pero en el BOE podemos encontrar ejemplos de todo tipo y profesión: Real Decreto 350/2023, de 11 de mayo, por el que se concede la nacionalidad española por carta de naturaleza a doña Gertrudis de la Concepción Guerrero Mayorga (esposa del escritor y político nicaragüense, Sergio Ramírez). La dictadura nicaragüense ha privado de la nacionalidad nicaragüense a numerosos políticos, periodistas y activistas políticos de ese país y España les ha concedido la nacionalidad española por carta de naturaleza. Así, Real Decreto 383/2023, de 23 de mayo, por el que se concede la nacionalidad española por carta de naturaleza a doña Desirée-Guadalupe Elizondo Cabrera. Real Decreto 351/2023, de 11 de mayo, por el que se concede la nacionalidad española por carta de naturaleza a don Adolfo Román García, político nicaragüense. Real Decreto 409/2023, de 29 de mayo, por el que se concede la nacionalidad española al periodista nicaragüense don Jaime-José Arellano Arana, con vecindad civil de Derecho común.

El Real Decreto 382/2023, de 23 de mayo, concede la nacionalidad española por carta de naturaleza al futbolista don Robin Aime Robert Le Normand, con vecindad civil foral del País Vasco.

El Real Decreto 522/2022, de 27 de junio, concede la nacionalidad española por carta de naturaleza al jugador de baloncesto don Lorenzo D'Ontez Brown.

El Real Decreto 368/2022, de 10 de mayo, concede la nacionalidad española por carta de naturaleza al colaborador de la Embajada de España en Afganistán don Sayed Saber Sayeed.

El Real Decreto 563/2022, de 5 de julio, concede la nacionalidad española por carta de naturaleza al pianista ruso don Grigory Sokolov.

Modelo n.º 68. Adquisición de la nacionalidad española por opción[1] [art. 20.1 b) del Código Civil, redacción dada por Ley 36/2002, de 8 de octubre]

SP/FORM/9656

Nuestro Ordenamiento jurídico distingue dos modalidades de nacionalidad española en cuanto a los títulos de su adquisición o atribución y, parcialmente, en cuanto a los efectos que produce la nacionalidad originaria y la nacionalidad derivativa. Tal distinción se asienta en la consideración de que la nacionalidad originaria, a diferencia de la derivativa o sobrevenida, se adquiere de modo automático sin intervención alguna de la voluntad del interesado en el proceso de su atribución. Atribución que tiene lugar *ope legis* desde el mismo momento de adquisición de la personalidad conforme al art. 30 del Código Civil[2].

Comparecencia/Solicitud. En _________, a __ de ________ de 202_.

Ante el funcionario diplomático o consular encargado del Registro Civil de Montevideo (Uruguay), comparece quien acredita ser y llamarse:

D./D.ª _______________, mayor de edad, de estado civil casado, de nacionalidad uruguaya, con pasaporte n.º _________. Domiciliado en __________. Teléfono de contacto: __________. E-mail: ____________.

En la presente solicitud desea acogerse a lo dispuesto en el art. 20.1 b) del Código Civil: "*Tienen derecho a optar por la nacionalidad española los que su padre o madre hubiera sido originariamente español y nacido en España*", y solicita la tramitación del procedimiento para la adquisición de la nacionalidad española por OPCIÓN, según lo dispuesto en el ya citado art. 20.1 b) del Código Civil.

Además de las menciones de identidad y datos ya señalados, se hace constar lo siguiente:

Que su padre nació en Langreo (Asturias), el __ de ________ de 1958. Adjunta certificado literal de nacimiento del mismo expedida por la Oficina del Registro Civil de Langreo y ostentaba la nacionalidad española de origen[3].

---

[1] Son distintos tipos de adquirir la nacionalidad española que requieren y exigen la voluntad expresa de la persona interesada. En cualquier supuesto de adquisición de la nacionalidad española de forma derivativa (por residencia, por carta de naturaleza o por opción), la persona interesada debe manifestar expresamente que quiere adquirir la nacionalidad española.

[2] Art. 30 del Código Civil: "*La personalidad se adquiere en el momento del nacimiento con vida, una vez producido el entero desprendimiento del seno materno*".

[3] Conforme dispone el art. 69 de la Ley del Registro Civil, "Presunción de nacionalidad española", se presumen españoles los nacidos en territorio español de progenitores también nacidos en España.

De igual modo, adjunta su certificado de nacimiento debidamente apostillado expedido por Registro Civil de Montevideo (Uruguay), donde nació el compareciente el __ de __________ 1997, y donde consta como hijo de ____________, *"de nacionalidad española"*, y de _______________.

Manifiesta que está casado en Uruguay y tiene una hija de 1 año de edad también nacida en Uruguay. Adjunta certificación uruguaya de matrimonio y de nacimiento de su hija debidamente apostillados.

Que de acuerdo con lo dispuesto por el art. 15 del Código Civil opta por la vecindad civil de Derecho común.

Además, en cumplimiento de lo dispuesto en el art. 23 del Código Civil, presta juramento o promesa de fidelidad al Rey y obediencia a la Constitución y a las leyes, no renunciando a su actual nacionalidad uruguaya.

Por el funcionario consular encargado del Registro Civil acuerda, de conformidad con lo dispuesto en el art. 20.1 b) del Código Civil, la práctica en la Sección Consular correspondiente de la inscripción de nacimiento del/la compareciente y se le informa, en este acto, respecto de su hija menor de edad que, de conformidad con lo dispuesto en el art. 20.2 a) del Código Civil, redacción dada por Ley 8/2021, de 2 de junio, al estar bajo la patria potestad de un ciudadano español, los progenitores podrán ejercer el derecho de opción a la nacionalidad española.

(Firmas del funcionario diplomático o consular encargado del Registro Civil y del/la compareciente)

Modelo n.º 69. Conservación de la nacionalidad española

SP/FORM/9657

El apdo. 3 del art. 68 de la Ley del Registro Civil contempla la posibilidad de que la declaración de voluntad relativa a la conservación de la nacionalidad española se pueda realizar ante el Encargado del Registro Civil, ante el Notario o, será lo más frecuente, ante el funcionario diplomático o consular encargado del Registro Civil.

Esta posibilidad registral de conservar la nacionalidad española cuando se adquiere otra que, por ejemplo, obligue a renunciar a la española es una facultad muy interesante que no siempre se conoce y que requiere y exige una manifestación expresa de la voluntad de conservarla a contar desde la mayoría de edad o desde la adquisición de otra nacionalidad[1] (art. 24 del Código Civil).

Comparecencia/Solicitud. En Londres, a 1 de junio de 2023.

Ante el funcionario diplomático o consular encargado del Registro Civil del Consulado General de España en Londres, comparece quien acredita ser y llamarse:

D./D.ª ____________________, mayor de edad, de estado civil casado, de nacionalidad española, con documento nacional de identidad n.º ____________. Domiciliado en Londres, donde trabaja, y está dado de alta en esta circunscripción consular española desde el 5 de septiembre de 2018 como consta en los propios archivos del Consulado. Adjunta su certificado literal de nacimiento expedido por el Registro Civil único de Madrid, inscrito al Tomo ___, página ___, de la Sección Primera del mismo.

---

[1] No todas las adquisiciones de nacionalidad producen la pérdida de la nacionalidad española. El art. 24.1 del Código Civil dice que: *"La adquisición de la nacionalidad de países iberoamericanos, Andorra, Filipinas, Guinea Ecuatorial o Portugal no es bastante para producir, conforme a este apartado, la pérdida de la nacionalidad española de origen"*.

A esta relación de países debemos añadir Francia. Tras la firma del Convenio de nacionalidad entre el Reino de España y la República Francesa, hecho en Montauban el 15 de marzo de 2021, en vigor desde el 1 de abril de 2022, y según los criterios de aplicación del Convenio dispuestos por la Instrucción de 31 de marzo de 2022, de la Dirección General de Seguridad Jurídica y Fe Pública, el objetivo del Convenio de nacionalidad es permitir a los nacionales de ambas partes la adquisición de la otra nacionalidad, sin la exigencia de la renuncia a su nacionalidad de origen.

De este modo, los franceses que adquieran la nacionalidad española por opción, carta de naturaleza o residencia están exentos del requisito establecido en el art. 23 b) del Código Civil de renuncia a la nacionalidad anterior, en este caso, la francesa y, por otra parte, los españoles que adquieran voluntariamente la nacionalidad francesa, no perderán la nacionalidad española.

Manifiesta

Que el pasado día 14 de octubre de 2022 realizó el acto de juramento de la nacionalidad británica ("*citizenship*") adquiriendo la misma según acredita en el certificado que exhibe y retira en la presente comparecencia. Adjunta copia de su pasaporte británico que queda unido a su solicitud. Como es su voluntad no perder la nacionalidad española, realiza en forma y plazo legal manifestación expresa de conservación de la misma y solicita que al margen de su inscripción de nacimiento se practique la inscripción de conservación de su nacionalidad española de origen.

Por el funcionario consular en funciones del Registro Civil se tiene por realizada en forma y plazo legal la manifestación de conservación de la nacionalidad española del/la compareciente don/doña ______________, y acuerda la remisión de la presente comparecencia y de los documentos que se adjuntan al Registro Civil competente para la calificación definitiva, la Oficina General del Registro Civil de Madrid, para que, en su caso, se acuerde la conservación de la nacionalidad española y la práctica de la correspondiente inscripción. Practicada que sea ruego se remita certificación literal del asiento de nacimiento para su entrega al compareciente.

Con todo lo cual se da por terminada la presente que leída es hallada conforme y se hace entrega de una copia de la misma al interesado/a.

(Firmas del funcionario consular en funciones de Registro Civil y del/la compareciente)

Modelo n.º 70. Recuperación de la nacionalidad española

SP/FORM/9658

Puede parecer una obviedad, sin embargo, es necesario decirlo: para recuperar la nacionalidad española es necesario antes haberla ostentado[1] y, claro, haberla perdido. Nadie puede recuperar lo que nunca ha ostentado. Ya dice la Dirección General, por todas, su Resolución, 23.ª, de 7 de febrero de 2022, que haber ostentado la nacionalidad española es condición indispensable para haberla perdido y premisa exigida por el art. 26 del Código Civil[2] para su recuperación.

Comparecencia/Solicitud. En _________, a __ de __________ de 202_.

Ante la encargada de la Oficina General del Registro Civil de Úbeda (Jaén), comparece quien acredita ser y llamarse don _________________________, mayor de edad, de estado civil casado y de nacionalidad alemana, con pasaporte de esta nacionalidad n.º ____________. Domiciliado en esta localidad de Úbeda, C/ ____________, n.º __. Teléfono de contacto: ___________. E-mail: ____________.

Que nació en la localidad de Úbeda (Jaén) el 27 de enero de 1957, adjunta certificado literal de nacimiento de esta misma Oficina del Registro Civil de Úbeda. En enero de 1978, como no había perspectivas laborales, se fue a trabajar con un contrato de trabajo a la localidad alemana de Hannover[3]. Contrajo matrimonio con una ciudadana alemana con la que tiene dos hijas mayores de edad. Adquirió la nacionalidad alemana en 1988 y, desde entonces, no ha hecho uso de la nacionalidad española que ostentaba de origen y, en consecuencia, le informaron en su día desde el Consulado General de España en Hannover que había perdido la nacionalidad española. Hoy es el día que, tras jubilarse, ha regresado a España, junto a su esposa, y solicita la recuperación de su nacionalidad española originaria sin renuncia a su actual nacionalidad alemana.

Por la encargada de la Oficina del Registro Civil de Úbeda, atendiendo al contenido de la solicitud realizada y de los documentos que se adjuntan, de conformidad con lo dispuesto en el art. 26 del Código Civil, considerando que el solicitante ha cumplido el requisito de manifestar expresamente que quiere recuperar la nacionalidad

---

[1] Resolución, 19.ª, de 02 de febrero de 2022: No es posible inscribir el nacimiento del nacido en Cuba en 1965 por recuperación de la nacionalidad española, al no haber ostentado nunca la nacionalidad española. En el mismo sentido la Resolución, 21ª, de 02 de febrero de 2022, y la Resolución, 17.ª, de 07 de marzo de 2022.

[2] Art. 26 del Código Civil (redactado conforme a la Ley 36/2002, de 8 de octubre): Quien haya perdido la nacionalidad española podrá recuperarla cumpliendo los siguientes requisitos:

Ser residente legal en España. Este requisito no será de aplicación a los emigrantes ni a los hijos de emigrantes. En los demás casos podrá ser dispensado por el Ministro de Justicia cuando concurran circunstancias excepcionales.

Declarar ante el encargado del Registro Civil su voluntad de recuperar la nacionalidad española.

Inscribir la recuperación en el Registro Civil.

[3] El concepto de "emigración", la Dirección General de los Registros y del Notariado, en su Instrucción de 18 de mayo de 1983, apartado III, señala que ha de entenderse en su sentido propio, es decir, ha de referirse al ciudadano español que, especialmente por motivos laborales o profesionales, traslada su residencia habitual al extranjero, así como a los familiares que le sigan.

española, que tiene residencia legal[4] en España consecuencia de ser un ciudadano de un país de la Unión Europea[5], procede practicar la inscripción de la recuperación de su nacionalidad española en su registro individual de esta Oficina General del Registro Civil, sin renuncia a su actual nacionalidad alemana. Esta inscripción tendrá, como señala el art. 26.1 c) del Código Civil en relación con el artículo 68.1 de la Ley del Registro Civil, carácter constitutivo.

Con todo lo cual se da por terminada la presente. Leída es hallada conforme por el compareciente Sr. ___________ y se le hace entrega de copia de la misma.

(Firmas de la Encargada y del compareciente)

[4] En el modelo n.º 69, "Conservación de la nacionalidad española", he hecho referencia al Convenio de Nacionalidad entre el Reino de España y la República Francesa, hecho en Montauban el 15 de marzo de 2021, en vigor en nuestro país desde el 1 de abril de 2022. Sobre los criterios de aplicación del Convenio, la Dirección General de Seguridad Jurídica y Fe Pública dictó la Instrucción de 31 de marzo de 2022 (BOE núm. 82, de 6 de abril de 2022).

La Instrucción citada contempla el procedimiento para recuperar la nacionalidad española en virtud del Convenio de Nacionalidad entre España y Francia: Los españoles que con anterioridad a la vigencia del Convenio de Nacionalidad entre el Reino de España y la República Francesa hubieran perdido la nacionalidad española al adquirir la francesa, podrán solicitar la recuperación de la nacionalidad española al amparo del Convenio, sin necesidad del requisito de residencia en España.

El procedimiento para recuperar la nacionalidad española es el establecido en el art. 26 del Código Civil. Se precisa declaración del interesado manifestando su voluntad de recuperarla ante el Encargado del Registro Civil bien de su domicilio o bien del lugar donde conste practicada la inscripción de nacimiento. El Encargado levantará acta de este hecho firmada por el solicitante. Del mismo modo y de acuerdo con lo dispuesto en el art. 68.3 de la Ley del Registro Civil, tras la reforma operada por la Ley 6/2021, de 28 de abril, la declaración de voluntad de recuperación de la nacionalidad española podrá realizarse también ante el Notario competente por razón del domicilio en España del solicitante. El acta que contenga la declaración de voluntad de recuperar la nacionalidad española deberá ser remitida al Registro Civil donde conste la inscripción de nacimiento para efectuar la oportuna inscripción.

[5] Sin perjuicio de que, como dispone el art. 26.1.a) del Código Civil, atendiendo a que el solicitante reunía los requisitos para ser considerado como emigrante y la exigencia de la residencia legal, en este supuesto, no se exige, podía haber realizado su solicitud aun no teniendo residencia legal en nuestro país.

Modelo n.º 71. Pérdida de la nacionalidad española

SP/FORM/9659

Así como la adquisición de la nacionalidad española por residencia, carta de naturaleza y opción, la recuperación y las declaraciones de voluntad relativas a la vecindad, se inscriben en el registro individual y tienen carácter constitutivo, la inscripción de la pérdida de la nacionalidad tiene carácter meramente declarativo (art. 68.1 de la Ley del Registro Civil)[1]. En consecuencia, la pérdida de la nacionalidad española se ha podido producir *ipso iure* o automáticamente en cuanto concurren todos sus presupuestos de hecho.

En la interpretación que hace la Dirección General de la pérdida de la nacionalidad española[2], la regla general es la de que cuando un ciudadano español, con capacidad según la Ley española, reside fuera de España durante tres años y adquiere voluntariamente otra nacionalidad, ello implica la pérdida de su nacionalidad española. Y esta pérdida se producirá de pleno derecho, es decir, en el momento en que concurren sus presupuestos de hecho, sin perjuicio de su posterior inscripción obligatoria (art. 232 del Reglamento del Registro Civil de 1958).

Comparecencia/Solicitud. En el Consulado General de España en Sao Paulo, a __ de __________, de 202_.

Ante el funcionario consular encargado del Registro Civil de este Consulado General de España en Sao Paulo, comparece quien acredita ser y llamarse doña ____________, nacida el 17 de noviembre de 1989 en Sao Paulo (Brasil), con pasaporte español número XXX 889900, hija de don ________________, nacido en Brasil y de nacionalidad española, y de doña _________________, nacida en Brasil y de nacionalidad brasileña.

Que por el órgano en funciones de ministerio fiscal de este Consulado General de España en Sao Paulo se promovió expediente para la declaración de pérdida de la nacionalidad española de doña B.F.O. en aplicación de lo establecido en el art. 24.3 del Código Civil. A la interesada se le informó en el propio Consulado de la incoación del expediente de pérdida de su nacionalidad española en virtud de lo establecido en el art. 24.3 del Código Civil, alegando la misma que ha renovó el pasaporte español desde 2013 a 2018 y cuando a realizar una nueva reno-

---

[1] Las inscripciones son constitutivas cuando la extensión del asiento se eleva a la categoría de requisito necesario para la misma existencia del acto inscribible. Por ejemplo, el art. 57.2 de la Ley del Registro Civil dice que: "*El cambio de nombre y apellidos se inscribirá en el registro individual del interesado. Dicha inscripción tiene carácter constitutivo*". Las inscripciones son declarativas cuando el hecho o acto concerniente al estado civil existe independientemente de su reflejo registral.

[2] Art. 24.1 del Código Civil: "*Pierden la nacionalidad española los emancipados que, residiendo habitualmente en el extranjero, adquieren voluntariamente otra nacionalidad o utilicen exclusivamente la nacionalidad extranjera que tuvieran atribuida antes de la emancipación. La pérdida se producirá una vez que transcurran tres años, a contar, respectivamente, desde la adquisición de la nacionalidad extranjera o desde la emancipación. No obstante, los interesados podrán evitar la pérdida si dentro del plazo indicado (los tres años) declaran su voluntad de conservar la nacionalidad española al encargado del Registro Civil*".

Art. 24.3 del Código Civil: "*Los que habiendo nacido y residiendo en el extranjero ostenten la nacionalidad española por ser hijos de padre o madre españoles, también nacidos en el extranjero, cuando las leyes del país donde residan les atribuyan la nacionalidad del mismo, perderán, en todo caso, la nacionalidad española si no declaran su voluntad de conservarla ante el encargado del Registro Civil en el plazo de tres años, a contar desde su mayoría de edad o emancipación*".

vación le indicaron que ya había perdido su nacionalidad española. Con fecha _______ el órgano en funciones de ministerio fiscal del propio Consulado emitió informe en donde, tras examinar la documentación integrante del expediente, resultaba comprobado que la misma incurría en causa de pérdida de la nacionalidad española de acuerdo con lo establecido en el art. 24.3 del Código Civil, por lo que procede practicar la inscripción marginal declarativa de la pérdida en dicho registro civil consular de Sao Paulo, donde está inscrito el nacimiento de doña ____________________.

Por el encargado del Registro Civil del Consulado General de España en Sao Paulo se dicta auto por el que se declara la pérdida de la nacionalidad española de la interesada en virtud de lo establecido en el art. 24.3 del Código Civil, toda vez que ésta no formuló declaración de conservación de la nacionalidad española en el plazo legalmente establecido, resolviendo que al margen del asiento de nacimiento de la promotora, en el mismo registro civil consular, se inscribiese la pérdida de la nacionalidad española.

Por la promotora, doña ____________________ se interpuso recurso de alzada ante la Dirección General de Seguridad Jurídica y Fe Pública[3].

(Firmas del funcionario consular en funciones de Registro Civil y la interesada)

---

[3] Este es un supuesto real y verdadero de pérdida de la nacionalidad española. La resolución de la Dirección General también resultó muy interesante y revocó la resolución dictada por el Consulado General de España en Sao Paulo estimando el recurso interpuesto por la interesada.

Consideró el Centro Directivo que de acuerdo con la Sentencia del Tribunal Supremo n.º 696/2019, Sala de lo Civil, de 19 de diciembre de 2019, ROJ: STS 4072/2019, Ponente: D.ª M.ª Ángeles Parra Lucán, que para la adquisición de la nacionalidad española por opción, carta de naturaleza o residencia, la ley exige la inscripción en el Registro Civil previa declaración de juramento o promesa de fidelidad al Rey y obediencia a la Constitución y a las leyes y, en su caso, renuncia a la nacionalidad anterior. Para la recuperación de la nacionalidad también exige la inscripción en el Registro Civil.

Respecto a la pérdida de la nacionalidad, conforme al art. 24.3 CC, sin embargo, no se exige que la declaración de querer conservar la nacionalidad española se realice "expresamente". Legalmente, por tanto, la declaración de conservar no está sujeta a una forma solemne y, de acuerdo con la teoría general de las declaraciones de voluntad, en ausencia de norma que imponga determinada solemnidad, no se ve inconveniente en admitir que la voluntad se manifieste de manera indirecta a través de un comportamiento concluyente.

Determina la Dirección General de Seguridad Jurídica y Fe Pública que solo los españoles tienen derecho a que se les expida un pasaporte y, por cuanto que se trata del documento que acredita la nacionalidad de los españoles fuera de España, no puede negarse a su petición el valor de querer conservar la nacionalidad. La posesión del pasaporte no es un mero uso de la nacionalidad española, sino una petición que comporta de manera inequívoca la voluntad de querer ser español.

Por tanto, en el caso examinado, no procede la aplicación de la pérdida de la nacionalidad española en virtud de lo establecido en el art. 24.3 del Código Civil.

Modelo n.º 72. Prueba de la nacionalidad española[1]

SP/FORM/9660

En el quehacer diario registral resulta constatable, con relativa frecuencia, las dificultades de prueba de la nacionalidad española. Esta problemática se suele plantear, sobre todo, entre los ciudadanos españoles que viven o trabajan fuera de nuestro país y, en un momento determinado, las autoridades de ese país les solicitan un certificado que justifique su nacionalidad española a modo e imagen de lo que suele existir en la mayoría de países de nuestro entorno político, cultural y económico, es decir, la Unión Europea.

La Ley del Registro Civil nos ofrece una doble posibilidad de prueba de la nacionalidad española. Por un lado, el expediente de declaración con valor de simple presunción de que, en un momento determinado, se ostenta la nacionalidad española. Declaración que tiene la consideración de una presunción legal *iuris tantum* y que da lugar, registralmente, a una anotación en el registro individual de la persona interesada que precisará la fecha a que la declaración se refiere (arts. 92 y 93 de la Ley del Registro Civil)[2]. Por otro lado, en base a la presunción de nacionalidad española. Señala el art. 69 de la Ley del Registro Civil que, en tanto no conste la extranjería de los progenitores, se presumen ciudadanos españoles los nacidos en territorio español de progenitores también nacidos en España.

Comparecencia/Solicitud. En el Consulado General de España en Londres, a __ de _________ de 202_.

Ante el funcionario consular en funciones de encargado del Registro Civil de este Consulado General de España en Londres, comparece quien acredita ser y llamarse:

D./D.ª ____________________, mayor de edad, de nacionalidad española, con documento nacional de identidad n.º ___________. Con residencia en esta Ciudad y dado de alta en esta circunscripción consular de Londres donde figura y consta su domicilio.

Que por necesidades profesionales necesita que se le expida un certificado donde se acredite que tiene a día de la fecha la nacionalidad española. Adjunta su certificado literal de nacimiento expedido por el Registro Civil donde consta su nacimiento en España y no han existido motivos que incurran en causa legal de pérdida. Lleva cinco años residiendo en el Reino Unido y quiere solicitar la nacionalidad británica y, en su caso, cuando la tenga concedida, manifestará de forma expresa su voluntad de conservar la nacionalidad española.

---

[1] *"El Registro Civil constituye la prueba preferente de la nacionalidad española"*. Unas veces existirá una inscripción marginal en el asiento de nacimiento que acredita la conservación, la recuperación o la adquisición sobrevenida de esta nacionalidad y, otras veces, la confrontación de la inscripción del nacimiento en España de una persona con las inscripciones del nacimiento, también en España.

[2] Por parte del Encargado, tras la tramitación del expediente correspondiente, se podrá expedir un certificado de nacionalidad donde se indique que, salvo prueba en contrario, esa persona, en la fecha determinada, tiene y ostenta la nacionalidad española (Instrucción de 14 de abril de 1999, Dirección General de los Registros y del Notariado, sobre certificado de nacionalidad española).

Por el funcionario diplomático en funciones de encargado del Registro Civil de este Consulado, de conformidad con lo dispuesto en la Instrucción de 14 de abril de 1999, de la Dirección General de los Registros y del Notariado, sobre certificación de nacionalidad española (BOE núm. 103, de 30 de abril de 1999), considera que, a la vista de la oportuna certificación literal de nacimiento del interesado, atendidas las circunstancias de no existir motivos para considerar que el compareciente no ha incurrido en causa legal de pérdida de la nacionalidad española. La prueba de la posesión de estado de la nacionalidad española la contrasta exhibiendo y adjuntando documentación española en vigor (DNI, pasaporte y permiso de circulación). Sin perjuicio de contrastar haber comparecido en este mismo Consulado a efectos del ejercicio del derecho de voto en las elecciones españolas de todo tipo.

En consecuencia, atendiendo a lo expuesto procede, de conformidad con lo dispuesto en el art. 92 de la Ley del Registro Civil, declarar con valor de simple presunción que, a día de la fecha, la persona interesada ostenta la nacionalidad española y procede, en consecuencia, expedir el correspondiente certificado de dicha condición.

Con todo lo cual se da por terminada la presente. Es leída por el/la compareciente y la encuentra conforme.

(Firmas del funcionario diplomático o consular en funciones de encargado del Registro Civil y de la persona interesada)

Adquisición de la nacionalidad española conforme a la Disposición Adicional Octava de la Ley 20/2022, de 19 de octubre, de Memoria Democrática[1]

[1] *"Los nacidos fuera de España de padre o madre, abuelo o abuela, que originariamente hubieran sido españoles, y que, como consecuencia de haber sufrido exilio por razones políticas, ideológicas o de creencia o de orientación e identidad sexual, hubieran perdido o renunciado a la nacionalidad española, podrán optar a la nacionalidad española, a los efectos del artículo 20 del Código Civil. Igualmente, podrán adquirir la nacionalidad española las personas que se encuentren en los siguientes supuestos:*

a) Los hijos e hijas nacidos en el exterior de mujeres españolas que perdieron su nacionalidad por casarse con extranjeros antes de la entrada en vigor de la Constitución de 1978.

b) Los hijos e hijas mayores de edad de aquellos españoles a quienes les fue reconocida su nacionalidad de origen en virtud del derecho de opción de acuerdo a lo dispuesto en la presente ley o en la disposición adicional séptima de la Ley 52/2007, de 26 de diciembre".

La declaración de opción debe formalizarse en el plazo de dos años desde la entrada en vigor de la Ley de Memoria Democrática, el 21 de octubre de 2022. En consecuencia, el plazo finalizará el 21 de octubre de 2024. Y ello sin perjuicio de que el Consejo de Ministros acuerde su prórroga por un año más, hasta el 21 de octubre de 2025.

La aplicación e interpretación de esta declaración de opción la aclara la Instrucción de 25 de octubre de 2022, de la Dirección General de Seguridad Jurídica y Fe Pública, sobre el derecho de opción a la nacionalidad española establecido en la Disposición Adicional Octava de la Ley 20/2022, de 19 de octubre, de Memoria Democrática.

La solicitud-declaración, según la Circular de 13 de enero de 2023 de la Directora General de Seguridad Jurídica y Fe Pública, así como el juramento o promesa, se harán ante el Encargado de la Oficina del Registro civil del domicilio del optante, que procederá a su calificación y, en su caso, a practicar la correspondiente inscripción. La competencia para resolver y, en su caso, inscribir, corresponde al registro en el que conste practicada la inscripción de nacimiento de la persona optante. Así, si el optante está domiciliado en el extranjero, la competencia será del consular, y si el optante está domiciliado en España, la competencia es del Registro Civil Central (arts. 16 y 46 de la Ley del Registro Civil de 1957 y 342 de su Reglamento de 1958).

Modelo n.º 73. Solicitud de la nacionalidad española por opción del apartado 1, párrafo primero[1], Disposición Adicional Octava de la Ley 20/2022, de 19 de octubre

SP/FORM/9661

Solicitud/Declaración. En __________, a __ de __________ de 202_.

Al Sr./a la Sra. Encargado/a del Registro Civil de ________ (debe ser el del Registro Civil del domicilio del optante):

Don/Doña ________________ (nombre y apellidos del padre y de la madre), de nacionalidad ________, estado civil __________, pasaporte: ___________. Domiciliado en ____________, Provincia: _________, País: ____________. Teléfono de contacto: ___________. E-mail: ______________.

Por el presente escrito de solicitud/declaración solicita la tramitación del procedimiento para la adquisición de la nacionalidad española por **OPCIÓN**[2], según lo dispuesto en el apartado 1 párrafo primero de la Disposición adicional octava de la Ley 20/2022. Además de las menciones de identidad y datos antes señalados, se hace constar lo siguiente:

Nacionalidad de origen de su progenitor/a o abuelo/a es: ____________.

Que de acuerdo con lo dispuesto en el art. 15 del Código Civil, declara optar por la vecindad civil: ___________[3].

Que presta juramento o promesa de fidelidad al Rey y de obediencia a la Constitución y a las leyes españolas[4].

---

[1] Este párrafo primero de la Disposición Adicional Octava de la Ley 20/2022, de 19 de octubre, recoge dos supuestos distintos de opción:

1. Por una parte, el de los nacidos fuera de España de padre o madre, abuelo o abuela, que originariamente hubieran sido españoles.
2. Los nacidos fuera de España de padre o madre, abuelo o abuela, que originariamente hubieran sido españoles, y que, como consecuencia de haber sufrido exilio por razones políticas, ideológicas o de creencia o de orientación e identidad sexual, hubieran perdido o renunciado a la nacionalidad española.

Resulta necesario destacar esta posibilidad registral de optar a la nacionalidad española a los nietos de abuelos o abuelas originariamente españoles. Es la primera vez que el legislador tiene en consideración la línea abuelos/nietos. Hasta ahora solo era de padres/hijos y la posibilidad de solicitar la nacionalidad española por residencia legal de un año en España para los que, art. 22.2 f) del Código Civil, *"hubieran nacido fuera de España de padre o madre, abuelo o abuela, que originariamente hubieran sido españoles"*.

[2] El derecho de opción regulado en la Disposición Adicional Octava de la Ley 20/2022 confiere la cualidad de español de origen, si bien adquirida de forma sobrevenida, es decir, con efectos desde su adquisición, sin carácter retroactivo. Y, muy importante, tampoco requiere la renuncia a la nacionalidad anterior en los términos establecidos en el art. 23 del Código Civil.

[3] Común, Foral del País Vasco, D.º Civil de Cataluña, D.º Civil de Islas Baleares, D.º de Galicia, D.º Civil de Aragón, D.º Civil Foral de Navarra, Fuero del Baylío o Tierra de Ayala.

[4] Conforme dispone la directriz primera, apartado quinto, de la Instrucción de la Dirección General de Seguridad Jurídica y Fe Pública: *"Excepto en su plazo especial, estas opciones quedan sometidas a las condiciones exigidas por los artículos 20 y 23 del Código Civil, salvo a la renuncia a la nacionalidad anterior"*.

Que la presente solicitud de nacionalidad española se fundamenta en que el/la solicitante es hijo/a de padre o madre, o nieto/a de abuelo/a originariamente español, o es hijo/a de padre o madre, o nieto/a de abuelo/a originariamente español que perdieron o renunciaron a la nacionalidad española como consecuencia del exilio[5].

Con el presente escrito se aportan los documentos probatorios[6] de los hechos mencionados.

En virtud de lo expuesto, se solicita la admisión del escrito y los documentos adjuntos y la incoación del oportuno procedimiento, al que se dará el trámite legal pertinente, según los arts. 20 y 23 del Código Civil.

(Firma del/de la solicitante)

---

[5] La acreditación de la condición de exiliado del padre, madre, abuelo o abuela, según la directriz IV, apdo. 3, de la Instrucción de 25 de octubre de 2022, de la Dirección General de Seguridad Jurídica y Fe Pública, se podrá realizar aportando alguno de los siguientes documentos: que se ha sido beneficiario de pensiones otorgadas por la Administración española a los exiliados; documentación de la Oficina Internacional de Refugiados de Naciones Unidas que asistió a refugiados españoles; certificados o informes expedidos por partidos políticos, sindicatos o instituciones reconocidas por las autoridades españolas, que estén relacionadas con el exilio

[6] Documento de identidad del solicitante; certificado literal del solicitante legalizado o apostillado y, en su caso, traducido; certificado literal de nacimiento del padre, madre, abuelo o abuela español del solicitante; certificado literal de nacimiento del padre o madre, el que corresponda a la línea del abuelo/a, del solicitante, legalizado/apostillado y, en su caso, traducido; documentos acreditativos de la condición de exilio del padre o madre, abuelo o abuela español/a; documentos acreditativos de la expatriación o salida del territorio español y permanencia estable en territorio de otro Estado.

Modelo n.º 74. Solicitud de la nacionalidad española por opción del apartado 1 a)[1], Disposición Adicional Octava de la Ley 20/2022

SP/FORM/9662

Solicitud/Declaración. En _________, a __ de ___________ de 202_.

Al Sr./a la Sra. Encargado/a del Registro Civil de ___________.

Don/Doña _________________ (nombre y dos apellidos del padre y de la madre), de nacionalidad: ____________, de estado civil: __________. Pasaporte n.º: _________, y domicilio en: ___________. Provincia de ____________, País _________. Con teléfono de contacto ___________ y e-mail: ____________.

Por este escrito solicita la tramitación del procedimiento para la adquisición de la nacionalidad española por **OPCIÓN**, según lo dispuesto en el apartado 1 a) de la Disposición adicional octava de la Ley 20/2022. Además de las menciones de identidad y datos antes señalados, se hace constar lo siguiente:

– Que la nacionalidad de origen de su progenitor/a era: _________.

– Que de acuerdo con lo dispuesto en el art. 15 del Código Civil, declara optar por la vecindad civil: _________ (cualquiera de las existentes y vigentes en nuestro Ordenamiento jurídico y señaladas en el modelo anterior).

– Que presta juramento o promesa de fidelidad al Rey y obediencia a la Constitución y a las leyes españolas.

– Que la presente solicitud de nacionalidad española se fundamenta en que el/la solicitante es hijo/a de madre originariamente española que perdió su nacionalidad por contraer matrimonio con ciudadano extranjero antes del 29 de diciembre de 1978 (fecha de la publicación en el BOE de la Constitución de 1978).

Con el presente escrito se aportan los documentos probatorios[2] de los hechos mencionados.

---

[1] *"Los hijos e hijas nacidos en el exterior de mujeres españolas que perdieron su nacionalidad por casarse con extranjeros antes de la entrada en vigor de la Constitución de 1978".*

La pérdida de la nacionalidad española por matrimonio con extranjero venía establecida en el art. 22 del Código Civil en su redacción originaria: *"la mujer casada sigue la condición y nacionalidad de su marido"*, y en el art. 23.3 del Código Civil en la redacción dada por la Ley de 15 de julio de 1954: pierde la nacionalidad *"la española que contraiga matrimonio con extranjero, si adquiere la nacionalidad de su marido"*, quedando, pues, patente la regla general de transmisión de la nacionalidad española únicamente a través del padre. Solo a partir de la reforma del Código Civil de 1982 –anticipada por su propia eficacia normativa directa por la CE 1978– se comenzó a considerar españoles a los hijos de padre o madre españoles, indistintamente.

[2] Certificado literal de nacimiento legalizado/apostillado y, en su caso, traducido; certificado literal de nacimiento de la madre; certificado literal de nacimiento de la madre con ciudadano extranjero; documento acreditativo de la legislación extranjera en

En virtud de lo expuesto, se solicita la admisión del escrito y de los documentos adjuntos y la incoación del oportuno procedimiento, al que se dará el trámite legal pertinente, según los arts. 20 y 23 del Código Civil.

(Firma del/de la solicitante)

---

materia de adquisición de la nacionalidad por matrimonio vigente en la fecha en que este tuvo lugar; documento acreditativo de la madre de adquisición de la nacionalidad del marido; documento de identidad del/de la solicitante.

Modelo n.º 75. Solicitud de la nacionalidad española por opción del apartado 1 b)[1], Disposición Adicional Octava de la Ley 20/2022

SP/FORM/9663

Solicitud/Declaración. En ________, a __ de __________ de 202_.

Al Sr. Encargado del Registro Civil de _________.

D./D.ª _______________ (nombre, apellido del padre, apellido de la madre); de estado civil _________; de nacionalidad: ___________; con número de pasaporte: ___________. Domiciliado en ___________. Provincia de _________. País: ___________. Teléfono de contacto: ___________. E-mail: _________.

Por medio de este escrito, solicita la tramitación del procedimiento para la adquisición de la nacionalidad española por **OPCIÓN**, según lo dispuesto en el apartado 1 b) de la Disposición Adicional Octava de la Ley 20/2022. Además de las menciones de identidad y datos antes señalados se hace constar lo siguiente:

Progenitor/a inscrito/a en el Registro Civil de __________, al Tomo: ___, Folio: ___.

Fecha de ejercicio de la opción: _____________.

– Que de acuerdo con lo dispuesto en el art. 15 del Código Civil, declara optar por la vecindad civil de: ___________ (alguna de las existentes en nuestro país y relacionadas en los modelos 73 y 74).

– Que presta juramento o promesa de fidelidad al Rey y de obediencia a la Constitución y a las leyes españolas.

– Que la presente solicitud de nacionalidad española se fundamenta en:

El/la solicitante es hijo/a de padre o madre a quien se le reconoció la nacionalidad española en virtud del derecho de opción de la Disposición Adicional Octava de la Ley 20/2022 o de la Disposición Adicional Séptima de la Ley 52/2007.

---

[1] *"Los hijos e hijas mayores de edad de aquellos españoles a quienes les fue reconocida su nacionalidad de origen en virtud del derecho de opción de acuerdo a lo dispuesto en la presente ley o en la disposición adicional séptima de la Ley 52/2007, de 26 de diciembre"*.

Este apdo. 1 b) de la Disposición Adicional Octava de la Ley 20/2022, elimina la limitación establecida en la regulación anterior, permitiendo el ejercicio del derecho de opción a la nacionalidad española a los hijos e hijas mayores de edad de aquellos a quienes les fue reconocida la opción a la nacionalidad española de origen en virtud de la Ley 52/2007 y también a los hijos e hijas mayores de edad de los que opten a la nacionalidad española de origen en virtud de la Ley 20/2022.

La Disposición Derogatoria Única de la Ley 20/2022, de 19 de octubre, de Memoria Democrática, derogó la Ley 5272077, de 26 de diciembre, por la que se reconocen y amplían derechos y se establecen medidas en favor de quienes padecieron persecución o violencia durante la guerra civil y la dictadura. A nivel popular es conocida como la "Ley de la Memoria Histórica".

Con la presente solicitud se aportan los documentos probatorios[2] de los hechos mencionados.

En virtud de lo expuesto, se solicita la admisión del escrito y de los documentos adjuntos y la incoación del oportuno procedimiento, al que se dará el trámite pertinente, según los arts. 20 y 23 del Código Civil.

(Firma del/la solicitante)

[2] Certificado literal de nacimiento, legalizado/apostillado y, en su caso, traducido; certificado literal de nacimiento del padre o madre inscrito en el Registro Civil español; documento de identidad del/de la solicitante.

Modelo n.º 76. Adquisición de la vecindad civil[1]

SP/FORM/9664

La vecindad civil es una circunstancia personal de los ciudadanos de nacionalidad española que determina la aplicabilidad, como ley personal, de un determinado régimen jurídico civil. Forma parte del estado civil de la persona porque puede influir sobre su capacidad de obrar. Se adquiere y se puede cambiar de acuerdo con lo previsto en los arts. 14 a 16 del Código Civil y únicamente se refiere al vínculo de dependencia que supone el sometimiento a la legislación civil de Derecho Común o bien a la de alguno de los territorios con derecho foral o derecho civil propio. En los supuestos de adquisición de la nacionalidad española deben optar por alguna de las distintas vecindades civiles existentes[2].

Es importante no confundir la vecindad civil con la vecindad administrativa. Esta última se refiere al empadronamiento, de un español o de un extranjero, como vecino administrativo del municipio en el que reside y se rige por las normas de carácter administrativo, no de carácter civil, de modo que no afecta a la aplicación de la ley personal. A modo de ejemplo, una persona puede estar empadronada en Madrid, y tener la vecindad civil foral navarra.

Las declaraciones de voluntad relativas a la vecindad, al igual que ocurre con las de la nacionalidad, son objeto de inscripción en el registro individual de la persona interesada. Hasta la entrada en vigor de la Ley del Registro Civil el 30 de abril de 2021, la manifestación sobre las mismas solo se podían hacer ante el encargado del Registro Civil. Después, conforme a lo dispuesto en el art. 68.3 de la norma registral, las declaraciones de voluntad relativas a la vecindad también se pueden realizar ante Notario. En cualquier caso, como en la nacionalidad, son actos personalísimos que no contemplan ni delegación ni representación.

Comparecencia. En Donostia/San Sebastián, a __ de __________ de 202_.

Ante la Encargada de la Oficina General del Registro Civil de Donostia/San Sebastián, comparece quien acredita ser y llamarse:

D.ª ____________________, mayor de edad, de estado civil soltera, de nacionalidad española, con documento nacional de identidad n.º _____________. Domiciliada en esta Ciudad, C/ __________, n.º __, donde se encuentra

[1] Las distintas vecindades civiles que coexisten en nuestro país son: la vecindad civil de Derecho Común; la Foral del País Vasco; la de Derecho Civil de Cataluña; la vecindad de Derecho Civil de Islas Baleares; la del Derecho de Galicia; la del Derecho Civil de Aragón; la vecindad civil foral de Navarra; la del Fuero de Baylío (corresponde a determinados pueblos de Extremadura y en la ciudad autónoma de Ceuta), y la vecindad civil de Tierra de Ayala, en la provincia de Álava.

El Fuero de Baylío es una institución conyugal de derecho consuetudinario que afecta a la constitución del régimen económico matrimonial y que prima, salvo renuncia expresa, sobre el régimen legal de gananciales establecido en el Código Civil (FJ V de la Resolución, 1.ª, de 4 de agosto de 2021. Conservación de la vecindad civil).

[2] Art. 15.1 del Código Civil: El extranjero que adquiera la nacionalidad española deberá optar, al inscribir la adquisición de la nacionalidad, por cualquiera de las vecindades siguientes: la correspondiente al lugar de residencia; la del lugar de nacimiento; la última vecindad de cualquiera de sus progenitores o adoptantes o la del cónyuge.

empadronada según acredita por el certificado del Padrón municipal desde el día __ de ________ de 202__. Es decir, han transcurrido más de cuatro años. Y

Manifiesta

Que su asiento e inscripción de nacimiento, según acredita mediante la certificación correspondiente, está en el Registro Civil de Jaca (Huesca), obrante en la Sección Primera, Tomo ___, Folio ____, del mismo. Realiza en esta Oficina del Registro Civil de su domicilio manifestación expresa de solicitar la vecindad foral del País Vasco consecuencia de que, de conformidad con lo dispuesto en el art. 14.5.1.º del Código Civil, *"la vecindad civil se adquiere por residencia continuada durante dos años, siempre que el interesado manifieste ser ésa su voluntad"*[3]. Requisitos que, como ha quedado probado, ha cumplido la compareciente.

Por la encargada de esta Oficina del Registro Civil de Donostia/San Sebastián, de conformidad con lo dispuesto en el art. 229 del Reglamento del Registro Civil de 1958, acuerda levantar acta por duplicado remitiendo uno de los ejemplares a la Oficina del Registro Civil de Jaca (Huesca), donde consta la inscripción de nacimiento para su calificación definitiva. En la presente Oficina, la del domicilio de la interesada, en trámite de calificación provisional, se considera que la misma cumple los requisitos establecidos en el art. 14.5 del Código Civil en el sentido de llevar más de dos años residiendo de derecho en territorio de vecindad foral del País Vasco y realizar manifestación expresa de solicitar la misma.

Se acuerda, como se ha dicho, remitir un acta de la presente comparecencia al Registro Civil de Jaca para, en su caso y en trámite de calificación definitiva, acordar la práctica de la inscripción de adquisición de la vecindad foral del País Vasco en el asiento de nacimiento de la compareciente, solicitando que una certificación del asiento de nacimiento se remita a esta Oficina del Registro Civil de Donostia/San Sebastián para su posterior entrega a la interesada.

Con todo lo cual se da por terminada la presente, leída es hallada conforme por la compareciente y se acuerde hacer entrega de copia de la misma a la interesada.

(Firmas de la encargada del Registro Civil y de la compareciente)

[3] Cabe la posibilidad, también, de que sin que la persona interesada realice manifestación alguna referida a determinada vecindad civil, solo por la residencia continuada de diez años sin manifestación en contrario durante ese plazo, la persona en cuestión adquiera la vecindad civil del territorio de derecho foral o especial donde resida (art. 14.5.2.º del Código Civil). No es una cuestión baladí. Tengamos presente que todos los aspectos y cuestiones que afectan al Derecho Privado de cada uno de nosotros (persona, familia, derechos sucesorios, contratos, propiedades), todo está y queda afecto a la vecindad civil que se ostente. Y el aplicar un ordenamiento u otro de Derecho Privado tiene unas consecuencias sustantivas y transcendentes tanto para la persona en cuestión como para la familia.

Modelo n.º 77. Conservación de la vecindad civil

SP/FORM/9665

Comparecencia. En __________, a __ de ____________ de 202_.

Ante el Encargado de la Oficina General del Registro Civil de Madrid comparece quien acredita ser y llamarse:

D. ____________, mayor de edad, de estado civil casado, de nacionalidad española y documento nacional de identidad n.º ____________. Que está domiciliado en Madrid desde el día __ de _________ de 2017, según acredita mediante el certificado del Ayuntamiento de Madrid. Que, con anterioridad, residía en la localidad de Tudela (Navarra), donde consta inscrito su nacimiento en la Sección Primera, Tomo ___, página ___, del mismo. Adjunta certificado del Padrón municipal de la localidad de Tudela y la certificación literal de nacimiento expedida por el Registro Civil de la misma localidad. Su teléfono de contacto es: _______, y el e-mail: __________.

De la propia certificación literal de nacimiento se deduce que ostenta la vecindad civil foral navarra de forma originaria. Le ampara la presunción de tener la vecindad civil navarra. Ha nacido en territorio de la Comunidad Foral de Navarra y su padre y su madre también nacieron en territorio foral según se contrasta de la propia certificación de nacimiento.

En estos momentos, al estar residiendo de forma continuada en territorio de fuera de la Comunidad Foral de Navarra, en Madrid, como ha acreditado por el certificado del padrón municipal de esta Ciudad, se encuentra en disposición de perder la vecindad navarra si no realiza manifestación expresa de conservación de su vecindad civil navarra antes que transcurran diez años, es decir, el __ de _________ de 2027. Y es lo que, en forma y plazo legal, realiza en la presente comparecencia.

Solicita que al margen de su asiento de nacimiento se practique la inscripción de conservación de la vecindad civil foral navarra.

Por el encargado de la Oficina General del Registro Civil de Madrid, el del domicilio del interesado, de conformidad con lo dispuesto en el art. 229 del Reglamento del Registro Civil de 1958, acuerda levantar acta de la presente comparecencia por duplicado y la remisión de una de ellas a la Oficina del Registro Civil de Tudela, donde consta el asiento de nacimiento del Sr. ______________, para la calificación definitiva de la presente solicitud de conservación de la vecindad civil foral navarra. Y ello, sin perjuicio de que, en trámite de calificación provisional, al ser esta Oficina del Registro Civil la de su domicilio, se considere que la presente comparecencia/solicitud se ha realizado en plazo, antes de los diez años de residencia en territorio distinto al que se ostenta la vecindad, y en forma legal, haciendo manifestación expresa de conservación de la misma. No resultará necesario que, aunque siga residiendo fuera del territorio de la Comunidad Foral de Navarra durante cualquier plazo, reitere dicha conservación (art. 14.5 del Código Civil).

Se solicita, asimismo que, una vez se practique, en su caso, la inscripción de conservación de la vecindad civil foral navarra en el registro individual del compareciente, se remita certificado literal de la misma para su entrega al interesado.

Con todo lo cual se da por terminada la presente, leída es hallada conforme por el compareciente y se le hace entrega de copia de la misma.

(Firma del encargado del Registro Civil y del compareciente)

Modelo n.º 78. Opción por la vecindad civil del cónyuge[1]

SP/FORM/9666

En principio, el matrimonio no altera la vecindad civil. Ahora bien, la posibilidad de optar, en este caso, solo se contempla para los cónyuges. Es decir, en el supuesto de una relación de pareja estable o relación de afectividad análoga a la conyugal, el legislador, pese a que ha tenido innumerables oportunidades de modificar la redacción de este art. 14.4 del Código Civil, no lo ha hecho[2]. De forma que para el ejercicio de la facultad de optar por la vecindad civil del cónyuge, como su propio nombre indica, solo es contemplable en la institución matrimonial[3]. Indudablemente, se quiere facilitar la unidad familiar de la vecindad civil.

Comparecencia. En Zaragoza, a __ de ___________ de 202_.

Ante la Encargada de la Oficina General de Zaragoza comparecen quienes acreditan ser y llamarse:

D.ª _________________, mayor de edad, de estado civil casada, de vecindad civil aragonesa por haber nacido en esta misma Ciudad de Zaragoza y residir y trabajar en la misma. Con documento nacional de identidad n.º ________, domiciliada en esta Ciudad según acredita mediante el certificado del padrón municipal y nacida e inscrita en la Oficina del Registro Civil de Zaragoza en la Sección Primera del mismo, Tomo ___, página___. Su teléfono de contacto es el _______, y su e-mail: ___________ .

D. ______________, mayor de edad, de estado civil casado con la compareciente Pilar Lanuza Montoya, según certificado de matrimonio expedido por este mismo Registro Civil de Zaragoza donde consta la inscripción del mismo en la Sección Segunda, Tomo ___, página ___. Con documento nacional de identidad n.º _________, y domiciliado en esta Ciudad según se acredita mediante el certificado del Padrón municipal. Su teléfono donde pueden contactarle es el: _________, y su e-mail: ____________.

Manifiestan

Que el compareciente, Luis Casi Sota, nació en Valladolid donde figura inscrito su nacimiento en el Registro Civil de esa Ciudad en la Sección Primera del mismo, Tomo ___, página ___. Que es su voluntad acogerse a lo dispuesto en el art. 14.4 del Código Civil y optar por la vecindad civil aragonesa de su cónyuge, _________________, resul-

[1] Art. 14.4 del Código Civil: *"El matrimonio no altera la vecindad civil. No obstante, cualquiera de los cónyuges no separados, ya sea legalmente o de hecho, podrá, en todo momento, optar por la vecindad civil del otro"*.

[2] Las uniones de hecho y la institución matrimonial so realidades diferentes, por lo que no es posible una traslación automática a la primera realidad de todo el complejo normativo referido al matrimonio. *"El matrimonio y la convivencia extramatrimonial no son situaciones equivalentes"* (STS, Sala Primera, de 16 de junio de 2011).

[3] Lo mismo, por otra parte, podemos decir en la adquisición de la nacionalidad española por residencia. El art. 22.2.d) del Código Civil contempla la posibilidad de adquirir la nacionalidad por tiempo de residencia de un año para *"El que al tiempo de la solicitud llevare un año casado con español o española y no estuviere separado legalmente o de hecho"*.

tando aplicable para él, a partir de este momento, el Derecho Civil de Aragón. Solicita que esta opción por la vecindad civil aragonesa de su esposa se refleje registralmente mediante la inscripción correspondiente en su registro individual obrante, como se ha señalado, en la Oficina del Registro Civil de Valladolid.

Por la Encargada de la Oficina del Registro Civil de Zaragoza se tiene por realizada la anterior manifestación y documentos que se adjuntan, considerando, en trámite de calificación provisional, ajustada a derecho la solicitud realizada de opción por la vecindad civil del cónyuge prevista en el art. 14.4 del Código Civil. Acuerda levantar acta por duplicado de la presente comparecencia y la remisión de la copia correspondiente al Encargado/a de la Oficina del Registro Civil de Valladolid para, tras calificación definitiva, en su caso, se acuerde practicar en el registro individual del optante, Sr. _________, y remita certificación literal del asiento de nacimiento para su entrega al compareciente.

Con todo lo cual se da por terminada la presente, leída es hallada conforme por los comparecientes a los que se hace entrega de copia de la misma.

(Firmas de la Encargada y de los comparecientes)

Modelo n.º 79. Prueba de la vecindad civil

SP/FORM/9667

Al igual que ocurre con la nacionalidad española, la prueba de ostentar en un momento determinado una vecindad civil no es tarea sencilla. Existe una deficiente e imperfecta conexión entre vecindad civil y Registro[1]. No son pocos los problemas que se plantean, y bien lo saben los operadores jurídicos, cuando, otorgado un testamento bajo un determinado Derecho sustantivo privado, por parte de los que se consideran sucesores perjudicados se cuestiona la aplicación del mismo e impugna el testamento en el juicio declarativo ordinario correspondiente. Nuestros Tribunales son conocedores de estos pleitos que, desde el punto de vista jurídico y registral resultan de lo más interesante, aunque, considero, no así los litigantes.

Si ha existido manifestación expresa de adquisición, conservación u opción de la vecindad civil[2] y ello ha tenido el reflejo registral correspondiente en la inscripción que se practique en el registro individual del interesado, no habrá problema de probar la misma. La cuestión discutible es cuando solo disponemos del asiento de nacimiento del interesado y lo dispuesto en el art. 14.6 del Código Civil: *"En caso de duda prevalecerá la vecindad civil que corresponda al lugar de nacimiento"*.

El texto registral nos ofrece una doble alternativa para probar que en un momento determinado se ostenta una concreta vecindad civil. Por una parte, el expediente sobre declaración con valor de simple presunción de que, en un momento determinado se ostenta esta u otra vecindad civil. Declaración que tiene la consideración de una presunción legal *iuris tantum* y que da lugar a una anotación en el registro individual de la persona interesada (arts. 92 y 93 de la Ley del Registro Civil). Por otro lado, lo dispuesto en el art. 69 de la Ley del Registro Civil: se presumen[3] de una determinada vecindad civil los nacidos en ese territorio de vecindad civil foral o especial de progenitores también nacidos en el mismo territorio. A modo de ejemplo, una persona nacida en Galicia cuyo padre y madre también son nacidos en Galicia, tiene la presunción iuris tantum de ostentar la vecindad civil gallega y el Derecho Privado que regulará su estado civil será el del Derecho Civil de Galicia.

Comparecencia. En Madrid, a __ de __________ de 202_.

---

[1] Al combinar el legislador, en materia de atribución de la vecindad civil, entre el *ius sanguinis* (los hijos tienen la vecindad de los padres) con el *ius soli* (si los progenitores tienen distinta vecindad civil, el hijo tendrá la del lugar de nacimiento, sin perjuicio de que los padres, en el plazo de seis meses desde el nacimiento, puedan atribuir al hijo la vecindad de cualquiera de ellos) hace surgir la inseguridad.

Resulta evidente que si en la reforma efectuada por la Ley 11/1990, de 15 de octubre, se hubiese seguido el criterio del "ius soli", del lugar de nacimiento, los problemas de prueba se hubiesen facilitado muchísimo.

[2] El único supuesto que se contempla la recuperación de la vecindad civil es el del art. 15.3 del Código Civil: *"La recuperación de la nacionalidad española lleva consigo la de aquella vecindad civil que ostentara el interesado al tiempo de su pérdida"*.

[3] Se trata de una presunción legal prevista en el art. 385.1 de la Ley de Enjuiciamiento Civil: *"Las presunciones que la ley establece dispensan de la prueba del hecho presunto a la parte a la que este hecho favorezca"*.

Ante el Encargado de la Oficina General del Registro Civil de Madrid, comparece quien acredita ser y llamarse:

D. ______________________, mayor de edad, de estado civil casado, de nacionalidad española y con documento nacional de identidad n.º ____________. Se encuentra domiciliado en Madrid desde el 17 de octubre del año 2007, según acredita mediante el certificado del Padrón municipal, lugar donde reside y trabaja. Su teléfono de contacto es el __________, y su e-mail: ___________. Y

Manifiesta

Que nació en la localidad navarra de ____________ el _______________, según acredita mediante el certificado literal de nacimiento, donde consta la misma en la Sección Primera del mismo, Tomo ___, página ___. Su padre y su madre también constan nacidos en la misma localidad de Navarra. En consecuencia, ostentaba la vecindad civil foral navarra de manera originaria. En estos momentos, por distintas razones, necesita acreditar que ya no ostenta la misma consecuencia de llevar residiendo de manera continuada y sin manifestación en contrario en Madrid durante más de diez años, y que en la actualidad tiene la vecindad civil de Derecho común. Como ha comentado, aporta el certificado del Padrón municipal de Madrid, donde reside, según figura en el alta en el municipio desde el 17 de octubre de 2007.

Solicita que, conforme disponen los arts. 92 y 93 de la Ley del Registro Civil en relación con el 40.3.3.º del mismo Cuerpo legal, se tramite el expediente registral correspondiente para que se declare con valor de simple presunción de que en este momento, a día de la fecha, ostenta la vecindad civil sujeta al Derecho común, y que se practique la anotación correspondiente en su registro individual obrante, como ha acreditado mediante la certificación de nacimiento, en la Oficina Colaboradora de _________ (Navarra).

Por el encargado de la Oficina colaboradora del Registro Civil de Madrid, atendiendo al contenido de la solicitud realizada y de los documentos que se adjuntan, acuerda iniciar expediente de declaración de vecindad civil con valor de simple presunción que resolverá lo procedente. Y caso de estimar lo solicitado por el compareciente, acordará practicar la anotación oportuna en el asiento de nacimiento del Sr. ____________ obrante en el Registro Civil de _______ (Navarra).

Con todo lo cual se da por terminada la presente. Leída, es hallada conforme por el compareciente y al que se hace entrega de copia de la misma.

(Firmas del encargado y del compareciente)

La emancipación y el beneficio de la mayor edad

(Art. 4 Ley del Registro Civil 2011: Tienen acceso al Registro Civil los hechos y actos que se refieren a la identidad, estado civil y demás circunstancias de la persona. Son, por tanto, inscribibles: **6.º La emancipación y el beneficio de la mayor edad**).

Entre los hechos y actos que se refieren a la identidad, estado civil y demás circunstancias de la persona y que son, por tanto, inscribibles, el art. 4.6.º de la Ley del Registro Civil nos señala a *"la emancipación y el beneficio de la mayor edad"*. Eso sí, tanto una como otra, para que puedan producir efectos frente a terceros será necesario que se inscriban en el registro individual respectivo[1].

La emancipación es el medio o forma de adquirir capacidad plena para cualquier acto de la vida y habilita al menor mayor de dieciséis años para regir su persona y bienes como si fuese mayor[2], si bien en modo limitado en cuanto a su patrimonio[3].

La emancipación se puede obtener por concesión de los que ostentan la patria potestad, y se requiere que el menor tenga dieciséis años cumplidos y que la consienta. O bien, la emancipación puede tener lugar por concesión judicial o por la mayor edad (art. 239 del Código Civil).

---

[1] Art. 70.4 de la Ley del Registro Civil: *"La concesión de emancipación y la emancipación por vida independiente, así como el beneficio de la mayor edad, no producirán efectos frente a terceros mientras no se inscriban en el Registro Civil"*.

Art. 242 del Código Civil: *"La concesión de la emancipación habrá de inscribirse en el Registro Civil, no produciendo, entre tanto, efectos contra terceros"*.

[2] La mayoría de edad supone la plena capacidad de obrar. La Constitución Española, en su art. 12, establece la mayoría de edad de los españoles en los dieciocho años.

Art. 240 del Código Civil: *"La mayor edad empieza a los dieciocho años. Para el cómputo de los años de la mayoría de edad se incluirá completo el día del nacimiento"*.

[3] No podrá el emancipado tomar dinero a préstamo, gravar o enajenar bienes inmuebles y establecimientos mercantiles o industriales u objetos de extraordinario valor sin consentimiento de sus progenitores y, a falta de ambos, sin el de su defensor judicial (art. 247 del Código Civil).

Modelo n.º 80. Emancipación por concesión de quienes ejercen la patria potestad[1]

SP/FORM/9668

Comparecencia. En ________, a __ de ________ de 202_.

Ante el Encargado de la Oficina General del Registro Civil de _________[2], comparecen quienes acreditan ser y llamarse:

D. __________________, mayor de edad, de estado civil casado, de nacionalidad española, con documento nacional de identidad n.º __________. Domiciliado en __________, C/ ___________, n.º __, según acredita mediante el certificado del padrón municipal. Su teléfono es el _________, y el e-mail: _________. Y

D.ª ____________________, mayor de edad, de estado civil casada con el compareciente Jaime Fernández Pascual, de nacionalidad española y con documento nacional de identidad n.º _________. Domicilio acreditado mediante el adjunto certificado del Padrón municipal. Su teléfono de contacto es el: ___________, y su e-mail: ___________.

Manifiestan

Que son los progenitores de Lucía _____________, según acreditan mediante la correspondiente certificación literal de nacimiento de la misma obrante en esta misma Oficina del Registro Civil, en la Sección Primera del mismo, Tomo ___, página ___. Que su hija ______ tiene en estos momentos dieciséis años y, atendiendo a circunstancias familiares, le conceden en este acto la emancipación.

Dicho lo anterior, se encuentra presente en la comparecencia quien acredita ser y llamarse _______________, hija de los ya referidos _____________________ y M.ª ______________, con documento nacional de identidad n.º __________, tiene el mismo domicilio que sus padres según consta en el certificado del padrón municipal, con teléfono __________ y su e-mail: ___________. Y, preguntada por el Encargado del Registro Civil si consiente en la emancipación que le conceden sus padres manifiesta de forma expresa y voluntaria que consiente en la misma. Que es su deseo y voluntad independizarse y quiere regir su persona y bienes como si fuera mayor.

---

[1] Para que tenga lugar la emancipación por concesión de quienes ejerzan la patria potestad, se requiere que el menor tenga dieciséis años cumplidos y que la consienta. Esta emancipación se otorgará por escritura pública o por comparecencia ante el Encargado del Registro Civil (art. 241 del Código Civil).

[2] La emancipación por concesión de quienes ejercen la patria potestad se puede otorgar también ante Notario mediante escritura pública. El Notario autorizante, entonces, tiene la obligación y responsabilidad de comunicar de oficio y sin dilación al Registro Civil donde conste el asiento de nacimiento de la persona emancipada para que se practique la correspondiente inscripción.

Por el Encargado del Registro Civil, ante las manifestaciones efectuadas y los documentos que se adjuntan, acuerda tener por emancipada a la menor mayor de dieciséis años, _________________, quien ha consentido en la concesión de la emancipación que han realizado sus progenitores. La consecuencia inmediata de la emancipación, se le hace saber a la compareciente, Lucía, es que se habilita a la misma para regir su persona y bienes como si fuera mayor, pero hasta que llegue a la mayor edad no podrá la misma tomar dinero a préstamo, gravar o enajenar bienes inmuebles y establecimientos mercantiles o industriales u objetos de extraordinario valor sin consentimiento de sus progenitores[3]. Preguntada, manifiesta quedar enterada.

A los progenitores de la menor, _________________ y ____________________--, se les advierte que, concedida la emancipación, no podrá ser revocada.

Asimismo, el Encargado del Registro Civil acuerda la inscripción de la concesión de la emancipación en el registro individual de Lucía Fernández Lacunza, obrante en esta misma Oficina de Registro Civil, siendo a partir de esa fecha de la inscripción cuando la misma producirá efectos contra terceros.

Con todo lo cual se da por terminada la presente. Leída es hallada conforme por los comparecientes a los que se entrega copia de la misma y, una vez practicada la inscripción de la emancipación, se entregará certificación literal de nacimiento a la emancipada __________________________.

(Firmas del encargado y de los comparecientes)

---

[3] En estos supuestos en donde el menor emancipado requiere el complemento de capacidad de sus progenitores, si estos no pueden hacerlo o existe con ellos conflicto de intereses, al menor emancipado se le nombra un defensor judicial que ejercerá su cargo en interés del menor emancipado, de acuerdo con su personalidad y con respeto a sus derechos (arts. 235 y 236 del Código Civil).

La tramitación del expediente para el nombramiento del defensor judicial se hará en la persona que el Letrado de la Administración de Justicia del Juzgado del domicilio del menor considere más idónea para el cargo, con determinación de las atribuciones que le confiera (art. 27 y siguientes de la Ley de Jurisdicción Voluntaria, redacción dada por Ley 8/2021, de 2 de junio).

Modelo n.º 81. Emancipación por concesión judicial

SP/FORM/9669

El Juez de Primera Instancia del domicilio del menor es el competente para conocer la solicitud de emancipación que inste el mayor de 16 años sujeto a patria potestad, por encontrarse en alguno de los supuestos previstos en el art. 244 del Código Civil; en concreto:

a) Cuando quien ejerce la patria potestad contrajere nupcias o conviviere maritalmente con persona distinta del otro progenitor.

b) Cuando los progenitores vivieren separados.

c) Cuando concurra cualquier causa que entorpeciera gravemente el ejercicio de la patria potestad.

En este expediente, que no necesita ni de abogado ni de procurador, el inicio del mismo será por solicitud[1] del menor mayor de dieciséis años, con la asistencia de alguno de sus progenitores. A falta de ello, se nombra defensor judicial al menor[2] para instar el expediente.

Admitida a trámite la solicitud de emancipación, se convoca ante el Juez de Primera Instancia al menor, a sus progenitores, al Ministerio Fiscal y a todas las personas y pruebas que se consideren adecuadas. Por último, el Juez, teniendo en cuenta la justificación ofrecida y el interés del menor, resuelve mediante auto concediendo o denegando la emancipación.

Concedida la emancipación, el Letrado de la Administración de Justicia del Juzgado de Primera Instancia remitirá testimonio de la resolución judicial[3] a la Oficina del Registro Civil donde conste el asiento de nacimiento para que se practique la inscripción correspondiente en el registro individual del menor (art. 34 de la Ley del Registro Civil en relación con el 70.1 del mismo Cuerpo legal).

Comparecencia/Solicitud. En _________, a __ de ___________ de 202_.

Ante el Juzgado de Primera Instancia n.º __ de ___________, que por turno ha correspondido, comparece quien acredita ser y llamarse:

_________________________, de dieciséis años, de estado civil soltero, de nacionalidad española, con documento nacional de identidad n.º ____________. Con domicilio en estos momentos en casa de sus abuelos maternos,

---

[1] Solicitud que se acompaña, en su caso, de los documentos que acrediten la concurrencia de la causa exigida por el Código Civil para instar la emancipación o beneficio de mayoría de edad, así como la proposición de prueba que considere pertinente.

[2] Conforme al art. 235 del Código Civil, al menor se le nombra defensor judicial cuando en algún asunto exista conflicto de intereses entre los menores y sus representantes legales o cuando el menor emancipado requiera el complemento de capacidad y a quienes corresponda prestarlo no puedan hacerlo o exista con ellos conflicto de intereses.

[3] La emancipación por concesión judicial se inscribe en virtud de resolución judicial (art. 70.3 de la Ley del Registro Civil).

_______________ e ________________, en la C/ _________, de esta Ciudad. Adjunta su certificado literal de nacimiento obrante en esta misma Oficina Registral, al Tomo ___, Página ___. Teléfono de contacto: __________, e-mail: ____________.

Manifiesta que sus progenitores, ______________________ y ____________________, están divorciados desde hace cinco años y es el único hijo de ambos. El declarante reside, como ha señalado, con sus abuelos maternos _____________________. Son con quienes hace el día a día y se ocupan de su asistencia diaria. Con sus padres sigue teniendo contacto pero desde la distancia. Más con su madre que con su padre. Su sustento económico es por la asignación de pensión tras el divorcio de sus padres. Su madre, _________________, reside en el que fue el domicilio familiar, C/ _________, n.º __, de esta Ciudad, su teléfono para citarle, en su caso, es el ________. Su padre reside en la localidad de ________, C/ _________, n.º __. Se puede contactar con él en el teléfono __________ y su correo electrónico es el: ____________.

Dicho lo anterior solicita se declare por parte del Juez de Primera Instancia su emancipación consecuencia que, atendidas las circunstancias, le resulta necesario para tomar decisiones en el día a día. Se lo ha planteado a sus progenitores el realizarlo por concesión de los mismos pero su padre se opone. Esta es la razón de acudir al presente expediente de concesión judicial de la emancipación.

Por la Magistrada del Primera Instancia del Juzgado n.º ___ de __________, se tiene por realizada en legal forma la solicitud de emancipación por concesión judicial, se declara este órgano judicial competente para conocer de la solicitud y se admite a trámite la misma.

Asimismo, se convoca a una comparecencia en esta misma Oficina Judicial para el próximo día __ de __________ de 202_, donde serán oídos el menor, sus progenitores y los abuelos maternos, Patricio e Inmaculada, con quienes convive el menor. Se les citará en legal forma y, también al Ministerio Fiscal para que informe de la solicitud de emancipación solicitada por el menor mayor de 16 años, ________________________[4].

De oficio se acuerda exhortar al Juzgado de Familia de _________ para que remitan a este Órgano Jurisdiccional la sentencia de divorcio de los progenitores del solicitante, ________________________ y ______________________.

Practicada la comparecencia con las personas citadas, unida la documental referida y con informe del Ministerio Fiscal, quedarán las actuaciones para dictar la resolución judicial correspondiente, auto, para, teniendo en cuenta la justificación ofrecida y valorando el interés del menor, acordar, en su caso, la concesión judicial de la emancipación solicitada. Supuesto que supondrá la remisión a la Oficina del Registro Civil donde consta la inscripción de nacimiento del solicitante testimonio del Auto acordando la inscripción de la concesión de la emancipación para que se inscriba la misma.

Con todo lo cual se da por terminada la presente, leída es hallada conforme por el compareciente, ____________, a quien se le entrega copia de la misma. De todo lo cual, el Letrado de la Administración de Justicia presente en la misma, da fe.

(Firma de la Magistrada del Juzgado de Primera Instancia n.º __ de _______, del Letrado de la Administración de Justicia y del compareciente)

[4] Si hubiese oposición a la solicitud del menor de su emancipación, sí será preceptiva la asistencia de letrado a partir de ese momento.

Modelo n.º 82. Concesión judicial del beneficio de la mayor edad

SP/FORM/9670

También podrá la autoridad judicial, dice el art. 245 del Código Civil, previo informe del Ministerio Fiscal, conceder el beneficio de la mayor edad al sujeto a tutela[1] mayor de dieciséis años que lo solicitare.

La consecuencia inmediata de obtener el beneficio de la mayor edad es que la persona que judicialmente ha obtenido este beneficio puede realizar todos los actos de la vida civil, salvo las excepciones establecidas para casos especiales por el Código Civil.

Todos los aspectos y cuestiones que hemos contemplado y visto en el modelo anterior respecto al emancipado sobre que puede regir su persona y bienes como si fuera mayor y las limitaciones referidas a enajenar bienes inmuebles o tomar dinero a préstamo, son aplicables al menor que judicialmente hubiese obtenido el beneficio de la mayor edad.

La competencia para conocer de la solicitud de beneficio de mayoría de edad que inste el mayor de 16 años sujeto a tutela es del Juez de Primera Instancia del domicilio del menor. No será necesario, como en la emancipación por concesión judicial, la intervención de abogado ni de procurador en el expediente.

El expediente se inicia por la solicitud del beneficio de la mayor edad que realiza al Juzgado de Primera Instancia el menor mayor de dieciséis años sujeto a tutela, con la asistencia del tutor. Esta solicitud se acompaña de los documentos acreditativos de la causa para solicitar este beneficio: certificado literal de nacimiento, resolución judicial del nombramiento de tutor, resolución administrativa que justificativa de la situación de desamparo o de no estar sujeto a patria potestad, circunstancias concurrentes sobre el beneficio de la mayor edad para el solicitante, informe de los servicios sociales sobre la situación personal del tutelado, etcétera.

---

[1] Tras la reforma realizada por la Ley 8/2021, de 2 de junio, para el apoyo a las personas con discapacidad en el ejercicio de su capacidad jurídica, se da un paso decisivo en la adecuación de nuestro ordenamiento jurídico a la Convención Internacional sobre los Derechos de las Personas con Discapacidad, hecha en Nueva York el 13 de diciembre de 2006, y que forma parte, conforme al art. 96 de la Constitución, de nuestro ordenamiento jurídico interno.

A partir de esta Ley 8/2021, la tutela se limita para los menores no emancipados es situación de desamparo y para los menores no emancipados no sujetos a patria potestad. La autoridad judicial es la que constituye la tutela mediante un expediente de jurisdicción voluntaria y se ejerce bajo la vigilancia del Ministerio Fiscal. El tutor es el representante del menor.

Comparecencia/Solicitud. En __________, a __ de __________ de 202_.

Ante el Juzgado de Primera Instancia de __________, que por turno ha correspondido, comparece quien acredita ser y llamarse:

D. ________________________, de dieciséis años de edad, de estado civil soltero, de nacionalidad española, con documento nacional de identidad n.º ___________. Su domicilio se encuentra en ___________, C/ _________, n.º __. Su teléfono de contacto es el ___________, y su e-mail: _____________. Realiza la presente comparecencia asistido por la que acredita ser y llamarse doña __________________, cono DNI n.º _____________, quien lo hace en su condición de legal representante del Instituto de Protección a la Infancia y Juventud de la Comunidad Autónoma de _________, entidad pública que tiene asigna por resolución judicial la tutela del menor mayor de 16 años compareciente, ________________________, consecuencia de la situación de desamparo del mismo decretada en su día.

El compareciente solicita en este acto el beneficio de mayoría de edad consecuencia que, dada su edad y circunstancias, es momento de poder actuar en la vida civil como un mayor de edad sin depender en todas sus actuaciones de la entidad pública que tiene asignada por resolución judicial su tutela. De hecho, ya se encuentra de alta laboral en condiciones reguladas y supervisadas por el propio Instituto de Protección a la Infancia y Juventud que tiene asignadas las funciones de tutela del mismo. Circunstancia que en este acto es corroborada por la funcionaria presente en esta comparecencia.

Se acompañan y adjuntan a la solicitud por parte de _________ y de la funcionaria de la entidad pública los siguientes documentos: certificado literal de nacimiento del solicitante obrante en la Oficina del Registro Civil de _________, y practicada la inscripción en la Sección Primera, Tomo ___, página ____, del mismo. Resoluciones administrativa y judicial acreditativas, respectivamente, de la declaración de desamparo y del nombramiento de tutor del menor a la entidad pública de la Comunidad Autónoma. Certificado de alta en la Seguridad Social del solicitante consecuencia del contrato de trabajo con la empresa de construcción ________.

Por el letrado de la Administración de Justicia se tiene por presentada la solicitud de beneficio de mayoría de edad, con los documentos que se adjuntan, se admite la misma por ser este órgano jurisdiccional el competente y se acuerda la tramitación del mismo de conformidad con lo dispuesto en los arts. 53 y siguientes de la Ley de Jurisdicción Voluntaria.

Se convoca ante este Juzgado de Primera Instancia de ________ al solicitante y a la entidad pública que tiene encomendada la protección del menor, para ser oídos ante la Magistrada, para el día ___ de ____________ de 202_. A dicha comparecencia se citará también al Ministerio Fiscal para ser oído e informe respecto a si al menor resulta o no aconsejable y beneficioso la concesión judicial del beneficio de la mayoría de edad.

Por la Magistrada se informará en la resolución que, en su caso, se dicte concediendo este beneficio de las consecuencias que para el menor implica y tiene el poder realizar todos los actos de la vida civil, excepto aquellos en los que el menor necesitará el consentimiento del tutor designado y que vienen reflejados en el artículo 247 del Código Civil.

Con todo lo cual se da por terminada la presente comparecencia/solicitud, leída es hallada conforme por los comparecientes y se hace entrega de copia para cada uno de ellos.

(Firma de la magistrada, del menor, de la representante de la entidad pública y del letrado de la Administración de Justicia)

Modelo n.º 83. Emancipación tácita o por vida independiente

SP/FORM/9671

En los modelos anteriores de emancipación y beneficio de la mayor edad hemos podido ver y contrastar las distintas situaciones de concesión de la emancipación por los que ejercen la patria potestad con el consentimiento expreso del emancipado menor mayor de dieciséis años, y el de la emancipación por concesión judicial cuando se dan unas determinadas circunstancias que, en su caso, el Juez de Primera Instancia del domicilio del menor, considerará acreditadas o no para conceder, bien la emancipación, bien el beneficio de la mayor edad del menor mayor de 16 años sujeto a tutela y que lo solicitase.

El supuesto que contemplamos a continuación es el de considerar para todos los efectos como emancipado al hijo mayor de dieciséis años que, con el consentimiento de los progenitores, vive independiente de estos. Puede parecer que es una situación similar a la de la concesión de la emancipación por quienes ejercen la patria potestad. No es así. En este caso, concedida la emancipación, no podrá ser revocada, y en el supuesto de emancipación tácita o por vida independiente los progenitores podrán revocar este consentimiento.

Comparecencia/Solicitud. En ________, a __ de __________ de 202_.

Ante la Encargada de la Oficina General del Registro Civil de ___________, comparece quien acredita ser y llamarse:

D. _____________________, de diecisiete años de edad, de estado civil soltero, de nacionalidad española, con documento nacional de identidad n.º ___________. Que tiene su domicilio en ________, C/ ____________, n.º ___. Tiene teléfono móvil de contacto: ________, y su e-mail: ____________.

Manifiesta

Que, pese a su minoría de edad, vive solo e independiente de sus padres desde hace un año aproximadamente que cumplió dieciséis años. Lo acredita en el certificado del padrón municipal donde solo aparece el compareciente viviendo en el domicilio señalado. Que trabaja en la hostelería y sus progenitores consienten esta situación. Adjunta contrato laboral acreditativo de esta circunstancia. En estos momentos, por motivos personales, necesita realizar una serie de gestiones y de operaciones en los que no quiere molestar a sus padres y es por ello que solicita que esta vida independiente que lleva, esta emancipación tácita, se inscriba en su asiento de nacimiento.

Adjunta su certificado literal de nacimiento expedido por el Registro Civil de _______, donde consta su inscripción en la Sección Primera del mismo, al Tomo ____, página ___. Asimismo, adjunta un documento firmado por sus progenitores, D. _________________________y D.ª _____________________________, donde manifiestan que reconocen que su hijo ______ vive, con el consentimiento y de acuerdo con _____, independiente de ellos, que tiene sus propios medios de vida y que mantienen entre ellos una relación correcta.

Por la Encargada del Registro Civil de ________, atendiendo al contenido de la solicitud realizada, los documentos que se adjuntan y las manifestaciones del solicitante, considera y entiende que, de conformidad con lo dispuesto en el art. 243 del Código Civil en relación con el 70.4 de la Ley del Registro Civil, nos encontramos ante una situación de emancipación tácita o por vida independiente, con el consentimiento de quienes ejercen la patria potestad, según se ha acreditado documentalmente, y procede, en consecuencia, que en el registro individual de _________________, obrante en la Oficina del Registro Civil de _________, se practique la inscripción de esta emancipación tácita.

Se realiza por parte de la Encargada del Registro Civil al compareciente la advertencia expresa de que los progenitores, en el período que falta hasta la mayoría de edad, podrán revocar el consentimiento otorgado. De igual modo, se pone en conocimiento del solicitante que la emancipación le habilita para regir su persona y bienes como si fuera mayor. Ahora bien, existen supuestos, como los de pedir dinero a préstamo o gravar o enajenar bienes inmuebles, que no podrá realizarlos por sí solo y necesitará el consentimiento de sus progenitores. Manifiesta quedar enterado.

Con todo lo cual se da por terminada la presente comparecencia. Le es leída al compareciente quien manifiesta su conformidad y se le hace entrega de una copia de la misma.

(Firmas de la Encargada de la Oficina del Registro Civil y del compareciente)

El matrimonio. La separación, nulidad y divorcio

(Art. 4 de la Ley del Registro Civil 2011: Tienen acceso al Registro Civil los hechos y actos que se refieren a la identidad, estado civil y demás circunstancias de la persona. Son, por tanto, inscribibles: **7.º El matrimonio. La separación, nulidad y divorcio**).

La principal cualidad del estado civil de cada persona es, sin duda, el matrimonio. Esto es necesario reconocerlo. Podemos decir, sin equivocarnos, creo, que el matrimonio es el estado por antonomasia. El matrimonio es el que, precisamente, nos dice cuál es el estado civil de una persona: casada, soltera, divorciada, separada judicialmente o viuda. Son estos todos los posibles estados civiles en los que se puede encontrar una persona.

El derecho fundamental a contraer matrimonio, *ius nubendi*, se recoge en la Constitución Española[1]. Este derecho fundamental solo se puede coartar, limitar o restringir cuando se tenga, en la previa tramitación o instrucción de un acta o expediente, la certeza absoluta de que se está utilizando la institución matrimonial por parte de los contrayentes para una finalidad diferente[2] de la que el Código Civil, en sus arts. 66, 67 y 68, establece los derechos y deberes de los cónyuges.

Con estos "matrimonios blancos", como señala la doctrina francesa, se quieren o pueden conseguir varios objetivos: 1.º Adquirir de modo acelerado la nacionalidad española. 2.º Lograr un permiso de residencia en España. 3.º Lograr la reagrupación familiar de familiares de terceros Estados. El cónyuge extranjero del ciudadano extranjero puede ser "reagrupado"[3].

La celebración del matrimonio requiere la previa tramitación o instrucción[4] de un acta o expediente a instancia de los contrayentes para acreditar el cumplimiento de los requisitos de capacidad y la inexistencia de impedimentos[5].

---

[1] Art. 32 CE: *"El hombre y la mujer tienen derecho a contraer matrimonio con plena igualdad jurídica"*.

[2] Son estos los denominados "matrimonios blancos" o *"marriage of convenience"*. Con ello se indica, como dice la Instrucción de la Dirección General de los Registros y del Notariado de 31 de enero de 2006, que estos matrimonios son, realmente, matrimonios simulados celebrados normalmente entre extranjeros y españoles o entre extranjeros. Son "matrimonios" en los que no concurre un verdadero "consentimiento matrimonial". Por tanto, no son "verdaderos matrimonios", sino negocios jurídicos simulados o "matrimonios meramente aparentes", pues no existe un verdadero consentimiento matrimonial.

[3] Legislación en materia de extranjería: Real Decreto 629/2022, de 26 de julio, por el que se modifica el Reglamento de la Ley Orgánica 4/2000, sobre derechos y libertades de los extranjeros en España y su integración social, tras su reforma por Ley Orgánica 2/2009, aprobado por Real Decreto 557/2011, de 20 de abril (BOE núm. 179, de 27 de julio de 2022).

[4] Como el Reglamento del Registro Civil de 1958 se aplica en la medida que no se oponga a la Ley 20/2011, de 21 de julio, y a la Ley 39/2015, de Procedimiento Administrativo, y estas leyes no permiten seguir los trámites que establece el Reglamento en múltiples casos, en la tramitación del expediente o acta matrimonial ya no es necesaria ni la ratificación posterior de los solicitantes en su declaración inicial de contraer matrimonio ni la publicación de edictos en el procedimiento de autorización de matrimonio. La supresión de los edictos se justifica por ser un trámite innecesario respecto del objeto pretendido y perfectamente sustituible por la posibilidad de diligencias sustitutorias como puede ser la declaración testifical (Instrucción de 16 de septiembre de 2021, de la Dirección General de Seguridad Jurídica y Fe Pública).

[5] Los impedimentos para contraer matrimonio pueden ser de dos tipos: absolutos o unilaterales, son los referidos a la edad para contraer matrimonio o los ligados con vínculo matrimonial. Por otro lado, los relativos o bilaterales, son los que afectan al parentesco o a la muerte dolosa del cónyuge o persona con la que hubiera estado unida por análoga relación de afectividad a la conyugal.

El Juez de Primera Instancia del domicilio de cualquiera de los contrayentes puede dispensar, con justa causa y a instancia de parte, de los impedimentos de muerte dolosa del cónyuge y de parentesco de grado tercero entre colaterales (art. 48 del Código Civil en relación con los arts. 81 y siguientes de la Ley de Jurisdicción Voluntaria).

Mención especial en la tramitación o instrucción de un expediente o acta matrimonial merece la intervención del Ministerio Fiscal. Hasta la entrada en vigor de la Ley 20/2011, de 21 de julio, del Registro Civil, en todos los expedientes registrales tramitados al Ministerio Público se le daba traslado para informe o dictamen. Por supuesto, también en los matrimoniales[6]. Tras la entrada en vigor de la Ley registral, la intervención del Ministerio Fiscal en materia de Registro Civil se acomodó al nuevo texto legal[7]. De manera que ya no tiene intervención en el expedientes o actas matrimoniales.

Para tramitar el acta la competencia recae en el Notario del lugar del domicilio de cualquiera de los contrayentes. La instrucción del expediente corresponde al encargado de la Oficina del Registro Civil del domicilio de uno de los contrayentes o funcionario diplomático o consular encargado del Registro Civil si residiesen en el extranjero.

Para la celebración del matrimonio, una vez autorizado el mismo por el Encargado del Registro Civil o por el Notario, competentes resultan el Encargado del Registro Civil, Notario[8], Juez de Paz, o Alcalde o concejal en quien este delegue.

[6] La Instrucción de 9 de enero de 1995, de la Dirección General de los Registros y del Notariado, sobre el expediente previo al matrimonio cuando uno de los contrayentes está domiciliado en el extranjero, ya señaló el papel activo en defensa de la legalidad que tenía esta institución, debiendo denunciar en su dictamen cualquier impedimento u obstáculo que le conste.

[7] Tanto el Decreto de la Fiscalía General del Estado de 6 de julio de 2021, como la Instrucción de la Dirección General de Seguridad Jurídica y Fe Pública de 9 de julio de 2021, sobre la intervención del Ministerio Fiscal en los procedimientos del Registro Civil, determinan la intervención en controlar la legalidad de los documentos y declaraciones efectuadas y promover la inscripción de menores abandonados y menores no inscritos.

[8] Conforme dispone la Instrucción de 3 de junio de 2021, de la Dirección General de Seguridad Jurídica y Fe Pública, sobre la tramitación del procedimiento de autorización de matrimonio ante notarios, una vez obtenida la autorización matrimonial ante notario, la celebración puede realizarse ante el mismo notario, o si lo han solicitado los contrayentes, ante otro Notario, Encargado, Juez de Paz, Alcalde o Concejal en quien este delegue. En todo caso, el dato del encargado elegido para celebrar el posterior matrimonio deberá hacerse constar en el acta.

Modelo n.º 84. Expediente matrimonial ante el Encargado del Registro Civil[1]

SP/FORM/9672

Comparecencia/Solicitud. En _________, a __ de _________ de 202_.

Ante la Encargada de la Oficina General del Registro Civil de Valladolid comparecen quienes acreditan ser y llamarse:

D.ª _______________________, mayor de edad, de estado civil soltera, de nacionalidad española y documento nacional de identidad n.º __________. Está domiciliada en esta Ciudad y adjunta el certificado del Padrón Municipal. Su nacimiento consta inscrito en el Registro Civil de _________, en la Sección Primera del mismo, Tomo: ___, página: ___. Adjunta certificado literal de nacimiento. Su teléfono de contacto es el _________ y su e-mail: __________. Y

D. _________________, mayor de edad, de estado civil divorciado, de nacionalidad española, con documento nacional de identidad n.º _________. Domiciliado[2] en Pamplona, según acredita mediante el certificado del Padrón municipal de esa ciudad. Adjunta certificado literal de nacimiento del Registro Civil de Pamplona donde consta inscrito su asiento de nacimiento y certificado literal de su matrimonio anterior, inscrito en la Sección Segunda, en el Tomo ___, página ___, de ese mismo Registro Civil de Pamplona donde, al margen del mismo, aparece la inscripción de la sentencia de divorcio dictada por el Juzgado de Familia n.º 3 de Pamplona. Su teléfono de contacto es el _________ y su e-mail: ____________.

Los comparecientes solicitan que se tramite el correspondiente expediente matrimonial y que se autorice el mismo y la celebración propiamente dicha del matrimonio quieren que sea en la Sala de Bodas[3] de esta Oficina del Registro Civil cuando se les faciliten fechas disponibles. Ofrecen que en el expediente registral intervengan como testigos[4] ____________________ y __________________.

---

[1] La instrucción del expediente corresponderá al encargado del Registro Civil del domicilio de uno de los contrayentes.
La Dirección General pone un especial celo en el control por parte del instructor del expediente matrimonial del domicilio de los contrayentes. Se intenta evitar el fraude que suponen los *"empadronamientos de complacencia"*, ya que los mismos introducen una serie de *"fuero electivo"* no permitido por la ley.

[2] El concepto de domicilio a efectos civiles, que es el que se ha de entender invocado por la legislación del registro civil, se encuentra definido en el art. 40 del Código Civil: *"El domicilio de las personas naturales es el de su residencia habitual"*. En caso de duda, el Encargado deberá contrastar e investigar la veracidad del domicilio y comprobar si en este concurren las notas de estabilidad y permanencia que lo cualifican como residencia habitual a la vista del certificado de empadronamiento.

[3] Respecto al lugar de celebración del matrimonio, en el caso del encargado del Registro Civil será en las propias dependencias que la Oficina registral tenga destinadas a tal fin; los Notarios, normalmente, celebrarán los matrimonios en el propio despacho o en el local elegido por los contrayentes, pero siempre dentro de su demarcación territorial; los Jueces de Paz también disponen de locales oficiales con esta finalidad; y los Alcaldes y Concejales delgados, la Instrucción de la Dirección General de 10 de enero de 2013, señala que serán en lugares que reúnan *"las condiciones adecuadas de decoro y funcionalidad"*.

[4] La práctica de la prueba testifical se entiende más respetuosa con la normativa de protección de datos que la anterior previsión del uso de edictos (Ley Orgánica 3/2018, de Protección de Datos de Carácter Personal). La publicación de edictos evidenciaba un cierto anacronismo entre la norma y la realidad social actual.

Por la Encargada de la Oficina del Registro Civil de Valladolid se tiene por realizada la solicitud de tramitación e instrucción del expediente matrimonial para acreditar los requisitos de capacidad y la inexistencia de impedimentos. Atendiendo a los certificados acreditativos del domicilio se declara la competencia de esta Oficina para instruir el expediente matrimonial consecuencia de estar domiciliada la contrayente en esta misma Ciudad donde tiene su sede esta Oficina del Registro Civil.

Procédase a lo largo del expediente matrimonial a contrastar el estado y capacidad de los contrayentes para apreciar, así, la validez de su consentimiento y la veracidad del matrimonio. El encargado oirá reservadamente y por separado[5] a cada uno de los contrayentes para cerciorarse de su capacidad y de la inexistencia de cualquier impedimento.

Con todo lo cual se da por terminada la presente, leída es hallada conforme por los comparecientes y se hace entrega de copia de la presente comparecencia.

(Firmas de la Encargada y de los comparecientes)

[5] En todas las resoluciones de la Dirección General sobre autorización de matrimonio, la audiencia reservada, personal y por separado que realiza el encargado, dice el Centro Directivo, es un trámite fundamental para cerciorarse el mismo de la inexistencia del impedimento de ligamen o de cualquier otro obstáculo legal para la celebración.

Modelo n.º 85. Expediente matrimonial ante Notario

SP/FORM/9673

La completa entrada en vigor de la Ley 20/2011, de 21 de julio, del Registro Civil[1], ofrece a los ciudadanos la posibilidad de solicitar la previa tramitación de un acta notarial para acreditar el cumplimiento de los requisitos de capacidad y la inexistencia de impedimentos o su dispensa, o cualquier otro obstáculo, de acuerdo con lo previsto en el Código Civil, según postula el art. 58 de dicha norma legal en cuanto al procedimiento para autorización matrimonial.

Acta de expediente matrimonial n.º ___.

Comparecencia/Solicitud. En __________, a __ de ________ de 202_.

Siendo las diecisiete horas cuarenta y cinco minutos del día de la fecha, ante mí, ____________________, Notaria del Ilustre Colegio de _________, comparecen los contrayentes:

D.ª ____________________, mayor de edad, de estado civil soltera, de nacionalidad española y con documento nacional de identidad n.º _________, domiciliada en esta Ciudad de ________ según acredita mediante el certificado del padrón municipal de esta Ciudad. Su teléfono de contacto es el: ___________, y su e-mail: ____________.

D. ______________________, mayor de edad, de estado civil soltero, de nacionalidad española y con documento nacional de identidad n.º ___________, domiciliado en ____, según certificado municipal de empadronamiento que acompaña. Su teléfono es el: __________, y su e-mail: _____________.

Intervienen en su propio nombre y derecho.

Identifico a las personas comparecientes por sus Documentos de Identidad reseñados, constan de sus manifestaciones sus datos personales y tienen, a mi juicio, capacidad e interés legítimo para instar la presente Acta de Expediente Matrimonial a los efectos del art. 58 de la Ley 20/2011, de 21 de julio, del Registro Civil.

---

[1] Tras la Disposición Final 21.ª de la Ley 15/2015, de 2 de julio, de Jurisdicción Voluntaria, que entró en vigor el 23 de julio de 2015, los Notarios podían celebrar los matrimonios que, eso sí, habían sido previamente tramitados por el Encargado del Registro Civil. Tras la entrada en vigor de la Ley del Registro Civil el 30 de abril de 2021, los Notarios, además de celebrar el matrimonio, pueden tramitarlo a través del acta correspondiente.

Hacen entrega de la documentación descrita en el apartado Tercero de la Instrucción de 3 de junio de 2021, de la Dirección General de Seguridad Jurídica y Fe Pública, sobre la tramitación del procedimiento de autorización de matrimonio ante notarios[2].

Manifiestan los comparecientes que con anterioridad no han iniciado ningún otro expediente previo matrimonial ni acta previa matrimonial con el fin de contraer matrimonio ante otro Notario o Encargado del Registro Civil.

Que no han otorgado escritura de capitulaciones matrimoniales ante notario por lo que su futuro matrimonio se regirá por el régimen legal supletorio de la sociedad de gananciales, salvo pacto en capitulaciones matrimoniales. Manifiestan los comparecientes que tienen intención de otorgarlas con ocasión de la celebración del matrimonio.

Que ambos contrayentes manifiestan su común voluntad de celebrar su futuro matrimonio ante la Notaria de Toledo, doña ____________.

ME REQUIEREN a mí, la Notaria, para que por medio de la presente acta, y a los efectos del artículo 58 de la Ley del Registro Civil, haga constar su capacidad para contraer matrimonio, la inexistencia de impedimentos u otros obstáculos para contraer dicho matrimonio, y la determinación del régimen económico matrimonial de su futuro matrimonio, y en su caso, la vecindad civil de uno o ambos contrayentes[3].

A continuación, reflejará el trámite de audiencia reservada y por separado con cada uno de los contrayentes.

Después, la declaración de los testigos propuestos por los contrayentes, finalizando con una diligencia final dentro del acta en donde la Notaria hace constar que practicadas las pruebas y actuaciones obtenidas en las diligencias anteriores, se da por concluida el acta y dejaré constancia de mi resolución final que será notificada a los contrayentes.

Diligencia de notificación de resolución final. La extiendo yo, notaria autorizante, para hacer constar que he autorizado acta por mí y ante mí, con el n.º ___ de protocolo, en virtud de la cual juzgo que los contrayentes cumplen los requisitos para contraer matrimonio[4].

A continuación, se levantará la escritura de matrimonio civil en donde la Notaria, con los contrayentes y los testigos, procede a leer los arts. 66, 67 y 68 del Código Civil, y, tras ello, pregunta a cada uno de los contrayentes si consiente en contraer matrimonio y si efectivamente lo contrae en este momento con D./D.ª _______________. La Notaria, habiendo contestado a las preguntas los contrayentes de forma positiva, los declarará unidos en matrimonio.

Por último, la Notaria remite un oficio a la Oficina General del Registro Civil de Toledo en donde comunica la escritura de Matrimonio Civil n.º ____ del matrimonio contraído el día __ de _________ de 202_, por doña _____________________ y don __________________ para practicar, en su caso, la inscripción del matrimonio.

---

[2] De cada contrayente, DNI, o en el caso de ciudadanos extranjeros pasaporte y Número de Identificación de Extranjero (NIE); Certificados literales de nacimiento de ambos contrayentes; Certificados literales de matrimonio previo, disuelto por divorcio o nulidad si alguno de los futuros cónyuges contrajo otras nupcias con anterioridad; certificaciones literales de matrimonio previo y defunción del otro cónyuge, en su caso; certificaciones de empadronamiento de los contrayentes; identificación de los testigos; datos identificativos de los hijos comunes anteriores al matrimonio, si existiesen

[3] El Notario y el Encargado del Registro Civil, al finalizar el acta o dictada la resolución que pone fin al expediente, determinará el régimen económico matrimonial que resulte aplicable y, en su caso, la vecindad civil de los contrayentes (Art. 58.6 de la Ley del Registro Civil).

[4] La actuación o resolución final deberá ser motivada y expresar, en su caso, con claridad la falta de capacidad o el impedimento que concurra (art. 58.6 de la Ley del Registro Civil). Y si la resolución del Encargado del Registro Civil o del Notario fueran desfavorables se procederá al cierre del acta o expediente y los interesados podrán recurrir en alzada la misma en el plazo de un mes ante la Dirección General de Seguridad Jurídica y Fe Pública. Si la Dirección General vuelve a desestimar la pretensión, la resolución de la misma podrá ser objeto de impugnación ante el Juzgado de Primera Instancia de la capital de provincia del domicilio del recurrente, de conformidad con lo previsto en el art. 781 bis de la Ley de Enjuiciamiento Civil.

Acompañará al oficio copias autorizadas del acta de expediente matrimonial y la escritura de matrimonio civil, solicitando se remita certificación literal de matrimonio cuando se haya practicado la inscripción[5].

(Firma de la Notaria remitiendo el oficio al Registro Civil para su inscripción[6])

---

[5] El Notario actuante, dice la Directriz Octava de la Instrucción de la Dirección General de Seguridad Jurídica y Fe Pública, de 3 de junio de 2021, una vez resuelto el procedimiento, se sujetará a las previsiones contenidas en la Circular 1/2021, de 24 de abril, del Consejo general del Notariado, con el objeto de que, según dispone el art. 58.5 de la Ley 20/20211, las actas de procedimiento y de decisión, así como la escritura o el acta de la celebración, queden archivados en el Registro Civil junto con los documentos previos a la inscripción de matrimonio.

[6] Celebrado el matrimonio ante Notario que constará en escritura pública, se entrega a cada uno de los contrayentes copia acreditativa de la celebración del matrimonio y se remite por el autorizante, en el mismo día y por medios telemáticos, copia autorizada electrónica del documento al Registro Civil para su inscripción. Sin embargo, esta inscripción no es automática. El párrafo in fine del n.º 8 del art. 58 de la Ley del Registro Civil dice: *"(...) previa calificación del Encargado del Registro Civil"*. Ello es consecuencia del denominado principio de legalidad que contempla el artículo 13 de la norma registral: *"Los Encargados del Registro Civil comprobarán de oficio la realidad y la legalidad de los hechos y actos cuya inscripción se pretenda"*. Quiere decir, y es cierto, que, si la inscripción en el Registro Civil constituye prueba plena de los hechos inscritos, para que ello sea posible debe haber esta garantía calificadora de "control" por parte del encargado de contrastar la legalidad del acta del expediente matrimonial y de la escritura de matrimonio civil celebrada.

Modelo n.º 86. Audiencia reservada, personal y por separado con cada uno de los contrayentes

SP/FORM/9674

"El Encargado del Registro Civil, en el expediente matrimonial, o el Notario, en el acta de expediente matrimonial, oirán a los contrayentes reservadamente y por separado para cerciorarse de su capacidad y de la inexistencia de cualquier impedimento" (n.º 5 del art. 58 de la Ley del Registro Civil).

Partiendo siempre de la premisa básica de que debe respetarse el *"ius connubii"*, o *"derecho a contraer matrimonio libremente"*, en todo caso, y para evitar que se celebren matrimonios de complacencia, la Dirección General[1] dispone que hay un trámite que es esencial y del que no debe prescindirse, ni cumplirlo formulariamente, y este trámite es la audiencia que debe realizar el Encargado del Registro Civil o el Notario con cada contrayente, reservadamente y por separado, para así cerciorarse de la inexistencia del impedimento de ligamen o de cualquier otro obstáculo legal para la celebración (art. 246 del Reglamento del Registro Civil 1958).

En esta audiencia reservada, en ese encuentro directo e inmediato del instructor con los contrayentes, por parte del encargado o del notario se podrá casi asegurar el verdadero propósito de los comparecientes. Si se está utilizando la institución matrimonial para una finalidad diferente a la que los arts. 66, 67 y 68 del Código Civil fijan en cuanto a los derechos y deberes de los cónyuges.

Para tener verdadera dimensión de este trámite y de la importancia que al mismo le concede el Centro Directivo[2], la misma volvió en otra Instrucción de 31 de enero de 2006, sobre los matrimonios de complacencia, a insistir en que el Encargado debe realizar un interrogatorio lo más completo posible. Un interrogatorio puramente formulario, de escasa entidad cuantitativa y cualitativa, no es suficiente para inferir la existencia de un matrimonio simulado. De este trámite, el encargado o el notario, ni pueden prescindir del mismo ni lo deben cumplir de manera rutinaria ni formularia. Esta audiencia es un trámite fundamental, esencial.

---

[1] Directriz Tercera de la Instrucción de 9 de enero de 1995, de la Dirección General de los Registros y del Notariado, sobre el expediente previo al matrimonio cuando uno de los contrayentes está domiciliado en el extranjero.

[2] El Centro Directivo a este trámite le da una importancia fundamental. La Resolución, 29.ª, de 9 de agosto de 2021, Autorización de matrimonio, retrotrae las actuaciones para que se amplíen las audiencias reservadas a los interesados y por ello se dicte seguidamente la resolución motivada que proceda. Su FJ IV dice que: *"Habida cuenta de que en este expediente de solicitud para contraer matrimonio entre un ciudadano español y una ciudadana marroquí se ha oído a los interesados en audiencia reservada, pero siendo, tan sucintas en el contenido de las mismas (no hay preguntas ni respuestas cruzadas, no se pregunta dónde y cómo se conocieron, ni sobre sus respectivas familias), no se permite contrastar si los interesados incurren en contradicciones, ni apreciar el grado de conocimiento recíproco que hay entre ellos y, en definitiva, formar la convicción de la existencia o no de consentimiento matrimonial válido, procede dejar sin efecto el auto dictado y retrotraer las actuaciones para que los contrayentes sean oídos reservadamente y por separado, a los efectos señalados en el artículo 246 del Reglamento de 1958, y continuar con la tramitación reglamentaria.*

La Resolución, 2.ª, de 04 de abril de 2022, Matrimonio celebrado en el extranjero, retrotrae las actuaciones para que se practiquen las audiencias reservadas a la interesada. En su FJ IV señala que "Se debe realizar las entrevistas a ambos promotores lo suficientemente amplias para poder cruzar las respuestas y así poder calificar si existe o no simulación".

Los datos básicos de los que cabe inferir la simulación del consentimiento matrimonial son, básicamente, dos: a) el desconocimiento por parte de uno o ambos contrayentes de los "*datos personales y/o familiares básicos*" del otro, y b) la inexistencia de relaciones previas entre los contrayentes.

Por otra parte, el conocimiento de los datos básicos personales de un contrayente por el otro contrayente debe ser un conocimiento del "*núcleo conceptual*" de dichos datos, sin que sea preciso descender a los detalles más concretos posibles[3].

Fue la Circular de la Dirección General de los Registros y del Notariado de 6 de marzo de 2006, dictada tras la Instrucción citada de 31 de enero de 2006, la que incorporó un cuestionario sobre el trámite de la audiencia reservada que se resume así:

– Datos de identidad del compareciente: nombre y apellidos, fecha y lugar de nacimiento, nombre de los padres y nacionalidad.

– Datos de identidad de su cónyuge: Idénticas preguntas.

– Cuestiones sobre datos familiares tanto del compareciente como referidas al cónyuge: qué estado civil tiene su cónyuge, si tiene hijos de relaciones anteriores y sus nombres, con quien conviven, los hermanos y padres del cónyuge.

– Preguntas sobre datos profesionales: lugar de trabajo, profesión, estudios, idiomas, referidos a los dos promotores.

– Preguntas sobre datos económicos: ingresos mensuales o si le ayuda económicamente a su cónyuge.

– Preguntas sobre domicilio y convivencia: Cuál es el domicilio, si es su propiedad o alquilado, número de teléfono y e-mail.

– Preguntas sobre hábitos, aficiones y otras cuestiones: Si practica deporte o fuma, comidas preferidas o si ha sufrido alguna enfermedad u operación importante.

– Preguntas referidas a la propia relación: Dónde, cuándo y cómo se conocieron, si no están en la misma ciudad, cómo mantienen la comunicación y cuánto se ven.

[3] Por ejemplo, un contrayente demostrará no conocer los datos básicos del otro contrayente si afirma que este reside en Madrid o Barcelona, pero desconoce el nombre exacto de la calle o el piso en que se encuentra la vivienda. Se ha de exigir un "conocimiento suficiente", no un "conocimiento exhaustivo" de tales datos.

Modelo n.º 87. Certificado de capacidad matrimonial

SP/FORM/9675

Este certificado se refiere a la posibilidad de que si los contrayentes de nacionalidad española quieren contraer matrimonio en el extranjero con arreglo a la forma establecida por la ley del lugar de celebración y esta ley exige que presenten un certificado de capacidad matrimonial, este lo deberá expedir el encargado del Registro Civil, el notario o el funcionario diplomático o consular del lugar del domicilio de cualquiera de los contrayentes (art. 58.12 de la Ley del Registro Civil)[1].

Es importante señalar que previamente a la expedición del certificado ha de instruirse, y concluir con resolución firme favorable, el expediente o acta matrimonial, según lo tramite el Encargado o el Notario. Por esto no puede prescindirse en absoluto de la audiencia reservada y por separado de cada contrayente, que deberá realizarse conforme a las reglas expuestas en el modelo anterior.

La única especialidad del expediente o acta se encuentra en que no termina el mismo con la autorización del matrimonio por funcionario español, sino con la entrega a los interesados del certificado de capacidad matrimonial, válido por seis meses, extendido en el modelo plurilingüe aprobado por Orden del Ministerio de Justicia de 26 de mayo de 1988, sobre aprobación de un modelo plurilingüe de certificado de capacidad matrimonial:

Certificado de capacidad matrimonial. Válido durante seis meses. Registro Civil de ___

(Certificat de capacité matrimoniale). (Valable pendant six mois). (Service de l'état civil de ___________).

Apellidos (Nom de famille):

Nombre propio (Prénoms):

Sexo (Sexe):

Nacionalidad (Nationalité). Si son Refugiados poner "REF". Si son apátridas poner "APA".

Fecha y lugar de nacimiento (Date et lieu de naissance)

Residencia habitual (Résidence habituelle):

Lugar y Número del Registro de Familia (Lieu et numéro du registre de famille):

Matrimonio anterior con (Mariage précédent avec): __________. Disuelto por (Dissous par): Divorcio.

---

[1] La posibilidad de que un ciudadano español pueda contraer matrimonio dentro o fuera de España la contempla el art. 49 del Código Civil: 1.º En la forma regulada en el propio Código Civil. 2.º En la forma religiosa legalmente prevista. Y, también, cualquier español puede contraer matrimonio fuera de España con arreglo a la forma establecida por la ley del lugar de celebración.

Puede contraer matrimonio en el extranjero con
(Peut contracter mariage à l'étranger avec)

Apellidos (Nom de famille) :

Nombre propio (Prénoms) :

Sexo (Sexe) :

Nacionalidad (Nationalité. Mettre REF pour Refugié et APA pour Apatride):

Fecha y lugar de nacimiento (Date et lieu de naissance):

Residencia habitual (Résidence habituelle):

Lugar y número del registro de familia (Lieu et numéro du registre de famille):

Matrimonio anterior con (Mariage précédent avec):

Disuelto por (Dissous par):

Fecha de expedición (Date de délivrance)

Firma. Sello (Signature. Sceau)

Modelo n.º 88. Matrimonio en forma religiosa[1]

SP/FORM/9676

Dice el art. 60 del Código Civil que el matrimonio celebrado según las normas del Derecho canónico o en cualquiera de otras formas religiosas previstas en los acuerdos de cooperación entre el Estado y las confesiones religiosas[2] produce efectos civiles.

Igualmente, se reconocen efectos civiles al matrimonio celebrado en la forma religiosa previsto por las iglesias, confesiones, comunidades religiosas o federaciones de las mismas que, inscritas en el Registro de Entidades Religiosas, hayan obtenido el reconocimiento de notorio arraigo[3] en España.

En este supuesto, el reconocimiento de efectos civiles requerirá el cumplimiento de los siguientes requisitos: a) la tramitación de un acta o expediente previo de capacidad matrimonial con arreglo a la normativa del Registro Civil y b) la libre manifestación ante un ministro de culto[4] debidamente acreditado y dos testigos mayores de edad.

Cumplida la tramitación del acta o expediente previo de capacidad matrimonial a los efectos de acreditar el cumplimiento de los requisitos de capacidad de los contrayentes y la inexistencia de impedimentos exigidos por el Código Civil, se expide por triplicado[5] acta o resolución previa de capacidad matrimonial de los contrayentes. Estos las deberán entregar al oficiante ante quien se vaya a celebrar el matrimonio.

El consentimiento deberá prestarse ante un ministro de culto y dos testigos mayores de edad antes de que hayan transcurrido seis meses desde la fecha del acta o resolución que contenga el juicio de capacidad matrimonial.

---

[1] El art. 58 bis de la Ley del Registro Civil hace una distinción clara entre el matrimonio celebrado según las normas del Derecho Canónico, regulado por el Acuerdo de 3 de enero de 1979 entre el Estado Español y la Santa Sede sobre asuntos jurídicos, y el matrimonio de otras formas religiosas previsto en los Acuerdos de Cooperación del Estado con las confesiones religiosas.

Esta diferencia de tratamiento es consecuencia de lo dispuesto en el propio Acuerdo: El Estado reconoce los efectos civiles al matrimonio celebrado según las normas de Derecho Canónico mediante la *"simple presentación"* de la certificación eclesiástica de la existencia del matrimonio. Empero, ello no es tan automático. En todo caso, y desde los principios de legalidad y oficialidad que rigen el funcionamiento del Registro Civil, será siempre necesaria y preceptiva la calificación que el propio Encargado realice antes de, en su caso, acordar la inscripción del matrimonio.

[2] Ley 24/1992, de 10 de noviembre, por la que se aprueba el Acuerdo de Cooperación del Estado con la Federación de Entidades Religiosas Evangélicas de España.

Ley 25/1992, de 10 de noviembre, por el que se aprueba el Acuerdo de Cooperación del Estado con la Federación de Comunidades Judías de España ("FCJE").

Ley 26/1992, de 10 de noviembre, por el que se aprueba el Acuerdo de Cooperación del Estado con la Comisión Islámica de España

[3] La Orden JUS/577/2016, de 19 de abril, sobre inscripción en el Registro Civil de determinados matrimonios celebrados en forma religiosa, señala que se ha declarado el notorio arraigo en España de la Iglesia de Jesucristo de los Santos de los Últimos días (2003), de la Iglesia de los Testigos de Jehová (2006), de las Comunidades Budistas que forman parte de la Federación de Comunidades Budistas de España (2007) y de la Iglesia Ortodoxa (2010).

[4] La condición de ministro de culto será acreditada mediante certificación expedida por la iglesia, confesión o comunidad religiosa que haya obtenido el reconocimiento de notorio arraigo en España.

A estos efectos, se consideran ministros de culto a las personas físicas dedicadas, con carácter estable, a las funciones de culto o asistencia religiosa y que acrediten el cumplimiento de estos requisitos mediante certificación expedida por la iglesia, confesión o comunidad religiosa (art. 58 bis.2 Ley del Registro Civil).

[5] Los modelos de los referidos certificados se editan por triplicado –siendo un ejemplar para el Registro Civil competente para la inscripción del matrimonio, otro para el archivo del oficiante o de la entidad religiosa que representa y otro para los contrayentes–, debiendo cumplimentarse los apartados correspondientes al certificado de capacidad matrimonial por el encargado del Registro Civil o el notario que hayan instruido el expediente previo o el acta matrimonial.

Certificado de capacidad matrimonial

Don/Doña ________________________, Encargado del Registro Civil/Notario de ___________, certifica, como resultado del acta/expediente instruido al efecto que, conforme al Código Civil, tienen capacidad para contraer matrimonio entre sí:

Don/Doña ______________________, hijo/a de ____________ y de __________, nacido/a en ___________, el día __ de ___________ de ____, cuyo nacimiento consta inscrito en el Registro Civil de _________, Sección Primera, Tomo ____, página ___. Estado civil: _________, domiciliado/a en __________, y de nacionalidad ______________.

Y Don/Doña ______________________, hijo/a de ____________ y de __________, nacido/a en _____________, el día __ de ____________ de ____, cuyo nacimiento consta inscrito en el Registro Civil de ___________, en la Sección Primera del mismo, Tomo ___, Página ___. Su estado civil es: ___________, y está domiciliado/a en __________, y su nacionalidad es: ____________.

Expedido en ____________, el día __ de ____________ de ____.

(Firma del Encargado/a del Registro Civil o Notario/a)

Nota: La validez de este certificado expira a los seis meses de su expedición.

Certificación de la celebración del matrimonio

Don/Doña _________________________, en su calidad de Ministro de culto oficiante, certifica que las personas a que se refiere el certificado anterior de capacidad matrimonial extendida por el Encargado/a del Registro Civil/Notario de _________, Don/Doña _______________, han celebrado matrimonio religioso ante Don/Doña _______________ en su calidad de _______________, y los testigos mayores de edad Don/Doña ___________________, con documento nacional de identidad/NIE n.º _____________, y Don/Doña ________________ con DNI/NIE__________.

El matrimonio se ha celebrado en _________________ (término municipal, calle y número), el día __ de ____________ de 202_.

(Firmas del Oficiante/de los contrayentes/de los testigos)

Modelo n.º 89. Matrimonio por apoderado

SP/FORM/9677

Dispone el art. 55 del Código Civil que uno de los contrayentes podrá contraer matrimonio por apoderado, a quien tendrá que haber concedido poder especial en forma auténtica, siendo siempre necesaria la presencia del otro contrayente.

En el poder[1], por supuesto, hay que precisar y determinar la persona con quien ha de celebrarse el matrimonio, con expresión de las circunstancias personales precisas para establecer su identidad, debiendo apreciar su validez el Encargado del Registro Civil o el Notario que tramiten el expediente matrimonial o acta previos al matrimonio.

Es oportuno señalar que esta especialidad del matrimonio por poder se refiere exclusivamente al momento final de la autorización del matrimonio (a la celebración propiamente dicha), de modo que, en lo demás, el expediente previo al matrimonio ante el Encargado del Registro Civil o el acta notarial, han de tramitarse de acuerdo con las reglas generales de los mismos. Y, entre ellas, por supuesto, la audiencia reservada y personal del poderdante.

Celebrado el matrimonio por apoderado, en la inscripción del mismo se expresará quién es el poderdante, menciones de identidad del apoderado y fecha y autorizante del poder.

Comparecencia/Solicitud. En __________, a __ de ________________ de 202_.

Ante la Encargada de la Oficina General del Registro Civil de ____________, comparece:

D.ª ______________________, mayor de edad, de estado civil soltera, de nacionalidad española, con documento nacional de identidad n.º ____________. Está domiciliada en ____________, según acredita mediante el certificado del padrón municipal de esta Ciudad. Nacida e inscrita en el Registro Civil de _________, adjunta certificado literal de nacimiento de la Sección Primera de ese Registro Civil, Tomo ___, página ___. Su teléfono es el _________ y su e-mail: ___________. Y

Manifiesta

Que es su voluntad contraer matrimonio con su pareja, D. _____________________. Consecuencia de su profesión de informático, reside y trabaja en Houston, Estado de Texas, en Estados Unidos. No le es posible, por razones

[1] Este poder se extingue por la revocación del poderdante, por la renuncia del apoderado o por la muerte de cualquiera de ellos. Si lo revoca el poderdante, es suficiente su manifestación en forma auténtica antes de la celebración del matrimonio. Lógicamente, la revocación se notifica de inmediato al Encargado del Registro Civil o al Notario que estén tramitando el expediente previo al matrimonio o el acta correspondiente, para proceder al archivo de las actuaciones. Y si el acta o el expediente estuvieren finalizados, al funcionario elegido para la celebración del matrimonio.

profesionales, venir a España para tramitar el expediente matrimonial y contraer matrimonio, por lo que solicita que se celebre el matrimonio por medio de apoderado. Tiene intención de trasladarse la compareciente a vivir a Estados Unidos con su pareja y todo resulta más sencillo, a los efectos de residencia, como matrimonio que como pareja.

Adjunta la documentación correspondiente a D. ____________________ referida al poder especial otorgado y autorizado ante el Notario de Houston ___________, en fecha _________, debidamente apostillado y traducido, determinando que la persona apoderada para la celebración del matrimonio es un amigo de la compareciente y del poderdante, D. ______________________, que será, como apoderado, quien intervenga en el momento de la prestación del consentimiento matrimonial en nombre del poderdante y contrayente, D. ___________________.

A la presente comparecencia, la solicitante D.ª ____________________, adjunta la documentación relativa a su novio, mayor de edad, de nacionalidad española con documento nacional de identidad n.º __________, cuya copia adjunta, y la certificación literal de nacimiento de D. ____________________, obrante en el Registro Civil de ___________, Sección Primera, Tomo ___, página ___, del mismo. También, certificado de su domicilio en __________, según consta en el Padrón Municipal. Sin perjuicio de que José María ya se ha dado de alta en la circunscripción consular española de Houston. Manifiesta que se le puede localizar tanto en la empresa _______ donde trabaja en Houston, como en su domicilio, siendo más fácil el primer sitio. Adjunta y facilita su teléfono _________ y su e-mail __________.

Con todo lo anterior, por la Encargada del Registro Civil de _______ se tiene por realizada la solicitud de tramitación del presente expediente matrimonial, practicándose la correspondiente audiencia personal con el contrayente en el Consulado General de España en Houston, y con la compareciente en esta misma Oficina de Registro Civil.

Tramitado el expediente y, en su caso, autorizado la celebración del mismo, se celebrará el matrimonio en donde estará presente el apoderado, D. ____________________, cuyas circunstancias personales figuran en el propio poder especial aportado. Después, en la inscripción del matrimonio, figurará, conforme al artículo 258-2.º del Reglamento del Registro Civil, el poderdante, las menciones de identidad del apoderado, y la fecha y el autorizante del poder.

Con todo lo cual se da por terminada la presente, leída a la compareciente la encuentra conforme y se hace entrega de copia de la misma.

(Firmas de la Encargada del Registro Civil y de la compareciente)

Poder especial para contraer matrimonio otorgado ante Consulado español
(número ___________)

En La Habana, Cuba, a veintisiete de febrero del año dos mil veintitrés.

Ante mí, don __________________, Cónsul General en esta residencia en funciones notariales, comparece:

Don ________ ________ ___________, ciudadano cubano, mayor de edad, natural de La Habana, Cuba, de estado civil divorciado, según me declara, de profesión mecánico, domiciliado en Cuba, en la calle Las Banderas de la República número 40 de La Habana, y titular del carnet de identidad cubano número __________.

Concurre en su propio nombre y derecho. Tiene a mi juicio capacidad legal necesaria para otorgar esta escritura de Poder especial para contraer matrimonio y en tal virtud otorga; ______________________: Que confiere PODER ESPECIAL, Tan amplio y bastante como en derecho sea menester a favor de doña _________ _________

________, mayor de edad natural de La Habana, Cuba, domiciliada en España, y titular del documento nacional de identidad español n.º ____________, para que actuando por sí sola, en su nombre y representación, pueda ejercer las siguientes ____________.

FACULTADES: Tramitar toda la documentación necesaria y solicitar cita ante cualquier organismo competente para realizar todos los trámites administrativos que sean necesarios para contraer matrimonio en España con DOÑA ________ ________ ________, mayor de edad y titular del DNI número __________.

En consecuencia, se le autoriza para efectuar por si sola todos los trámites necesarios con el fin de poder el poderdante contraer matrimonio en España y para que preste el consentimiento matrimonial en el acto de ceremonia de la boda civil, así como para realizar cuantos trámites fueran necesarios para la plena eficacia civil del referido matrimonio, pudiendo presentar y recabar todo tipo de documentación y firmar toda clase de documentos.

Se faculta también de manera expresa para realizar todos los trámites para la inscripción del matrimonio, una vez celebrado, en el Registro Civil competente.

(Firmas del Cónsul General y del compareciente)

Modelo n.º 90. Matrimonio contraído con intérprete

SP/FORM/9678

Existen en las oficinas registrales y notariales situaciones en donde alguno de los contrayentes o los dos son extranjeros[1], no hablan ni entienden el español y entonces, tanto en el expediente matrimonial previo ante el encargado del Registro Civil como en el acta de expediente matrimonial ante notario, es necesario la presencia de un intérprete a los efectos del procedimiento de autorización matrimonial o de la propia celebración.

Es cierto que, como señala la Consulta de la Dirección General de 9 de septiembre de 2004, la posibilidad de celebrar matrimonios mediante la intervención de intérpretes si bien no está expresamente prevista en el Código Civil, no ofrece dudas en cuanto a su admisión, dos extranjeros pueden contraer matrimonio en España con arreglo a las formas previstas para los españoles, y que la celebración del acto matrimonial supone no solo la lectura de determinados artículos de textos legales (arts. 66, 67 y 68 del Código Civil), sino también la formulación de ciertas preguntas a los contrayentes, y, en consecuencia, la intervención del intérprete tanto en la ceremonia como en el expediente matrimonial se impone como consecuencia obligada y natural[2].

Lo que no está expresamente previsto en nuestro ordenamiento registral es cuáles son los funcionarios competentes para intervenir como intérpretes, ni la forma de su designación, ni a cargo de quien corren los gastos que su intervención genera[3]. Una referencia puede ser la Instrucción de la Dirección General de Seguridad Jurídica y Fe Pública de 3 de junio de 2021, sobre la tramitación del procedimiento de autorización de matrimonio ante notarios, cuando alguno de los solicitantes de autorización matrimonial sea extranjero y concurra la necesidad de asistencia de intérprete[4].

Acta de celebración de matrimonio civil con traductor. En ____________, a __ de ___________ de 202_.

Ante el Encargado de la Oficina del Registro Civil de ___________, en la Sala de Bodas del Palacio de Justicia, siendo las trece horas, comparecen los contrayentes:

---

[1] Conforme al art. 50 del Código Civil, "*Si ambos contrayentes son extranjeros, podrá celebrarse el matrimonio en España con arreglo a la forma prescrita para los españoles o cumpliendo la establecida por la ley personal de cualquiera de ellos*".

[2] De hecho, el art. 258 del Reglamento del Registro Civil presupone la participación del intérprete al establecer que en la inscripción del matrimonio contraído con su intervención se han de hacer constar en el asiento de matrimonio las menciones de identidad de aquel, idioma en que se celebra y contrayente a quien se traduce.

[3] Se suele buscar por vía de analogía lo dispuesto en el art. 86 del Reglamento del Registro Civil en materia de inscripción de documentos redactados en idioma no oficial en España. El solicitante de la inscripción de be aportar, junto con el documento inscribible, traducción o copia suficiente hecha por traductor u otro órgano o funcionario competente, pudiendo prescindirse de tal intervención cuando el encargado tenga conocimiento del idioma correspondiente.

[4] Dice que, si alguno o los dos contrayentes no comprenden el castellano, en el procedimiento de autorización matrimonial debe intervenir traductor jurado o perteneciente a la lista de peritos intérpretes traductores que puedan ser requeridos por el notario si fuera el caso. Si no fuera posible, se aplica supletoriamente el art. 143 de la Ley de Enjuiciamiento Civil sobre intervención de intérpretes. Si la traducción se realiza por medio de traductor "habilitado", el notario habrá de calificar o habilitar al traductor en el procedimiento tras comprobar su idoneidad.

D. ______________________, mayor de edad, de estado civil soltero y de nacionalidad española adquirida por residencia, con documento nacional de identidad n.º ________ y domiciliado en __________, C/ __________, n.º ___.

D.ª ______________________, mayor de edad, de estado civil soltera y de nacionalidad búlgara. Con pasaporte n.º __________, y el mismo domicilio que el ya citado Sr. __________________.

La Sra. __________ no habla ni entiende el idioma español. Actúa como intérprete de búlgaro el traductor jurado ____________________, de nacionalidad española adquirida por residencia, con documento nacional de identidad n.º ___________. Traducirá a la contrayente, Daniela Ivanova, lo que se hable y pregunte, del español al búlgaro. Ya realizó esta misma función durante la tramitación del previo expediente matrimonial.

Intervienen como testigos: D. _____________, con DNI n.º _________________, y D.ª _________________, con DNI n.º ________________.

Después de leídos los arts. 66, 67 y 68 del Código Civil, debidamente traducidos por el Sr. _____________ a la Sra. ___________ al idioma búlgaro, por parte del encargado del Registro Civil se pregunta en español a cada contrayente, conforme dispone el art. 58 del Código Civil, si están en el presente acto de prestación del consentimiento matrimonial de manera libre y de forma voluntaria, y si consienten en contraer matrimonio y efectivamente lo contraen en este acto. Ambos contestan afirmativamente. A la Sra. _______ se le hace la traducción del idioma español al búlgaro de la lectura de los artículos citados y de cada una de las preguntas realizadas. A los contrayentes, el Encargado del Registro Civil, los declara unidos en matrimonio.

El Encargado del Registro Civil, de conformidad con lo dispuesto en el art. 258 del Reglamento del Registro Civil, acuerda que en la inscripción del matrimonio se refleje la identidad del intérprete, ______________________, que ha traducido del español al búlgaro a la contrayente ______________.

(Firmas del Encargado, los contrayentes, el intérprete y los testigos)

Modelo n.º 91. Matrimonio en peligro de muerte[1]. Matrimonio *in articulo mortis*

SP/FORM/9679

Dispone el art. 52 del Código Civil que el matrimonio en peligro de muerte no requiere para su celebración la previa tramitación del acta o expediente matrimonial, pero sí la presencia, en su celebración, de dos testigos mayores de edad y, cuando el peligro de muerte derive de enfermedad o estado físico de alguno de los contrayentes, dictamen médico[2] sobre su capacidad para la prestación del consentimiento[3] y la gravedad de la situación.

En el matrimonio celebrado en peligro de muerte lo fundamental resulta contrastar adecuada y correctamente la capacidad volitiva y cognitiva del contrayente enfermo[4].

Normalmente, la llamada para realizar esta prestación del consentimiento matrimonial se realizará al encargado del Registro Civil[5] o al notario libremente elegido por ambos contrayentes que sea competente en el lugar de celebración[6].

---

[1] Todas las situaciones de matrimonio en peligro de muerte que he conocido a lo largo de esta ya extensa carrera registral, son las enfermedad o estado físico en peligro de uno de los contrayentes. Añadir que en ninguno de los supuestos dados se ha cuestionado en ningún momento la situación de gravedad de la enfermedad.

[2] Exige dictamen médico, como también lo dispone el art. 52.3 de la Ley del Notariado cuando señala que, si el matrimonio se celebra en peligro de muerte, el Notario otorgará escritura pública donde se recoja la prestación del consentimiento matrimonial, "*previo dictamen médico sobre su aptitud para prestar este y sobre la gravedad de la situación*". En realidad, añado, es cierto que estamos ante una situación límite desde el punto de vista emocional. Pero también es cierto que unas simples preguntas asistidos del profesional sanitario responsable del contrayente enfermo aclaran y disipan cualquier duda que se tenga sobre la capacidad de este contrayente para prestar el consentimiento.

[3] El consentimiento matrimonial es en nuestro Derecho un requisito *sine qua non* para que sea posible la autorización del matrimonio (arts. 45 y 75 del Código Civil) y este consentimiento ha de expresarse afirmativamente en ese momento solemne (art. 58 CC), de modo que no haya dudas en el autorizante de que uno y otro contrayente lo que desean precisamente es en ese mismo momento contraer matrimonio.

[4] El acta o escritura pública de celebración del matrimonio no se levantarán ni otorgarán cuando, independientemente de lo que pudiera haber sido el propósito anterior del contrayente enfermo, este no se encuentre con capacidad natural para expresar su voluntad de modo inteligible.

[5] En el caso de actuaciones urgentes e inaplazables que se susciten fuera de las horas y días de funcionamiento de dichas oficinas del Registro Civil (léase licencias de enterramiento o matrimonios *in articulo mortis*), serán los letrados y letradas de la Administración de Justicia que presten servicio en los juzgados de instrucción del partido judicial quienes realicen las labores de sustitución (Circular 5/2022, de 3 de junio de 2022, del Secretario General de la Administración de Justicia, por la que se disponen criterios para intervenir en las actuaciones urgentes en materia de Registro Civil, fuera del horario de las Oficinas de Registro Civil en funcionamiento conforme a la Ley 20/2011, de 21 de julio, del Registro Civil).

[6] El Código Civil, art. 52, también autoriza a celebrar el matrimonio en peligro de muerte a: 1.º El Juez de Paz, Alcalde o Concejal en quien delegue. 2.º El Oficial o Jefe superior inmediato respecto de los militares en campaña. 3.º El Capitán o Comandante respecto de los matrimonios que se celebren a bordo de nave o aeronave.

En este tipo de matrimonios, levantada el acta de celebración por el Encargado[7] u otorgada escritura pública por el Notario[8] donde se recoja la prestación del consentimiento matrimonial, para proceder a la inscripción del matrimonio celebrado en peligro de muerte es necesario, puesto que no ha podido tramitarse el expediente previo ni el acta matrimonial, que se comprueba, antes de la inscripción, que concurren los requisitos legales exigidos para la celebración, lo cual ha de hacerse mediante la calificación del acta o escritura pública levantada y de las declaraciones complementarias oportunas, que lleve al convencimiento de que no hay dudas de la realidad del hecho y de su legalidad.

Acta de celebración de matrimonio en peligro de muerte. Siendo las ____ horas del día __ de _________ de 202_ , el abajo firmante, Encargado de la Oficina General del Registro Civil de _______, me personé en la habitación ___ del Hospital Universitario de ________ ("HUG"), Planta de Oncología, tras llamada recibida el día anterior en la propia oficina registral en donde la contrayente ______________ solicitó la celebración en peligro de muerte de su pareja ________________.

Por el Encargado se solicitó información de la doctora ______________, oncóloga, responsable del tratamiento y evolución del paciente Sr. ______ y manifiesta que se encuentra en tratamiento oncológico avanzado, en fase irreversible y, en estos momentos, está y se encuentra consciente y orientado. Personado en la propia habitación ___ del HUG intercambio unas preguntas y respuestas con el contrayente y me manifiesta que su estado civil es el de soltero, que lleva más de quince años de relación con _________ con la que tiene una hija de catorce años. Que ha hablado con ______ y le animó a que llamase al Registro Civil para realizar y levantar el acta matrimonial. Por este Encargado se considera, como la Dra. ___________, que el contrayente está orientado y en situación de poder prestar el consentimiento matrimonial.

Se refleja en el presente acta la identificación de los contrayentes:

D. José-Juan ______________, mayor de edad, soltero, con documento nacional de identidad n.º ___________, ingresado en la habitación n.º ___ del Hospital Universitario de Guadalajara. Y

D.ª Nieves ___________, mayor de edad, de estado civil soltera, de nacionalidad española y documento nacional de identidad n.º _____________. Su domicilio se encuentra en esta Ciudad, C/ __________, n.º __, piso ___, que acreditará mediante el certificado del padrón municipal. Su teléfono de contacto es el __________ y su e-mail: _____________.

Intervienen como testigos:

Testigo 1: Doña Marta _______________, mayor de edad, con documento nacional de identidad n.º ________. Y

Testigo 2: Doña María-Luisa _______________________, mayor de edad y con documento nacional de identidad n.º ____________.

Manifiestan las testigos que tienen relación de amistad con los contrayentes, los conocen desde hace varios años y les consta que tenían intención de contraer matrimonio, pero las circunstancias han impedido ello hasta este momento.

Por el Encargado se procede a la lectura de los arts. 66, 67 y 68 del Código Civil y pregunta a cada uno de los contrayentes si consienten en contraer matrimonio y si efectivamente lo contraen en este acto y ambos contestan afirmativamente.

---

[7] Las autoridades diferentes al Encargado que han levantado el acta matrimonial en peligro de muerte (Juez de Paz, Alcalde o Concejal delegado), la remitirán al Encargado del Registro Civil del lugar de celebración para, tras la calificación correspondiente contrastando los requisitos de capacidad, voluntad y ausencia de impedimentos, acuerde, en su caso, la práctica de la inscripción del matrimonio.

[8] Este Notario que celebra el matrimonio en peligro de muerte tramitará el procedimiento de autorización posterior a la celebración. Autorizado el matrimonio lo comunicará a la oficina del Registro Civil para, en su caso y tras la calificación que realice el encargado, se practique la inscripción.

Por el Encargado se tiene por levantada la presente acta matrimonial y se informa a los contrayentes que, con carácter previo a la, en su caso, práctica de la inscripción del matrimonio, como no ha podido tramitarse el expediente previo, se comprobará que concurren los requisitos legales exigidos para la celebración, lo cual ha de hacerse mediante la calificación de la presente acta levantada. Enterados firman la misma, junto a los testigos.

(Firmas del Encargado, de los contrayentes y de las testigos)

Modelo n.º 92. Matrimonio de persona con discapacidad

SP/FORM/9680

La Convención Internacional sobre las Personas con Discapacidad, hecha en Nueva York el 13 de diciembre de 2006, y que, conforme al art. 96 de la Constitución Española forma parte de nuestro ordenamiento interno, cuyo instrumento de ratificación por España se publicó en el BOE el 21 de abril de 2008, proclama en su art. 12 que las personas con discapacidad tienen capacidad jurídica en igualdad de condiciones con las demás en todos los aspectos de la vida. Ello obliga a los Estados Parte a adoptar las medidas pertinentes para proporcionar a las personas con discapacidad acceso al apoyo que puedan necesitar en el ejercicio de su capacidad jurídica[1].

Para la prestación del consentimiento matrimonial de las personas con discapacidad[2], el art. 56 del Código Civil señala que hay que aplicar el mismo a la luz de la Convención Internacional sobre los Derechos de las Personas con Discapacidad[3]. Ello significa tener en consideración el citado art. 12 de la Convención sobre el reconocimiento de la personalidad jurídica de las personas con discapacidad y, además, el art. 23 de la misma Convención en el sentido de poner fin a la discriminación contra las personas con discapacidad en todas las cuestiones relacionadas con *"el matrimonio, la familia, la paternidad y las relaciones personales"*.

En consecuencia, para proteger los derechos de las personas con discapacidad se deberán recabar los apoyos humanos, técnicos y materiales necesarios que faciliten la emisión, interpretación y recepción del consentimiento del o los contrayentes. Solo en el caso excepcional de que alguno de los contrayentes presente una condición de salud que, *"de modo evidente, categórico y sustancial"*, pueda impedirle la prestación del consentimiento matrimonial, se recabará dictamen médico[4] sobre su aptitud para prestar el consentimiento.

La Instrucción de 3 de junio de 2021, sobre la tramitación del procedimiento de autorización de matrimonio ante notarios, en caso de referirse a persona o personas con discapacidad, si existen medidas judiciales de apoyo, el Notario deberá indicar a los interesados que el procedimiento debe ser resuelto por el Encargado del Registro Civil del domicilio de los promotores. Fuera de este supuesto, si alguno de los contrayentes, pese a las medidas

---

[1] El ordenamiento jurídico español, consecuencia de la ratificación por España de dicho tratado, pretendió adaptarse al mismo desde la Ley 26/2011, llamada, precisamente, de adaptación normativa a la Convención Internacional sobre los Derechos de las Personas con Discapacidad, y que culmina con la Ley 8/2021, de 2 de junio, por la que se reforma la legislación civil y procesal para el apoyo a las personas con discapacidad en el ejercicio de su capacidad jurídica. Ley 8/2021 que pretende dar un paso decisivo en la adecuación de nuestro ordenamiento jurídico a la Convención Internacional sobre los Derechos de las Personas con Discapacidad.

[2] Que alguno de los contrayentes estuviese afectado por deficiencias psíquicas, mentales o intelectuales. La redacción originaria del art. 56 del Código Civil hablaba de *"deficiencias o anomalías psíquicas"*, en estos casos se exigirá dictamen médico sobre la aptitud para prestar el consentimiento.

[3] Resolución-Circular de 23 de diciembre de 2016, de la Dirección General de los Registros y del Notariado, sobre la interpretación y aplicación del art. 56 del Código Civil, relativo a la forma de celebración del matrimonio.

[4] Significa que *"recabar el dictamen médico"* es el último extremo. La disposición inicial, con las oportunas ayudas humanas, técnicas y materiales, es la de autorizar la prestación del consentimiento matrimonial. Y si ello, con estos medios no fuese posible, se recabará el dictamen médico. Pero solo en este supuesto excepcional.

de apoyo, su condición de salud le impide prestar el consentimiento matrimonial, a la solicitud se deberá acompañar el informe correspondiente, en relación con su aptitud, realizado por su médico de cabecera o médico especialista[5].

Acta de celebración de matrimonio de persona con discapacidad

En _____________, a __ de _____________ de 202_.

Ante la Encargada de la Oficina General del Registro Civil de ____________, comparecen los contrayentes:

D. ____________, mayor de edad, de estado civil soltero, de nacionalidad española, con documento nacional de identidad n.º ___________. El resto de circunstancias y datos personales ha quedado acreditado en el expediente matrimonial previo. Y

D.ª ______________________, mayor de edad, de estado civil soltera, de nacionalidad española, con documento nacional de identidad n.º _____________. Como en el caso de Óscar, el resto de datos y circunstancias personales, certificación literal de nacimiento, fe de vida y estado y certificado del Padrón municipal están aportados en el expediente previo matrimonial que ha autorizado la celebración del matrimonio solicitado.

Como ha quedado constatado en el expediente matrimonial previo tramitado en esta misma Oficina de Registro Civil, ambos contrayentes tienen discapacidad auditiva[6] y, en consecuencia, el expediente matrimonial se tramitó con la intervención del Intérprete de la Lengua de los Signos (ILS), D. José-Javier _________, con documento nacional de identidad n.º _________ y carnet profesional n.º _________, quien también se encuentra presente en este acta de prestación del consentimiento matrimonial en cumplimiento de lo dispuesto en el artículo 56 del Código Civil.

Intervienen como testigos en la presente celebración, D.ª Rosario ___________, con documento nacional de identidad n.º ___________, y D.ª Ángeles ____________, con documento nacional de identidad n.º _________.

De conformidad con lo dispuesto por el art. 58 del Código Civil se procede a la lectura de los arts. 66, 67 y 68 del Código Civil y, tras cada artículo, por el Intérprete de Lengua de Signos Sr. ________, se procede a realizar la traducción correspondiente a los contrayentes.

A continuación, se pregunta a cada uno de los contrayentes si se encuentran en la presente ceremonia de matrimonio civil de manera libre y de forma voluntaria y ambos, tras la traducción correspondiente, contestan afirmativamente y asienten con la cabeza. Después, se pregunta a cada uno de ellos si consiente en contraer matrimonio con el otro y efectivamente lo contrae en este acto y, también, previa traducción al lenguaje de signos, responden afirmativamente, declarándoles que los mismos quedan unidos en matrimonio.

Con todo lo cual se da por terminada la presente acta de celebración de matrimonio y prestación de consentimiento matrimonial que se inscribirá en el registro individual de cada uno de los contrayentes. En la inscripción

[5] En relación con las disposiciones testamentarias de las personas con discapacidad, el art. 663 del Código Civil, redacción dada por Ley 8/2021, de 2 de junio, dice que: "*No pueden testar. 2.º La persona que en el momento de testar no pueda conformar o expresar su voluntad ni aun con ayuda de medios o apoyos para ello*".

[6] Real Decreto 674/2023, de 18 de julio, por el que se aprueba el Reglamento de las condiciones de utilización de la lengua de signos española y de los medios de apoyo a la comunicación oral para las personas sordas, con discapacidad auditiva y sordociegas (BOE núm. 171, de 19 de julio de 2023).

La Convención Internacional sobre los Derechos de las Personas con Discapacidad, ratificada por España, define por lenguaje tanto la lengua oral, como la lengua de signos y otras formas de comunicación no verbal, consagrando en su art. 21 el derecho de las personas con discapacidad, en este caso sordas, con discapacidad auditiva y sordoceguera, a recabar, recibir y facilitar información en igualdad de condiciones con los demás y mediante la forma de comunicación que elijan.

de matrimonio se expresará las menciones de identidad del Intérprete de Lengua de Signos, Sr. ____________, y que la traducción ha sido necesaria para ambos contrayentes.

(Firmas de la Encargada, los contrayentes, el intérprete de signos y las testigos)

Modelo n.º 93. Inscripción de la separación[1] de mutuo acuerdo ante el letrado de la Administración de Justicia

SP/FORM/9681

El art. 61 de la Ley del Registro Civil, redacción dada por Ley 6/2021, de 28 de abril, dispone que el letrado de la Administración de Justicia del Juzgado o Tribunal que hubiera dictado la resolución judicial firme de separación, nulidad o divorcio deberá remitir[2] en el mismo día o al siguiente hábil y por los medios electrónicos testimonio o copia electrónica de la misma a la Oficina General del Registro Civil, la cual practicará de forma inmediata la correspondiente inscripción.

La misma obligación tendrá el notario[3] que hubiera autorizado la escritura pública formalizando un convenio regulador de separación o divorcio.

La concordancia entre el Registro Civil y la realidad extrarregistral constituye un principio básico de la ordenación registral. Hay que procurar que lo inscrito refleje de forma precisa la realidad. Es, precisamente, esta presunción de exactitud lo que determina y fundamenta que el Registro Civil constituya prueba plena de los hechos inscritos (arts. 16 y 17 de la Ley del Registro Civil). Para lograr esta concordancia registral las obligaciones de los distintos textos legales[4] atribuyen a letrados de la Administración de Justicia y a los notarios, resulta fundamental[5].

Si existen hijos menores no emancipados o hijos mayores respecto de los que se hayan establecido judicialmente medidas de apoyo atribuidas a sus progenitores, la separación se decreta judicialmente (art. 81 del Código Civil).

---

[1] La sentencia o decreto de separación o el otorgamiento de la escritura pública del convenio regulador que la determine producen la suspensión de la vida en común de los casados y cesa la posibilidad de vincular bienes del otro cónyuge en el ejercicio de la potestad doméstica (art. 83 del Código Civil).

[2] El art. 755 de la Ley de Enjuiciamiento Civil señala que el letrado de la Administración de Justicia acordará que las sentencias y demás resoluciones judiciales dictadas en los procedimientos a que se riere este Título (Medidas judiciales de apoyo a las personas con discapacidad, filiación, matrimonio y menores) se comuniquen de oficio a los Registros Civiles para la práctica de los asientos que correspondan.

[3] El art. 48 de la Ley del Notariado de 28 de mayo de 1862, modificado por Ley 8/2021, de 2 de junio, dispone que: *"Los cónyuges, cuando no tuvieren hijos menores no emancipados o mayores respecto de los que se hayan establecido judicialmente medidas de apoyo atribuidas a sus progenitores, podrán acordar su separación matrimonial o divorcio de mutuo acuerdo, mediante la formulación de un convenio regulador en escritura pública. Deberán prestar su consentimiento ante el Notario del último domicilio común o el del domicilio o residencia habitual de cualquiera de los solicitantes.*
Los cónyuges deberán estar asistidos en el otorgamiento de la escritura pública de Letrado en ejercicio.
La solicitud, tramitación y otorgamiento de la escritura pública se ajustarán a lo dispuesto en el Código Civil y en esta ley".

[4] Ley del Registro Civil, Ley del Notariado y Ley de Enjuiciamiento Civil.

[5] Con carácter genérico, los arts. 34 y 35 de la Ley del Registro Civil ya determinan que, tanto los letrados de la Administración de Justicia para el reflejo registral de las resoluciones judiciales, como los notarios para la inscripción de los documentos notariales, tienen obligación, respectivamente, de remitir a la Oficina General del Registro Civil, tanto el testimonio de la resolución judicial como los documentos públicos que den lugar a asiento en el Registro Civil.

Si no hay hijos menores ni mayores con medidas judiciales de apoyo, los cónyuges pueden acordar su separación de mutuo acuerdo transcurridos tres meses desde la celebración del matrimonio mediante la formulación de un convenio regulador ante el letrado de la Administración de Justicia o en escritura pública ante Notario.

Decreto n.º ___ de la Letrada de la Administración de Justicia __________ dictado en el procedimiento de separación de mutuo acuerdo n.º ____/_____, del Juzgado de Primera Instancia n.º ___ de _________

Partes solicitantes: D. Francisco ______________ y D.ª Pilar _______________.

Abogado: _______________.

Procurador: _________________.

Objeto: La declaración de separación legal del matrimonio formado por D. Francisco ____________________ y D.ª Pilar _____________________, por el procedimiento de mutuo acuerdo.

Antecedentes de Hecho

Primero. Por el Procurador de los Tribunales Sra. ____________, en nombre y representación de D.ª Pilar _________________, se presentó escrito solicitando la separación del matrimonio pedido de mutuo acuerdo con el consentimiento de D. Francisco ___________________.

Segundo. Al escrito de demanda se ha acompañado solicitud de convenio regulador de fecha __ de __________ de 202_.

En el matrimonio no existen hijos menores ni mayores respecto de los que se hayan establecido judicialmente medidas de apoyo atribuidas a sus progenitores.

Tercero. Los cónyuges se han ratificado por separado a presencia judicial en su petición de separación y, no habiendo en el matrimonio hijos menores ni mayores con medidas judiciales de apoyo, y estimando el tribunal suficiente la documentación aportada e innecesaria la práctica de ninguna otra prueba, han quedado los autos pendientes de dictar resolución.

Fundamentos de Derecho

Primero. Dispone el art. 81.1 del Código Civil que se decretará judicialmente la separación, cualquiera que sea la forma de celebración del matrimonio, a petición de ambos cónyuges o de uno con el consentimiento del otro, una vez transcurridos tres meses desde la celebración del matrimonio. A la demanda se acompañará una propuesta de convenio regulador redactada conforme al art. 90 del Código Civil.

Segundo. Los cónyuges contrajeron matrimonio en ________, el día __ de _______ de 20_ _, habiendo transcurrido, en consecuencia, más de tres meses desde su celebración.

Tercero. Presentado convenio regulador, de conformidad con el artículo 90 del Código Civil, considero que protege adecuadamente los intereses de los cónyuges.

Cuarto. Los cónyuges, por separado, conforme determina el n.º 3 del art. 777 de la Ley de Enjuiciamiento Civil, se han ratificado en el convenio regulador[6].

[6] Tener en cuenta que si la solicitud de separación no se ratifica por alguno de los cónyuges, el letrado de la Administración de Justicia acordará el "*inmediato archivo de las actuaciones*", quedando a salvo el derecho de los cónyuges a promover la separación o el divorcio conforme a lo dispuesto en el art. 770 LEC 1/2000, de 7 de enero.

Quinto. Atendiendo a la naturaleza del procedimiento, no procede hacer manifestación alguna sobre las posibles costas causadas.

Parte dispositiva

Se acuerda declarar la separación legal del matrimonio formado por D. Francisco _________________________ y D.ª Pilar _______________________, que ambos contrajeron en __________, el día __ de ____________ de 20__.

Se aprueba la propuesta de convenio regulador de los efectos del mismo, fechada el día __ de ___________ de 202_.

No se hace especial pronunciamiento de las posibles costas causadas.

Conforme dispone el art. 61 de la Ley del Registro Civil, remítase testimonio o copia electrónica de la presente a la Oficina General del Registro Civil de __________, donde consta inscrito el asiento de matrimonio de los contrayentes.

La presente resolución es firme.

(Firma de la Letrada de la Administración de Justicia)

Modelo n.º 94. Separación matrimonial de mutuo acuerdo ante Notario[1]

SP/FORM/9682

Escritura número XXXX.

SEPARACIÓN MATRIMONIAL DE MUTUO ACUERDO.

En ______________, mi residencia, a ___________ de ______________ de dos ________________.

Ante mí, __________________, Notario del Ilustre Colegio de ____________.

Comparecen

D.ª Lidia ___________, mayor de edad, casada, farmacéutica, vecina de ______, con domicilio en C/ _________, n.º ___, piso __, y con DNI/NIF número ____________.

D. Carmelo ____________, mayor de edad, casado, comercial, vecino de Talavera de la Reina (Toledo), con domicilio en Plaza ___________, n.º __ y con DNI/NIF número ___________.

Y D.ª ____________________, mayor de edad, soltera, abogada, con domicilio profesional en _______________ número __, Planta __, Oficina __, y con DNI/NIF número ___________.

Intervienen

I. Doña Lidia Pérez Manero y Don Carmelo Martín Catalán, intervienen en su propio nombre y derecho.

II. Y Doña Pilar De Pablo Ibáñez, es letrada en ejercicio, colegiada número 1.151 del Ilustre Colegio de Abogados de Toledo, con plenas facultades, interviene a los solos efectos de prestar el asesoramiento legal requerido para este otorgamiento.

Identifico a los comparecientes por los documentos exhibidos, constan de sus manifestaciones los datos personales y tienen, a mi juicio, capacidad necesaria para otorgar esta ESCRITURA DE SEPARACIÓN MATRIMONIAL DE MUTUO ACUERDO; y al efecto,

---

[1] Los cónyuges, como señalan los arts. 82 del Código Civil y 54 de la Ley del Notariado, podrán acordar su separación matrimonial o divorcio de mutuo acuerdo cuando no tuvieren hijos menores no emancipados o hijos mayores respecto de los que se hayan establecido judicialmente medidas de apoyo atribuidas a sus progenitores.

Exponen

1.ª Antecedentes

I. Que D.ª _________________ y D. _______________, contrajeron matrimonio el día __ de _________ de 20__ en Toledo, el cual fue inscrito en el Registro Civil de Toledo en la Sección Segunda del mismo, Tomo ___, Página ___, según resulta del Libro de Familia que me exhiben.

II. Que el último domicilio común de ambos estuvo situado en _______, C/ ___________, n.º __, lo que me acreditan mediante los correspondientes certificados de empadronamiento que me exhiben. Por lo que yo, el Notario, soy competente para el presente otorgamiento.

III. Que no tienen hijos menores de edad no emancipados ni mayores de edad respecto de los que judicialmente se hayan establecido medidas de apoyo.

IV. Que ambos contrayentes declaran su voluntad inequívoca de separarse, y a estos efectos han redactado un convenio regulador de los efectos de la separación. Consta extendido por ambas caras y firmado por ambos en todas sus hojas. Los comparecientes me lo entregan para su incorporación a la presente y manifiestan que, con anterioridad, no ha sido presentado a otro notario o letrado de la Administración de Justicia que lo haya rechazado.

2.ª Formalización de esta escritura

Expuesto lo anterior, los comparecientes formalizan esta escritura de conformidad con las siguientes:

Cláusulas

Primera. D.ª ____________________ y D. _________________________ acuerdan y otorgan de mutuo acuerdo su separación matrimonial y formulan como convenio regulador a los efectos del mismo el que ha sido incorporado a la presente escritura y en el que se ratifican en todas sus partes.

Segunda. Los cónyuges han sido asistidos en este otorgamiento por la letrada D.ª _________________________, la cual, presente en este acto, firma también la escritura en prueba de su presencia y asistencia prestada.

Tercera. Como consecuencia de la declaración de separación matrimonial, se produce la suspensión de la vida en común, cesa la posibilidad de vincular bienes del otro cónyuge en el ejercicio de la potestad doméstica y no procede la liquidación de la sociedad conyugal ya que no existen bienes comunes y están casados bajo el régimen legal de separación de bienes según se refleja en indicación registral que figura en su asiento de matrimonio.

Cuarta. Quedan revocados todos los poderes y consentimientos que los cónyuges se hubieran otorgado entre sí.

Quinta. Comunicación al Registro Civil. Procede remitir copia autorizada de la presente a la Oficina General del Registro Civil de Toledo para, en cumplimiento de lo dispuesto en el art. 61 de la Ley del Registro Civil, se practique de forma inmediata la correspondiente inscripción.

Modelo n.º 95. Separación matrimonial contenciosa

SP/FORM/9683

Sentencia n.º ___/___.

Juzgado de Primera Instancia n.º ___ de ___________.

Separación contenciosa.

N.º Procedimiento: ___/___.

Vistos por mí, ___________________, Magistrada del Juzgado de Primera Instancia n.º __ de ___________, los autos n.º __/__, de separación contenciosa, que se siguen en este Juzgado de Primera Instancia n.º __ de _________, a instancia de la demanda interpuesta por la representación procesal de Felisa Ventura Fernández frente a Antonio Gil Torres, en situación procesal de rebeldía.

Antecedentes de hecho

Primero. Por la legal representación de D.ª_____________________________ se interpuso demanda frente a D. ________________________, cuyo conocimiento, en aplicación de las normas de reparto, correspondió a este Juzgado de Primera Instancia n.º __ de _______. En la misma se alegaron los hechos y fundamentos jurídicos que estimaban de aplicación, solicitando la separación legal del demandado con el resto de solicitudes que figuran en el suplico de la demanda.

Segundo. Se admitió a trámite la demanda dando traslado de la misma al demandado sin que el mismo se personase ni conteste, lo que ha determinado la declaración de situación de rebeldía procesal. Se señaló la celebración de la vista citando a las partes en legal y debida forma.

Tercero. El día de la vista, __ de ________ de ____, compareció a la misma la parte demandante y no compareció el demandado. La actora se ratificó en su solicitud inicial practicando la prueba propuesta y declarada pertinente, se formularon conclusiones y quedaron los autos vistos para sentencia.

Fundamentos de derecho

Primero. El artículo 770 LEC 1/2000, de 7 de enero, señala que las demandas de separación y divorcio se sustanciarán por los trámites del juicio verbal.

Segundo. Solicitaba la parte demandante la separación de D. __________________ con el que había contraído matrimonio en Madrid el 19 de marzo de 2007, junto con la adopción de las siguientes medidas: Disolución del régimen económico matrimonial y revocación de poderes; atribución a la actora de la vivienda familiar; no establecimiento de pensión por desequilibrio; remisión del testimonio de la sentencia de separación al Registro Civil de Madrid para su inscripción.

Tercero. Se solicita por la parte demandante la separación judicial del matrimonio con el demandado. En el presente supuesto, de conformidad con lo dispuesto en los arts. 81, 95 y 102 del Código Civil, tras las pruebas practicadas en la causa, el interrogatorio de la demandante y la documental adjunta, queda acreditado que ambas partes contrajeron matrimonio en Madrid el 19 de marzo de 2007, por lo que concurre, sin duda, el requisito esencial para poder acordar la separación legal entre ambos y haber transcurrido de sobra el plazo de tres meses desde la celebración del matrimonio. Por ello se decreta la separación legal de los cónyuges con todos los efectos que de ello derivan *ex lege* y que implican tanto la revocación de poderes como la disolución del régimen económico matrimonial. También procederá la inscripción de esta sentencia en el asiento de matrimonio de los contrayentes.

Cuarto. Conforme al artículo 91 del Código Civil, la demandante solicitaba, además, la atribución del uso sobre la vivienda familiar. Vivienda cuya titularidad es de los contrayentes pero es la demandante la que, tras la separación de hecho hace más de un año, vive en dicha vivienda. En consecuencia, procede otorgar el uso y disfrute de la vivienda familiar a la demandante.

Quinto. Al no haber ningún desequilibrio económico, no procede establecer pensión compensatoria alguna.

Fallo

Estimar íntegramente la demanda interpuesta por la representación procesal de Doña Felisa Ventura Fernández frente a D. ________________ y, en consecuencia: 1. Decretar la separación legal de los cónyuges, con todos los efectos que de ello derivan respecto a la disolución del régimen económico matrimonial y la revocación de poderes que se hubieran podido otorgar. 2. Atribuir el uso de la vivienda familiar a favor de D.ª ______________. 3. No establezco pensión compensatoria alguna.

No procede realizar condena alguna de las costas procesales a ninguna de las partes. A la firmeza de la presente resolución, de conformidad con lo dispuesto en el art. 61 de la Ley del Registro Civil, el letrado de la Administración de Justicia de este Juzgado de Primera Instancia n.º __ de __________, remitirá testimonio de la sentencia para inscribir la misma en la Sección Segunda, Tomo ___, Página ___, de la Oficina General del Registro Civil de Madrid.

Modelo n.º 96. Divorcio de mutuo acuerdo con hijos menores

SP/FORM/9684

El matrimonio se disuelve, sea cual fuere la forma y el tiempo de su celebración, por la muerte o la declaración de fallecimiento de uno de los cónyuges y por el divorcio (art. 85 del Código Civil).

Como en el supuesto de la separación, el divorcio se decreta judicialmente cuando existan hijos menores no emancipados o hijos mayores respecto de los que se hayan establecido judicialmente medidas de apoyo atribuidas a sus progenitores. De igual manera, no existiendo hijos menores ni mayores con medidas de apoyo, los cónyuges también pueden acordar su divorcio de mutuo acuerdo mediante la formulación de un convenio regulador ante el letrado de la Administración de Justicia o en escritura pública ante Notario.

Sentencia n.º ___/___.

Magistrado-Juez que la dicta: ____________________.

Lugar: _________.

Fecha: __ de ____________ de ____.

Procedimiento: Familia. Divorcio mutuo acuerdo n.º ___/___.

Partes solicitantes: Luis Robles De la Cruz y Cecilia Olmos Rodríguez.

Abogado/a: _______________________.

Procurador/a: ____________________________.

Objeto del juicio: Declaración de la disolución de matrimonio por divorcio por el procedimiento de mutuo acuerdo.

Antecedentes de hecho

Primero. Por el Procurador de los Tribunales Sr. _______________ en nombre y representación de ____________ y _______________, se presentó escrito solicitando la declaración de divorcio del matrimonio solicitado de mutuo acuerdo.

Segundo. Al escrito de demanda se ha acompañado solicitud de convenio regulador de fecha __ de ___________ de _____. En el matrimonio, como se refleja en el convenio regulador, hay dos hijos menores, ____ y _____, de siete y cuatro años, respectivamente.

Tercero. Existiendo estos hijos menores de edad se ha solicitado informe al Ministerio Fiscal en orden al convenio regulador y el Ministerio Público ha informado favorablemente.

Fundamentos de derecho

Primero. Dispone el art. 85 del Código Civil que el matrimonio se disuelve, sea cual fuere la forma y el tiempo de su celebración, por la muerte o la declaración de fallecimiento de uno de los cónyuges y por el divorcio.

Por su parte, el art. 86 CC en relación al 81 del mismo Cuerpo legal, señala que el divorcio se decretará judicialmente, cualquiera que sea la forma de celebración del matrimonio, a petición de uno solo de los cónyuges, de ambos o de uno con el consentimiento del otro.

Segundo. Los cónyuges contrajeron matrimonio en __________ ________ el __ de ____ de ____ y, en consecuencia, han transcurrido más de tres meses desde su celebración.

Tercero. Habiendo hijos menores se solicitó dictamen del Ministerio Fiscal que ha informado favorablemente al considerar protegidos de manera adecuada los intereses de los mismos.

Cuarto. Los cónyuges, a presencia judicial, se han ratificado por separado en el convenio regulador, tal y como determina el art. 777 de la Ley de Enjuiciamiento Civil.

Quinto. Del examen conjunto y racional del Convenio regulador presentado, es de estimar el mismo y homologar su total contenido, dado que el mismo tiene en cuenta el interés familiar y se protegen adecuadamente los intereses de los hijos menores ________ y __________________________.

Sexto. No procede imponer las costas a las partes atendiendo a la naturaleza del procedimiento.

Fallo

Acuerdo: 1. Declarar la disolución por divorcio del matrimonio formado por Luis ________________ y Cecilia ____________, que ambos contrajeron en __________ ___________ el __ de __ de _____.

2. Aprobar la propuesta de convenio regulador de fecha __ de ___________ de 202_, propuesto por las partes, que quedará unido a la presente sentencia formando parte de la misma.

3. No ha lugar a la imposición de costa.

4. Firme esta sentencia, se procederá a su inscripción en el Registro Civil de _____________ _____________, en la Sección Segunda del mismo, Tomo ___, página ___, acordando el letrado de la Administración de Justicia lo necesario para su comunicación, de conformidad con lo dispuesto en los arts. 61 de la Ley del Registro Civil y 755 de la Ley de Enjuiciamiento Civil.

Esta sentencia solo podrá ser recurrida en apelación para ante la Audiencia Provincial de __________, en interés de los hijos menores, por el Ministerio Fiscal.

Modelo n.º 97. Divorcio de mutuo acuerdo acordado por Notario

SP/FORM/9685

Siempre que no existan hijos menores no emancipados o hijos mayores respecto de los que se hayan establecido judicialmente medidas de apoyo a tribuidas a sus progenitores, es posible acordar el divorcio de mutuo acuerdo mediante la formulación de un convenio regulador en escritura pública (arts. 81 y 87 del Código Civil y 54.1 de la Ley del Notariado).

Número mil cuatrocientas ochenta y cuatro.

Divorcio por mutuo acuerdo

Ante mí, ________________________, Notaria del Ilustre Colegio de ______, con residencia en ______.

Comparecen

D. _______________, nacido en _____________, el 21 de abril de 1972, casado, operario, vecino de Burgos, ______________, DNI/NIF número ___________.

Doña Cristina __________, nacida en _____________, el 2 de febrero de 1970, profesora, vecina de Burgos, C/ __________________________, con DNI/NIF número __________. Y

D.ª _________________________, mayor de edad, Abogada del Ilustre Colegio de Abogados de Burgos, colegiada n.º 707, y con domicilio a efectos de comunicaciones en su despacho profesional de los ______________ ______________, con DNI/NIF número ___________.

Intervienen en su propio nombre e identifico a los comparecientes con sus documentos de identidad. Tienen, a mi juicio, capacidad legal necesaria para este acto y, al efecto, manifestando D.ª _______________ que es Letrada en ejercicio, con plenas facultades para prestar asesoramiento legal requerido para este otorgamiento y, a tal efecto,

Exponen

I. Que los cónyuges D. Miguel _______________ y D.ª _______________, contrajeron matrimonio entre sí en Burgos el 30 de abril de 2001, habiéndose inscrito el mismo en el Registro Civil en la Sección Segunda del mismo, Tomo ___, página ___, según certificado literal de nacimiento que incorporo a esta matriz.

II. Que del citado matrimonio tienen un hijo, Daniel _____________, nacido en ________ el ___ de ____ de ____, e inscrito en el Registro Civil de Burgos en la Sección Primera del mismo, Tomo ___, página ___.

III. Que ambos cónyuges comparecientes declaran su voluntad inequívoca de divorciarse y, a estos efectos, el día ___ de ____ de ____ han suscrito un convenio regulador de divorcio, extendido por el anverso y reverso de dos folios en papel común, firmados por ambos, que me entregan e, igualmente, incorporo a esta matriz.

IV. Dichos contrayentes y la Letrada interviniente declaran que este convenio no ha sido presentado anteriormente a otro notario o letrado de la Administración de Justicia que lo hubiera rechazado por razones contenidas en el art. 90.2 del Código Civil.

Expuesto lo anterior, OTORGAN.

Primero. Don Miguel ______ y Doña _______________ pactan de mutuo acuerdo el divorcio de su matrimonio, ratificando en todos sus extremos su Convenio Regulador, que ha quedado incorporado a esta escritura.

Segundo. Que han sido asistidos en este otorgamiento por la citada Letrada Doña _______________, presente en este acto.

Tercero. Que, en cuanto a la liquidación de los bienes del matrimonio, nada tienen que adjudicarse, según resulta del Convenio Regulador.

Cuarto. Quedan revocados cuantos poderes y/o autorizaciones o consentimientos que dichos cónyuges se hubieran conferido entre sí.

Quinto. De conformidad con lo dispuesto en el art. 82 del Código Civil, no es necesaria la comparecencia en este acto del citado hijo, _______________, por no existir en el convenio regulador de divorcio medidas que afecten al mismo, en cuanto a mantenimiento y convivencia familiar, por tener su propia independencia económica y domicilio particular.

Sexto. Se acuerda remitir al Registro Civil de Burgos, a los efectos del art. 61 de la Ley del Registro Civil, copia autorizada en papel de esta escritura, a los efectos de su inscripción.

Modelo n.º 98. Divorcio contencioso

SP/FORM/9686

Sentencia n.º 00066/2023.

En Murcia, a doce de febrero de 2023.

Vistos por D.ª ________________, Magistrada-Juez del Juzgado de Primera Instancia n.º __ de ______, los presentes autos de Juicio de Divorcio, seguidos en este Juzgado bajo el núm. 131/2022 a instancia de D.ª ____________________, representada por la Procuradora Sra. ___________, y asistida por la Letrada Sra. ___________, frente a D. __________, representado por el Procurador Sr. ___________, y defendido por la Letrada Sra. ____________, en los que ha intervenido el Ministerio Fiscal.

Antecedentes de hecho

Primero. Por la Procuradora Sra. __________ en nombre y representación de D.ª ________________ se formuló demanda de divorcio cuyo conocimiento por turno de reparto correspondió a este JPI n.º __ de ______, concluyendo con el suplico de que se dicte sentencia en la que se declare la disolución del vínculo matrimonial por divorcio y se aprueben las medidas propuestas en relación a los hijos menores _____ y _______.

Segundo. Dictado decreto de admisión de la demanda, se da traslado de la misma al Ministerio Fiscal y a la parte demandada. Esta contestó a la demanda y se mostró conforme con el divorcio, pero interesó otras medidas reguladoras de la situación de los hijos comunes y menores de edad _____ y _______.

Tercero. Se celebró la correspondiente vista en fecha __ de _________ de ____. Las partes informaron estar conformes con el divorcio y las medidas que se expusieron en el acto. El Ministerio Fiscal no encontró motivo de oposición a lo acordado y quedaron las actuaciones vistas para sentencia.

Fundamentos de derecho

Primero. La parte actora, D.ª _________________________, solicita que se declare la disolución por divorcio del matrimonio que contrajo el __ de ____ de ___ con D. ________________, celebrado en Murcia e inscrito en ese mismo Registro Civil en la Sección Segunda, Tomo ___, página ___. Alega cono fundamentos de derecho de sus pretensiones los arts. 81.2 y 86 del Código Civil y 770 de la Ley de Enjuiciamiento Civil. El demandado se muestra conforme con la declaración de divorcio solicitada.

Segundo. De conformidad con lo dispuesto en los arts. 32.2 CE y 86 del Código Civil, a la vista de los documentos de la demanda, queda contrastado el transcurso de más de tres meses desde la celebración del matrimonio, por lo que debe estimarse la demanda decretando la disolución por divorcio del matrimonio al haberlo solicitado uno de los cónyuges y estando conforme el otro.

Tercero. Atendiendo a la documental adjuntada al proceso, así como el acuerdo alcanzado por los cónyuges y su aceptación por el Ministerio Fiscal en la tutela del interés de los hijos menores de edad, _____ y _______, se accede a lo solicitado en cuanto a las medidas reguladoras de la relación de los excónyuges con sus hijos menores y, en aplicación de los dispuesto en los arts. 90 y ss. CC, se van a fijar como definitivas.

Cuarto. No procede la imposición de costas a ninguna de las partes. Contra esta sentencia cabe interponer recurso de apelación por el Ministerio Fiscal en interés de los hijos menores de edad (art. 777.8 LEC).

Parte dispositiva

Que, estimando parcialmente la demanda interpuesta por D.ª ____________________________________ frente a D. ______________________________, acuerdo la disolución por divorcio del matrimonio celebrado entre ambos el 30 de julio de 2013 e inscrito en el Registro Civil de _______.

Asimismo, acuerdo las siguientes medidas definitivas: 1. Se mantiene la patria potestad compartida por ambos progenitores. 2. Se atribuye la guarda y custodia de _____ y _______ a su madre, ______________________. 3. Régimen de visitas: el padre podrá estar con sus hijos los fines de semana alternos. Durante las vacaciones escolares, _____ y _______ estarán con su padre la mitad de las mismas. 4. Pensión alimenticia: se fija una pensión de alimentos a cargo del padre y a favor de los dos hijos menores de trescientos euros (300 €), ciento cincuenta por cada uno de ellos. Se actualizará con el IPC y se ingresará los cinco primeros días del mes en la cuenta que designe la madre. Los gastos extraordinarios los asumirá cada progenitor al 50 %.

No procede la imposición de costas a ninguna de las partes.

Contra la presente resolución cabe interponer recurso de apelación por el Ministerio Fiscal.

Firme la presente, de conformidad con lo dispuesto en el art. 61 de la Ley del Registro Civil, el Letrado de la Administración de Justicia de este JPI n.º ___ de ________ remitirá testimonio de la presente resolución al Registro Civil de _______ para que en el asiento de matrimonio de los contrayentes se inscriba la presente sentencia de divorcio.

Modelo n.º 99. Nulidad matrimonial

SP/FORM/9687

La acción para pedir la nulidad del matrimonio[1] corresponde a los cónyuges, al Ministerio Fiscal y a cualquier persona que tenga interés directo y legítimo en ella (art. 74 del Código Civil).

A diferencia de la separación o el divorcio que, por mutuo acuerdo y no existan hijos menores no emancipado o mayores respecto de los que se hayan establecido judicialmente medidas de apoyo atribuidas a sus progenitores, lo pueden decretar tanto el letrado de la Administración de Justicia como el Notario, la nulidad de un matrimonio solo la puede acordar un juez mediante la sentencia o auto correspondiente.

Sentencia n.º __________

En __________, a ____ de __________ de ____

Magistrado-Juez del Juzgado de Primera Instancia n.º __ de __________ que la dicta: D./D.ª ______________.

Objeto del juicio: Familia. Nulidad matrimonial.

Antecedentes de hecho

Primero. Por la Procuradora de los Tribunales D.ª ____________________, en nombre y representación de D. ____________________, se presentó demanda suplicando se dictase sentencia decretando la nulidad de su matrimonio con D.ª ____________________________, alegando los hechos y fundamentos de derecho que estimó oportunos en apoyo de sus pretensiones.

Segundo. Admitida a trámite la demanda se emplazó a la parte demandada para que compareciese en los autos y contestare a la demanda, si a su derecho conviniere, en el plazo de veinte días. Compareció en legal forma y se convocó a las partes a una vista en donde, admitida la prueba propuesta, se practicó la misma y quedaron las actuaciones vistas para sentencia.

---

[1] Las causas por las que un matrimonio puede ser declarado nulo las refiere el art. 73 del Código Civil: el celebrado sin consentimiento matrimonial; el celebrado entre las personas que no pueden contraer matrimonio y que las señalan los arts. 46 y 47 del Código Civil; el celebrado sin el autorizante designado, o sin la de testigos; el matrimonio celebrado por error en la identidad de la persona del otro contrayente o en aquellas cualidades personales que, por su entidad, hubieren sido determinantes de la prestación del consentimiento; el contraído por coacción o miedo grave.

Fundamentos de derecho

Primero. Visto el contenido de la demanda de nulidad matrimonial que presenta D. ________________ en relación al matrimonio que contrajo con D.ª ______________ en la Oficialía del Estado Civil ________________ (República Dominicana) el día 30 de noviembre de 2014. Sobre la base de la prueba practicada, procede establecer lo siguiente:

– Este Juzgado de Primera Instancia n.º __ de ________ es competente para conocer la presente demanda de nulidad matrimonial.

– D. ________________ es de nacionalidad española y, por tanto, de conformidad con lo dispuesto en el artículo 107 del Código Civil, resulta aplicable la legislación española.

– De la prueba practicada se contrasta y acredita que el matrimonio en su día celebrado es nulo por falta de verdadero consentimiento matrimonial de los contrayentes y el art. 45 del Código Civil dice que "*No hay matrimonio sin consentimiento matrimonial*". El matrimonio celebrado fue, conforme a la prueba practicada, un matrimonio de complacencia. La Resolución de la Dirección General de los Registros y del Notariado de 4 de febrero de 2017 confirma la denegación de la inscripción del matrimonio que, a su vez, había resuelto el Consulado General de España en Santo Domingo. La resolución confirma que el matrimonio celebrado entre los litigantes fue un matrimonio simulado y, por tanto, nulo de pleno derecho conforme disponen los arts. 45 y 73.1 CC. Ahora se añaden las manifestaciones del demandante de que el matrimonio no ha convivido nunca y no pretendía el cumplimiento de los fines previstos en el Código Civil.

Parte dispositiva

Atendiendo a lo expuesto en los Fundamentos Jurídicos anteriores procede estimar íntegramente la demanda presentada por la Procuradora Sra. ______________, actuando en nombre y representación de D. ____________________, frente a D.ª ______________, en situación de rebeldía procesal, y decretar la nulidad del matrimonio que ambos contrajeron en la Oficialía del Estado Civil ____________________ el día __ de __________ de _____, con los efectos inherentes a esa declaración.

No procede hacer expresa imposición de las costas causadas.

Firme la presente resolución, remítase testimonio de la misma al Registro Civil Central para que, mediante anotación soporte, se practique la inscripción de esta sentencia.

Contra la presente resolución, en el plazo de veinte días desde la notificación de la misma, cabe interponer recurso de apelación ante la Audiencia Provincial de ________.

Modelo n.º 100. Nulidad de matrimonio canónico

SP/FORM/9688

El párrafo in fine del art. 61 de la Ley del Registro Civil[1] contempla el supuesto del reconocimiento de eficacia civil de las resoluciones eclesiásticas. A su vez, el art. 80 del Código Civil dispone que las resoluciones dictadas por los Tribunales eclesiásticos sobre nulidad de matrimonio canónico o las decisiones pontificias sobre matrimonia rato y no consumado tendrán eficacia en el orden civil, a solicitud de cualquiera de las partes, si se declaran ajustadas al Derecho del Estado en resolución dictada por el Juez civil competente conforme a las condiciones a las que se refiere el art. 778 de la Ley de Enjuiciamiento Civil.

La tramitación es muy sencilla. Se presenta la demanda de solicitud de eficacia civil de la resolución dictada por el Tribunal eclesiástico en el juzgado del último domicilio del matrimonio o el de residencia del demandado (art. 769.1 LEC), se da audiencia por diez días al otro cónyuge y al Ministerio Fiscal y se resuelve por medio de auto.

Auto__________

Magistrado-Juez que la dicta: D./D.ª ______________.

Lugar: ____________

Fecha: __ de _______ de _____.

Antecedentes de Hecho

Primero. Por la Procuradora Sra. ___________ y por el Procurador Sr. ___________, en nombre y representación, respectivamente, de _________________ y ________________, se presenta demanda en solicitud de reconocimiento de eficacia civil de la resolución canónica dictada el __ de _____ de ____ del Arzobispado de ___________ sobre nulidad de su matrimonio dictada en causa de nulidad matrimonial n.º ______.

Segundo. De la anterior solicitud se ha dado audiencia al Ministerio Fiscal por diez días informando en sentido favorable a la eficacia civil solicitada.

Fundamentos de derecho

Primero. No habiéndose formulado oposición a la eficacia civil de resolución canónica ni por los cónyuges, que han presentado la demanda conjuntamente, ni por el Ministerio Fiscal, y contrastando que dicha resolución es

[1] *"Las resoluciones sobre disolución de matrimonio canónico dictadas por autoridad eclesiástica reconocida, se inscribirán si cumplen los requisitos que prevé el ordenamiento jurídico".*

En el mismo sentido, el Acuerdo VI.2 del Acuerdo de 3 de enero de 1979, entre el Estado Español y la Santa Sede sobre Asuntos Jurídicos: *"Los contrayentes, a tenor de las disposiciones del Derecho Canónico, podrán acudir a los Tribunales eclesiásticos solicitando declaración de nulidad o pedir decisión pontificia sobre matrimonio rato y no consumado. A solicitud de cualquiera de las partes, dichas resoluciones eclesiásticas tendrán eficacia en el orden civil si se declaran ajustadas al Derecho del Estado en resolución dictada por el Tribunal civil competente".*

auténtica, ajustada al Derecho del Estado, ejecutoria y no se ha dictado en rebeldía, procede, con arreglo a lo dispuesto en el artículo 80 del Código Civil, acceder a lo solicitado en la demanda.

Parte dispositiva

Se acuerda reconocer eficacia civil a la resolución dictada por el Arzobispado de ___________ el ____________ por la que se declaró la nulidad del matrimonio celebrado en __________ el __ de _____ de _____ entre _______________ y _________________. Sin especial declaración de costas.

Firme la presente resolución, remítase testimonio de la misma al Registro Civil de __________ para que en la Sección Segunda del mismo, Tomo ___, página ___, donde consta el asiento de matrimonio de los demandantes, se inscriba la presente resolución.

Contra la presente resolución cabe interponer, en el plazo de veinte días desde la notificación de la misma, recurso de apelación ante la Audiencia Provincial de _______________.

Modelo n.º 101. Reconciliación tras separación[1]

SP/FORM/9689

De la misma manera que un matrimonio es posible que se divorcie, se separe o se decrete la nulidad del mismo, también cabe la posibilidad de que un procedimiento de separación[2] o una resolución decretando la misma, se pongan término a ese procedimiento de separación o se deje sin efecto ulterior esta resolución de separación, mediante la reconciliación de los contrayentes[3].

La reconciliación tras separación de los cónyuges puede haberse acordado mediante resolución judicial o, también, si la separación ha tenido lugar sin intervención judicial, ante Notario mediante escritura pública asistidos los cónyuges de Letrado en ejercicio y siempre que no haya hijos menores no emancipados o hijos mayores respecto de los que se hayan establecido judicialmente medidas de apoyo atribuidas a sus progenitores, la reconciliación puede formalizarse en escritura pública o acta de manifestaciones.

Auto

Magistrado-Juez D./D.ª __________________ del Juzgado de Primera Instancia n.º _ de __________.

En ______________, a ____ de _______ de ______________.

Antecedentes de hecho

Único. En este Juzgado se tramitó demanda de separación de mutuo acuerdo número ________, seguidos a instancia de D. __________________ y D.ª ________________. Habiéndose observado las prescripciones legales se dictó sentencia de fecha veintinueve de julio de dos mil veintitrés acordándose la separación y las medidas subsiguientes a la misma. Posteriormente, el siete de septiembre de dos mil veintitrés, las partes comparecieron y manifestaron en el Juzgado que se habían reconciliado y reanudado su convivencia conyugal.

---

[1] Lógicamente, la posibilidad de reconciliación de los cónyuges solo se plantea en el supuesto de separación matrimonial. Si los cónyuges se han divorciado no es posible la reconciliación consecuencia de que el matrimonio se ha disuelto y la única vía registral de unirse los divorciados entre sí es contrayendo un nuevo matrimonio.

[2] Evidentemente, la reconciliación solo cabe en el supuesto de separación de los contrayentes. Si existe el divorcio, el matrimonio habrá sido disuelto (art. 85 del Código Civil), y si ha sido declarado nulo la propia sentencia de nulidad produce la cancelación de la inscripción del matrimonio (art. 263 del Reglamento del Registro Civil), como si nunca se hubiese celebrado.

La sentencia o el decreto de separación, así como, en su caso, la escritura pública del convenio regulador, producen la suspensión de la vida en común de los casados y cesa la posibilidad de vincular bienes del otro cónyuge en el ejercicio de la potestad doméstica (art. 83 del Código Civil), pero no produce, como el divorcio, la muerte o la declaración de fallecimiento de uno de los cónyuges, la disolución del vínculo conyugal.

[3] Art. 84 del Código Civil: "*La reconciliación pone término al procedimiento de separación y deja sin efecto ulterior lo resuelto en él, pero ambos cónyuges separadamente deberán ponerlo en conocimiento del Juez que entienda o haya entendido del litigio. Ello no obstante, mediante resolución judicial, serán mantenidas o modificadas las medidas adoptadas en relación a los hijos, cuando exista causa que lo justifique.*

Cuando la separación hubiera tenido lugar sin intervención judicial, en la forma prevista en el artículo 82, la reconciliación deberá formalizarse en escritura pública o en acta de manifestaciones.

La reconciliación deberá inscribirse, para su eficacia frente a terceros, en el Registro Civil correspondiente".

Fundamentos jurídicos

Único. El art. 84 del Código Civil dispone que la reconciliación pone término al procedimiento de separación y deja sin efecto ulterior lo en el mismo resuelto. La reconciliación de los cónyuges se ha puesto en conocimiento del Juzgado por lo que procede declarar sin efecto la separación dictada y las medidas contenidas en la sentencia dictada por este Juzgado el __ de _____ de ____, excepto la separación de bienes[4] decretada a consecuencia de la sentencia. Dicha medida no se alterará por la reconciliación, estando, claro, a salvo el derecho de los cónyuges de pactar en capitulaciones matrimoniales que vuelvan a regir las mismas reglas de antes de la separación de bienes en cuanto al régimen económico matrimonial.

Parte dispositiva

Atendiendo a lo expuesto en el Fundamento jurídico anterior, por causa de reconciliación de los cónyuges, se deja sin efecto la sentencia dictada en los presentes autos de fecha __ de ______ de ____ y las medidas subsiguientes acordadas en la misma, excepto la separación de bienes decretada en la sentencia a salvo el derecho de los cónyuges de pactar las capitulaciones matrimoniales que vuelvan a regir las mismas reglas que antes de la separación.

De igual modo, como la reconciliación debe inscribirse, remítase oficio al Registro Civil de __________, para que al Tomo ___, página ___, de la Sección Segunda del mismo, se practique la inscripción del presente Auto de reconciliación.

Contra la presente resolución no cabe ulterior recurso.

Inscripción en el Registro Civil del Auto de reconciliación

Inscripción. Por Auto de __ de _____ de ____ dictado en el procedimiento de separación de mutuo acuerdo por el Juzgado de Primera Instancia n.º __ de los de ________, los contrayentes se han reconciliado dejando sin efecto la sentencia de separación de __ de _____ de ______.

(Fecha de la inscripción y firma del Encargado/a)

Practicada la inscripción de la reconciliación en el asiento de matrimonio de los contrayentes, el Registro Civil de Tomelloso remitirá certificado literal de matrimonio al Juzgado de Primera Instancia n.º _ de los de _______ para que en las actuaciones quede unida la misma.

Inscripción en el Registro Civil de la escritura pública de reconciliación

Inscripción. Por escritura pública n.º ____, de fecha _______________, otorgada ante el Notario de Ciudad Real, __________________, de conformidad con lo dispuesto en los artículos 84 del Código Civil y 54 de la Ley del Notariado, los contrayentes al margen inscritos se han reconciliado dejando así sin efecto el anterior acuerdo de separación de mutuo acuerdo.

---

[4] Conforme al art. 83 del Código Civil, *"La sentencia o decreto de separación o el otorgamiento de la escritura pública del convenio regulador que la determine producen la suspensión de la vida en común de los casados y cesa la posibilidad de vincular bienes del otro cónyuge en el ejercicio de la potestad doméstica".*

(Fecha de la inscripción y firma del Encargado/a)

A continuación, como en el supuesto del Auto de reconciliación dictado por el Juzgado de Primera Instancia, se remitirá por el Registro Civil certificación literal de matrimonio al Notario para completar el expediente notarial.

El régimen económico matrimonial legal o pactado

(Art. 4 Ley del Registro Civil 2011: Tienen acceso al Registro Civil los hechos y actos que se refieren a la identidad, estado civil y demás circunstancias de la persona. Son, por tanto, inscribibles: **8.º El régimen económico matrimonial legal o pactado**).

La celebración del matrimonio implica, junto a las consecuencias de naturaleza personal que disponen los arts. 66 a 68 del Código Civil, una serie de efectos de naturaleza económica que resultan, tanto para las relaciones patrimoniales de los contrayentes entre sí como en sus relaciones con terceros, verdaderamente transcendentes. Es el régimen económico matrimonial[1] que los cónyuges se dan para regir durante la vigencia del matrimonio sus relaciones económicas. Entre los propios cónyuges, como señalo, y en las relaciones económico/patrimoniales de los mismos con terceros.

El art. 1325 del Código Civil señala que en capitulaciones matrimoniales los otorgantes pueden estipular, modificar o sustituir el régimen económico de su matrimonio o cualesquiera disposiciones por razón del mismo. Para su validez, las capitulaciones habrán de constar en escritura pública y se pueden otorgar antes[2] o después de celebrado el matrimonio.

Aspecto interesante, y que se presta a confusión, es el de si las capitulaciones matrimoniales otorgadas por los contrayentes deben o no acceder de forma obligatoria mediante la inscripción correspondiente en el registro individual de cada uno de los contrayentes.

La confusión viene generada por la propia redacción que el art. 1333 del Código Civil tiene al señalar que "*En toda inscripción de matrimonio en el Registro Civil, se hará mención, en su caso, de las capitulaciones matrimoniales que se hubieren otorgado*". La expresión "*en su caso*" parece que deja la posibilidad de inscribir las capitulaciones otorgadas en que los contrayentes lo soliciten. Como facultativo. Empero, el art. 60.1 de la Ley 20/2011, de 21 de julio, del Registro Civil, redacción dada por Ley 15/2015, de 2 de julio, dice que "*Junto a la inscripción de matrimonio se inscribirá el régimen económico legal o pactado que rija el matrimonio*". Aquí ya se utiliza el imperativo: "*se inscribirá*"[3]. Ya no deja lugar a ninguna duda el número 2 de este mismo precepto cuando refiere que "*Otorgada ante Notario escritura de capitulaciones matrimoniales, deberá este remitir en el mismo día copia autorizada electrónica de la escritura pública al Encargado del Registro Civil correspondiente para su constancia en la inscripción de matrimonio*".

---

[1] Art. 1315 del Código Civil: "*El régimen económico matrimonial será el que los cónyuges estipulen en capitulaciones matrimoniales, sin más limitaciones que las establecidas en este Código*". En capitulaciones matrimoniales podrán los otorgantes estipular, modificar o sustituir el régimen económico de su matrimonio o cualesquiera otras disposiciones por razón del mismo.

[2] Si se otorgan antes, todo lo que se estipule en capitulaciones bajo el supuesto de futuro matrimonio quedará sin efecto "en el caso de no contraerse en el plazo de un año" (Artículo 1334 del Código Civil).

[3] Ratificado por el art. 58.3 de la Ley del Notariado de 28 de mayo de 1862 cuando le obliga al Notario a remitir al Registro Civil correspondiente copia electrónica del acta en el mismo día y por medios electrónicos.

Modelo n.º 102. Capitulaciones matrimoniales (prenupciales). Separación de bienes

SP/FORM/9690

Número ________________.

Escritura de Capitulaciones Matrimoniales (Prenupciales) otorgadas por Don __________________________ y D.ª __________________________.

En _____, mi residencia, a ________ de _____ de _________.

Ante mí, ______________, Notario del Ilustre Colegio Notarial de ________, comparecen:

D. _________________, mayor de edad, técnico comercial, soltero, vecino de esta Ciudad, C/ __________, n.º __, piso __, y DNI/NIF número: ___________.

D.ª ________________ Calle, mayor de edad, auditora mercantil, soltera, vecina de ___________, con domicilio en Avenida __________, n.º __, con DNI/NIF: ______________.

Hacen constar los comparecientes que ostentan la vecindad civil de Derecho Común y que se hallan sujetos al Código Civil.

Les identifico por sus reseñados documentos de identidad. Constan de sus manifestaciones sus datos personales

Intervienen en su propio nombre y derecho y según resulta de sus manifestaciones por cuenta propia. Tienen, a mi juicio, según intervienen, capacidad legal necesaria para otorgar esta escritura de **CAPITULACIONES MATRIMONIALES**, y a tal fin exponen:

I. Que proyectan contraer matrimonio entre sí y han determinado como régimen económico matrimonial el de separación de bienes[1].

II. Esta escritura queda supeditada a la celebración del proyectado matrimonio de los comparecientes, que habrá de contraerse antes de transcurrido el plazo de un año a contar de la fecha de otorgamiento de esta escritura, transcurrido el cual sin haberse contraído quedarán ineficaces.

III. Los comparecientes, para el caso de celebración del proyectado matrimonio dentro del plazo indicado, estipulan por razón del mismo que a este matrimonio se aplicará el régimen de separación absoluta de bienes regulado en los arts. 1435 y siguientes del Código Civil, con los pactos que seguidamente se establecen:

a) Serán bienes privativos de cada uno de los cónyuges los que cada uno tenga en el momento inicial y los que por cualquier título adquiera posteriormente.

---

[1] Art. 1437 del Código Civil: *"En el régimen de separación pertenecerán a cada cónyuge los bienes que tuviese en el momento de iniciar el mismo y los que después adquiera por cualquier título. Asimismo corresponderá a cada uno la administración, goce y libre disposición de tales bienes"*.

b) Se presumirá que pertenecen a los dos cónyuges por mitad y proindiviso los bienes y derechos cuya propiedad individual no se demuestre o hayan sido adquiridos sin atribución de cuotas.

c) Cada uno de los cónyuges, sin intervención, consentimiento ni conocimiento del otro, podrá con respecto de sus respectivos bienes, adquirir, gravar, enajenar y disponer de cualesquiera bienes muebles o inmuebles.

d) Los cónyuges deberán contribuir a los gastos del matrimonio con sus ingresos económicos, patrimonio y trabajo personal realizado para la propia familia, proporcionalmente a su capacidad económica y dedicación personal.

e) Cada cónyuge responderá con carácter exclusivo de las obligaciones por él contraídas, sin que en ningún momento sean responsables contractual o extracontractualmente los bienes del otro.

IV. Solicitan los otorgantes que se haga constar en el Registro Civil competente el régimen económico conyugal.

Yo, el Notario, les advierto:

Que, conforme al art. 60 de la Ley del Registro Civil y 266 del Reglamento del Registro Civil, los otorgantes deberán acreditarme, en su caso, la Oficina General del Registro Civil, con el Tomo y Página en el que consta el matrimonio inscrito y que se haya celebrado, por medio de certificación de matrimonio.

Que, para que sean oponibles a terceros las presentes capitulaciones matrimoniales, deberán ser objeto de publicidad en el Registro Civil.

Advierto que, conforme al art. 60 de la Ley del Registro Civil, remitiré copia autorizada de esta escritura al Registro Civil para su inscripción.

Así lo otorgan los comparecientes, a quienes hago de palabra las reservas y advertencias legales.

(En la misma copia figurará, a continuación, la Nota del Registro Civil competente en donde, una vez celebrado e inscrito el matrimonio en la Oficina del Registro Civil, se refleja que la misma se ha practicado. Figurará la fecha en que se practica la inscripción y la firma del Encargado/a de la Oficina del Registro Civil. A continuación, se devuelve a cada contrayente su copia y una de ellas se queda en el Registro Civil. Al Notario se le remite certificado del matrimonio con la inscripción de las capitulaciones matrimoniales).

Modelo n.º 103. Capitulaciones matrimoniales (postnupciales). Régimen de participación

SP/FORM/9691

Las capitulaciones matrimoniales, además de constar en escritura pública para que sean válidas, pueden otorgarse antes o después del matrimonio (arts. 1326 y 1327 del Código Civil). Lo general suele ser otorgarlas cuando el matrimonio ya se ha celebrado y consta la inscripción del mismo en la Oficina General del Registro Civil. Sin embargo, como señalo, también pueden otorgarse antes del matrimonio en cuyo caso, como el matrimonio no se ha celebrado y no existe inscripción del mismo, cuando en la Oficina General del Registro Civil se recepciona la escritura de capitulaciones matrimoniales, el Encargado del Registro procederá a su anotación en el registro individual de cada contrayente (art. 60.2 de la Ley del Registro Civil).

Número Mil Ciento Sesenta y Cuatro.

Capitulaciones Matrimoniales

En ______, mi residencia, a __________ de _______ de __________.

Ante mí, __________________, Notario/a del Ilustre Colegio Notarial de Segovia, comparecen los cónyuges D. ________________ y Doña Isabel Hurtado López, ambos mayores de edad, dedicados a la restauración el primero y al sector servicios la Sra. Hurtado López, vecinos de Segovia, con domicilio en C/ ____________, n.º __, ________.; titulares de los DNI/NIF números ______________ y _____________, respectivamente.

Intervienen en su propio nombre y derecho. Identifico a los comparecientes por los documentos exhibidos, constan de sus manifestaciones los datos personales y tienen, a mi juicio, capacidad necesaria para otorgar esta escritura de CAPITULACIONES MATRIMONIALES, y al efecto

Exponen

I. Que contrajeron matrimonio civil celebrado en ________ el día ___ de _____ de _______, y el mismo fue inscrito en la Oficina del Registro Civil de Segovia al Tomo_____, Página_____, de la Sección Segunda del mismo.

II. De dicho matrimonio, en la actualidad, no tienen descendencia.

III. Que al contraer matrimonio los comparecientes no pactaron régimen económico alguno, por lo que se entiende contraído bajo el régimen de la sociedad de gananciales[1].

[1] Art. 1316 del Código Civil: *"A falta de capitulaciones o cuando estas sean ineficaces, el régimen será el de la sociedad de gananciales"*.

IV. Asimismo, manifiestan que no existen bienes ni deudas de carácter ganancial, ni proceden reintegros o reembolsos entre la sociedad y los cónyuges.

V. Que al amparo de lo dispuesto en el art. 1325 del Código Civil[2], han decidido modificar su actual régimen económico matrimonial y adoptar el régimen de participación, a cuyo objeto,

Otorgan

Primero. Los cónyuges D. ________________ y D.ª ______________________ establecen desde hoy y para lo sucesivo como régimen económico de su matrimonio el de PARTICIPACIÓN[3].

Segundo. A cada cónyuge le corresponde la administración, el disfrute y la libre disposición tanto de los bienes que les pertenecen en el momento de contraer matrimonio como de los que puedan adquirir después por cualquier título, y durante la vigencia del régimen de participación, en lo no previsto, se aplicarán las normas relativas al régimen de separación de bienes.

Tercero. Cada uno de los comparecientes contribuirá al levantamiento de las cargas de su matrimonio y a la educación y sustento de sus posibles hijos comunes en proporción a sus respectivos bienes.

Advierto a los comparecientes de la necesidad de presentación de esta escritura en el Registro Civil de _____ para que se practique la inscripción correspondiente en la Sección Segunda del mismo, Tomo____, Página_____.

(Presentada ante el Registro Civil competente deberá figurar la nota de que se ha procedido a la práctica de la inscripción oportuna en el asiento de matrimonio. Reflejará la fecha en que se ha practicado y la firma del Encargado/a de la Oficina General del Registro Civil).

Mediante la sociedad de gananciales se hacen comunes para los cónyuges las ganancias o beneficios obtenidos indistintamente por cualquiera de ellos, que les serán atribuidos por mitad al disolverse aquella (Art. 1344 del Código Civil).

[2] En capitulaciones matrimoniales podrán los otorgantes estipular, modificar o sustituir el régimen económico de su matrimonio o cualesquiera otras disposiciones por razón del mismo.

[3] En el régimen de participación cada uno de los cónyuges adquiere derecho a participar en las ganancias obtenidas por su consorte durante el tiempo en que dicho régimen haya estado vigente.
A cada cónyuge le corresponde la administración, el disfrute y la libre disposición tanto de los bienes que le pertenecían en el momento de contraer matrimonio como de los que pueda adquirir después por cualquier título (art. 1411 y 1412 del Código Civil).

Modelo n.º 104. Capitulaciones matrimoniales. De la Sociedad de Gananciales[1]

SP/FORM/9692

Debemos tener presente que los efectos del matrimonio se rigen por la ley personal común de los cónyuges al tiempo de contraerlo; en defecto de esta ley, por la ley personal o de la residencia habitual de cualquiera de ellos, elegida por ambos en documento auténtico otorgado antes de la celebración del matrimonio; a falta de esta elección, por la ley de la residencia habitual común inmediatamente posterior a la celebración, y, a falta de dicha residencia, por la del lugar de celebración del matrimonio (art. 9.2 del Código Civil).

Además de todas estas circunstancias, para determinar el régimen matrimonial legal que es supletorio en cada territorio de nuestro país, debemos acudir a todas y cada una de las distintas legislaciones de Derecho Privado que coexisten en España[2].

Número ______________________.

Capitulaciones matrimoniales

En Barcelona, mi residencia, a _____________ de ___ de ______________.

Ante mí, ____________, Notario/a del Ilustre Colegio Notarial de Cataluña.

Comparecen

Los cónyuges D. ____________________ y D.ª ____________________, ambos mayores de edad, arquitecto y auditora de cuentas, respectivamente, vecinos de Barcelona, con domicilio en la Avenida _________, número __, 1.º Izqda.; titulares de los DNI/NIF números ___________ y ___________, respectivamente.

[1] En defecto de pacto en capitulaciones o si las mismas resultasen ineficaces, el régimen económico matrimonial que rige el matrimonio es el de la sociedad de gananciales. Son bienes gananciales, dice el art. 1347 del Código Civil, los obtenidos por el trabajo o la industria de cualquiera de los cónyuges y los frutos, rentas o intereses que produzcan tanto los bienes privativos como los gananciales. Al disolverse la sociedad de gananciales, las ganancias o beneficios obtenidos por cualquiera de los cónyuges, les serán atribuidos a los cónyuges por mitad. *"En el régimen de comunidad de bienes, las ganancias obtenidas indistintamente por cualquiera de los cónyuges y los bienes a los que confieran este carácter, devienen comunes"* (art. 232-30 del Código Civil Catalán).

[2] El art. 127 de la Ley 5/2015, de 25 de junio, de Derecho Civil Vasco, dice que *"A falta de capitulaciones o cuando resulten insuficientes o nulas, el matrimonio se regirá por las normas de la sociedad de gananciales establecidas en el Código Civil"*.

En Aragón, en defecto de pactos en capitulaciones sobre el régimen económico del matrimonio, regirán las normas del consorcio conyugal (art. 11 de la Ley 2/2003, de 12 de febrero, de Régimen Económico Matrimonial y Viudedad). El "Consorcio Conyugal" es un régimen similar al de gananciales del Derecho Común.

En Cataluña, el régimen económico es el convenido en capítulos, y si no existe pacto o si los capítulos son ineficaces, el régimen económico es el de separación de bienes (art. 231-10 del Código Civil de Cataluña).

En Navarra, la Ley 87 del Fuero Nuevo señala que *"Si los cónyuges no han pactado en capitulaciones matrimoniales el régimen económico de su matrimonio, se observará el de conquistas"*. Bienes de conquista que se regulan en la Ley 88 del mismo Fuero Nuevo y que es muy parecido al de la sociedad de gananciales.

Intervienen en su propio nombre y derecho.

Identifico a los comparecientes por los documentos exhibidos, constan de sus manifestaciones los datos personales y tienen, a mi juicio, capacidad necesaria para otorgar esta escritura de CAPITULACIONES MATRIMONIALES; y al efecto,

Exponen

I. Que contrajeron matrimonio canónico en Barcelona el día __ de _____ de _____. Matrimonio que fue inscrito en la Oficina General del Registro Civil de Barcelona en el Tomo ___, página ___ del mismo.

II. Que de dicho matrimonio no tienen descendencia en la actualidad.

III. Que al contraer matrimonio los comparecientes no pactaron régimen económico alguno, por lo que, al haber sido celebrado en Cataluña y no existir pacto en contrario, se entiende contraído bajo el régimen de separación de bienes.

IV. Manifiestan igualmente que no existen deudas ni bienes, ni proceden reintegros o reembolsos entre la sociedad y los cónyuges.

V. Que al amparo de la facultad que les concede el art. 231 de la Ley 25/2010, de 29 de julio, del libro segundo del Código Civil de Cataluña, relativo a la persona y la familia, han decido modificar su actual régimen económico matrimonial y adoptar el de la comunidad de bienes, a cuyo objeto,

Otorgan

Primero. Los cónyuges D. ____________________ y D.ª ______________________ establecen desde hoy y para lo sucesivo como régimen económico de su matrimonio el de la COMUNIDAD DE BIENES, regulado en los artículos 232-30 y siguientes de la Ley 25/2010, de 29 de julio, del libro segundo del Código Civil de Cataluña, relativo a la persona y la familia, y con carácter subsidiario lo dispuesto en los arts. 1344 y siguientes del Código Civil previstos para la Sociedad de Gananciales.

Segundo. En el régimen de comunidad de bienes, las ganancias obtenidas indistintamente por cualquiera de los cónyuges y los bienes a los que confieran este carácter devienen comunes.

Tercero. Son bienes comunes: a) Los bienes a los que los cónyuges confieren este carácter en el momento de convenir el régimen o con posterioridad. b) Las ganancias obtenidas por la actividad profesional o por el trabajo de cualquiera de los cónyuges. c) Los frutos y rentas de todos los bienes, si no existe pacto en contra. d) Los bienes adquiridos por subrogación real de otros bienes comunes. e) Las ganancias obtenidas en el juego por cualquiera de los cónyuges.

Cuarto. En defecto de pacto, la administración y la disposición de los bienes comunes corresponde a los cónyuges conjuntamente, o a uno de ellos con consentimiento del otro.

Quinto. De las deudas contraídas para atender a gastos familiares, responden solidariamente los bienes de la comunidad y los del cónyuge deudor, y subsidiariamente los del otro cónyuge.

Sexto. El presente régimen de comunidad de bienes se extinguirá por la nulidad o disolución del matrimonio o la separación legal o por acuerdo de los cónyuges mediante el cual estipulen en capítulos matrimoniales un régimen diferente. En caso de extinción de la comunidad, los bienes comunes se dividirán entre los cónyuges a partes iguales.

Advierto a los comparecientes de la necesidad de presentación de esta escritura en la Oficina General del Registro Civil de Barcelona para su posterior inscripción junto a la inscripción de matrimonio de los otorgantes, tal y como dispone el art. 60.1 de la Ley del Registro Civil.

(A continuación de la misma, por parte de la Oficina del Registro Civil se pondrá nota de haberse practicado la inscripción, con la fecha de la misma y la firma del Encargado/a de la propia Oficina General del Registro Civil de Barcelona).

Las relaciones paterno-filiales y sus modificaciones

(Art. 4 Ley del Registro Civil 2011: Tienen acceso al Registro Civil los hechos y actos que se refieren a la identidad, estado civil y demás circunstancias de la persona. Son, por tanto, inscribibles: **9.º Las relaciones paterno-filiales y sus modificaciones**).

Los hijos no emancipados, dice el art. 154 del Código Civil, están bajo la potestad de los padres. La patria potestad se ejercerá siempre en beneficio de los hijos, de acuerdo con su personalidad, y con respeto a su integridad física y psicológica.

Esta potestad comprende los siguientes deberes y facultades: 1.º Velar por ellos, tenerlos en su compañía, alimentarlos educarlos y procurarles una formación integral. 2.º Representarlos y administrar sus bienes.

La patria potestad se ejercerá conjuntamente por ambos progenitores o por uno solo con el consentimiento expreso o tácito del otro. Serán válidos los actos que realice uno de ellos conforme al uso social y a las circunstancias o en situaciones de urgente necesidad. Si existe desacuerdo en el ejercicio de la patria potestad, cualquiera de los progenitores podrá acudir a la autoridad judicial quien, después de oír a ambos y al hijo mayor de doce años o tuviere suficiente madurez, atribuirá la facultad de decidir a uno de los dos progenitores.

La patria potestad puede ser privada a los progenitores, total o parcialmente, por sentencia fundada en el incumplimiento de los deberes inherentes a la misma o dictada en causa criminal o matrimonial[1]. También, siempre en beneficio e interés del hijo, la autoridad judicial puede acordar la recuperación de la patria potestad cuando hubiere cesado la causa que motivó la privación.

Respecto a las personas con discapacidad, consecuencia del paso decisivo dado por la Ley 8/2021, de 2 de junio, para adecuar nuestro ordenamiento jurídico a la Convención Internacional sobre los Derechos de las Personas con Discapacidad, hecha en Nueva York el 13 de diciembre de 2006, en vigor en nuestro país y que, conforme al artículo 96 de nuestra Constitución, forma parte de nuestro ordenamiento interno, en donde prima el respeto a la voluntad y preferencias de la persona con discapacidad, se eliminan del ámbito de la discapacidad no solo la tutela, sino también la patria potestad prorrogada y la patria potestad rehabilitada[2].

Referente al reflejo registral de la patria potestad, la extinción, privación, suspensión o recuperación de la misma, hay que señalar que los hechos que afecten a las relaciones paterno-filiales se inscribirán en el registro individual de la persona sujeta a patria potestad y en el de su progenitor o en el de sus progenitores (art. 71.1 de la Ley del Registro Civil)[3].

---

[1] Lo contempla el art. 170 del Código Civil en su nueva redacción dada por Ley 4/2023, de 28 de febrero, para la igualdad real y efectiva de las personas trans y para la garantía de los derechos de las personas LGTBI.

[2] Consecuencia de ello, el art. 171 del Código Civil que regulaba la prórroga de la patria potestad ha sido suprimido por la Ley 8/2021, de 2 de junio, por la que se reforma la legislación civil y procesal para el apoyo a las personas con discapacidad en el ejercicio de su capacidad jurídica.

[3] Considero que la nueva regulación registral es y resulta mucho más precisa y adecuada que la anterior, la cual se contemplada en el art. 46 de la derogada Ley Registral de 1957. Este precepto hacía referencia a que: *"Cuantos hechos afecten a la patria potestad se inscribirán al margen de la inscripción de nacimiento de los hijos"*. Como contrastamos, en la nueva normativa registral

Modelo n.º 105. Privación de la patria potestad[1]. Inscripción de la sentencia de privación de la patria potestad en los registros individuales de los hijos y de los progenitores

SP/FORM/9693

La privación se fundará siempre en el incumplimiento de los deberes inherentes a la patria potestad y no debe perderse nunca la perspectiva de que la misma es una medida excepcional y de interpretación restrictiva. Para acordarla deben concurrir circunstancias extremas, todas ellas contempladas por la jurisprudencia del Tribunal Supremo: abandono del menor, desinterés y falta de relación del progenitor con el menor, no pagar la pensión alimenticia durante años o el incumplimiento reiterado del régimen de visitas, maltrato físico o psicológico del menor, abusos sexuales, la condena del progenitor por delito grave cometido sobre el otro progenitor.

Sentencia n.º ______________

En _____, a _______ de ______ de ________________

Antecedentes de hecho

Primero. Doña _________________, Procuradora de los Tribunales y de D.ª ______________________, presentó, en nombre y representación de la misma, demanda de juicio ordinario solicitando el dictado de una sentencia por la que se acordase la privación de la patria potestad de D. _________________ respecto de los dos hijos menores de ambos, Raúl López Flores, nacido el 28 de mayo de 2014 y Joaquín López Flores, nacido el 8 de enero de 2017, siendo que tal patria potestad venía atribuida a ambos progenitores, tanto en la titularidad como en el ejercicio de la misma, por sentencia n.º ______, de __ de _____, dictada por este mismo Juzgado de Familia.

Segundo. Admitida la demanda a trámite, se acordó emplazar por veinte días al demandado y al Ministerio Fiscal para que, en su caso, contestaran la demanda.

El Ministerio Fiscal, sin perjuicio del resultado de la prueba que se practicase en el acto de la vista, en forma y plazo legal contestó la demanda oponiéndose a la misma.

---

se trasladan las resoluciones judiciales no solo al registro individual del hijo, sino que, además, a los registros individuales de sus progenitores. Con ello la información registral queda contemplada y completada desde todas las perspectivas a las que afecta la declaración de las relaciones paterno-filiales y sus posibles modificaciones.

[1] Las dos circunstancias exigidas por la jurisprudencia para proceder a la privación de la titularidad de la patria potestad son, por un lado, el incumplimiento reiterado de los deberes que la integran y, por otro lado, la valoración que el juzgador debe realizar respecto a que la privación de la misma redundará en beneficio de los menores. El interés superior del menor, bien jurídico a proteger por encima de cualquier otro con el que pudiera colisionar.

Don ______________________, Procurador de los Tribunales y de D. ______________, presentó escrito de contestación a la demanda oponiéndose a la misma y solicitando su desestimación.

Tercero. Por resolución procesal se acordó la citación a las partes para la celebración de la audiencia previa para el día __ de __________ de ____ y en donde las mismas propusieron la prueba que tuvieron por conveniente, según consta en las actuaciones y que S.S.ª declaró pertinente, citando a continuación a las partes para la práctica de las mismas y presentación de conclusiones para el día __ de _________ del año en curso.

Cuarto. En la fecha señalada tuvo lugar la vista y a la misma comparecieron las partes si bien, el demandado, _________________, no compareció pese a constar su citación en legal y debida forma. Si compareció el Ministerio Público. Se practicó la prueba propuesta y declarada pertinente y quedaron las actuaciones pendientes del dictado de la presente sentencia.

Fundamentos de derecho

Primero. Solicita la parte actora en su demanda que el demandado sea privado de la titularidad de la patria potestad que el mismo ostenta, junto a la demandante, respecto de sus hijos ____________, nacido el __ de ____ de ____, y _____________, nacido el __ de ______ de ____.

Manifiesta la demandante, no sólo la inexistente relación del padre con sus hijos menores, también la desatención total por parte del padre respecto a las necesidades de sus hijos. No ha cumplido ninguna de las obligaciones que respecto de los menores estableció la sentencia dictada en el procedimiento de divorcio en la que se aprobaba el convenio alcanzado por las partes.

A tal pretensión, y tras la práctica de la prueba, el Ministerio Fiscal se adhirió a las pretensiones de la demanda y la parte demandada se opuso a la pretensión de privar de la patria potestad a su cliente respecto de sus hijos menores de edad ____ y _____.

Segundo. El art. 170 del Código Civil, redacción dada por Ley 4/2023, de 28 de febrero, establece que "*Cualquiera de los progenitores podrá ser privado total o parcialmente de su potestad por sentencia fundada en el incumplimiento de los deberes inherentes a la misma o dictada en causa criminal o matrimonial*".

La privación de la patria potestad, en consecuencia, se fundará siempre en el incumplimiento de los deberes inherentes a la patria potestad.

La Señora _________________________ en su declaración mantuvo que el abandono del padre de los deberes familiares fue desde el mismo momento de la separación. Por circunstancias, la actitud del mismo en el círculo familiar fue siempre agresivo con los hijos hasta el punto de necesitar tratamiento y seguimiento psicológico. Otros testigos, convivientes en su día, ratificaron estas manifestaciones.

La clara prueba practicada permite tener acreditado el abandono, no solo emocional y afectivo del demandado respecto de sus hijos, sino también el abandono material de los mismos, y todo ello prolongado en el tiempo, así como entender que el trato dispensado a sus hijos no resultaba el adecuado ni mucho menos beneficioso para los mismos. La prueba ratificó la necesidad de tratamiento psicológico para los menores.

El desinterés del demandado en este asunto se confirma por la propia ausencia de la vista, no se ha puesto en contacto con la dirección letrada ni facilitado comunicación alguna. Todo ello permite acreditar, tras valoración conjunta de la prueba, el permanente incumplimiento de los deberes principales que constituyen el núcleo fundamental de la patria potestad y que, en consecuencia, justifica la solicitud de la privación de la titularidad de la misma.

Parte dispositiva

Atendiendo a lo expuesto en los Fundamentos Jurídicos anteriores, resulta procedente estimar la demanda interpuesta por la Procuradora Doña _____________, en nombre y representación de D.ª __________________, y acordar la privación de la patria potestad de sus hijos, ____________ y ___________, cuyos certificados de nacimiento constan en las actuaciones, siendo que tal patria potestad venía atribuida a ambos progenitores, tanto su titularidad como el ejercicio de la misma, desde la sentencia de divorcio n.º 244, de 4 de julio de 2018, dictada por este mismo Juzgado, y ello sin perjuicio de la posibilidad de recuperación de la misma, si procediera.

Las costas causadas se declaran de oficio y, firme la presente resolución, se acuerda, de conformidad con lo dispuesto en el arts. 71.1 de la Ley del Registro Civil, remitir exhorto con el testimonio de la misma a los Registros Civiles correspondientes para que se inscriba tanto en los registros individuales de los hijos _______________, como en el de los progenitores, D.ª ____________________________ y D. ______________________________.

Así por esta mi Sentencia, la pronuncio, mando y firmo, Don _______________, Magistrado-Juez del Juzgado de Primera Instancia n.º __ de los de Toledo.

Inscripción de la sentencia de privación de la patria potestad en el registro individual de los menores. Por sentencia n.º ____________, de fecha __ de ______ de ____, del Juzgado de Primera Instancia n.º __ de _____, devenida firme, el progenitor del menor inscrito, D. ______________, ha sido privado del ejercicio de la patria potestad sobre su hijo __________, la cuál será ejercida en exclusiva por su madre, D.ª ___________________ ______________.

(Fecha de la práctica de la inscripción y firma del Encargado/a del Registro Civil)

Inscripción de la sentencia de privación de la patria potestad en el registro individual de los progenitores. Por sentencia n.º 000031/2023, de 21 de marzo de 2023, dictada por el Magistrado-Juez del Juzgado de Primera Instancia n.º __ de Toledo, devenida firme, al inscrito al margen, Don Pedro López Lozano, le ha sido privado el ejercicio de la patria potestad sobre sus hijos menores Raúl López Flores, nacido el 28 de mayo de 2014 e inscrito en la Oficina General del Registro Civil de _________, y Joaquín López Flores, nacido el 8 de enero de 2017 e inscrito en la misma Oficina General del Registro Civil de _________, donde ya se practicado la inscripción correspondiente. La citada patria potestad será ejercida en exclusiva por la madre de los menores, Doña Juana Flores Fernández.

(Fecha de la práctica de la inscripción y firma del Encargado/a de la Oficina General del Registro Civil)

Del mismo modo y modelo se practicará la inscripción en el registro individual de la madre de los menores, D.ª ______________________________, y, en todos los supuestos, practicada y firmada la inscripción correspondiente, se remitirá certificación al Juzgado de Primera Instancia que acordó mediante sentencia la privación de la patria potestad.

Modelo n.º 106. Recuperación de la patria potestad

SP/FORM/9694

Del mismo modo que se contempla la privación de la patria potestad, el legislador también contempla que la misma quede suspendida e incluso que, una vez perdida, la misma sea posible recuperarse por parte del progenitor que la perdió cuando hubiera cesado la causa que motivó la privación[1]. Eso sí. Siempre, en un caso u otro, la decisión se debe adoptar pensando en el interés del hijo y en su beneficio[2].

Indudablemente, la resolución judicial que acuerda la recuperación de la patria potestad, del mismo modo que se acordó la privación de la misma, revestirá la forma de sentencia, y la deberá dictar el mismo órgano jurisdiccional que acordó la privación.

También deberá tener el reflejo registral correspondiente a través de la inscripción de la sentencia oportuna tanto en el registro individual[3] del menor como en el registro individual de los progenitores. En ellos, en consecuencia, se contrastará registralmente la inscripción de la sentencia de privación de la patria potestad, y, posteriormente, la inscripción de la sentencia de recuperación de la misma.

Inscripción de la sentencia de recuperación de la patria potestad en el registro individual del menor. Por sentencia n.º ________ de fecha ___________ dictada por el Juzgado de Primera Instancia de __________, el progenitor del inscrito, Don/Doña ________________, ha recuperado el ejercicio de la patria potestad que le fue privada por sentencia n.º _____, de fecha ______________, del Juzgado de Primera Instancia de ___________ (la sentencia de privación de la patria potestad deberá haber sido inscrita cuando se dictó).

(Fecha de la inscripción y firma del Encargado/a de la Oficina General del Registro Civil de __________)

---

[1] Art. 170-2.º del Código Civil: "*Los Tribunales podrán, en beneficio e interés del hijo, acordar la recuperación de la patria potestad cuando hubiere cesado la causa que motivó la privación*".

[2] Podemos pensar, por ejemplo, en una situación en donde uno de los progenitores ha sido condenado a pena de privación de libertad por administración desleal, un suponer, y durante el periodo en donde el mismo se encuentre en prisión resulta aconsejable privar del ejercicio de la patria potestad sobre los hijos menores para que el otro progenitor pueda adoptar en exclusiva las decisiones referentes a su educación, alimentación y representación. Y, una vez obtenido el tercer grado, volviendo más o menos a la vida ordinaria, se recupere dicha patria potestad en beneficio del menor y en interés superior del mismo.

[3] El registro individual, junto al abandono del criterio de la territorialidad y de la desjudicialización del Registro Civil, se convierte en uno de los tres pilares básicos sobre los que se asienta el nuevo modelo de Registro Civil que implanta a la Ley 20/2011, de 21 de julio, del Registro Civil.

Cada persona, dice el art. 5.1 de la Ley del Registro Civil, tendrá un registro individual en el que constarán los hechos y actos relativos a la identidad, estado civil y demás circunstancias en los términos de la presente Ley. Este registro individual se abrirá con la inscripción de nacimiento o con el primer asiento que se practique, y en dicho registro se inscribirán o anotarán, "*continuada, sucesiva y cronológicamente*", todos los hechos y actos que tengan acceso al Registro Civil.

Esta es la gran diferencia con el modelo registral derogado y que hemos tenido en nuestro país desde la Ley registral de 1870 hasta la entrada en vigor de la Ley 20/2011, de 21 de julio, el 30 de abril de 2021. Es decir, durante más de ciento cincuenta años donde acaecía un hecho objeto de inscripción, se practicaba la misma, aunque fuese de la misma persona. Ello implicaba que una persona tuviera sus datos registrales dispersos en distintas oficinas registrales y en Secciones distintas. Un caos. Todo esto lo soluciona el registro individual de cada persona y de ahí que considere que su creación es uno de los mayores aciertos del nuevo modelo de Registro Civil.

Inscripción de la sentencia de recuperación de la patria potestad en el registro individual de los progenitores. Por sentencia n.º _______, de fecha ____________, del Juzgado de Primera Instancia n.º ___ de ____________, devenida firme, el inscrito ha recuperado el ejercicio de la patria potestad sobre su hijo menor de edad _____________, de la que había sido privado por sentencia n.º _____, de fecha ____________, dictada por el Juzgado de Primera Instancia de _________.

(Fecha de la inscripción y firma del Encargado/a de la Oficina General del Registro Civil de ____________)

Los poderes y mandatos preventivos, la propuesta de nombramiento de curador y las medidas de apoyo previstas por una persona respecto de sí misma o de sus bienes

(Art. 4 Ley del Registro Civil de 2011: Tienen acceso al Registro Civil los hechos y actos que se refieren a la identidad, estado civil y demás circunstancias de la persona. Son, por tanto, inscribibles: **10.º Los poderes y mandatos preventivos, la propuesta de nombramiento de curador y las medidas de apoyo previstas por una persona respecto de sí misma o de sus bienes**)

La Ley 8/2021, de 2 de junio, por la que se reforma la legislación civil y procesal para el apoyo a las personas con discapacidad[1] en el ejercicio de su capacidad jurídica, pretende dar un paso decisivo, y lo consigue, en la adecuación de nuestro ordenamiento jurídico a la Convención Internacional sobre los Derechos de las Personas con Discapacidad[2] (acrónimo "CDPD").

La reforma sienta las bases del nuevo sistema basado en el respeto a la voluntad y las preferencias de la persona con discapacidad. En consecuencia, la declaración de incapacidad que ha sido una constante de nuestra legislación desaparece. La idea central del nuevo sistema es el de prestar a estas personas con discapacidad los apoyos necesarios acordes a su situación y circunstancias personales para que, con estos apoyos y medidas acordes a sus circunstancias, puedan adoptar las decisiones que más les convenga. Pero, por ellos mismos. No existe otra persona, la que hemos conocido como "tutor", que toma las decisiones por su tutelado.

Dentro de las medidas de apoyo para el ejercicio de la capacidad jurídica de las personas con discapacidad hay que distinguir, por un lado, las de naturaleza voluntaria[3], y por otro lado, las medidas de apoyo de naturaleza judicial[4]. Así, la reforma, en esta finalidad de adecuación del ordenamiento jurídico, elimina del ámbito de la discapacidad no solo la tutela, sino también la patria potestad prorrogada y la patria potestad rehabilitada.

---

[1] Real Decreto 888/2022, de 18 de octubre, por el que se establece el procedimiento para el reconocimiento, declaración y calificación del grado de discapacidad (BOE núm. 252, de 20 de octubre de 2022). La Orden DSA/934/2023, de 19 de julio (BOE núm. 185, de 04 de agosto de 2023), modifica los baremos que figuran como Anexos I, II, III, IV, V y VI del citado Real Decreto 888/2022, de 18 de octubre.

A los efectos previstos en este Real Decreto 888/2022, las situaciones de discapacidad se califican en grados según el alcance de las mismas. El grado de discapacidad se expresa en porcentaje

[2] Art. 12 de la Convención (acrónimo, "CDPD"): "*Las personas con discapacidad tienen capacidad jurídica en igualdad de condiciones con las demás en todos los aspectos de la vida*". En consecuencia, unificados bajo un mismo concepto la capacidad jurídica y la capacidad de obrar, la persona con discapacidad no solo tiene aptitud para ser titular de relaciones jurídicas, de derechos y de obligaciones, sino que, también, para el ejercicio de esos derechos y, por tanto, para realizar actos y negocios jurídicos con plena eficacia.

[3] Art. 255 del Código Civil: "*Cualquier persona mayor de edad o menor emancipado, en previsión o apreciación de la ocurrencia de circunstancias que puedan dificultarle el ejercicio de su capacidad jurídica en igualdad de condiciones con las demás, podrá prever o acordar en escritura pública, medidas de apoyo relativas a su persona o a sus bienes*".

Dentro de estas medidas de naturaleza voluntaria adquieren especial importancia los poderes y mandatos preventivos, así como la posibilidad de la autocuratela.

[4] La guarda de hecho, el defensor judicial y la principal medida de apoyo de origen judicial para las personas con discapacidad, la curatela. El propio significado de la palabra curatela –cuidado–, revela la finalidad de la institución: asistencia, apoyo, ayuda en el ejercicio de la capacidad jurídica. La curatela será, primordialmente, de naturaleza asistencial, y solo excepcionalmente podrá atribuirse al curador funciones representativas.

Modelo n.º 107. Apoderamientos y mandatos preventivos

SP/FORM/9695

Las ventajas y beneficios de utilización que ofrece esta figura de los poderes y mandatos preventivos son incuestionables. De ahí, sin duda, su éxito en la masiva utilización del mismo.

Los poderes y mandatos preventivos se encuentran regulados en los artículos 256 y siguientes del Código Civil[1]. Estos poderes preventivos, como su propio nombre indica, mantienen su vigencia pese a la constitución de otras medidas de apoyo en favor del poderdante[2]. El legislador se preocupa de reflejar que, si los mismos se hubieran otorgado a favor del cónyuge o de la pareja de hecho del poderdante, el cese de la convivencia producirá su extinción automática.

Los poderes preventivos habrán de otorgarse en escritura pública y el notario autorizante, *"de oficio y sin dilación"*, los comunicará al Registro Civil para su inscripción en el registro individual del poderdante[3].

Poder general con susbsistencia en caso de discapacidad sobrevenida y de necesidad de medidas de apoyo.

Número ___________.

En __________, mi residencia, a _____ de _____ de _____________.

Ante mí, ____________________, Notario del Ilustre Colegio Notarial de Albacete,

Comparece

D.ª _____________________________, mayor de edad, nacida en ________ el día __ de ____ de ____, hija de _______ y _______, viuda, jubilada, vecina de ______, con domicilio en C/ ________, n.º __, y con DNI/NIF número ___________.

Interviene

En su propio nombre y derecho. Le **IDENTIFICO** por medio de su reseñado documento, constan de sus manifestaciones los datos personales y el no precisar medidas de apoyo para el ejercicio de su capacidad, y tiene, a

[1] Su antecedente legislativo es el art. 1732 del Código Civil en la redacción dada por la Ley 41/2003, de 18 de noviembre: *"El mandato se extinguirá, también, por la incapacitación sobrevenida del mandante, a no ser que en el mismo se hubiera dispuesto su continuación (...)"*.

[2] Art. 256 del Código Civil: *"El poderdante podrá incluir una cláusula que el poder subsista si en el futuro precisa apoyo en el ejercicio de su capacidad"*.

[3] Art. 77 de la Ley del Registro Civil, redacción dada por Ley 8/2021, de 2 de junio: *"Es inscribible en el registro individual del interesado el documento público que contenga las medidas de apoyo previstas por una persona respecto de sí misma o de sus bienes"*. Art. 255 del Código Civil: *"El Notario autorizante comunicará de oficio y sin dilación el documento público que contenga las medidas de apoyo al Registro Civil para su constancia en el registro individual del otorgante"*.

mi juicio, capacidad para otorgar la presente escritura de **PODER GENERAL CON SUBSISTENCIA EN CASO DE DISCAPACIDAD SOBREVENIDA Y DE NECESIDAD DE MEDIDAS DE APOYO** y, al efecto,

Dice y otorga

Que confiere poder general, tan amplio y bastante como en derecho sea menester, a favor de sus tres hermanos: **D.ª** ____________, mayor de edad, jubilada, divorciada, vecina de Madrid, C/ ___________, n.º __, piso ___, y con DNI./N.I.F. número ________; **D.** ______________________, mayor de edad, jubilado, casado, vecino de Albacete, con domicilio en C/ _______________, n.º __, piso ___, y con DNI/NIF número __________; y **D.** ______________________, mayor de edad, jubilado, casado, vecino de _______ ________, C/ ___________, n.º __, y con D.N.I./N.I.F. número ___________; para que en su nombre y representación, y aunque en su ejercicio se incida en la figura de la autocontratación o exista oposición de intereses, o múltiple representación, puedan según la forma de actuación que consta más adelante, ejercitar las siguientes:

Facultades

Primero. Actos de administración. Administrar bienes muebles e inmuebles; ejercitar y cumplir toda clase de derechos y obligaciones; rendir, exigir y aprobar cuentas.

Solicitar documentación de cualquier tipo, copias, informes, sin limitación alguna, otorgada o relativa a la poderdante en su propio nombre y derecho, o en nombre de terceros.

Segunda. Cobros y pagos. Reconocer, aceptar, pagar y cobrar cualesquiera deudas y créditos por capital, intereses, dividendos y amortizaciones firmando cartas de pago, recibos, saldos, conformidades o resguardos, y con relación a cualquier persona o entidad pública o privada, incluso el Estado.

Tercera. Actos de disposición. Disponer, enajenar, gravar, adquirir, transmitir y contratar, activa o pasivamente, respecto de toda clase bienes, muebles o inmuebles, derechos reales y personales, acciones, participaciones, valores, obligaciones, públicos o privados.

Bienes adscritos patrimonio protegido. Todas las facultades contenidas en este poder podrán ser ejercitadas por el apoderado también sobre bienes o derechos aportados a patrimonios protegidos en los que el poderdante sea titular o administrador.

Cuarta. Herencias y otras comunidades. Donaciones. Aceptar, manifestar, partir, entregar, recibir, aprobar e impugnar herencias, legados, liquidaciones de sociedades conyugales y cualesquiera otras comunidades, sean o no hereditarias.

Quinta. Comercio y sociedades. Comerciar, dirigir y administrar negocios mercantiles e industriales, realizando cualesquiera actos relativos al tráfico mercantil, tomar parte en concursos y subastas.

Sexta. Títulos. Valores y práctica bancaria. Librar, aceptar, avalar, endosar, cobrar, pagar, intervenir y protestar letras de cambio, talones cheques, pagarés y otros efectos. Abrir, seguir, cancelar y liquidar libretas de ahorro, cuentas corrientes y de crédito. Dar y tomar dinero a préstamo, con o sin interés.

El apoderado podrá realizar todas las citadas facultades a través de la banca on-line, de cualquier banco, caja o entidad de crédito.

Séptima. Práctica administrativa y procesal- Comparecer, presencialmente o a través de cualquier sede electrónica, ante toda clase de personas y entidades; Juzgados, Tribunales, Registros, Comunidades Autónomas, Provincias, Municipios y sus organismos de todas clases, y poder interponer y ejercitar todas las acciones, derechos y excepciones que competan al poderdante, en la forma y asuntos y por el procedimiento que estimen adecuado.

Octava. Facultades sanitarias. Ejercer el derecho de acceso al historial clínico, o a cualquier antecedente o información sanitaria, de la o las personas poderdantes, de conformidad con lo establecido en la Ley 41/2002, de 14 de noviembre, básica reguladora de la autonomía del paciente y de derechos y obligaciones en materia de información y documentación clínica.

Novena. Facultades en relación con protección de datos. Prestar todo tipo de consentimientos en relación con la cesión y tratamiento de datos personales de la o las personas poderdantes.

Décima. **Subsistencia en caso de discapacidad sobrevenida y de necesidad de medidas de apoyo:** La persona poderdante dispone que, sin perjuicio de su plena validez hasta ese momento, el presente apoderamiento será también eficaz y subsistirá, aun en caso de discapacidad sobrevenida de la persona poderdante y hallarse necesitada de apoyo para el ejercicio de su capacidad jurídica, extremos libremente apreciados por la persona apoderada. La persona poderdante da a este poder el carácter de medidas de apoyo voluntarias para el ejercicio de su capacidad jurídica.

Es voluntad de la persona poderdante no establecer medidas u órganos de control, condiciones e instrucciones para el ejercicio de las facultades, salvaguardas para evitar abusos, conflicto de intereses o influencia indebida ni mecanismos ni plazos de revisión de medidas de apoyo, con el fin de garantizar el respeto de su voluntad, deseos y preferencias.

Es voluntad de la persona poderdante que no sea de aplicación el régimen previsto en el art. 259 del Código Civil, de tal manera que la persona apoderada se entenderá habilitada para el ejercicio de todas y cada una de las facultades conferidas, sin necesidad de autorización judicial o administrativa y siempre que la ley aplicable que exija tal autorización prevea la posibilidad de dispensa. Asimismo, indica la persona poderdante, no será de aplicación a la persona o personas apoderadas las prohibiciones previstas en el art. 251 del Código Civil[4].

Consiente la compareciente que comunique el otorgamiento de este poder para su constancia en el Registro Civil de _______, donde aparece inscrito su nacimiento al Tomo ____, página ____, de la Sección Primera del mismo, según consta en certificación literal de nacimiento que me exhibe y devuelvo.

Forma de actuación

Los apoderados ejercitarán las facultades comprendidas en este apoderamiento de la siguiente forma:

– La constitución de garantías personales o reales y los actos de disposición sobre bienes inmuebles requerirán la actuación MANCOMUNADA de dos cualesquiera de los apoderados.

– Los actos de disposición de efectivo a partir de mil euros (1.000 €), así como la formalización de préstamos, créditos, avales o cualquier otro tipo de endeudamiento requerirá la actuación MANCOMUNADA de dos cualesquiera de los apoderados.

– Las demás facultades podrán ser ejercitadas solidariamente por uno cualquiera de los apoderados.

(A continuación, el Notario remitirá un oficio al Encargado/a del Registro Civil de Albacete en donde comunica que con fecha ocho de junio de 2023, D.ª ____________________, con DNI/NIF número __________, nacida el __ de _____ de ____, hija de _____ y de _____, ha otorgado ESCRITURA DE PODER GENERAL CON SUBSISTENCIA EN CASO DE DISCAPACIDAD SOBREVENIDA Y DE NECESIDAD DE MEDIDAS DE APOYO bajo el número mil siete de mi protocolo, en los términos que resultan de la misma.

Acompaño a la presente copia simple de dicha escritura.

---

[4] Se prohíbe a quien desempeñe alguna medida de apoyo: 1.º Recibir liberalidades de la persona que precisa el apoyo o de sus causahabientes. 2.º Prestar medidas de apoyo cuando en el mismo acto intervenga en nombre propio o de un tercero y existiera conflicto de intereses. 3.º Adquirir por título oneroso bienes de la persona que precisa el apoyo o transmitirle por su parte bienes por igual título.

Lo que se comunica a los efectos de lo dispuesto en el art. 77 de la Ley del Registro Civil y se practique la inscripción de la misma en el Tomo ____, página ____, de la Sección Primera de ese Registro Civil de ______, y, cumplimentado, remitan a esta Notaría certificación literal de nacimiento con la inscripción correspondiente.

______________, a __ de _____ de _____

(Firma del Notario)

Modelo n.º 108. Autocuratela[1]

SP/FORM/9696

La curatela es una medida formal de apoyo que se aplicará a quienes precisen el apoyo de modo continuado. Su extensión vendrá determinada en la correspondiente resolución judicial en armonía con la situación y circunstancias de la persona con discapacidad y con sus necesidades de apoyo, dice el art. 250 del Código Civil.

La persona que ejerce la curatela es el curador. Pueden ser curadores las personas mayores de edad que, a juicio de la autoridad judicial, sean aptas para el adecuado desempeño de su función. Ahora bien, para su nombramiento cualquier persona mayor de edad o menor emancipado, en previsión de la concurrencia de circunstancias que puedan dificultarle el ejercicio de su capacidad jurídica en igualdad de condiciones con las demás, podrá proponer en escritura pública el nombramiento o la exclusión de una o varias personas determinadas para el ejercicio de la función de curador. Esta figura es la denominada "Autocuratela" y cuyo antecedente lo encontramos en la figura registral que se conoció como "Autotutela"[2].

La escritura pública donde la persona interesada establece las disposiciones sobre el funcionamiento y contenido de la curatela, el Notario autorizante la comunica de oficio y sin dilación al Registro Civil para su constancia, a través de la inscripción correspondiente, en el registro individual de la persona interesada.

Inscripción. Ante el Notario ________________, de ____________, el al margen inscrito ha otorgado escritura pública número _________, de fecha ___________________, en donde, acogiéndose a lo dispuesto en el art. 271 del Código Civil, para el supuesto de concurrir circunstancias que le dificulten el ejercicio de su capacidad jurídica, ha propuesto la figura de curador[3].

(Fecha de la inscripción y firma del Encargado/a)

---

[1] La curatela es la principal medida de apoyo de origen judicial para las personas con discapacidad y resulta la institución que es objeto de la regulación más detenida por parte de la Ley 8/2021, de 2 de junio, por la que se reforma la legislación civil y procesal para el apoyo a las personas con discapacidad en el ejercicio de su capacidad jurídica.

[2] La "autotutela" se regulaba en el art. 223 del Código Civil, redacción dada por Ley 41/2003, de 18 de noviembre: "*Cualquier persona con la capacidad de obrar suficiente, en previsión de ser incapacitada judicialmente en el futuro, podrá en documento público notarial adoptar cualquier disposición relativa a su propia persona o bienes, incluida la designación de tutor*".

En su momento, esta figura registral de la "autotutela" resultó una alternativa muy interesante y novedosa. La posibilidad de que la propia persona, en previsión de que en el fututo pudiera ser incapacitada, pueda designar la persona que ejerciese el cargo de tutor resultó un avance considerable en la autonomía de la voluntad de la persona. Ocurre que, tras la Convención Internacional sobre los Derechos de las Personas con Discapacidad, hecha en Nueva York el 13 de diciembre de 2006 y que forma parte nuestro ordenamiento interno, y la necesidad de adecuación de nuestro ordenamiento jurídico a esta Convención en donde se respeta la voluntad y preferencias de la persona con discapacidad y son titulares estas personas con discapacidad del derecho a la toma de sus propias decisiones, hace que figuras como la tutela, las declaraciones de incapacidad o que las mismas, excepto supuestos específicos, sustituyan a la persona con discapacidad en sus actuaciones, desaparezcan y parezcan otras figuras registrales más acordes al ejercicio de las personas con discapacidad de su capacidad jurídica como la curatela, la guarda de hecho o el defensor judicial.

[3] De la misma manera que puede proponer en la autocuratela la persona que quiere que ejerza las funciones de curador, también es factible que excluya a una o varias personas determinadas para el ejercicio de la función de curador.

A continuación, se remitirá certificación literal de nacimiento al Notario ante el que se otorgó la disposición y cuando, en su caso, concurran circunstancias que a la persona otorgante de la escritura de autotutela le impidan el ejercicio de su capacidad jurídica y resulte necesario la provisión por parte de la autoridad judicial de medidas de apoyo, siempre quedará el reflejo registral en su asiento de nacimiento de que ha realizado disposiciones en este sentido.

Al Juez, que cuando se den estas circunstancias que dificulten a la persona interesada el ejercicio de su capacidad jurídica, la propuesta de nombramiento de curador y demás disposiciones voluntarias que realice la persona le vinculan[4] al constituir la curatela.

---

[4] Resulta, lógicamente, una vinculación relativa. Atendidas las circunstancias, la autoridad judicial siempre puede prescindir total o parcialmente de esas disposiciones voluntarias. Y esa decisión el Juez la puede adoptar de oficio, a instancia de personas llamadas por ley a ejercer la curatela o del mismo Ministerio Fiscal.

Cuando la autoridad judicial no siga en el procedimiento de provisión de apoyos las disposiciones de la persona otorgante consecuencia de concurrir circunstancias desconocidas que la persona no pudo tener en cuenta en el momento que las otorgó o que se han alterado las causas expresadas en ella, puede el Juez, *"mediante resolución motivada"*, señala el art. 272 del Código Civil, prescindir total o parcialmente de esas disposiciones voluntarias.

Respecto a la interpretación de: *"mediante resolución motivada"* que dice este art. 272 del Código Civil, la Sentencia del Tribunal Supremo, Sala I, de 2 de noviembre de 2021, considera que debe ser una *"resolución judicial con motivación reforzada"*. No vale, en consecuencia, no tener en cuenta la voluntad del otorgante en sus disposiciones sin justificarlo adecuadamente.

Las resoluciones judiciales dictadas en procedimientos de provisión de medidas judiciales de apoyo a personas con discapacidad

(Art. 4 Ley del Registro Civil de 2011: Tienen acceso al Registro Civil los hechos y actos que se refieren a la identidad, estado civil y demás circunstancias de la persona. Son, por tanto, inscribibles:
11.º Las resoluciones judiciales dictadas en procedimientos de provisión de medidas judiciales de apoyo a personas con discapacidad[1])

El art. 72 de la Ley del Registro Civil dice que la resolución judicial dictada en un procedimiento de provisión de apoyos, así como la que la deja sin efecto o la modifique, se inscribirán en el registro individual de la persona con discapacidad. La inscripción expresará la extensión y límites de las medidas judiciales de apoyo.

La tramitación del "Expediente de provisión de medidas judiciales de apoyo a personas con discapacidad" se contempla en los arts. 42 bis a), bis b) y bis c) de la Ley de Jurisdicción Voluntaria, Ley 15/2015, de 2 de julio, en su redacción dada por la Ley 8/2021, de 2 de junio.

La competencia para conocer de este expediente es del Juzgado de Primera Instancia del lugar donde resida la persona con discapacidad. Promover el mismo lo puede hacer el Ministerio Fiscal, la propia persona con discapacidad, su cónyuge no separado legalmente o de hecho, y sus descendientes, ascendientes o hermanos.

A la solicitud se acompañarán los documentos que acrediten la necesidad de la adopción de medidas de apoyo, así como un dictamen pericial de los profesionales especializados de los ámbitos social y sanitario que aconsejen las medidas de apoyo que resulten idóneas en cada caso. La persona con discapacidad podrá actuar con su propia defensa y representación. Si por sí misma no hace tal designación, se le nombrará un defensor judicial.

La resolución judicial que acuerda, en su caso, la medida o medidas de apoyo correspondientes adoptan la forma de Auto. Dichas medidas, atendidas las circunstancias y previa solicitud de persona o parte legitimada (Ministerio Fiscal, cónyuge no separado legalmente o de hecho, descendientes, ascendientes o hermanos), pueden ser revisadas periódicamente o adoptar otras nuevas.

[1] Las medidas de apoyo para el ejercicio de la capacidad jurídica de las personas que lo precisen son, además de las de naturaleza voluntaria, la guarda de hecho, la curatela y el defensor judicial.

Modelo n.º 109. De la guarda de hecho

SP/FORM/9697

La guarda de hecho es una medida informal de apoyo que puede existir cuando no haya medidas voluntarias o judiciales que se estén aplicando eficazmente. Es considerada, indebidamente, como la "cenicienta" de las medidas de apoyo. A pesar de ello, y tras la reforma de la Ley 8/2021, de 2 de junio, para el apoyo a las personas con discapacidad, se ha producido un reforzamiento de la guarda de hecho ya que se transforma en una propia institución jurídica de apoyo.

La guarda de hecho puede referirse o dirigirse a un menor de edad[1] o a una persona con discapacidad[2].

Conforme a la legislación registral, la guarda de hecho podrá ser objeto de anotación o de inscripción, según supuestos. La evidencia es que, en la práctica diaria, quien ejerce de guardador de hecho y asiste y apoya a la persona con discapacidad suele ser un familiar. Si este familiar[3] quiere que ello tenga el reflejo registral correspondiente para justificar sus actuaciones deberá solicitarlo por medio de la anotación[4] correspondiente en el registro individual de la persona con discapacidad.

Anotación. Conforme dispone el art. 40.3.9.º de la Ley del Registro Civil, a los efectos de los dispuesto en los arts. 263 y siguientes del Código Civil, la guarda de hecho del al margen inscrito es ejercida por D./D.ª ___________________. Fecha de la anotación y firma del Encargado/a.

Después, nos podemos encontrar con situaciones en donde el guardador de hecho de una persona con discapacidad deba solicitar, antes de poder tomar una decisión[5], la correspondiente autorización judicial. Debe ser algo extraordinario. Algún aspecto que se escape al quehacer diario ordinario a la persona necesitada de apoyo. El Juez, en estos supuestos excepcionales, tras el correspondiente expediente de jurisdicción voluntaria (art. 52 de la Ley de Jurisdicción Voluntaria), podrá establecer las medidas de control y de vigilancia que considere oportunas.

---

[1] Dispone el art. 237 del Código Civil que: *"Cuando la autoridad judicial tenga conocimiento de la existencia de un guardador de hecho podrá requerirle para que informe de la situación de la persona y los bienes del menor y de su actuación en relación con los mismos, pudiendo establecer las medidas de control y vigilancia que considere oportunas"*.

[2] Conforme al art. 264 del Código Civil si, excepcionalmente, se requiere la actuación representativa del guardador de hecho, este podrá obtener la autorización para realizarla a través del correspondiente expediente de jurisdicción voluntaria. En el mismo, se oirá a la persona con discapacidad.

[3] Art. 263 del Código Civil: *"Quien viniera ejerciendo adecuadamente la guarda de hecho de una persona con discapacidad continuará en el desempeño de su función incluso si existen medidas de apoyo de naturaleza voluntaria o judicial, siempre que estas no se estén aplicando eficazmente"*.

[4] Anotación y no inscripción tal y como dispone el art. 40.3.9.º de la Ley del Registro Civil: Pueden ser objeto de anotación los siguientes hechos y actos... 9.º *"El acogimiento, la guarda administrativa y la guarda de hecho"*.
Las anotaciones registrales tienen un valor meramente informativo y en ningún caso el valor probatorio que proporciona la inscripción (art. 40.1 de la Ley del Registro Civil).

[5] Estos supuestos los enumera el art. 287 del Código Civil, a donde remite el art. 264 del mismo Cuerpo legal: Realizar actos de transcendencia personal o familiar (p. ej., acordar el ingreso en un centro sanitario, psiquiátrico o residencia de cuidados); enajenar o gravar bienes inmuebles; disponer a título gratuito de bienes o derechos de la persona con medidas de apoyo; renunciar derechos; aceptar sin beneficio de inventario cualquier herencia; hacer gastos extraordinarios; interponer demanda en nombre de la persona a la que presta apoyo; dar y tomar dinero a préstamo y prestar aval o fianza; celebrar contratos de seguro de vida.

Inscripción. En expediente de jurisdicción voluntaria n.º ___, seguido ante el Juzgado de Primera Instancia n.º __ de ____________, se ha dictado auto autorizando al guardador de hecho del al margen inscrito, D./D.ª ________________, para que pueda enajenar el inmueble urbano (descripción del mismo), propiedad de la persona a la que presta apoyo y cuyo registro individual es donde se practica la inscripción. Fecha de la inscripción y firma del Encargado/a.

Inscripción de guardador de hecho de menor de edad. Por resolución judicial de fecha ______________ dictada en el expediente de jurisdicción voluntaria n.º ___ seguido ante el Juzgado de Primera Instancia n.º __ de __________, a los efectos de los dispuesto en el art. 237 del Código Civil, al inscrito menor de edad en el presente registro individual se le nombra como guardador de hecho a D./D.ª ____________, con las medidas de control y de vigilancia que en dicha resolución se disponen. Fecha de la inscripción y firma del Encargado/a.

Modelo n.º 110. Del defensor judicial

SP/FORM/9698

La figura del defensor judicial, su nombramiento como medida formal de apoyo, es necesaria de forma ocasional tanto para menores[1] como para personas con discapacidad[2].

El expediente de jurisdicción voluntaria para el nombramiento de defensor judicial se inicia de oficio a instancia del Ministerio Fiscal o por iniciativa del menor o de la persona con discapacidad. Se tramita en el Juzgado de Primera Instancia del domicilio del menor o de la persona con discapacidad y no es preceptiva la intervención de Abogado ni Procurador (Art. 28 de la Ley de Jurisdicción Voluntaria).

Inscripción de nombramiento de defensor judicial de menor de edad. Por resolución judicial de fecha ______________ dictada en el expediente de jurisdicción voluntaria n.º ____ seguido ante el Juzgado de Primera Instancia n.º __ de ____________, a los efectos de lo dispuesto en el art. 235 del Código Civil, al inscrito en este registro individual se le ha nombrado defensor judicial que recae en la persona de D./D.ª ________________. Fecha de la inscripción y firma del Encargado/a.

Inscripción de nombramiento de defensor judicial de menor emancipado. Por resolución judicial de fecha ____________ dictada en el expediente de jurisdicción voluntaria n.º ___ seguido en el Juzgado de Primera Instancia n.º __ de ___________________, a los efectos de lo dispuesto en el art. 247 en relación con el 235.3.º del Código Civil, al menor emancipado inscrito se le nombra defensor judicial en la persona de D./D.ª ________________. Fecha de la inscripción y firma del Encargado/a.

Inscripción de nombramiento de defensor judicial de persona con discapacidad. Por resolución judicial de fecha __________________ dictada en el expediente de jurisdicción voluntaria n.º ___ seguido ante el Juzgado de Primera Instancia n.º __ de _____________, a los efectos de lo dispuesto en el art. 295 del Código Civil en relación con el 30.3 de la Ley de Jurisdicción Voluntaria, a la persona con discapacidad inscrita en el presente registro individual se le nombra como defensor judicial a D./D.ª ________________. Fecha de la inscripción y firma del Encargado/a.

---

[1] A los menores, conforme dispone el art. 235 del Código Civil, se le nombra defensor judicial cuando en algún asunto exista conflicto de intereses entre los menores y sus representantes legales, cuando el tutor no desempeñe adecuadamente sus funciones o cuando el menor emancipado requiera el complemento de capacidad previsto en los arts. 247 y 248 CC y a quienes corresponda prestarlo no puedan hacerlo o exista con ellos conflicto de intereses.

[2] En el supuesto de la persona con discapacidad, de acuerdo con lo dispuesto en el art. 295 del Código Civil, se le nombra defensor judicial cuando, por cualquier causa, quien haya de prestar apoyo no pueda hacerlo, o exista conflicto de intereses entre ellos. En el procedimiento judicial de nombramiento, una vez oída la persona con discapacidad, la autoridad judicial nombrará defensor judicial a quien sea más idóneo para respetar, comprender e interpretar la voluntad, deseos y preferencias de aquella.

Modelo n.º 111. De la curatela[1]

SP/FORM/9699

La curatela es una medida formal de apoyo que se aplicará a quienes precisen el apoyo de modo continuado. Su extensión estará determinada en la correspondiente resolución judicial en armonía con la situación y circunstancias de la persona con discapacidad y con sus necesidades de apoyo.

La autoridad judicial constituirá la tutela mediante resolución motivada cuando no exista otra medida de apoyo para la persona con discapacidad. En la resolución judicial se determinarán los actos para los que la persona requiere asistencia del curador en el ejercicio de su capacidad jurídica y solo en casos excepcionales el Juez, mediante resolución motivada, determinará los actos concretos en los que el curador asume la representación de la persona con discapacidad.

AUTO n.º ______________

EL/LA MAGISTRADO-JUEZ

D./D.ª ____________________.

En ________________, a __ de ____ de ____.

Antecedentes de hecho

Primero. Con fecha 3 de noviembre de 2022 se presentó por el Ministerio Fiscal solicitud de expediente de jurisdicción voluntaria para la adopción de medidas judiciales de apoyo a persona con discapacidad interesando la adopción de medida judicial de apoyo para el adecuado ejercicio de la capacidad jurídica de D.ª ______________________________.

Segundo. Admitida a trámite la solicitud se acordó la incoación del presente procedimiento así como dar traslado de la solicitud a D.ª ________________________, con entrega de copia de la misma y de los documentos presentados, haciéndole saber que podía comparecer ante este Juzgado con Abogado y Procurador por ella designados en el plazo de quince días y que, en caso de no designarlos, por este mismo Juzgado se le nombraría defensor judicial para que compareciera en su nombre y representación. No compareció en forma y plazo legal

[1] La curatela es la principal medida de apoyo de origen judicial para las personas con discapacidad. El planteamiento de la Ley 8/2021, de 2 de junio, es que la curatela sea principalmente asistencial: asistencia, apoyo, ayuda en el ejercicio de la capacidad jurídica a las personas con discapacidad. No obstante, puede haber supuestos en donde sea preciso atribuir al curador funciones representativas. Sin embargo, el legislador quiere que estos casos de sustitución del curador a la persona con discapacidad sean y resulten excepcionales.

y, en consecuencia, se nombró defensor judicial a la Fundación Pública de Castilla y León para la Provisión de Apoyos a Personas con Discapacidad.

Tercero. Seguidamente se acordó la práctica de las diligencias preceptivas y de aquellas otras que se consideraron pertinentes. De igual modo, se recabó la certificación literal de nacimiento del Registro Civil de Salamanca sobre las medidas de apoyo inscritas correspondiente a la persona con discapacidad, ______________________ se realizó entrevista personal a _________ y se recabó informe del Médico Forense. Conforme al artículo 42 bis b) de la Ley de Jurisdicción Voluntaria se acordó la citación a las partes y a los parientes más próximos de la persona con discapacidad para la celebración de la comparecencia.

Cuarto. El día señalado, comparecieron a la vista el Ministerio Fiscal y la defensora judicial, ratificándose en sus respectivos escritos. Después se escuchó a las tres hijas de la persona con discapacidad y, en sus respectivos informes, las partes manifestaron su conformidad quedando las actuaciones pendientes del dictado de la presente resolución.

Fundamentos jurídicos

Primero. La Ley 8/2021, de 2 de junio, para el apoyo de las personas con discapacidad en el ejercicio de su capacidad jurídica, pretende incorporar a nuestro ordenamiento jurídico las exigencias del artículo 12 de la Convención de las Naciones Unidas sobre los Derechos de las Personas con Discapacidad, hecho en Nueva York el 13 de diciembre de 2006 y que, conforme al artículo 96 CE, forma parte de nuestro ordenamiento interno.

En virtud de dicho artículo 12 de la Convención de Nueva York "*Las personas con discapacidad tienen capacidad jurídica en igualdad de condiciones con las demás en todos los aspectos de la vida*". En consecuencia, la Ley 8/2021 suprime la declaración de incapacidad y se centra en la provisión de los apoyos necesarios que una persona con discapacidad pueda precisar "*para el adecuado ejercicio de su capacidad jurídica*". Y ello, con la finalidad de permitir el desarrollo pleno de su personalidad y su desenvolvimiento jurídico en condiciones de igualdad (art. 249 CC).

Segundo. Necesidad de medidas de apoyo. De los informes socio-sanitarios aportados con la solicitud, así como de las diligencias practicadas posteriormente, en especial de la pericial del médico forense realizada y cuyo informe obra del mismo modo en las actuaciones. Del mismo se contrasta que, ________, de 83 años de edad, está diagnosticada de trastorno neurocognitivo mayor, probablemente tipo mixto Alzheimer y vascular GDS-5. Su sintomatología es bajo ánimo, insomnio e irritabilidad, con síntomas psicoconductuales asociados. Carece de capacidad cognitiva para su manejo vital, tanto personal como patrimonial. Necesita supervisión constante. El deterioro cognitivo de ____________ es crónico e irreversible y ya corresponde a un GDS-6, precisando el apoyo de terceros para los cuidados de salud y todo tipo de actuación administrativa, económica y social.

Tercero. Medidas judiciales de apoyo. El art. 249 del Código Civil dispone que las medidas de apoyo de las personas mayores de edad que las precisen deberán ajustarse a los principios de necesidad y proporcionalidad. Se inspirarán en el respeto a la dignidad de la persona y en la tutela de sus derechos fundamentales. A su vez, el art. 255 del mismo Cuerpo legal dispone que, la autoridad judicial podrá adoptar medidas de apoyo a las personas con discapacidad, solo si las medidas de naturaleza voluntaria resultan insuficientes o no existiesen. Y, el art. 269 establece, al regular la curatela, que el Juez constituirá la misma mediante resolución motivada cuando no exista otra medida de apoyo suficiente para la persona con discapacidad.

En el supuesto examinado se contrasta, tras examinar la certificación literal de nacimiento de ________ expedida por el Registro Civil de _________, la no existencia de medida voluntaria de apoyo. También se comprueba la no existencia de una guarda de hecho adecuada o suficiente, por lo que resulta necesaria la constitución de una medida judicial de apoyo a su favor. La misma, tal y como interesa el Ministerio Fiscal y reconoce la defensora judicial, no puede ser ocasional, debe ser continuada en el tiempo y debiendo constituirse, en consecuencia, una curatela.

De conformidad con lo dispuesto en el art. 268 del Código Civil, la curatela y las medidas de apoyo que adopte la autoridad judicial han de ser proporcionadas a las necesidades de la persona que las precise, y respetar siempre la máxima autonomía de esta en el ejercicio de su capacidad jurídica. A ________________ se le ha diagnosticado un deterioro cognitivo que debe tratarse, atendidas las circunstancias concurrentes, con una medida de apoyo como es la curatela de naturaleza esencialmente representativa. Todo ello sin perjuicio de respetar su voluntad en algún aspecto puntual en la toma de decisiones relacionadas con su esfera personal.

Cuarto. Designación de la figura de apoyo. En atención a lo expuesto y tal y como propone el Ministerio Fiscal en su informe, procede designar como curadora de ________ a su hija ____________________, conforme a la preferencia en el nombramiento a favor de los familiares del artículo 276 del Código Civil. Se considera a __________ como la persona más idónea para el ejercicio del cargo ya que conviven en el domicilio la madre y la hija y todos los hermanos han expresado su conformidad a lo adecuado de esta designación. A los fines del artículo 270 del Código Civil, la curadora tendrá obligación anual de informar sobre la situación personal y patrimonial de su madre, _______________.

Tal y como indica el Ministerio Fiscal en su informe, la curatela establecida como medida de apoyo a María Cruz debe extenderse no solo al ámbito económico sino también al personal, debiendo ___________ supervisar todas las actuaciones de atención y cuidado que se realicen a su madre.

Quinto. Revisión de la medida. El art. 268 del Código Civil dispone que las medidas judiciales de apoyo adoptadas serán revisadas periódicamente en un plazo máximo de tres años sin perjuicio que, de manera excepcional y motivada, se pueda establecer un plazo de revisión superior que no podrá exceder de seis años.

A la vista de la situación de D.ª ______________________ y de su diagnóstico crónico, avanzado e irreversible, así como de las circunstancias de la medida a adoptar, procede acordar la revisión del plazo a los seis años, excepto, claro, que concurra cualquier cambio en la situación de ___________z que haga necesaria la revisión de la extensión o la intensidad de la medida.

Por todo lo anterior mente expuesto,

Parte dispositiva

Atendiendo a los Fundamentos Jurídicos anteriores acuerdo constituir a favor de D.ª ____________________ una medida judicial de apoyo para el adecuado ejercicio de su capacidad jurídica consistente en una CURATELA, con facultades esencialmente representativas ya que, María Cruz, por razón de su diagnóstico, ya no puede ni formar ni expresar su voluntad, deseos y preferencias tanto en su esfera personal, de salud, ni patrimonial. Todo ello sin perjuicio de, en algún aspecto puntual, pueda y deba respetarse su voluntad si así se considera.

Se designa curadora de D.ª __________ a su hija D.ª _________________, quien deberá desempeñar su función conforme a lo dispuesto en el Código Civil y en la presente resolución.

Esta medida se revisará automáticamente en el plazo de seis años.

La curadora, _______________________, deberá informar anualmente de la situación personal y patrimonial de D.ª __________________________.

Firme que sea la presente resolución, inscríbase la misma en el asiento de nacimiento de María-Cruz obrante en la Sección Primera, Tomo ___, página ___, de la Oficina General del Registro Civil de Salamanca, para lo que se remitirá la correspondiente comunicación.

Contra la presente resolución, de conformidad con lo dispuesto en el art. 20 de la Ley de Jurisdicción Voluntaria, cabe interponer recurso de apelación en forma y plazo legal.

El/la Magistrado/a

Modelo n.º 112. Auto y posterior revisión de las medidas judicialmente acordadas[1]

SP/FORM/9700

AUTO n.º ___________

EL/LA MAGISTRADO-JUEZ

D./D.ª ___________________.

En León, a 18 de abril de 2023

Antecedentes de hecho

Primero. Con fecha 21 de noviembre de 2022, D.ª _____________________z, en su condición de hija y tutora de D.ª ___________________________________, presentó ante este Juzgado de Primera Instancia n.º 3 de León solicitud de Revisión de medidas a sustanciarse por los trámites del artículo 42 bis c) de la Ley de Jurisdicción Voluntaria, redacción dada por Ley 8/2021, de 2 de junio, respecto de las medidas adoptadas en la sentencia n.º 000000/2021, de __ de ____ de ______, dictada por este mismo Juzgado de Primera Instancia n.º __ de _____ en el juicio verbal especial de capacidad 000/2020.

Segundo. Admitida a trámite tal solicitud se incoó el presente procedimiento y se procedió a la práctica de las diligencias preceptivas y aquellas otras que se han considerado pertinentes. En concreto, el exhorto a la Oficina General del Registro Civil de _____ para reflejar en el asiento de nacimiento de ________ las medidas de apoyo inscritas, la entrevista realizada con la propia __________ con presencia del médico forense y la comparecencia de los parientes más próximos.

Tercero. Del resultado de tales diligencias se ha dado traslado, tal y como determina el art. 42 bis.3 de la Ley 15/2015, a la persona con discapacidad, a la nombrada tutora, al Ministerio Fiscal y a los interesados personados en el expediente, a fin de alegar lo que considerasen pertinente en el plazo de diez días, así como aportar la prueba que estimasen pertinente. Alegaciones que, únicamente, ha realizado el Ministerio Público y como señala el n.º 4 del citado precepto, la autoridad judicial dictará nuevo auto con el contenido que proceda.

[1] La Disposición Transitoria Quinta de la Ley 8/2021, de 2 de junio, "Revisión de las medidas ya acordadas", dispone que las personas con la capacidad modificada judicialmente, los progenitores que ostenten la patria potestad prorrogada o rehabilitada, los tutores, los curadores, los defensores judiciales y los apoderados preventivos, podrán solicitar en cualquier momento de la autoridad judicial la revisión de las medidas que se hubiesen establecido con anterioridad a la entrada en vigor de la presente Ley 8/2021 para, precisamente, adaptarlas a esta.

Fundamentos jurídicos

Primero. La Ley 8/2021, de 2 de junio, por la que se reforma la legislación civil y procesal para el apoyo a las personas con discapacidad en el ejercicio de su capacidad jurídica, constituye una profunda reforma del tratamiento civil y procesal de la capacidad de las personas que pretende incorporar a nuestro ordenamiento jurídico lo dispuesto en el art. 12 de la Convención de las Naciones Unidas sobre los Derechos de las Personas con Discapacidad, hecha en Nueva York el 13 de diciembre de 2006 y que, conforme el art. 96 de nuestra Constitución, forma parte de nuestro ordenamiento interno.

El citado art. 12 señala que las personas con discapacidad tienen capacidad jurídica en igualdad de condiciones con las demás en todos los aspectos de la vida. En consecuencia, la Ley 8/2021 elimina la declaración de incapacidad y se centra en la provisión de apoyos a las personas con discapacidad para el adecuado ejercicio de su capacidad jurídica. En consecuencia, se suprime la tutela y se concentra en la curatela las medidas judiciales de apoyo continuado.

Asimismo, la provisión de apoyos judiciales deja de tener un carácter preferente y se supeditan a la ausencia o insuficiencia de las medidas previstas por el propio interesado. Y, en todo caso, las medidas adoptadas por la autoridad judicial deberán tener en cuenta la voluntad, los deseos y las preferencias de la persona con discapacidad.

Segundo. En el presente supuesto, siendo que la Sentencia n.º 000000/2021, de __ de ____ de ____, dictada por este mismo Juzgado en el Juicio Verbal especial de capacidad n.º 000/2020, modificó la capacidad de obrar de D.ª ____________________, procede dejar sin efecto dicha declaración judicial de modificación de su capacidad jurídica y acordar la extinción de la tutela que se tramita en este Juzgado como procedimiento n.º 000/2021.

Ahora bien, ello no obsta para que deba realizarse una valoración de los efectos de la persona en el ejercicio de sus derechos y, en general, de su capacidad jurídica, para poder determinar las concretas necesidades de la persona con discapacidad y si precisa o no la adopción de medidas de apoyo y qué tipo de medidas precisa.

En el presente supuesto, D.ª ____________________________________, de 78 años de edad, padece un deterioro cognitivo grave, Alzheimer, de carácter crónico e irreversible. En el informe del médico forense se constató que el deterior cognitivo correspondía a grado GDS 6, siendo dependiente de terceras personas para las actividades básicas e instrumentales de la vida diaria, no pudiendo gobernar su persona o patrimonio.

El informe de los servicios sociales que acompaña a la solicitud de revisión concluye que Doña María Luisa continúa precisando que un tercero le preste apoyo/sustitución en todas las áreas de su vida de manera continuada.

Tercero. En orden a determinar la naturaleza e intensidad del apoyo a fijar a su favor, conforme a la legislación aplicable contenida en los arts. 249 y ss. del Código Civil, así como del reseñado art. 12 de la Convención, se extraen los elementos caracterizadores del nuevo régimen legal de provisión de apoyos: i) es aplicable a personas mayores de edad o menores emancipadas que precisen una medida de apoyo para el adecuado ejercicio de su capacidad jurídica; ii) la finalidad de estas medidas de apoyo es permitir el desarrollo pleno de su personalidad y su desenvolvimiento jurídico en condiciones de igualdad y han de estar inspiradas en el respeto a la dignidad de la persona y en la tutela de sus derechos fundamentales; iii) las medidas judiciales de apoyo tienen un carácter subsidiario respecto de las medidas voluntarias de apoyo, por lo que solo se acordarán en defecto o insuficiencia de estas últimas; iv) no se precisa ningún previo pronunciamiento sobre la capacidad de la persona; y, v) la provisión judicial de apoyos debe ajustarse a los principios de necesidad y proporcionalidad, ha de respetar la máxima autonomía de la persona con discapacidad en el ejercicio de su capacidad jurídica y debe atenderse en todo caso a su voluntad, deseos y preferencias. Por lo tanto, las medidas judiciales de apoyo son subsidiarias, de manera que no es posible adoptar medida judicial de apoyo en el caso de que exista una medida voluntaria de apoyo o una medida informal, adecuada y suficiente para prestar tales apoyos.

En el presente caso, de la certificación de nacimiento de María Luisa, expedida por la Oficina General del Registro Civil de León, se contrasta que la misma no ha dispuesto voluntariamente medidas de apoyo a su favor.

Sobre la situación y cuidados de D.ª ____________, el informe del Ministerio Fiscal refleja que es su hija ________________ quien ejerce la guarda de hecho de la misma. Sin embargo, considera el Ministerio Público, es insuficiente la misma y es necesaria, por razón de su diagnóstico, una medida judicial de apoyo a favor de D.ª María Luisa. Esta medida judicial debe ser la curatela con facultades esencialmente representativas para su toma de decisiones de contenido económico, jurídico y administrativo.

Cuarto. Conforme a lo establecido en los arts. 275 y 276 del Código Civil, procede designar como curadora para el desempeño de tales funciones a su hija, Sara Salvador Martínez. Familiar que ya venía ejerciendo el cargo de tutora antes de la presente resolución de revisión.

Quinto. De acuerdo con lo establecido en los arts. 42 bis LJV y 268 del Código Civil, adoptada la medida judicial de apoyo, la misma ha de revisarse periódicamente y, teniendo en cuenta la naturaleza de la enfermedad de Dª ______________, crónica, irreversible y degenerativa, así como la evolución de su diagnóstico, procede establecer el excepcional plazo de seis años para la revisión. Sin perjuicio, claro, de que si hay cualquier cambio de situación la revisión se deba de adelantar.

Sexto. La curadora, ________________, deberá presentar con carácter anual informe de la situación personal y patrimonial relativa a su madre, ______________________.

Parte dispositiva

Atendiendo a lo expuesto en los Fundamentos Jurídicos anteriores procede dejar sin efecto la declaración que sobre la capacidad de D.ª ________________________ disponía la sentencia n.º 0_____________, de 30 de julio de 2021, dictada en el juicio verbal especial de capacidad n.º ______________. En consecuencia, se extingue la tutela que se tramita en este Juzgado con el número de procedimiento ______________.

Se constituye como medida judicial de apoyo una CURATELA que será desempeñada como curadora por su hija, D.ª ________________________. Será esencialmente representativa en la medida en que la curadora debe asistir y prestar a su madre el apoyo que precisa para la toma de decisiones de contenido económico, jurídico y administrativo.

La curatela será revisada de manera automática en el plazo de seis años, excepto que las circunstancias se alteren y se solicite la revisión de la misma.

La curadora debe presentar informe de la situación personal y patrimonial relativa a Doña María Luisa con carácter anual.

La presente resolución no es firme, contra la misma, tal y como dispone el art. 20 de la Ley de Jurisdicción Voluntaria, cabe interponer recurso de apelación en los términos previstos en la Ley de Enjuiciamiento Civil.

EL/LA MAGISTRADO/A

Los actos relativos a la constitución y régimen del patrimonio protegido de las personas con discapacidad

(Art. 4 Ley del Registro Civil de 2011: Tienen acceso al Registro Civil los hechos y actos que se refieren a la identidad, estado civil y demás circunstancias de la persona. Son, por tanto, inscribibles: **12.º Los actos relativos a la constitución y régimen del patrimonio protegido de las personas con discapacidad**[1]).

Uno de los elementos que más repercuten en el bienestar de las personas con discapacidad es la existencia de suficientes medios económicos a su disposición para poder atender sus necesidades vitales específicas[2].

La regulación de los patrimonios protegidos se encuentra en la Ley 41/2003, de 18 de noviembre, de protección patrimonial de las personas con discapacidad. Regulación que tiene nueva redacción actualizada por la Ley 8/2021, de 2 de junio.

A estos efectos, conforme señala el art. 2 de la Ley 41/2003, el patrimonio protegido de las personas con discapacidad tendrá como beneficiario, exclusivamente, a la persona en cuyo interés se constituya, que será su titular. Y, a los efectos de esta Ley únicamente tendrán la consideración de personas con discapacidad: a) Las personas que presenten una discapacidad psíquica igual o superior al 33 por ciento. b) Las que presenten una discapacidad física o sensorial igual o superior al 65 por ciento.

El patrimonio protegido se puede constituir en documento público o por resolución judicial. Lo normal es que un patrimonio protegido se constituya ante Notario en escritura pública.

Por resolución judicial se acuerda la constitución de un patrimonio protegido cuando los progenitores, tutor o curador de la persona con discapacidad se niegan injustificadamente a prestar el consentimiento o asentimiento a ello. Se regula en los arts. 56 y siguientes de la Ley de Jurisdicción Voluntaria. La competencia para tramitar el expediente es del Juzgado de Primera Instancia del domicilio de la persona con discapacidad. La legitimación para promover el mismo corresponde al Ministerio Fiscal, quien actuará de oficio o a solicitud de cualquier persona. El Juez dictará la resolución en interés de las personas con discapacidad, y si la misma es constituir el patrimonio protegido deberá remitir al Registro Civil la resolución para su inscripción en el asiento de nacimiento de la persona con discapacidad.

---

[1] Resulta incuestionable, en nuestra sociedad, la supervivencia de muchas personas con discapacidad a sus progenitores. La mejora en las prestaciones sanitarias y nuevas formas de discapacidad como lesiones cerebrales y medulares por accidentes de tráfico, enfermedad de Alzheimer y otras similares, hacen aconsejable que la asistencia económica a la persona con discapacidad no se haga solo con cargo al sistema sanitario público o de la propia familia, sino que, además, el propio patrimonio de la persona con discapacidad permita garantizar y cubrir las necesidades vitales básicas de estas personas. Y una magnífica alternativa o posibilidad registral resulta la constitución de un patrimonio protegido de las personas con discapacidad.

[2] El apdo. II del Preámbulo de la Ley 41/2003 dice que el objeto inmediato de esta ley es la regulación de la masa patrimonial, el patrimonio especialmente protegido de las personas con discapacidad, la cual queda inmediata y directamente vinculada a la satisfacción de las necesidades vitales de una persona con discapacidad, favoreciendo la constitución de este patrimonio y la aportación a título gratuito de bienes y derechos de la misma. Es lo que se conoce como *"patrimonio de destino"*.

Los Notarios, además de la comunicación de la escritura de constitución del patrimonio protegido y de designación de administrador o administradores a la Oficina General del Registro Civil donde conste el asiento de nacimiento de la persona con discapacidad para que se practique la inscripción de la misma, deben realizar otra comunicación al "*fiscal de la circunscripción correspondiente al domicilio de la persona con discapacidad*".

Modelo n.º 113. Escritura de constitución de patrimonio protegido

SP/FORM/9701

Número ____________________.

–CONSTITUCIÓN DE PATRIMONIO PROTEGIDO–

En ______________, mi residencia, el día _____ de _______ de ______________.

Ante mí, ____________________, Notario del Ilustre Colegio Notarial de Castilla-La Mancha,

COMPARECEN

POR UNA PARTE, como constituyentes del patrimonio protegido,

Los cónyuges, D. _______________________, jubilado, y D.ª ____________________, administrativa, ambos mayores de edad, casados en régimen legal supletorio de gananciales, vecinos de Ciudad Real, _____________, n.º __, ________________, _____; con DNI/NIF números ___________ y ___________, respectivamente.

Y POR OTRA, en representación de la beneficiaria,

D. ________________________, técnico informático, y D.ª ________________________, enfermera, ambos mayores de edad y de estado civil solteros; tienen inscrita su relación como pareja estable en el registro del Ayuntamiento de _________, son vecinos de esta Ciudad, en C/ ____________________.; con DNI/NIE números ___________ y ___________, respectivamente.

Intervienen

1. D. ________________________ y D.ª ________________________, en su propio nombre y derecho. Y 2. D. ______________________ y D.ª ____________________, en nombre y representación de su hija, D.ª ____________________________, nacida en Ciudad Real, el día 17 de octubre de 2017, de igual vecindad y domicilio que sus padres.

Ejercen esta representación en su calidad de padres de la representada, en ejercicio de la patria potestad y me acreditan la filiación de esta y la paternidad de aquellos, con la certificación literal de nacimiento de la misma expedida por la Oficina General del Registro Civil de ________, así como el Libro de Familia, que me exhiben y extraigo fotocopia que también uno a la presente.

Identifico a los comparecientes por sus respectivos documentos de identidad. Constan de sus manifestaciones los datos personales, y tienen a mi juicio capacidad para otorgar esta escritura de **CONSTITUCIÓN DE PATRIMONIO PROTEGIDO**, y, al efecto,

Exponen

I. Que D. ______________________ y D.ª ______________________ tienen una hija llamada ______________ afectada por una discapacidad del 65 por ciento, lo que me acreditan con el correspondiente certificado administrativo expedido por los Servicios del Departamento de Derechos Sociales de Castilla-La Mancha, del que dejo testimonio unido a esta matriz.

II. Que sus abuelos maternos (pertenecientes al grupo familiar de la beneficiaria), D. ______________________ y D.ª ______________________________, desean, en interés y beneficio de su citada nieta, constituir un patrimonio protegido de acuerdo con lo dispuesto en el artículo 1.1 de la Ley 41/2003, de 18 de noviembre, de protección patrimonial de las personas con discapacidad.

III. Que la menor, ______________________ es titular de una cuenta abierta en la entidad Banco Santander con el número ___________________________.

IV. Que expuesto cuanto antecede, los comparecientes llevan a cabo el otorgamiento de esta escritura conforme a las siguientes,

Cláusulas

1.ª Constitución del patrimonio protegido. D. __________________ y D.ª __________________________, constituyen por la presente un patrimonio protegido a favor de su nieta discapacitada D.ª ________________, que se regirá por los dispuesto en la Ley 41/2003, de 18 de noviembre. Este patrimonio protegido constituido tendrá denominación de la beneficiaria, esto es, *"Patrimonio protegido de* __________________".

2.ª Aportación inicial. D. ______________________ y D.ª ______________________ aportan al patrimonio protegido que constituyen en virtud de la presente, como primera partida por parte de cada uno de ellos, con carácter íntegramente gratuito y sin contraprestación alguna, la plena propiedad de los siguientes bienes:

– La cantidad de ________________ por parte de D. ___________________________.

– La cantidad de ________________ por parte de D.ª ___________________________.

Me hacen entrega los comparecientes de sendos justificantes de las respectivas transferencias por ellos efectuadas a la cuenta titularidad de la beneficiaria anteriormente reseñada, de los cuales extraigo fotocopia que dejo incorporada a la presente para su transcripción a continuación de las copias que de esta se expidan.

D. ___________________________ y D.ª ___________________________, ACEPTAN las indicadas aportaciones como padres de su hija a la que representan en ejercicio de la patria potestad.

3.ª Finalidad. La constitución de dicho patrimonio tiene como finalidad el atender en parte a la satisfacción de las necesidades vitales de su citada nieta, a través de los rendimientos y frutos que produzcan los bienes aportados.

4.ª Administración. La administración del patrimonio protegido de la menor con discapacidad corresponderá a las siguientes personas, que los constituyentes designan a continuación, por el orden y con la forma de actuar que se indica:

1. En primer lugar, lo será la madre de la beneficiaria, esto es, doña ___________________________.

2. Y, en segundo lugar, y en defecto de la primera, por muerte, renuncia o incapacidad, lo serán los dos abuelos constituyentes que aquí comparecen y que actuarán conjuntamente. Y en defecto de uno de los dos, por muerte, renuncia o incapacidad, actuará el sobreviviente o restante.

5.ª Destino final. Los bienes aportados que quedaren, en su caso, al tiempo del fallecimiento de la persona discapacitada, pasarán a los hijos de los constituyentes, D.ª ____________________ y D. ____________________, por mitad e iguales partes entre ambos.

6.ª Declaraciones fiscales. Se solicita la aplicación de las exenciones fiscales que procedan en los impuestos que se generen por la presente atribución gratuita, de acuerdo con lo establecido en el art. 15 de la Ley 41/2003, de 18 de noviembre.

7.ª Notificación del nombramiento de administradores del patrimonio del discapacitado a la Oficina General del Registro Civil. Conforme disponen los arts. 8.1 y 5.7 de la citada Ley 41/2003, este Notario remitirá oficio, a los efectos del art. 76 de la Ley del Registro Civil, de la constitución del presente patrimonio protegido a la Oficina General del Registro Civil de ______________ para que en la Sección Primera del mismo, Tomo ___, página ____, donde figura el asiento de nacimiento de la menor __________________________, se practique la inscripción correspondiente.

8.ª Notificación al Ministerio Fiscal. A los efectos de lo dispuesto en el art. 3 de la Ley 41/2003, este Notario autorizante comunicará inmediatamente la constitución y contenido del presente patrimonio protegido formalizado mediante la presente escritura a la Fiscalía de Ciudad Real[1], al ser la misma la del domicilio de la persona con discapacidad.

Oficio del Notario al Registro Civil con la constitución de un patrimonio protegido.

Del Notario/a ____________________ a la Oficina General del Registro Civil de _______________.

Por la presente CERTIFICO que mediante escritura formalizada ante mi fe, con fecha __ de _____ de ____ y número ____________________ de protocolo, D. __________________ y su esposa D.ª ______________________, han constituido a favor de su nieta con discapacidad, D.ª __________________ (nacida en ____________ el ___ de ________ de _______), un PATRIMONIO PROTEGIDO, y en dicha escritura se ha procedido a designar por los constituyentes los ADMINISTRADORES de dicho patrimonio, que serán, en primer lugar, la madre de la menor, D.ª ______________________, y, en segundo lugar, por muerte, renuncia o incapacidad de la misma, a los propios citados constituyentes que actuarán conjuntamente y en caso de muerte, renuncia o incapacidad de uno, lo hará el restante.

El asiento de nacimiento de la menor, D.ª _________________, consta inscrito en la Sección Primera de ese Registro Civil de __________, al Tomo ___, página ___.

En _______________, a ___ de _______ de ______.

El/La Notario/a.

[1] En su caso, el fiscal que recibe la comunicación de un patrimonio protegido y no se considere competente para su fiscalización lo remitirá al fiscal que designe el Fiscal General del Estado, de acuerdo con su Estatuto Orgánico (art. 3, párrafo *in fine* de la Ley 41/2003, de 18 de noviembre).

Inscripción en el asiento de nacimiento de la constitución en escritura pública de un patrimonio protegido.

Inscripción. Ante el Notario/a _________________, de ___________, el 30 de diciembre de 2022 y con número de protocolo 2282, se ha constituido a favor de la inscrita un Patrimonio Protegido y en dicha escritura se ha procedido a designar los administradores del mismo.

(Fecha y firma del Encargado/a)[1].

Oficio del Notario a la Fiscalía del TSJ competente comunicando la constitución de un patrimonio protegido.

A la Fiscalía de la circunscripción correspondiente al domicilio de la persona con discapacidad.

Por el presente, el Notario firmante, a los efectos de lo dispuesto en el art. 3.3 de la Ley 41/2003, de 18 de noviembre, de protección patrimonial de las personas con discapacidad, con nueva redacción por Ley 8/2021, de 2 de junio, remito a esa Fiscalía del Tribunal Superior de Justicia de _________, por ser la del domicilio de la persona con discapacidad, la escritura pública de constitución de un patrimonio protegido formalizada en esta Notaría el día __ de _________ de 202_, con número de protocolo _______. Los constituyentes de la misma son los abuelos maternos de la persona con discapacidad, menor de edad, Don _______________ y Doña _______________. La persona beneficiaria es el menor de edad con discapacidad ________________. El asiento de nacimiento del mismo consta en la Sección Primera de la Oficina General del Registro Civil de _________, al Tomo ___, página ___. A cuya Oficina ya se ha remitido el correspondiente oficio para proceder a la práctica de la inscripción correspondiente sobre la constitución del presente patrimonio protegido en el registro individual del mismo. En dicha escritura se ha procedido a designar por los constituyentes como administradores de dicho patrimonio a la madre del menor, Doña ____________________, y en segundo lugar a los propios constituyentes, que actuarán conjuntamente. Lo que se comunica a dicha Fiscalía del Tribunal Superior de Justicia de __________ a los efectos de lo dispuesto en el art. 3.3 de la Ley 41/2003.

[1] Practicada la inscripción en el asiento de nacimiento, se remitirá por parte de la Oficina General del Registro Civil certificado literal de nacimiento a la Notaría para que la misma quede unida a escritura de patrimonio protegido con el resto de documentos.

Modelo n.º 114. Inscripción de resolución judicial que acuerda la constitución de un patrimonio protegido y el administrador designado.

SP/FORM/9702

Inscripción. Por Auto n.º ___ de fecha __ de _________ de 202_ dictado en el expediente n.º ______ seguido en el Juzgado de Primera Instancia n.º __ de __________, a los efectos de los dispuesto en el art. 58.5 de la Ley de Jurisdicción Voluntaria, se ha constituido un patrimonio protegido en favor del al margen inscrito designando, a su vez, como administrador/es a Doña _______________ y a Don ___________.

(Fecha y firma del Encargado/a)

La tutela del menor y la defensa judicial del menor emancipado

(Art. 4 Ley del Registro Civil de 2011: Tienen acceso al Registro Civil los hechos y actos que se refieren a la identidad, estado civil y demás circunstancias de la persona. Son, por tanto, inscribibles:
13.º La tutela[1] del menor y la defensa judicial del menor emancipado[2])

Quedan sujetos a tutela los menores no emancipados en situación de desamparo[3] y los menores no emancipados no sujetos a patria potestad.

La tutela, conforme dispone el art. 75 de la Ley del Registro Civil, se ejerce por la entidad pública que, en el respectivo territorio, se le encomienda la función de proteger a los menores en estas situaciones de desamparo por abandono, sea o no conocida su filiación. Siendo esta resolución de la entidad pública de la Comunidad Autónoma competente en materia de protección de menores la que se reflejará en el registro individual del menor mediante la inscripción correspondiente (art. 48 de la Ley del Registro Civil).

---

[1] Con el esfuerzo de adecuación que realiza nuestro ordenamiento jurídico para adaptarse a la Convención de Nueva York sobre los Derechos de las Personas con Discapacidad, por medio, principalmente, de la Ley 8/2021, de 2 de junio, la tutela, con su tradicional connotación representativa, queda reservada para los menores de edad que no estén protegidos a través de la patria potestad.

[2] El complemento de capacidad requerido por los emancipados para el ejercicio de ciertos actos jurídicos será atendido por un defensor judicial. Su nombramiento es una medida formal de apoyo que procede cuando la necesidad se precise de forma ocasional.

[3] La situación de desamparo de un menor, generalmente, se produce cuando faltan las personas que, conforme al ordenamiento jurídico, deberían ejercer su guarda y no lo hacen porque no quieren o porque no pueden. Las circunstancias precisas para considerar a los menores en situación de desamparo son innumerables: falta de escolarización; alcoholismo de los progenitores; drogadicción de los mismos; trastornos mentales de los padres; maltrato físico o psíquico; abusos y agresiones sexuales; etcétera.

Modelo n.º 115. Nombramiento de tutela para menor en situación de desamparo

SP/FORM/9703

Resolución de ratificación de desamparo

La Comisión Provincial de Tutela y Guarda de la Delegación Territorial de Inclusión Social de ___________, en el procedimiento de declaración de desamparo n.º _________________, instruido a _____________________, nacida el 16 de septiembre de 2011, según lo dispuesto en el Decreto 42/2002, de 12 de febrero, del régimen de desamparo, tutela y guarda administrativa, acuerda dictar la presente resolución en base a los siguientes hechos y fundamentos de derecho.

Antecedentes de hecho

Primero. Según los datos que obran en el expediente, la menor _______________, nacida el ___ de _______ de ____ en ______, consta su inscripción en la Sección Primera del, entonces, Registro Civil Único de Madrid, actual Oficina General del Registro Civil de _______, en el Tomo ____, página ___, del mismo. La unidad familiar la componen la madre de la menor y la propia menor, y residen en la localidad ________ de _____.

Segundo. La menor cuenta con antecedentes en el Servicio de Protección de Menores desde abril de 2021, fecha en la que consta apertura de información previa a raíz de una denuncia realizada a través del servicio a la infancia y adolescencia comunicando una posible situación de desprotección de la menor.

Tercero. Por los servicios sociales comunitarios del Ayuntamiento de _________ consta en el expediente la valoración de la gravedad de situaciones de riesgo, desprotección y desamparo. En la misma se valora la situación de la menor como de "*Desprotección grave*" consecuencia de concurrir indicadores referidos a maltrato emocional y la necesidad de cobertura física y de higiene para la menor. Añadir la desestructuración familiar por el abuso de la progenitora del consumo de estupefacientes. Ante estos hechos la declaración de desamparo resulta tan urgente como necesaria para proteger a la menor.

Fundamentos jurídicos

Primero. De conformidad con lo dispuesto en el art. 11 a) del Decreto 195/2020, de 1 de diciembre, por el que se regula la organización administrativa y la competencia de la Administración autonómica en materia de protección de menores, el órgano competente para dictar la presente resolución es la Comisión Provincial de Tutela y Guarda.

Segundo. El artículo 33 del Decreto 42/2002, de 12 de febrero, del régimen de desamparo, tutela y guarda administrativa, dispone, respecto a la declaración de desamparo que, asumida la tutela de los menores por la

Administración, proseguirá la instrucción del procedimiento conforme a lo establecido en la Sección segunda del presente capítulo, hasta que se dicte la resolución correspondiente, que dispondrá la ratificación, modificación o revocación del acuerdo que haya declarado como medida cautelar la situación de desamparo provisional.

Tercero. Dispone el artículo 172.1 del Código Civil que cuando la Entidad Pública a la que, en el respectivo territorio, esté encomendada la protección de los menores, constate que un menor se encuentra en situación de desamparo, tiene por ministerio de ley la tutela del mismo y deberá adoptar las medidas de protección necesarias para su guarda poniéndolo en conocimiento del Ministerio Fiscal y, en su caso, del Juez que acordó la tutela ordinaria. La asunción de la tutela atribuida a la entidad pública lleva consigo la suspensión de la patria potestad o de la tutela ordinaria.

Se considera como situación de desamparo la que se produce de hecho a causa del incumplimiento, o del imposible o inadecuado ejercicio de los deberes de protección establecidos por las leyes para la guarda de los menores, cuando estos queden privados de la necesaria asistencia moral y/o material.

Todo lo cual nos lleva a afirmar que la referida menor se encuentra en situación legal de desamparo por lo que, por ministerio de ley, procede la asunción de su tutela por parte de esta Entidad Pública.

Cuarto. El art. 172.ter.1 del Código Civil establece que *"La guarda se realizará mediante el acogimiento familiar y, no siendo este posible o conveniente para el interés del menor, mediante el acogimiento residencial. El acogimiento familiar se realizará por la persona o personas que determine la Entidad Pública. El acogimiento residencial se realizará por el Director o responsable del Centro donde esté acogido el menor, conforme a los términos establecidos en la legislación de protección de menores"*.

Quinto. El art. 28.1 del Decreto 42/2002, de 12 de febrero, establece que la resolución deberá estar debidamente motivada con relación a los hechos y fundamentos de derecho que justifiquen la decisión adoptada. No obstante, podrá servir de motivación a la resolución la aceptación de los informes que se hubieran incorporado al procedimiento durante la instrucción, y que se refieran a la situación real de los menores.

Parte dispositiva

Atendiendo a los antecedentes y fundamentos de derecho expresados, ACUERDA ratificar la Declaración de Desamparo de la menor _____________, nacida en _____ el ____ de ______ de _____, acordada de manera cautelar por resolución de Declaración Provisional de Desamparo de fecha 14 de julio de 2023, con todas las consecuencias inherentes a dicha declaración, ratificando íntegramente el resto de medidas acordadas en la citada resolución.

De conformidad con lo dispuesto en el art. 172.1 del Código Civil en relación con lo dispuesto en el Decreto 42/2002, de 12 de febrero, del régimen de desamparo, tutela y guarda administrativa, notifíquese la presente resolución a la madre de la menor y a la misma menor afectada de forma inmediata y antes de que transcurran 48 horas. La información deberá ser clara, comprensible y de forma accesible, incluyendo las causas que han dado origen a la presente resolución, así como sus posibles efectos, y en el caso de la menor, adaptada a su grado de madurez. Asimismo, comuníquese al Ministerio Fiscal y a las personas o Centro seleccionados para ejercer la guarda del menor.

Contra la presente resolución, conforme determinan los arts. 779 y 780 de la Ley de Enjuiciamiento Civil, cabrá formular oposición ante el Juzgado de Primera Instancia del domicilio de la menor en el plazo de dos meses desde la notificación de la presente, teniendo dicha oposición, en su caso, tramitación preferente.

De conformidad con lo dispuesto en el art. 75 de la Ley del Registro Civil en relación con el 48 del mismo Cuerpo legal, remítase testimonio de la presente resolución para que, al margen del asiento de nacimiento de la menor _____________, obrante en la Sección Primera, Tomo ___, página ____, de la Oficina General del Registro Civil de ____, se inscriba la misma y, cumplimentado, se devuelva certificado literal de nacimiento a esta Comisión Provincial de Tutela de _________ para su unión al presente expediente de declaración de desamparo.

Inscripción. Por Resolución de fecha _________________ de la Comisión Provincial de Tutela y Guarda de la Delegación Territorial de Inclusión Social de ___________, en el procedimiento de declaración de desamparo n.º 000-2023-000000341-1, la inscrita ha sido declarada en desamparo ejerciendo la tutela de la misma la Entidad Pública _____________.

(Fecha y firma del encargado/a)

Modelo n.º 116. Nombramiento de defensor judicial para menor emancipado

SP/FORM/9704

Dispone el art. 247 del Código Civil que "*La emancipación habilita al menor para regir su persona y bienes como si fuera mayor; pero hasta que llegue a la mayor edad no podrá el emancipado tomar dinero a préstamo, gravar o enajenar bienes inmuebles y establecimientos mercantiles o industriales u objetos de extraordinario valor sin consentimiento de sus progenitores y, a falta de ambos, sin el de su defensor judicial*".

A su vez, el art. 235 del Código Civil dispone que: "*Se nombrará defensor judicial del menor en los casos siguientes:*

1.º Cuando en algún asunto exista conflicto de intereses entre los menores y sus representantes legales, salvo en los casos en que la ley prevea otra forma de salvarlo.

2.º Cuando, por cualquier causa, el tutor no desempeñare sus funciones, hasta que cese la causa determinante o se designe a otra persona.

3.º Cuando el menor emancipado requiera complemento de capacidad previsto en los artículos 247 y 248 y a quienes corresponda prestarlo no puedan hacerlo o exista con ellos conflicto de intereses".

Inscripción. Por resolución dictada por el Letrado del Juzgado de Primera Instancia n.º __ de ____________[4], en el expediente de Jurisdicción Voluntaria n.º ___, al inscrito en el presente registro individual, menor emancipado, se le ha nombrado defensor judicial en la persona de D/D.ª ____________________, a los efectos de lo dispuesto en el art. 247 del Código Civil.

(Fecha y firma del Encargado/a)

[4] Conforme dispone el art. 30 de la Ley 15/2015, de 2 de julio, de la Jurisdicción Voluntaria, en la resolución en que se acceda a lo solicitado se nombrará defensor judicial a quien el Letrado de la Administración de Justicia estime más idóneo para el cargo, con determinación de las atribuciones que le confiera.

Asimismo, el testimonio de la resolución de nombramiento de defensor judicial se remitirá al Registro Civil para proceder a su inscripción.

Las declaraciones de concurso de las personas físicas y la intervención o suspensión de sus facultades

(Art. 4 Ley del Registro Civil de 2011: Tienen acceso al Registro Civil los hechos y actos que se refieren a la identidad, estado civil y demás circunstancias de la persona. Son, por tanto, inscribibles: **14.º Las declaraciones de concurso de las personas físicas y la intervención o suspensión de sus facultades**)

El n.º 2 del art. 72 de la Ley del Registro Civil contempla que se inscribirán en el Registro Civil la declaración de concurso[1], la intervención o, en su caso, la suspensión de las facultades de administración y disposición, así como el nombramiento de los administradores concursales[2].

El art. 36 de la Ley Concursal[3], "Anotación e inscripción en los registros públicos de personas", dice que: "*Si el concursado fuera persona natural, se anotarán y, una vez el auto devenga firme, se inscribirán en el Registro Civil la declaración de concurso, con indicación del órgano judicial que la hubiera dictado, del carácter de la resolución y de la fecha en que se hubiera producido; la intervención o, en su caso, la suspensión de las facultades de administración y disposición del concursado sobre los bienes y derechos que integren la masa activa, así como la identidad del administrador o administradores concursales*".

[1] No supone ninguna novedad en nuestra legislación registral. La Ley registral anterior también contemplaba el reflejo registral en al asiento de nacimiento de "*las declaraciones de concurso, quiebra o suspensión de pagos*" (art. 1.5.º de la Ley del Registro Civil de 1957 en relación al art. 46 del mismo Cuerpo legal).

[2] Conforme a la Disposición final 1 de la Ley 38/2011, de 10 de octubre, las referencias hechas en la Ley Concursal a "los administradores concursales" se entenderán hechas a "la administración concursal".

[3] Ley 16/2022, de 5 de septiembre, de reforma del Texto Refundido de la Ley Concursal (Real Decreto Legislativo 1/2020, de 5 de mayo).

Modelo n.º 117. Anotación/Inscripción[1] de la declaración de concurso

SP/FORM/9705

AUTO n.º 134/2023

EL/LA MAGISTRADO/A ______________.

Lugar: ______________.

Fecha: 2/Septiembre/2023.

Antecedentes de hecho

Primero. Por la Procuradora Doña ______________, en nombre y representación de Doña ________________, se ha presentado en el Juzgado Mercantil n.º 1 de ______________, con fecha 27 de junio de 2023, escrito solicitando la declaración de concurso consecutivo (voluntario y abreviado) de su representada, acompañando los documentos expresados en el texto refundido de la Ley Concursal.

Fundamentos de derecho

Primero. Presupuestos. De los documentos aportados resultan acreditados los presupuestos subjetivo y objetivo para la declaración del concurso exigidos por los arts. 1 y 2 del vigente Texto Refundido de la Ley Concursal ("TRLC"), al haberse solicitado el concurso de persona física en situación de insolvencia.

De igual forma, la solicitud se ha presentado por persona legitimada para ello por aplicación del art. 3 del citado Texto Refundido.

---

[1] No considero acertada este reflejo registral entre anotación e inscripción esperando la firmeza de la resolución que declara el concurso. Lo cierto es que el Texto Refundido de la Ley Concursal, cuando el concursado fuera persona natural, insiste en esta fórmula de, primero, anotar el Auto que declara el concurso, y, segundo, cuando el mismo haya devenido firme, realizar la inscripción del mismo. E insiste en ello la Ley Concursal, no en uno, sino en dos preceptos, sus arts. 36 y 557. Y considero como poco acertada la regulación consecuencia de que obliga, tanto a los funcionarios de los Juzgados Mercantiles como a los de la Oficina General del Registro Civil, a estar muy pendientes del transcurso de los plazos para, en su caso, reflejar registralmente la inscripción de la declaración de concurso.

Eso sin decir nada de que, anotada una declaración de concurso de una persona física, recurrida, en su caso, la declaración, la misma puede ser revocada y el perjuicio que puede ocasionar a esa persona la información registral de la anotación puede ser irreparable. Se hubiera solucionado con la obligación de practicar la inscripción de la declaración de concurso cuando el Auto que lo declara haya ganado firmeza. Pero, como señalo, el TRLC, hasta en dos preceptos, señala esta publicidad registral de anotación/inscripción.

En este aspecto, el legislador concursal ha tomado el ejemplo y modelo de las resoluciones judiciales que resuelven sobre nulidad, separación y divorcio. Estas resoluciones pueden ser objeto de anotación hasta que adquieran firmeza (art. 61 de la Ley del Registro Civil). Cuando devienen firme, se practica la inscripción.

Segundo. Postulación procesal y defensa técnica. Comparece en debida forma el deudor, de conformidad con el art. 6 del Texto Refundido de la Ley Concursal, compareciendo debidamente representada por medio de Procuradora y asistida de Letrada, acompañando a la solicitud la documentación expresada en los arts. 7 y 706 TRLC.

Tercero. Jurisdicción y Competencia. También resulta, de los documentos aportados, la jurisdicción y competencia objetiva y territorial de este Juzgado al tratarse de una persona natural no empresaria con domicilio en este Partido Judicial, todo ello de conformidad con los arts. 22 *septies* de la LOPJ, 45.2 b) LEC y arts. 44.2, 45.1 y 696 TRLC.

Cuarto. Procedimiento. Procede seguir el trámite del procedimiento abreviado, de conformidad con lo dispuesto en el art. 707 TRLC, con las especialidades previstas en el artículo citado y siguientes, entendiendo que nos encontramos ante el supuesto de concurso consecutivo previsto en el art. 695 a) TRLC, en relación al art. 12 de la Ley 13/2020, de 18 de septiembre.

Asimismo, se acuerda la apertura de la fase de liquidación prevista en el art. 717.3 TRLC.

Quinto. Medidas cautelares y garantías. Dadas las alegaciones del escrito inicial y la documentación que se aporta con la solicitud, no parece, en principio, necesario adoptar, conforme habilita la LO 8/2003, de 9 de julio, ninguna medida cautelar, ni limitación alguna en las comunicaciones de la concursada, siempre y cuando se cumplan las exigencias derivadas de una diligente y puntual cooperación de la concursada con este órgano jurisdiccional y con la Administración Concursal durante la tramitación del concurso.

Sexto. Conclusión por insuficiencia de la masa. Conforme al art. 470 TRLC, el juez podrá acordar en el mismo auto de declaración de concurso la conclusión cuando aprecie de manera evidente que la masa activa, presumiblemente, será insuficiente para la satisfacción de los posibles gastos del procedimiento y, además, que no es previsible el ejercicio de acciones de reintegración o de responsabilidad de terceros ni la calificación del concurso como culpable.

Y, conforme al art. 472 TRLC, si el concursado fuera persona natural, el juez, en el mismo auto que acuerde la conclusión, designará un administrador concursal que deberá liquidar los bienes existentes y pagar los créditos contra la masa siguiendo el orden establecido en esta ley para el supuesto de insuficiencia de la masa.

En el presente supuesto se dan las circunstancias expresadas pues los únicos bienes que se indican por la parte demandante parecen manifiestamente insuficientes para hacer frente a las deudas contraídas.

Séptimo. Administración concursal y facultades de la concursada. Se nombra administrador concursal a quien se dirá conforme al art. 709.1 en relación con el 62 TRLC.

Durante la fase de liquidación la situación de la concursada será la de suspensión del ejercicio de las facultades de administración y disposición sobre la masa activa.

En atención a lo expuesto,

Parte dispositiva

Se declara a Doña __________________________, con NIF _________________, y domiciliada en __________________, en situación de concurso voluntario y consecutivo, que se debe seguir por los trámites del procedimiento abreviado conforme a los arts. 707 y ss. TRLC, abriéndose directamente la fase de liquidación, quedando, por tanto, la concursada, suspendida en el ejercicio de las facultades de administración y disposición de su patrimonio.

Asimismo, se acuerda la conclusión del concurso por insuficiencia de la masa con todos los efectos que ello conlleva y, en concreto:

1. Nombrar administrador concursal a Doña _________________________, con domicilio en __________________, y correo electrónico _________@_________. Se le realizará la comunicación correspondiente para, compareciendo en este Juzgado Mercantil, acepte el cargo. Deberá acreditar que tiene vigente un seguro de responsabilidad civil o garantía equivalente proporcional a la naturaleza y alcance del riesgo cubierto.

La administradora concursal deberá liquidar los bienes existentes y pagar los créditos contra la masa siguiendo el orden establecido en el TRLC para el supuesto de insuficiencia de la masa.

2. Aceptado el cargo de administrador concursal, se remitirán al BOE y al Registro Público Concursal los edictos relativos a la declaración de concurso para su publicación. El edicto identificará al concursado, el órgano jurisdiccional que declara el concurso, la fecha del auto declarando el concurso, el régimen de intervención o suspensión de las facultades de administración y disposición de la concursada, la identidad de la administradora. La publicación de los edictos tendrá carácter gratuito. También se publicará en los estrados del Juzgado.

3. Siendo la concursada una persona natural, se anotará, y una vez el auto devenga firme, se inscribirá en el Registro Civil la declaración de concurso, con indicación del órgano judicial que la hubiera dictado, del carácter de la resolución, la intervención, o en su caso, la suspensión de las facultades de administración y disposición de la concursada sobre los bienes y derechos que integren la masa activa. Así como la identidad de la administradora designada, librando, ala efecto, el oportuno exhorto a la Oficina General del Registro Civil de __________, donde en la Sección Primera del mismo, Tomo ___, página ____, figura el asiento de nacimiento de la concursada.

Contra la presente resolución cabe interponer recurso de apelación para ante la Audiencia Provincial de ___________, mediante escrito presentado ante este Juzgado en el plazo de veinte días desde el día siguiente a la notificación de la presente.

Anotación de la declaración de concurso. En cumplimiento de lo dispuesto en el art. 36 del Texto Refundido de la Ley Concursal en relación con el 557 de la misma Ley, por Auto n.º ____ , de fecha _______________, del Juzgado de lo Mercantil n.º __ de ___________, la al margen inscrita ha sido declarada en concurso voluntario y consecutivo, abriéndose directamente la fase de liquidación. La inscrita queda suspendida de las facultades de administración y disposición sobre la masa activa. Se designa como administradora del concurso a Doña ___________________.

(Fecha y firma del Encargado/a)

Inscripción de la declaración de concurso. Habiendo devenido firme el Auto declarando en concurso a la inscrita, de conformidad con lo dispuesto en el art. 36 del Texto Refundido de la Ley Concursal, en relación con el 557 del mismo Cuerpo legal, procede practicar la inscripción de la declaración de concurso de D.ª ___________________, sus facultades de administración y disposición sobre sus bienes y derechos quedan suspendidas e intervenidas por la administradora concursal Doña ________________.

(Fecha y firma del Encargado/a)

Las declaraciones de ausencia y fallecimiento

(Art. 4 Ley del Registro Civil de 2011: Tienen acceso al Registro Civil los hechos y actos que se refieren a la identidad, estado civil y demás circunstancias de la persona. Son, por tanto, inscribibles:
15.º Las declaraciones de ausencia y fallecimiento)[1]

Las declaraciones judiciales de ausencia y fallecimiento se inscriben en el registro individual del declarado ausente o fallecido, dice el art. 78 de la Ley del Registro Civil. En la declaración de fallecimiento se expresará la fecha a partir de la cual se entiende ocurrida la muerte. La Ley 15/2015, de 2 de julio, de la Jurisdicción Voluntaria, añade un nuevo apdo. 3 a este art. 78: *"En las inscripciones de la declaración de ausencia y fallecimiento se hará constar cuanto se previene en el artículo 198 del Código Civil"*[2].

[1] La Ley 15/2025, de 2 de julio, de la Jurisdicción Voluntaria, añade un apdo. 3 al art. 78 de la Ley del Registro Civil, en donde se dice que en las inscripciones de la declaración de ausencia o fallecimiento se hará constar cuanto se previene en el art. 198 del Código Civil. En este precepto se señala que: *"En el Registro Civil se harán constar las declaraciones de desaparición, ausencia legal y de fallecimiento, así como las representaciones legítimas y dativas acordadas, y su extinción"*.

[2] El art. 198 del Código Civil, que tiene nueva redacción por Ley 15/2015, de 2 de julio, de la Jurisdicción Voluntaria, dice que *"En el Registro Civil se harán constar las declaraciones de desaparición, ausencia legal y de fallecimiento, así como las representaciones legítimas y dativas acordadas, y su extinción"*.

Modelo n.º 118. Anotación de la desaparición de hecho de una persona

SP/FORM/9706

En la desaparición de hecho de una persona de su domicilio o del lugar de su última residencia, sin haber tenido más noticias de ella, a instancia de parte interesada o del Ministerio Fiscal, el Letrado de la Administración de Justicia podrá nombra un defensor judicial que ampare y represente a la persona desaparecida en juicio o en los negocios que no admitan demora sin perjuicio grave[1].

La consecuencia registral de la declaración de la desaparición de hecho de una persona es que puede ser objeto de anotación en su asiento de nacimiento, en su registro individual (art. 40.3.7.º de la Ley del Registro Civil). También, la declaración de la desaparición de hecho de una persona, puede tener su importancia para una posible declaración de fallecimiento por el plazo abreviado de un año contemplado en la circunstancia del art. 193-3.º del Código Civil[2], riesgo inminente de muerte o siniestro.

Anotación. Por expediente de jurisdicción voluntaria n.º ___ seguido ante el Juzgado de Primera Instancia n.º ___ de los de _______________, de conformidad con lo dispuesto en el art. 40.3.7.º de la Ley del Registro Civil, el inscrito al margen ha sido declarada su desaparición y nombrado defensor judicial que le ampare y represente en juicio a D./D.ª ______________________, hermano/a del declarado desaparecido.

(Fecha y firma del Encargado/a)

---

[1] Conforme dispone el art. 181 del Código Civil, redacción dada por la Ley 15/2015, de 2 de julio, de la Jurisdicción Voluntaria, el representante y defensor nato del desaparecido será el cónyuge presente mayor de edad no separado legalmente; y por su falta, el pariente más próximo hasta el cuarto grado. En defecto de parientes, previa audiencia del Ministerio Fiscal, el LAJ designará defensor a *"persona solvente y de buenos antecedentes"*.

[2] *"Cumplido un año, contado de fecha a fecha, de un riesgo inminente de muerte por causa de violencia contra la vida, en que una persona se hubiese encontrado sin haberse tenido, con posterioridad a la violencia noticias suyas. En caso de siniestro este plazo será de tres meses"*.

Modelo n.º 119. Inscripción de la declaración de ausencia

SP/FORM/9707

La ausencia legal supone que sobre una persona existen serias y fundadas dudas de su paradero y de su propia existencia consecuencia de que ha pasado un año desde sus últimas noticias o desde su desaparición si no hubiese dejado apoderado con facultades de representación. En el caso de que hubiese dejado apoderado para administrar sus bienes el tiempo transcurrido sin noticias de su existencia se amplía hasta los tres años.

La competencia para declarar, tanto la ausencia de una persona como el fallecimiento, es del Juzgado Primera Instancia del último domicilio de la persona cuya declaración de ausencia o fallecimiento se solicite (art. 68.1 de la Ley 15/2015, de 2 de julio, de la Jurisdicción Voluntaria).

Legitimados para presentar la solicitud de los expedientes de declaración de ausencia y de fallecimiento lo están el Ministerio Fiscal, el cónyuge del ausente o la persona a la que esté unida por análoga relación de afectividad, los parientes consanguíneos hasta el cuarto grado y cualquier persona que fundadamente pueda tener sobre los bienes del desaparecido algún derecho ejercitable.

Instada la declaración de ausencia por el Ministerio Fiscal o por parte interesada, y, en su caso, practicadas las pruebas, el letrado de la Administración de Justicia del Órgano Jurisdiccional dictará Decreto de declaración legal de ausencia, nombrando al representante del ausente[1]. Representación que recaerá en el cónyuge mayor de edad no separado legalmente o de hecho, en el hijo mayor de edad que conviviere con el ausente, el ascendiente más próximo de menos edad de una u otra línea, o el hermano mayor de edad que haya convivido con el ausente.

Dictada la resolución declarando ausente a una persona con designación de su representación, el mismo letrado de la Administración de Justicia que ha dictado la resolución lo comunicará por la vía y medio telemático a la Oficina del Registro Civil donde conste el asiento de nacimiento para proceder a su inscripción.

Al representante del declarado ausente[2] le corresponde la pesquisa de su persona, la protección y administración de sus bienes y el cumplimiento de sus obligaciones. En la esfera familiar, el cónyuge del ausente tiene derecho a la separación de bienes. Sin embargo, lo que no se produce con la declaración de ausencia es la disolución del matrimonio, disolución que sí lleva implícita la declaración de fallecimiento (art. 85 del Código Civil).

---

[1] El letrado de la Administración de Justicia citará a una comparecencia al Ministerio Fiscal y a los parientes de la solicitud inicial. Ordenará publicar dos veces la resolución de admisión mediante edictos, con intervalo de ocho días, tanto en el Boletín Oficial del Estado como en el tablón de anuncios del Ayuntamiento donde el ausente hubiese tenido su último domicilio.

[2] La declaración de ausencia queda sin efectividad si se contrasta que el declarado ausente ha fallecido o que aparezca con vida o se tengan noticias fehacientes de su existencia.

Decreto n.º 714/2023.

Letrado de la Administración de Justicia: ______________________.

JPI ___ de los de _________________.

Expediente de Declaración de Ausencia n.º ___/___.

En __________________, a __ de _______ de ___.

Antecedentes de hecho

Primero. Por la Procuradora, Doña ______________________________, en nombre y representación de D.ª ___________________, se presentó escrito instando la declaración de ausencia legal de su hermano D. _____________________, solicitando que, previos los trámites legales, se dictara resolución procesal declarando en situación de ausencia legal a su hermano y se designase a la misma como representante del declarado ausente.

Segundo. Admitida a trámite la solicitud, se practicó información testifical y, pasado el expediente al Ministerio Fiscal para informe, informó en el sentido de que nada tenía que oponer a la declaración de ausencia legal solicitada.

Fundamentos de derecho

Primero. Se interesa por la parte promotora del presente procedimiento de declaración de ausencia legal de su hermano ______________ con fundamento de que no se tiene noticia del mismo desde, al menos, diez años. Pretensión a la que el Ministerio Fiscal nada opone.

Segundo. De conformidad con lo dispuesto en el art. 183 del Código Civil, se considerará en situación de ausencia legal al desaparecido de su domicilio o última residencia y hubiese transcurrido un año desde las últimas noticias o a falta de estas desde su desaparición, y ello si no hubiese dejado apoderado con facultades de administración de todos sus bienes. Si hubiese dejado apoderado, el plazo se amplía tres años sin noticias.

De las testificales practicadas en las personas de las otras dos hermanas, se contrasta que _________________ se encuentra desaparecido desde hace, al menos, diez años. Desde entonces no ha habido noticias suyas y consta no haber dejado apoderado alguno con facultades para la administración de sus bienes.

Tercero. Asimismo, conforme dispone el artículo 184 del Código Civil, redacción dada por la Ley 15/2015, de 2 de julio, de la Jurisdicción Voluntaria, salvo motivo grave apreciado por el Letrado de la Administración de Justicia, la representación del declarado ausente, la pesquisa de su persona, la protección y administración de sus bienes y el cumplimiento de sus obligaciones, corresponde al cónyuge presente mayor de edad no separado legalmente o de hecho, al hijo mayor de edad, al ascendiente más próximo de menos edad, a los hermanos mayores de edad que hayan convivido con el ausente, preferente el de mayor edad sobre el menor.

En el presente supuesto, dicha representación, según el orden establecido previsto en el citado precepto, corresponde a la madre del declarado ausente, esto es, a D.ª ________________________, sin que pueda estimarse la pretensión de designación como representante a favor de D.ª ________________________, al no haberse alegado ni justificado motivo grave alguno que justifique alterar el orden legal establecido.

Parte dispositiva

Atendiendo a lo expuesto en los Fundamentos Jurídicos anteriores procede declarar en situación de ausencia legal a D. ___________________________, correspondiendo la representación del declarado ausente, la pesquisa respecto a su persona, la administración y protección de sus bienes y el cumplimiento de sus obligaciones a su madre, D.ª _____________________________, a quien se hará saber el nombramiento de su condición de representante. D.ª ________________________, conforme determina el artículo 185 del Código Civil, deberá inventariar los bienes muebles y describir los inmuebles de su representado. Si aparece el ausente, deberá restituírsele su patrimonio, pero no los productos percibidos.

Remítase testimonio de la presente resolución a la Oficina General del Registro Civil de ____________, donde consta inscrito el nacimiento de D. ______________________________, para que se proceda a practicar la inscripción de la declaración de ausencia y el nombramiento de la representación del mismo en la persona de su madre, D.ª ____.

Contra la presente resolución procesal, de conformidad con lo dispuesto en el artículo 454 bis de la Ley de Enjuiciamiento Civil, cabe interponer recurso directo de revisión en el plazo de cinco días desde su notificación mediante escrito en el que deberá citarse la infracción en que la resolución hubiera incurrido.

(Firma del Letrado de la Administración de Justicia)

Inscripción. Por Decreto n.º ___/_____, de __ de ________ de ____, dictado en el Expediente de Declaración de Ausencia n.º ___/____, seguido en el Juzgado de Primera Instancia n.º ___ de ________________, en cumplimiento de lo dispuesto en el artículo 4.15.º de la Ley del Registro Civil en relación con el 78 del mismo Cuerpo legal, el inscrito, D. _________________________, ha sido declarado en situación de ausencia legal, correspondiendo el ejercicio de su representación a su madre, D.ª ____.

(Fecha y firma del Encargado/a)

Modelo n.º 120. Inscripción de la declaración de fallecimiento

SP/FORM/9708

En la declaración de fallecimiento tenemos la presunción de que el desaparecido ha fallecido. Es lo que se denomina *"fama de la muerte"*, pero no disponemos de una *"certeza que excluya toda duda racional"*. Esta es la razón por la que la inscripción de la defunción solo es posible cuando la muerte es un hecho absolutamente cierto y comprobado que *"excluya cualquier duda racional"*. En la declaración de fallecimiento nos encontramos ante una muerte presunta, probable, que, por esta misma razón, da lugar a una declaración y no a una inscripción de la defunción.

La declaración de fallecimiento se contempla en varios supuestos: 1.º Transcurridos diez años desde las últimas noticias del ausente o desde su desaparición. 2.º Pasados cinco años desde las últimas noticias y el ausente hubiere cumplido setenta y cinco años. 3.º Un año cumplido de un riesgo inminente de muerte por causa de violencia contra la vida (art. 193 del Código Civil)[1].

El expediente de jurisdicción voluntaria se tramita en el Juzgado de Primera Instancia del último domicilio de la persona cuya declaración de fallecimiento se trate. El Letrado del órgano jurisdiccional dictará, en su caso, el decreto declarando el fallecimiento de la persona que concurren alguna de las circunstancias y plazos mencionados y expresará en el mismo la fecha a partir de la cual se entiende sucedida la muerte.

La declaración de fallecimiento, como la de ausencia, tiene consecuencias personales y patrimoniales. Para empezar, firme la declaración de fallecimiento se abre la sucesión de los bienes del mismo. Y si estuviese casado, su matrimonio queda disuelto[2].

Si el declarado fallecido o ausente aparece o se prueba su existencia, será necesario, tras comprobar su identidad, dictar otra resolución procesal, decreto, dejando sin efecto la declaración de fallecimiento. Decreto que, como la declaración del mismo, se inscribirá en el asiento de nacimiento, en su registro individual del declarado fallecido.

DECRETO n.º ___/_____.

LETRADO DE LA ADMINISTRACIÓN DE JUSTICIA: _________________.

JPI n.º ___ de los de ___________.

[1] Después, si concurren coyunturas especiales los plazos para la declaración de fallecimiento se acortan (art. 194 del Código Civil), ocho días o un mes, según supuestos, consecuencia de las circunstancias extraordinarias en que la desaparición acaece (naufragio o desaparición por inmersión en el mar, aeronave siniestrada al realizar el viaje entre mares).

[2] Art. 85 del Código Civil: *"El matrimonio se disuelve, sea cual fuere la forma y el tiempo de su celebración, por la muerte o por la declaración de fallecimiento de uno de los cónyuges y por el divorcio"*.

Expediente de Declaración de Fallecimiento n.º ___/2023.

En _____________, a 26 de septiembre de 2023.

Antecedentes de hecho

Primero. Por el Procurador Don ____________________, en nombre y representación de D.ª ________________, se presentó demanda solicitando la declaración de fallecimiento de su hermano, D. __________________. Adjuntó la documental correspondiente al último empadronamiento de su hermano Pedro, así como certificado literal de nacimiento expedido por la Oficina General del Registro Civil de __________________, donde consta la inscripción del mismo en la Sección Primera, Tomo ___, página ___.

Segundo. Admitida a trámite la solicitud, se procedió a la práctica de prueba testifical y se emitieron los oficios correspondientes para proceder a la publicación del presente expediente de declaración de fallecimiento de D. ___________________________________ en el Boletín Oficial del Estado y en el tablón de anuncios de la localidad de _______________, último domicilio que se acredita de ______.

Practicadas las pruebas y realizadas las publicaciones oportunas previstas en el art. 70 LJV, se dio traslado de todo ello al Ministerio Fiscal para que emitiese el correspondiente informe.

El Ministerio Público presentó su informe en el sentido de no oponerse a la declaración de fallecimiento de D. ____________________. De ahí pasaron las actuaciones al Letrado de este órgano jurisdiccional para dictar la presente resolución procesal.

Fundamentos de derecho

Primero. Se interesa por la parte promotora del presente expediente la declaración de fallecimiento de su hermano Pedro Solano García, con fundamento en que no se tienen noticias del mismo desde el 1 de noviembre de 2003, pretensión a la que no se opone el Ministerio Fiscal.

Segundo. De conformidad con lo dispuesto en el artículo 193.1.º del Código Civil, procede la declaración de fallecimiento transcurridos diez años desde las últimas noticias habidas del ausente, o, a falta de estas, desde su desaparición. Este plazo se computará desde la expiración del año natural en que se tuvieran las últimas noticias, o, en su defecto, del año en que ocurrió la desaparición.

De las pruebas practicadas, tanto las testificales que constan en las actuaciones, como de los documentos que se adjuntan y del propio informe emitido por el Ministerio Fiscal, resulta acreditado que D. __________________ se encuentra desaparecido desde hace, al menos, diez años. Desde el _ de _______ de ______ no se tiene ninguna noticia del mismo. Dejó de hacer llamadas y visitas a su familia, no constando, tampoco que hubiese dejado apoderado alguno con facultades de administración de sus bienes por lo que, con arreglo a lo determinado en el precepto mencionado y en el art. 74 LJV, procede declarar su fallecimiento, lo que se hará constar, mediante la inscripción correspondiente, en su asiento de nacimiento.

De conformidad con lo dispuesto en el art. 195 del Código Civil en relación con el 74.1 LJV y 78.2 de la Ley del Registro Civil, la fecha a partir de la cual se entiende sucedida la muerte será la de __ de ________ de _____, esto es, transcurridos diez años desde las últimas noticias que se tuvieron de _____________.

Parte dispositiva

Atendiendo a lo dispuesto en los Fundamentos Jurídicos anteriores, resulta procedente estimar la solicitud realizada por D.ª ____________________ y, en consecuencia, declarar el fallecimiento de D. ______________, expresando la fecha a partir de la cual se entiende sucedida su muerte la del _ de ____________ de ____ (uno de noviembre de dos mil trece).

La presente resolución, una vez firme, se remitirá testimonio de la misma a la Oficina General del Registro Civil de __________________ para que en el Tomo___, página ___, de la Sección Primera del mismo, se practique la inscripción de la declaración de fallecimiento acordada.

Contra la presente resolución cabe interponer recurso de revisión en el plazo de cinco días desde la notificación de la misma, presentando escrito y reflejando la infracción en que la presente resolución hubiese incurrido (art. 454 bis LEC).

(Firma del Letrado de la Administración de Justicia)

Inscripción. Por Decreto n.º ___/_____, de ____ de ___________ de _____, seguido en el expediente de declaración de fallecimiento n.º ___/____, del Juzgado de Primera Instancia n.º ____ de ______________, en cumplimiento de lo dispuesto en el art. 4.15.º de la Ley del Registro Civil en relación con el 78 del mismo Cuerpo legal, el inscrito, D. ___________________, ha sido declarado fallecido, resultando la fecha a partir de la cual se entiende ocurrida la muerte la de _ de __________ de ____.

(Fecha y firma del Encargado/a)

La defunción

(Art. 4 Ley del Registro Civil de 2011: Tienen acceso al Registro Civil los hechos y actos que se refieren a la identidad, estado civil y demás circunstancias de la persona. Son, por tanto, inscribibles: **16.º La defunción**).

Si el registro individual de una persona se abre con la inscripción de nacimiento, ese mismo registro individual se cierra con la inscripción de la defunción.

La inscripción de la defunción hace fe de la muerte de una persona y de la fecha, hora y lugar en que se produce. De igual forma, en la inscripción deberá figurar la identidad del fallecido.

Lo que en ningún caso debe reflejarse en la inscripción de defunción es la causa de la muerte[1]. El dato de la causa de la muerte es ajeno a los fines de la institución registral porque, a los efectos de probar la defunción, a los ciudadanos y a la sociedad, solo interesa que esté acreditada la identidad del difunto y la fecha, hora y lugar en que se produce.

Consecuencia de haberse suprimido la causa del fallecimiento en la inscripción de defunción, esta no contiene dato alguno de publicidad restringida. La expedición de cualquier certificación literal de defunción procede a favor de cualquier persona que lo solicite.

La causa de la defunción aparece en el certificado médico de defunción que acompaña a la declaración. Si para actuaciones de los familiares del causante tras su fallecimiento, se necesita acreditar y justificar la causa del mismo, se podrá realizar a través del testimonio de ese mismo certificado médico que se entregará a persona que justifique interés legítimo y razón fundada de solicitarlo.

Cuando la documentación se ha recepcionado en la Oficina registral, el encargado competente procede a calificar los hechos cuya inscripción se solicita. Debe contrastar las declaraciones y documentos presentados. De inmediato, si resulta procedente, se practica la inscripción y expide el certificado de defunción.

Practicada la inscripción, el Encargado expide la licencia para la inhumación o para la incineración[2]. Y ello, en el plazo que reglamentariamente se establezca. La inhumación o incineración se ajustan a las leyes y reglamentos respecto al tiempo, lugar y demás formalidades. En condiciones normales, el destino final a un cadáver no se puede dar antes de las veinticuatro horas ni después de las cuarenta y ocho horas transcurridas desde el fallecimiento[3].

El certificado médico que debe acompañar a la declaración documentada en el formulario oficial resulta un documento fundamental. En ningún caso la inscripción de defunción se podrá efectuar sin que se haya presentado ante el Registro Civil el certificado médico de la defunción.

---

[1] Con la finalidad de evitar intromisiones en la intimidad personal y familiar, se dictaron las órdenes del Ministerio de Justicia de 6 de junio de 1994 y de 13 de octubre de 1994 sobre la supresión del dato relativo a la causa de la muerte en la inscripción de defunción.

[2] El destino final de todo cadáver, según el Reglamento de Policía Sanitaria Mortuoria, será el de la inhumación, el de la incineración, el de su utilización para fines científicos o de enseñanza, o cualquier otro que determine reglamentariamente el Departamento de Salud correspondiente.

[3] Es cierto que, ante la crisis sanitaria que sufrimos durante pandemia generada por el coronavirus COVID-19, se tuvieron que adoptar medidas excepcionales tales como realizar la incineración o inhumación del cadáver antes de transcurrir veinticuatro horas desde el fallecimiento o poder expedir la licencia de enterramiento sin haber practicado previamente la inscripción. Todo ello se justificó por las circunstancias sanitarias excepcionales concurrentes.

Modelo n.º 121. Inscripción principal de defunción

SP/FORM/9709

N.º de asiento: ____________

Fecha Inscripción Registro Electrónico de Seguridad: ________________

Código personal del registro individual del inscrito: ________________

DATOS DE IDENTIDAD DEL/DE LA INSCRITO/A: (8-6), Nombre: ____ (7-6), Primer apellido: ____ (7-6), Segundo apellido: _____ (8-6-1), Hijo/a de ____ (8-6-2) y de ____, (3-4-1), Sexo: ____ (4-1), Estado: ______ (6-1), Nacionalidad: _____, Tipo de documento acreditativo de identidad: DNI, número: __________.

(2-4-2) Nacido/a en: __________ (2-1-1-3) Provincia: _________ (2-1-1) País: ____ (9-7-1) Fecha: _______

(2-1-2) Domicilio último: CALLE ________________, Piso: __, Puerta: ___ (2-1-3-2), Lugar: ______ (2-1-1-3), Provincia: ______ (2-1-1), País: ________.

La inscripción se practica en virtud de: DECLARACIÓN realizada por ____________________ MADRID con Tipo de documento de identidad: según consta en el expediente n.º 0000000/000000 del Registro Civil.

DEFUNCIÓN. (9-4-4) Hora: ____ (9-9) Día: _______ (2-6). Lugar: _______, Población: ______ (2-1-1-3), Provincia: ________ (2-1-1), País: ______.

El enterramiento será en: ________ (2-1-3-2), Población: __________ (2-1-1-3), Provincia: MADRID (2-1-1), País: ________.

DATOS DE FIRMANTE:

Nombre y apellidos: ________ ________ ________.

En calidad de: ENCARGADO/A.

Fecha de firma: ________.

Y para que conste y surta los efectos oportunos, se emite el presente certificado literal del Registro Civil.

Fecha y hora del documento: __________.

Dirección de validación: mjusticia.gog.es-comprobación-autenticidad.

Firmado electrónicamente por: Dirección General de Seguridad Jurídica y Fe Pública.

Modelo n.º 122. Inscripción de la defunción cuando el cadáver hubiera desaparecido o se hubiera inhumado antes de la inscripción

SP/FORM/9710

La inscripción en el Registro Civil de la defunción es obligatoria. La inscripción hace fe de la muerte de una persona y de la fecha, hora y lugar en que se produce. En la inscripción debe figurar asimismo la identidad del fallecido.

La inscripción de la defunción se practica en virtud de la calificación que el encargado realiza de la declaración documentada en el formulario oficial al que se acompaña el certificado médico de la defunción. Recibida y examinada la documentación, se practica la inscripción y se expide el certificado de la defunción.

El Encargado, una vez practicada la inscripción de la defunción, expide la licencia para el entierro o incineración en el plazo que reglamentariamente se establezca.

Esta circunstancia descrita es lo que podríamos denominar como una *"situación ordinaria"* de inscripción de la defunción. Ocurre, sin embargo, que existen supuestos especiales de inscripción de la misma. El presente modelo contempla la circunstancia de que el cadáver hubiera desaparecido o se hubiera inhumado antes de la inscripción, será necesaria resolución del Letrado de la Administración de Justicia declarando el fallecimiento u orden de la autoridad judicial en la que acredite legalmente el fallecimiento (art. 67.1 de la Ley del Registro Civil).

Cuando el cadáver ha desaparecido o se hubiera inhumado, no basta, dice el art. 278 del Reglamento del Registro Civil de 1958[1], para la inscripción *"la fama de la muerte"*, es necesario la certeza que excluya *"cualquier duda racional"*. Por tanto, se descarta cualquier situación de presunción. En las actuaciones ha de llegar a probarse la certeza de la muerte en grado tal que excluya cualquier duda racional[2].

---

[1] Reglamento del Registro Civil de 1958 que, conforme señala la Instrucción de la Dirección General de Seguridad Jurídica y Fe Pública de 16 de septiembre de 2021, al no estar derogado expresamente por la disposición derogatoria de la Ley 20/2011, de 21 de julio, se considera aplicable en cuento a aquellas normas exclusivamente procedimentales y que no afecten a la estructura y organización del Registro Civil, siempre que no se opongan a la Ley 20/2011, de 21 de julio, a la Ley 39/2015, de 1 de octubre, de aplicación supletoria o a cualquier otra norma de rango legal que haya regulado algún aspecto que colisione con lo previsto en el meritado Reglamento.

[2] La doctrina de la Dirección General de Seguridad Jurídica y Fe Pública, en estas situaciones especiales, es siempre la de que: *"Para que pueda decidirse en expediente la inscripción de defunción de una persona, cuando su cuerpo ha desaparecido o ha sido inhumado, es preciso que llegue a probarse en las actuaciones la certeza de la muerte en grado tal que se excluya cualquier duda racional"* (Fundamento Jurídico II, Resolución, 45.ª, de 3 de septiembre de 2021).

Inscripción. La presente inscripción de defunción, consecuencia de que el cadáver ha desaparecido (en su caso, se ha inhumado), se practica en virtud de lo dispuesto por el art. 67.1 de la Ley del Registro Civil, por resolución dictada por el letrado de la Administración de Justicia en el expediente n.º ___ del Juzgado de Primera Instancia n.º ___ de ___________ (en su caso, por orden del Juez de Instrucción n.º ___ de __________ , dictada en las Diligencias Previas n.º ____/2023).

(Fecha y firma del Encargado/a)

Modelo n.º 123. Inscripción de defunción de desaparecidos durante la guerra civil y la dictadura[1]

SP/FORM/9711

La regulación del mismo se encuentra en la Disposición Adicional Octava de la Ley del Registro Civil: *"El expediente registral, resuelto favorablemente, será título suficiente para practicar la inscripción de la defunción de las personas desaparecidas durante la Guerra Civil y la represión política inmediatamente posterior, siempre que, de las pruebas aportadas, pueda inferirse razonablemente su fallecimiento, aunque no sean inmediatas a este. En la valoración de las pruebas se considerará especialmente el tiempo transcurrido, las circunstancias de peligro y la existencia de indicios de persecución o violencia"*.

Es un precepto muy interesante al que, considero, no se ha sabido dar la debida publicidad y difusión. Y, sin embargo, su transcendencia y operatividad resultan incuestionables.

Hasta la llegada de esta disposición, la regulación cuando el cadáver hubiera desaparecido o se hubiere inhumado, para logara la inscripción, no bastaba con la *"fama de la muerte"*, se requería certeza *"que excluya cualquier duda racional"*. Con estas expresiones, para estas desapariciones durante la guerra civil y la dictadura no cabía acudir a otra solución registral que la de la declaración de ausencia o fallecimiento. Otra alternativa registral, cuando se acreditaba la desaparición de una persona en una situación de peligro, era acudir a instar un expediente registral en donde se consiguiese la anotación de la desaparición de hecho de una persona.

Con la posibilidad registral que nos plantea esta disposición adicional octava conseguiremos no una anotación sino la inscripción[2] de la defunción de las personas desaparecidas durante la Guerra Civil y la represión posterior a la misma. Y tampoco será necesario tramitar un expediente de jurisdicción voluntaria para declarar la ausencia o el fallecimiento de la persona desaparecida.

---

[1] La Disposición Adicional Cuarta de la Ley 20/2022, de 19 de octubre, de Memoria Democrática, *"Acceso a la consulta de los libros de actas de defunciones de los Registros Civiles"*: *"El Gobierno, a través del Ministerio de Justicia, en cuanto sea preciso para dar cumplimiento a las previsiones de esta ley, dictará las disposiciones necesarias para facilitar el acceso a la consulta de los libros de las actas de defunciones de los Registros Civiles"*. Aspecto este que ya contemplaba la disposición adicional octava de la Ley 52/2007, de 26 de diciembre, de Memoria Histórica, y desarrollado por la Instrucción de la Dirección General de los Registros y del Notariado de 4 de noviembre de 2008.

Ley 52/2007, de 26 de diciembre, por la que se reconocen y amplían derechos y se establecen medidas en favor de quienes padecieron persecución o violencia durante la guerra civil y la dictadura, fue derogada por la Disposición derogatoria única de la Ley 20/2022, de 19 de octubre, de Memoria Democrática.

[2] La anotación registral en ningún caso tiene el valor probatorio que proporciona la inscripción. Tiene, eso sí, un valor informativo salvo los casos en que la Ley les atribuya valor de presunción: que no ha ocurrido hecho determinado que pudiera afectar al estado civil; la nacionalidad, la vecindad civil o cualquier estado, si no consta en el Registro Civil; el domicilio de los apátridas; la existencia de los hechos mientras por fuerza mayor sea imposible el acceso a la información contenida en el Registro Civil; el matrimonio cuya celebración conste y que no pueda ser inscrito por no haberse acreditado debidamente los requisitos exigidos para su validez por el Código Civil.

Atendidas las circunstancias de la situación de peligro que una guerra conlleva, el tiempo transcurrido (más de 80 años), y la existencia de indicios de persecución o violencia, en el expediente que se inste por los propios familiares de los desaparecidos o por el propio Ministerio Fiscal en la Oficina General del Registro Civil del último domicilio de la persona desaparecida, inferir "razonablemente" el fallecimiento puede resultar relativamente sencillo y, en consecuencia, este expediente registral resuelto favorablemente será título suficiente para practicar la inscripción de defunción de la persona desaparecida durante la guerra civil y la dictadura.

Inscripción. Consecuencia de la resolución favorable dictada en el expediente registral n.º ___/____ seguido ante la Oficina General del Registro Civil de ___________, la presente inscripción de defunción se ha practicado al amparo de lo dispuesto en la disposición adicional octava de la Ley del Registro Civil.

(Fecha y firma del Encargado/a)

Modelo n.º 124. Inscripción de defunción en supuestos de muerte violenta

SP/FORM/9712

Si hubiera indicios de muerte violenta o en cualquier caso en que deban incoarse diligencias judiciales, la inscripción de la defunción no supondrá por sí misma la concesión de licencia de enterramiento o incineración. Dicha licencia se expedirá cuando se autorice por el órgano judicial competente, dice el art. 67.2 de la Ley del Registro Civil.

La interpretación del precepto es que, si existen indicios de muerte violenta, el Encargado del Registro Civil está en actitud de esperar las decisiones que adopte la autoridad judicial en orden a la práctica de la inscripción de defunción y, sobre todo, en el caso de que se haya practicado y realizado la inscripción de la defunción, la expedición de la licencia para la inhumación o incineración está en manos de la autoridad judicial con competencias en las diligencias penales oportunas[1].

Como regla general, en este tipo de circunstancias, cuando están operativas las diligencias penales correspondientes, el título para practicar dicha inscripción será la orden de la autoridad judicial que instruye las diligencias. Ello es lógico. Ante un fallecimiento acaecido bajo circunstancias de violencia o abiertas diligencias penales, es el Juez instructor quien está legitimado para acordar, en su caso, dar la orden de práctica de la inscripción y, en todo caso, de la licencia de inhumación o de incineración cuando lo permita el estado de las diligencias y no existan dudas de su expedición.

Inscripción. La presente inscripción de defunción de Don/Doña __________________ se ha practicado en virtud de la orden dictada por el Magistrado/a Don/Doña ____________________ del Juzgado de Instrucción n.º ___ de _____________, en las Diligencias Previas n.º ___ seguidas en ese Órgano Jurisdiccional.

[1] Art. 282.2.º del Reglamento del Registro Civil de 1958: *"La licencia se extenderá inmediatamente de la inscripción por el Encargado o por la Autoridad Judicial que instruya las diligencias oportunas y servirá para la inhumación (o incineración) en cualquier lugar, al que no hará mención".*

Modelo n.º 125. Inscripción de defunción de españoles en el extranjero o de extranjeros en España

SP/FORM/9713

Conforme determina el art. 9 de la Ley del Registro Civil, en el Registro Civil se inscribirán los hechos y actos que afectan a los españoles y los referidos a extranjeros, acaecidos en territorio español. Igualmente, se inscribirán los hechos y actos que hayan tenido lugar fuera de España, cuando las correspondientes inscripciones sean exigidas por el Derecho español.

Entre las funciones que señala el art. 24 de la misma Ley Registral para las Oficinas Consulares del Registro Civil, se encuentra la de inscribir los hechos y actos relativos a españoles acaecidos en su circunscripción consular. Esta función la debemos poner en relación con lo dispuesto en el artículo 21 del mismo Cuerpo legal, Oficina Central del Registro Civil[1], cuando, entre las funciones de la misma, se refleja la de practicar la inscripción de las certificaciones de asientos extendidas en Registros extranjeros, *"salvo aquellos cuya competencia pueda corresponder a las Oficinas Consulares del Registro Civil"*.

En consecuencia, la defunción de ciudadanos españoles que acaezca en el extranjero deberá inscribirse en la Oficina Consular del Registro Civil del lugar del fallecimiento y, en su caso, en la Oficina Central del Registro Civil.

El título para practicar esta inscripción de defunción será, normalmente, la certificación expedida por el Registro local extranjero[2]. Esta certificación extranjera, para que tenga eficacia en España, el Registro extranjero de procedencia, en cuanto a cuanto a los hechos de que da fe, debe tener análogas garantías a las exigidas para la inscripción por la ley española [art. 98.1 b) de la Ley del Registro Civil][3].

---

[1] Oficina Central del Registro Civil que corresponde a lo que hemos conocido con la denominación de Registro Civil Central (acrónimo, "RCC").

[2] Determina el art. 28 de la Ley del Registro Civil, "Certificaciones de Registros extranjeros": Que para practicar inscripciones sin expediente, en virtud de certificación de Registro extranjero, será necesario el cumplimiento de los requisitos establecidos en la normativa aplicable para que tenga eficacia en España.

[3] Art. 85 del Reglamento del Registro Civil de 1958: *"Para practicar inscripciones sin expediente en virtud de certificación de Registro extranjero, se requiere que este sea regular y auténtico, de modo que el asiento de que certifica, en cuanto a los hechos de que da fe, tenga garantías análogas a las exigidas para la inscripción por la Ley española"*.

Modelo n.º 126. Fallecimiento ocurrido con posterioridad a los seis primeros meses de gestación y antes del nacimiento

SP/FORM/9714

El legislador registral ha manifestado una muy especial preocupación por la seguridad en la identidad de los nacidos. La Ley del Registro Civil, arts. 67.3 y disposición adicional cuarta, incide en la seguridad de identificación de los recién nacidos y la determinación, sin género de duda, de la relación entre la madre y el hijo, a través de la realización, en su caso, de las pruebas médicas, biométricas y analíticas necesarias; y por otra parte, se multiplican los controles para el caso de fallecimiento de los nacidos en los centros sanitarios tras los primeros seis meses de gestación, exigiéndose que el certificado de defunción aparezca firmado por dos facultativos, quienes deberán afirmar, bajo su responsabilidad, que, del parto y, en su caso, de las pruebas realizadas con el material genético de la madre y el hijo, no se desprenden dudas sobre la relación maternofilial.

El art. 30 del Código Civil dispone que "*La personalidad se adquiere en el momento del nacimiento con vida, una vez producido el entero desprendimiento del seno materno*". Y el registro individual se abre con la inscripción de nacimiento. Para los supuestos de los fallecimientos que se produzcan con posterioridad a los seis meses de gestación y no cumplieran las condiciones del art. 30 del Código Civil (nacer con vida y entero desprendimiento del seno materno), figurarán en un archivo del Registro Civil, sin efectos jurídicos, donde los progenitores podrán otorgar un nombre y quedará sometido al régimen de publicidad restringida (Disposición Final Cuarta de la Ley 20/2011, de 21 de julio del Registro Civil)[1].

La Dirección General de Seguridad Jurídica y Fe Pública, sobre esta disposición final cuarta, dicta la Instrucción de 31 de julio de 2023[2], y la Orden del Ministerio de Justicia JUS/876/2023, de 21 de julio, por la que se modifica la Orden de 26 de mayo de 1988 sobre ciertos modelos del Registro Civil, aprobando el modelo 9 bis:

---

[1] A solicitud de cualquiera de los progenitores se expedirá una certificación en la que constarán los datos del alumbramiento, así como el nombre, en su caso, del hijo o hija no nacidos.

[2] Resumen de las principales novedades: 1.ª Al igual que en la legislación anterior, los fallecimientos de los nacidos sin vida con posterioridad a los seis meses de gestación, deben comunicarse obligatoriamente al Registro Civil. Este registro ya no se realiza en el "*legajo de criaturas abortivas*", sino en un nuevo archivo denominado: "*Nacidos sin vida tras los seis meses de gestación*".
2.ª Los progenitores que lo deseen, pueden otorgar al nacido sin vida un nombre. Con indicación del sexo.
3.ª Permite incluir los datos del padre u otro progenitor, si se quiere que consten.
4.ª Se regula una certificación con los datos de alumbramiento, con mención, en su caso, del nombre impuesto, además de los datos de la madre y, en su caso, del padre u otro progenitor. Dichos datos no son públicos, son de publicidad restringida, y acceden únicamente a quienes consten como madre, padre u otro progenitor.
5.ª La Ley permite la aplicación retroactiva siempre que la solicitud se presente antes del 28 de julio de 2025.
6.ª Obligado a comunicar dicho fallecimiento está la dirección de hospitales, clínicas o centros sanitarios en que haya tenido lugar. Si ocurren fuera de la maternidad, los parientes del difunto o persona a quien estos autoricen.
7.ª El modo de comunicar es mediante el modelo 9 bis denominado: "Declaración de los nacidos sin vida tras seis meses de gestación aprobado por la Orden JUS/876/2023, de 21 de julio, que sustituye al anterior modelo 9 denominado «declaración y parte de alumbramiento de criaturas abortivas»". Al mismo se acompañará el certificado médico firmado por dos facultativos que afirmarán que no existen dudas razonables sobre la relación maternofilial.

Declaración nacidos sin vida tras los seis meses de gestación[3]

Datos del nacido sin vida:

Día en que se produjo el alumbramiento ______, mes ___________, año ____

Hora del alumbramiento ___________. Lugar del alumbramiento__________

Lugar del fallecimiento ____

¿Murió antes del parto? _____________. ¿En el parto? __________________

Edad gestacional aproximada ____________________

Peso aproximado en gramos ____________________

Sexo _______

(OPCIONAL) Nombre del nacido ____________________.

Datos de la madre:

Apellidos _________________________________

Nombre _________

Documento de identidad (DNI/NIE/Pasaporte) _______________________

Fecha de nacimiento ____________. Hija de _________ y de ____________

Domicilio _______________

¿Ha sido necesario realizar pruebas de material genético para establecer la relación maternofilial?

Sí ___, indicar el centro donde se han practicado: ___________

No ___

Los médicos que firman esta declaración y parte, acreditan que, del parto, y, en caso de haberse practicado, de las pruebas con material genético de la madre y el hijo, no se desprenden dudas razonables sobre la relación materno filial.

(OPCIONAL) **Datos de quien se declara padre u otro progenitor:**

Apellidos _____________________

Nombre _________________

Documento de identidad (DNI/NIE/Pasaporte) _______________

Fecha de nacimiento _________, hijo de _________ y de ______________

Domicilio ____________________

[3] En las Oficinas del Registro Civil en las que ha entrado en servicio Dicireg, cuando se produzca el fallecimiento con posterioridad a los seis primeros meses de gestación, antes del nacimiento, se creará un expediente en la aplicación Dicireg, que contendrá la declaración (modelo 9 bis), firmada por el declarante y al menos, por dos facultativos, con indicación, en su caso, del nombre a imponer al nacido sin vida.

En los Registros Civiles en los que no ha entrado en servicio Dicireg, el Registro Civil dispondrá de un archivo en el que se conservarán debidamente numeradas y ordenadas las declaraciones (modelo 9 bis), firmadas por el declarante y al menos, dos facultativos, relativas a los fallecimientos ocurridos con posterioridad a los seis primeros meses de gestación y antes del nacimiento, con indicación, en su caso, del nombre a imponer al nacido sin vida. Este registro tendrá un índice donde constará el nombre y apellidos de la madre y en su caso, el del hijo, y se numerará correlativamente, a los efectos de poder facilitar la búsqueda.

Datos del declarante:

Apellidos ______________________________

Nombre __________

Documento de identidad (DNI/NIE/Pasaporte) ___________________

Fecha de nacimiento ______________ Hija de ____________ y de ____________

Domicilio _____________________

Relación con la madre ________________

En ___________, a ___ de __________ de ______.

(Firmas del declarante y de los dos facultativos que firman el parte o certificado médico adjunto. En la antefirma de estos, se pondrá el nombre y apellidos y número de colegiación)

El/la Encargado/a de la Oficina General del Registro Civil de ________________, a la vista de la declaración y del parte o certificado médico recibido, acuerda levantar la presente acta, expedir la licencia de inhumación cuando haya sido solicitada por los progenitores y archivar la misma en el Archivo de nacidos sin vida tras los seis meses de gestación de conformidad con la Disposición Adicional Cuarta de la Ley 20/2011, de 21 de julio, y facilitar copia a los progenitores, si así lo requieren.

En _________, a ___ de _________________ de ___.

(Firma del/la Encargado/a)

NOTA. Conforme al art. 67.3 LRC, esta declaración deberá estar acompañada del certificado médico firmado, al menos, por dos facultativos, quienes afirmarán, bajo su responsabilidad que, del parto y, en su caso, de las pruebas realizadas con el material genético de la madre y el hijo, no se desprenden dudas razonables sobre la relación maternofilial.